中國社會科學院老學者文庫

峴泉全集

I

吳受琚　羊洲廷◎編著

中國社會科學出版社

圖書在版編目(CIP)數據

峴泉全集/吳受琚，羊洲廷編著. -- 北京：中國社會科學出版社，2024.9
(中國社會科學院老學者文庫)
ISBN 978-7-5227-3708-9

Ⅰ.①峴…　Ⅱ.①吳…②羊…　Ⅲ.①道教—文集　Ⅳ.①B958-53

中國國家版本館 CIP 數據核字(2024)第 111295 號

出 版 人	趙劍英
選題策劃	宋燕鵬
責任編輯	宋燕鵬
責任校對	李　碩
責任印製	戴　寬

出　　　版	中国社会科学出版社
社　　　址	北京鼓樓西大街甲 158 號
郵　　　編	100720
網　　　址	http://www.csspw.cn
發 行 部	010-84083685
門 市 部	010-84029450
經　　　銷	新華書店及其他書店

印　　　刷	北京明恒達印務有限公司
裝　　　訂	廊坊市廣陽區廣增裝訂廠
版　　　次	2024 年 9 月第 1 版
印　　　次	2024 年 9 月第 1 次印刷

開　　　本	710×1000　1/16
印　　　張	28.75
字　　　數	375 千字
定　　　價	169.00 元

凡購買中國社會科學出版社圖書，如有質量問題請與本社營銷中心聯繫調換
電話：010-84083683
版權所有　侵權必究

前　言

　　張宇初（1361—1410），字子璿，貴溪人。龍虎山正一道张天師第四十三代傳人。洪武十年襲教。永樂八年卒。著有《峴泉集》行於世。

　　關於张宇初，明清之季，社会上褒貶不一。建文帝时期，张宇初嘗坐不法，遭到朝迋的处罰，奪去天师印誥，削除天师封号，至成祖时，才復位归正。（《明史·方技傳》附其父《正常傳》中语）

　　但同時，又多有文人學者對張宇初多有雅贊：如宋濂嘗稱其"穎悟，有文學。"乾隆四十三年，四庫校刻四卷本《峴泉集》曰：其文章乃斐然可觀。其中若《太極釋》《先天圖論》《河圖原》《荀子辨》《陰符經》諸篇，皆有合於儒者之言。《問神》一篇，悉本程、朱之理，未嘗以"雲師風伯、荒怪之說，張大其教。以視誦周、孔之書而混淆儒、墨之界者"。

　　王紳《峴泉集》序稱："其詩之沖邃而幽遠，文之敷腴而典雅，讀之使人健羨不暇。"評其文及詞賦詩歌曰："其文如行空之雲，昭回絢煥，變化莫測，頃刻萬狀。睟乎其成章也，又如入秋之水，膏停黛蓄，微風興波，萬頃一碧，湛乎其泓澄也。詞賦詩歌，又各極其婉麗清新，得天趣自然之妙，可謂兼勝具美矣。"錢受之论其诗云："宇初五言古詩，意匠深秀，有三謝韋柳之遺響。

唐宋以來，釋道二家並重，明初名僧輩出，而道家之有文者，宇初一人，厥後益寥寥。"学术上称"真人學行淵邃，資識超穎，貫綜三氏，融爲一塗。旁及諸子百家之言，靡不暢曉。故其發爲文辭論議，雄邁偉傑，讀之令人擊節不已。

關於張宇初坐不法下獄事件，正如韓愈《送浮屠文暢序》稱："人，有儒名而墨行者，問其名則是。校其行則非。有墨名而儒行者，問其名則非，校其行則是。"然則若宇初者，其言既合於理，寧可以異端之故，並斥其文乎？"

這個評論是較公允的。

目　　録

序一　耆山無為天師《峴泉集》序 …………………………（1）
序二　耆山無為天師《峴泉文集》序 ………………………（3）
序三　程通《峴泉集》序 ……………………………………（4）

卷一　五言古詩 ………………………………………………（9）
　擬神釋 ………………………………………………………（9）
　述懷 …………………………………………………………（9）
　擬古 ………………………………………………………（12）
　擬遊仙 ……………………………………………………（13）
　擬招隱 ……………………………………………………（14）
　擬形贈影 …………………………………………………（15）
　擬影答形 …………………………………………………（15）
　擬古意 ……………………………………………………（15）
　雜詩 ………………………………………………………（16）
　秋興 ………………………………………………………（17）
　養疾 ………………………………………………………（19）
　次韻蘇素庵寓興 …………………………………………（19）
　次韻蘇素庵雜詩 …………………………………………（19）
　次韻蘇素庵詠懷 …………………………………………（20）

題崆峒石房圖	(21)
題清白軒	(21)
題靜學齋	(22)
題修省齋	(22)
題繼志齋	(22)
題黃茅庵圖	(23)
題南山霜隱圖	(23)
九日登樵坡自遣	(23)
課耕	(24)
課樵	(24)
山舍夜坐紀興	(24)
乙亥季夏還山居偶興	(25)
題山林幽居圖	(25)
山居晚興	(25)
冬日山居	(26)
山居小酌贈王、吉二高士	(27)
春雨	(27)
水檻遣懷	(27)
夜宿杭之祐聖觀東圃	(27)
負暄	(28)
野眺	(28)
宿句容青原觀，乃葛仙翁故宅	(29)
甲戌三月二日山行	(29)
登陸文安公象山祠堂故址	(29)
癸亥元日	(30)
元夕後喜晴，登靖通庵	(30)
題夢鶴軒	(30)
觀鑒泉	(31)

寒雨	(31)
題繼善堂	(31)
題泠風臺圖	(32)
題無垢陳東堂清都真舘	(32)
東圃爲錢塘王景舟作	(32)
京口曉發	(33)
登方壺真人玄室	(33)
謾興	(33)
曉懷	(34)
登華蓋山	(34)
遊西山玉隆宫	(35)
題思誠齋	(35)
蘭皋	(35)
冬日還峴泉	(36)
六月二十三日晚宴仙巖	(36)
觀雨偶興	(37)
題敬齋	(37)
晚興偶成	(37)
山雨	(37)
步南澗作	(38)
雪後早還	(38)
初秋山居雨懷	(39)
賀了庵李東堂八十	(39)
遊仙巖	(39)
信河曉發	(40)
雪晴夜月	(40)
幽居自適	(40)
題夏山過雨圖	(41)

题澹味軒……………………………………………… (41)
题檸木生卷……………………………………………… (41)

卷二　五言律詩　五言排律……………………… (45)

五言律詩……………………………………………… (45)

元日……………………………………………………… (45)
喜晴……………………………………………………… (45)
坐演法觀碑亭………………………………………… (45)
藍社……………………………………………………… (45)
峴泉夜坐……………………………………………… (46)
暮春還峴泉…………………………………………… (46)
庵居冬夜……………………………………………… (46)
题瓊林秋色…………………………………………… (46)
题方壺秋山幽隱圖…………………………………… (46)
我愛山居好…………………………………………… (46)
题汪原八詠…………………………………………… (47)
次葛維貞煉師謝畫韻………………………………… (48)
屏迹……………………………………………………… (48)
過錢塘………………………………………………… (49)
望吴山………………………………………………… (49)
山行晚眺……………………………………………… (49)

五言排律……………………………………………… (49)

遊璧魯洞天…………………………………………… (49)
和吴彦直遊峴泉……………………………………… (50)
五月望日遊仙巖……………………………………… (50)
普度醮慶成，賀同虚傅仙官………………………… (51)
賀彦衡弟新居………………………………………… (51)

卷三　七言絕句　七言律詩…………………………(55)

七言絕句…………………………………………………(55)

題方壺神仙意……………………………………………(55)

西宇真人枯木……………………………………………(55)

雲壑幽居…………………………………………………(55)

方壺仙巖竹葉……………………………………………(55)

望仙亭……………………………………………………(56)

煉丹巖……………………………………………………(56)

霄洞………………………………………………………(56)

龍潭………………………………………………………(56)

學士閣……………………………………………………(56)

禮斗壇……………………………………………………(56)

玉庭館……………………………………………………(56)

摘星閣……………………………………………………(57)

望靈山……………………………………………………(57)

月中桂……………………………………………………(57)

雲野圖……………………………………………………(57)

下棋峰……………………………………………………(57)

洗目池……………………………………………………(57)

七言律詩…………………………………………………(58)

聖節賜宴奉天殿…………………………………………(58)

癸酉九月二十一日坐冶亭蒙召賜還山，
賦此以紀聖德……………………………………………(58)

欽承聖諭周神仙進藥之異，於教有光，
喜而賦，以紀之…………………………………………(58)

立春早朝…………………………………………………(58)

太廟陪祀　歲暮…………………………………………(59)

己巳元旦早朝……………………………………………(59)

長至早朝侍宴 …………………………………… (59)

癸酉九日賜宴華蓋殿 …………………………… (59)

九日上旨賜衣 …………………………………… (59)

十月九日蒙頒賜 ………………………………… (60)

癸未十二月二十七日蒙頒賜法服 ……………… (60)

齋宿朝天宮貽王東白煉師 ……………………… (60)

題方壺萬壑雲煙圖 ……………………………… (60)

中秋同周貞白飲湛碧軒 ………………………… (61)

觀溪石因懷舊藏靈辟 …………………………… (61)

題方壺雲山秋思圖 ……………………………… (61)

題方壺高深海嶽圖 ……………………………… (61)

遊昭真宮贈祝洞天煉師 ………………………… (61)

遊南山湖上 ……………………………………… (62)

題三茅山卷 ……………………………………… (62)

題清白軒 ………………………………………… (62)

題方壺茅齋圖 …………………………………… (62)

題白雲軒 ………………………………………… (63)

題松筠軒 ………………………………………… (63)

題凝清軒 ………………………………………… (63)

南山淵靜軒宴集 ………………………………… (63)

山人獻紫芝二本 ………………………………… (63)

游水簾洞 ………………………………………… (64)

采瓊林間碧桃 …………………………………… (64)

飲湛碧軒賦石鍾乳盃 …………………………… (64)

題赤壁圖 ………………………………………… (64)

題孟浩然踏雪圖 ………………………………… (65)

山人獻石 ………………………………………… (65)

楮帳 ……………………………………………… (65)

爐炭………………………………………………（65）

題洞玄子卷………………………………………（65）

訪朋山如愚煉師榆原真館………………………（66）

題白雲茅屋圖……………………………………（66）

贈茅山王道士……………………………………（66）

題太和山…………………………………………（66）

遊桃源……………………………………………（67）

繁禧觀訪友………………………………………（67）

題方壺夏山圖……………………………………（67）

謁留侯廟…………………………………………（67）

遊雷壇……………………………………………（67）

遊靈芝巖…………………………………………（68）

題湖光山色亭……………………………………（68）

題聖井山天瑞白雲圖……………………………（68）

題方壺霖竹………………………………………（68）

遊南豐神龜岡……………………………………（69）

黃堂觀答同遊者…………………………………（69）

峴泉尋山得勝地…………………………………（69）

題山輝海潤圖……………………………………（69）

冶亭秋宴…………………………………………（70）

懷峴泉……………………………………………（70）

壽曹道録…………………………………………（70）

芝雲亭觀泉………………………………………（70）

雪中宴曹道録……………………………………（70）

題方真人秋風茅屋圖……………………………（71）

正月四日得旨還山，賦別傅仙官………………（71）

別曹道録…………………………………………（71）

冬日山居…………………………………………（71）

上巳山居述懷……………………………………（72）
冬晴尋渾侖庵故址………………………………（72）
題方壺蘧廬圖……………………………………（72）
雪後望金野庵、天瑞庵遺迹……………………（72）
雪中還峴泉………………………………………（72）
隱居………………………………………………（73）
題玄覽堂…………………………………………（73）
夜宿玄都觀………………………………………（73）
花晨宿東嶽宮……………………………………（73）
遊石仙觀…………………………………………（74）
宿神龜岡妙靈觀…………………………………（74）
遊麻姑山…………………………………………（74）
遊丹霞洞天………………………………………（74）
舟中望匡廬雪色…………………………………（75）
元夕上清宮建醮喜晴……………………………（75）
賀醮成答葛維禎…………………………………（75）
和沈講師韻………………………………………（75）
寄曹道錄…………………………………………（75）
秋日遊演法觀……………………………………（76）
遊萬壽峰…………………………………………（76）
題蕭史鳳臺………………………………………（76）
題飛仙……………………………………………（77）
題方壺雲出山腰圖………………………………（77）
題觀海圖…………………………………………（77）
題三峽圖…………………………………………（77）
大祀………………………………………………（77）
登大茅峰…………………………………………（78）
二茅峰……………………………………………（78）

三峰 …………………………………………………（78）

　　贈白雲沈講師 …………………………………………（78）

　　元夕留茅山 ……………………………………………（79）

　　遊華陽洞天 ……………………………………………（79）

　　題春暉樓 ………………………………………………（79）

　　宿武當別峰 ……………………………………………（79）

　　題雲林泉石 ……………………………………………（79）

　　題周仙官禱雨卷 ………………………………………（80）

　　題自像 …………………………………………………（80）

　　中秋 ……………………………………………………（80）

　　賀周仙官禱雪有應 ……………………………………（80）

　　訪獨庵少師 ……………………………………………（81）

　　次獨庵少師韻 …………………………………………（81）

　　次葛煉師賀賜衣韻 ……………………………………（81）

　　次董煉師賀韻 …………………………………………（82）

　　次前韻答王煉師三首 …………………………………（82）

　　題龍虎山圖 ……………………………………………（83）

　　題孫康映雪圖 …………………………………………（83）

　　重登大華山 ……………………………………………（84）

　　題洞霄宮 ………………………………………………（84）

　　登河圖仙壇 ……………………………………………（84）

卷四　七言長歌 ……………………………………………（87）

　　橐籥子歌 ………………………………………………（87）

　　題方壺真人《奇峰雪霽圖》 …………………………（89）

　　題《松陰授道圖》 ……………………………………（89）

　　題《華山仙掌圖》 ……………………………………（90）

　　題郭熙《秋煙平遠圖》歌 ……………………………（91）

題何滄洲《象山高節墨竹》歌 …………………………（92）

題王右丞《雪霽江行圖》歌·爲陳無垢作 …………………（93）

題《湖山春翠圖》歌·爲倪晉明作 …………………………（93）

題《琵琶雲氣圖》歌·爲張彥弘作 …………………………（94）

題宋復古《溪山積雪圖》歌 …………………………………（94）

題吳至靈葆和藏董元《寒林重汀圖》歌 ……………………（95）

好静軒歌·奉教賦 ……………………………………………（95）

清熙亭同諸玄幕賞紫牡丹，即席賦歌 ………………………（96）

送别王仲縉先生歌 ……………………………………………（97）

題方壺寶晋《雲煙圖》歌 ……………………………………（98）

題方壺真人墨竹歌 ……………………………………………（99）

古硯歌·答鮮性初高士贈寶晋齋硯而作 ……………………（99）

題董北苑《秋江待渡圖》歌·爲汪大椿賦 ………………（100）

豫章秀才歌 …………………………………………………（101）

野舟行 ………………………………………………………（102）

孝節行爲黄貞婦賦 …………………………………………（103）

題方壺真人淇籙堂墨竹行 …………………………………（103）

懷友行·寄水北楊雲溪 ……………………………………（104）

題《青巖隱居圖》歌 ………………………………………（105）

謝蜀府賜口衲歌 ……………………………………………（106）

題吳處淵畫山水歌 …………………………………………（106）

雪蓬歌·爲典籍邵原性作 …………………………………（107）

題《讀書松桂林圖》歌 ……………………………………（108）

題清真軒歌 …………………………………………………（109）

次姚少師茶歌韻 ……………………………………………（110）

送鄭教授叔度之蜀歌 ………………………………………（111）

題趙魏蘭石歌 ………………………………………………（112）

題《五龍圖》歌 ……………………………………………（112）

題中山草堂歌 …………………………………（112）

題《積雪觀梅圖》歌 ………………………（113）

題翠濤亭歌 …………………………………（113）

題《雪江獨釣圖》歌 ………………………（113）

卷五　詞　賦　騷　操 ………………………（117）

詞 ……………………………………………（117）

沁園春　登真 ……………………………（117）

水調歌頭　法海 …………………………（117）

風入松　問學 ……………………………（118）

無俗念　參究 ……………………………（118）

水調歌頭　內工 …………………………（118）

滿庭芳　山居 ……………………………（118）

蘇武慢　消閑 ……………………………（119）

滿江紅　閱世 ……………………………（119）

酹江月　江湖 ……………………………（119）

望梅花　絕交 ……………………………（119）

解紅　了悟 ………………………………（120）

風入松　和虞學士韻 ……………………（120）

賦 ……………………………………………（120）

澹漠賦 ……………………………………（120）

求志賦 ……………………………………（122）

騷 ……………………………………………（123）

停雲醳（有引）…………………………（123）

儗鞠歌 ……………………………………（124）

操 ……………………………………………（124）

耆山操 ……………………………………（124）

歸樵操 ……………………………………（124）

佩蘭操 …………………………………………………… (124)

卷六 頌 箴 贊 疏 …………………………………… (127)

頌 ………………………………………………………… (127)
華陽吳先生壽頌（有序）………………………………… (127)
黍珠龕頌（有序）………………………………………… (128)
示弟宇清頌 ……………………………………………… (129)

箴 ………………………………………………………… (129)
藏修箴 …………………………………………………… (129)

贊 ………………………………………………………… (130)
月鼎莫真人像贊 ………………………………………… (130)
瓢笠像贊 ………………………………………………… (130)
孔子問禮圖贊 …………………………………………… (130)
伯夷叔齊贊 ……………………………………………… (130)
王重陽真君像贊 ………………………………………… (131)
樂真唐真人像贊 ………………………………………… (131)
希夷真人像贊 …………………………………………… (131)
侍宸王真君像贊 ………………………………………… (131)
雷淵黃真人像贊 ………………………………………… (131)
衍素勞真人像贊 ………………………………………… (131)
貞白周先生像贊 ………………………………………… (131)
潁濱蘇先生像贊 ………………………………………… (132)
耆山羽服像贊 …………………………………………… (132)

疏 ………………………………………………………… (132)
演法觀修造疏 …………………………………………… (132)
靖通庵題緣疏 …………………………………………… (132)
本山上清市修路疏 ……………………………………… (133)
上清市五通廟題緣疏 …………………………………… (133)

臨川寶應寺題緣修造疏 …………………………（134）
　　南唐虎溪東林寺題緣疏 …………………………（134）
　　神霄雷閣長明燈疏 ………………………………（134）
　　南城縣南山圓明寺佛殿像堂疏 …………………（135）
　　資國寺題緣修造疏 ………………………………（135）

卷七　序 ………………………………………………（139）
　　《上清大洞真經》後序 …………………………（139）
　　《道德真經》序 …………………………………（140）
　　《華蓋山三仙事實》序 …………………………（140）
　　《華蓋山志》序 …………………………………（142）
　　重刻《天遊集》原序 ……………………………（142）
　　太上混元實錄序 …………………………………（143）
　　還真集序 …………………………………………（145）
　　道門十規·序 ……………………………………（146）
　　龍虎山志序 ………………………………………（147）
　　漢天師世家序 ……………………………………（149）
　　張氏宗系後序 ……………………………………（150）
　　三十代天師虛靖真君語錄後序 …………………（151）
　　悠然閣集序 ………………………………………（152）
　　丹纂要序 …………………………………………（153）
　　生神章註序 ………………………………………（155）
　　武夷山志序 ………………………………………（157）
　　白鶴觀志序 ………………………………………（158）
　　張嘉定集叙 ………………………………………（159）
　　宗濂稾叙 …………………………………………（160）
　　雲溪詩集叙 ………………………………………（161）
　　許氏族譜序 ………………………………………（162）

贈御風子序 …………………………………… (163)

送琴士朱宗明序 ……………………………… (165)

遊仙巖詩序 …………………………………… (166)

大滌洞天記序 ………………………………… (167)

太極祭煉內法序 ……………………………… (168)

太上洞玄靈寶無量度人上品妙經序 ………… (169)

卷八　記文 ……………………………………… (173)

蚊睫窩記 ……………………………………… (173)

靜復山房記 …………………………………… (174)

資深堂記 ……………………………………… (175)

倪氏東園記 …………………………………… (176)

安素齋記 ……………………………………… (177)

妙靈觀記 ……………………………………… (178)

正一玄壇題名記 ……………………………… (181)

頤萱堂記 ……………………………………… (182)

福慶觀記 ……………………………………… (183)

翠微觀記 ……………………………………… (184)

義渡記 ………………………………………… (185)

詒善亭記 ……………………………………… (186)

企雲樓記 ……………………………………… (188)

靈谷山隱真觀記 ……………………………… (189)

凝正齋記 ……………………………………… (190)

桃溪丹室記 …………………………………… (191)

歸明軒記 ……………………………………… (193)

歲寒亭記 ……………………………………… (194)

孝節堂記 ……………………………………… (195)

澄清堂記 ……………………………………… (196)

尚義堂記 …………………………………………… (197)

三峰堂記 …………………………………………… (198)

端本堂記 …………………………………………… (199)

新城縣金船峰甘露雷壇記 ………………………… (200)

易書齋記 …………………………………………… (202)

杏竹軒記 …………………………………………… (204)

崇仁縣玉清景雲觀記 ……………………………… (205)

稽古齋記 …………………………………………… (206)

存有齋記 …………………………………………… (208)

思植軒記 …………………………………………… (209)

建昌府武當行宮記 ………………………………… (210)

乾元宮記 …………………………………………… (211)

紫霄觀記 …………………………………………… (212)

卷九　書 …………………………………………… (217)

通彭先生書 ………………………………………… (217)

通蘇編修書 ………………………………………… (218)

通徐教授書 ………………………………………… (219)

通吴待制書 ………………………………………… (220)

答程訓導書 ………………………………………… (221)

通倪教諭書 ………………………………………… (222)

通王博士書 ………………………………………… (223)

與倪孟沖論火候書 ………………………………… (225)

畬張司業書 ………………………………………… (228)

贈《孝子周伯玉》序 ……………………………… (229)

回吴文正公宅求親書 ……………………………… (230)

回吴宅定聘書 ……………………………………… (230)

卷十　普説 ································ (235)
　三元傳度普説 ····························· (235)
　靈寶煉度普説 ····························· (237)
　授法普説 ································· (241)
　道家識語 ································· (244)

卷十一　論説 ······························ (247)
　太素説 ··································· (247)
　純一子説 ································· (248)
　志學説 ··································· (249)
　沖道 ····································· (251)
　慎本 ····································· (253)
　玄問 ····································· (256)
　太極釋 ··································· (263)
　先天圖論 ································· (265)
　河圖原 ··································· (271)
　廣原性 ··································· (276)
　問神 ····································· (278)
　觀植 ····································· (280)
　讀觀物篇 ································· (282)
　讀董仲舒傳 ······························· (283)
　書文章正宗後 ····························· (284)
　辨荀子 ··································· (285)
　辨陰符經 ································· (285)

卷十二　題跋 ······························ (291)
　《潘默成先生書》跋 ······················· (291)
　《應化録》跋 ····························· (291)

《檜堂奏槀》跋 …………………………………………（292）
　　王達善先生《梅花詩》跋 ……………………………（293）
　　何滄洲《竹譜》跋 ……………………………………（293）
　　《李氏族譜》跋 ………………………………………（294）
　　定武《蘭亭》跋 ………………………………………（294）
　　趙文敏真書《千文》跋 ………………………………（295）
　　宋拓《黄庭經》跋 ……………………………………（296）
　　書《劉真空傳》後 ……………………………………（296）
　　九龍卷跋 ………………………………………………（297）
　　李霽峰先生墓誌銘跋 …………………………………（297）
　　《草堂八詠》卷跋 ……………………………………（297）
　　《張長史帖》跋 ………………………………………（298）
　　姚少師書《蘇文忠公書》跋 …………………………（298）
　　俞紫芝草書《千文》跋 ………………………………（299）
　　《楊氏族譜》跋 ………………………………………（299）
　　《邵典籍詩文》跋 ……………………………………（300）
　　書《俞烈婦傳》後 ……………………………………（301）

卷十三　傳記 ………………………………………………（305）
　　紫虛元君傳 ……………………………………………（305）
　　金野庵傳 ………………………………………………（306）
　　趙原陽傳 ………………………………………………（307）

卷十四　銘文 ………………………………………………（311）
　　書室銘　並序 …………………………………………（311）
　　古琴銘　並序 …………………………………………（312）
　　恭默齋銘　並序 ………………………………………（312）
　　九光丹室銘　並序 ……………………………………（314）

古硯銘 並序 …………………………………………（314）
　　養性齋銘 ……………………………………………（314）
　　晦息齋銘 ……………………………………………（315）

卷十五　墓志　祭文 …………………………………（319）
　墓志 ……………………………………………………（319）
　　故上清宮提點樂丘王公墓志 ………………………（319）
　　故上清宮提點朋山張公墓志 ………………………（321）
　　故後軍府經歷周公墓志 ……………………………（322）
　　故上清宮提舉矩庵胡公墓志 ………………………（324）
　　故原宗傳先生墓志 …………………………………（326）
　　故上清宮提點了庵李公墓志 ………………………（327）
　　故紹庵龔先生墓志 …………………………………（329）
　　故道錄司演法朝天宮提點曹公墓志 ………………（330）
　　故岳州學正倪公墓志 ………………………………（332）
　　故神樂觀仙官傅公墓志 ……………………………（333）
　祭文 ……………………………………………………（336）
　　先祖妣胡氏元君遷塋祭文 …………………………（336）
　　祭周經歷文 …………………………………………（336）
　　祭紹庵龔先生文 ……………………………………（337）
　　祭曹道錄文 …………………………………………（338）
　　祭胡贊教文 …………………………………………（338）
　　祭傅仙官文 …………………………………………（339）

卷十六　青詞　齋意　上梁文 ………………………（343）
　青詞 ……………………………………………………（343）
　　己巳年酬醮宿啓青詞 ………………………………（343）
　　張氏明薦父青詞 ……………………………………（343）

酬醮早朝青詞 …………………………………………（344）

　　正醮青詞 ………………………………………………（344）

　　本宮大殿慶成，正醮謝恩青詞 ………………………（344）

　　懺紫微臺青詞 …………………………………………（345）

　　懺臺早朝青詞 …………………………………………（345）

　　甲申普度酬醮滿散青詞 ………………………………（345）

　　普度早朝薦拔青詞 ……………………………………（346）

齋意 ………………………………………………………（346）

　　己巳酬醮齋意 …………………………………………（346）

　　本府年經齋意 …………………………………………（347）

　　圓臺酬醮齋意 …………………………………………（347）

　　建溥度齋意 ……………………………………………（347）

　　甲申普度酬醮齋意 ……………………………………（348）

　　圓臺建醮誠意 …………………………………………（348）

上梁文 ……………………………………………………（348）

　　三清殿上梁文 …………………………………………（348）

　　勅建祖師殿上梁文 ……………………………………（350）

　　三門上梁文 ……………………………………………（352）

　　正堂上梁文 ……………………………………………（353）

　　後堂樓上梁文 …………………………………………（355）

附錄一　《峴泉集》版本述略 …………………………（357）

附錄二　元始無量度人上品妙經通義 …………………（362）

附錄三　道門十規 ………………………………………（428）

序 一
耆山無爲天師《峴泉集》序

　　天地間至精至微者，道也；至明至著者，文也。道非文不明，文非道不立。析而言之雖爲二，要而歸其實一也。乾坤之所以覆載，陰陽之所以變化，寒暑之所以代謝，日月之所以往來，山川之所以流峙，草木之所以榮悴，無非道也，無非文也。其可離而二哉，又可以强而合哉！故聖人者作，因其自然之道，著爲自然之文，未嘗以一毫己意加之也。是故因其變化之理而成《易》，因其訓詁之體而成《書》，因其治化之迹而成《詩》，因其褒貶之法而成《春秋》，因其節文之實而成《禮》，因其和暢之用而成《樂》。此六經之文，所以終天地、亙古今而不易者，以其出於自然也。後之言文者，舍是何適焉。自周之衰，王道熄而百家興，競以私意臆説，騁辭立辨以相高，求弗戾於道者，百不一二焉。於時有若老子者，其言以清静無爲爲道，著書五千餘言。後世嘗有以之爲治而治者矣，其庶幾於道者乎！

　　嗣教真人張公無爲，自其家世宗老子之教，至公凡四十三傳。公天資穎敏，器識卓邁，於琅函蕊笈、金科玉訣之文，既無不博覽而該貫，益於六經子史百氏之書，大肆其窮索。至於辭章翰墨，各極其精妙。是以歷職天朝，皆以問學之懿，深蒙眷寧。凡殊褒前席之榮，歲賚有加，而王公貴卿縉紳之士，亦莫不禮貌焉。蓋江右文宗，多吴文正公、虞文靖公之遺緒，而公能充軼之也。其所造詣，豈苟然哉！間出其詩文若干卷，屬序焉。其詩之沖邃而幽遠，文之敷腴而典雅，讀之使人健羨不暇。視世之占畢訓詁，拘拘以才藝自足者，爲何如哉！矧公領宗門之重任，專以化人誘善，輔國翊祚爲心，其見於此者，特其緒餘耳。雖然，予嘗考公德業，既本於無爲，是能遊心太初，與道爲一。而且沈酣於六藝之文，蒐獵於百氏之説，於是發於文辭，理與意會，有不期工而自工者矣。其有補於老莊之道者，又豈神誕之誇者比哉！

　　公以紳有世契，相與極論斯事，必撫掌劇談而後已。故爲序。其曰《峴泉》者，因精舍之稱云。

　　國子博士金華王紳序。

序 二

耆山無爲天師《峴泉文集》序

《峴泉集》者，嗣漢四十三代天師張真人之所作也。真人學行淵邃，資識超穎，貫綜三氏，融爲一塗。旁及諸子百家之言，靡不暢曉。故其發爲文辭論議，雄邁偉傑，讀之令人擊節不已。予嘗愛其文，如行空之雲，昭回絢煥，變化莫測，頃刻萬狀。曄乎其成章也，又如入秋之水，膏停黛蓄，微風興波，萬頃一碧，湛乎其泓澄也。詞賦詩歌，又各極其婉麗清新，得天趣自然之妙，可謂兼勝具美矣。且聞龍虎名山，靈氣翕聚，鍾英毓秀，挺生列真，以道德相傳，其來遠矣。若道腴內充，華藻外振，以文雄一代者，乃今獨於真人見之。洪惟我朝太祖高皇帝混一寰宇①，光嶽氣全，天運之興文明三十餘年矣。今上皇帝踐祚以來，氣益昌而運益盛。雖遐陬僻壤，莫不呈材獻藝，摛文掞藻，以自見於時。況在文獻之邦，神明之冑，優遊乎德澤，涵泳乎詩書，大肆厥辭，鋪張盛美。以黼黻太平之治，不亦宜乎！雖然，此特其餘事耳。至於真人超然獨得之妙，黷道之士，又當於詩文之外求之。

峕

永樂五年秋七月吉日序②

---

① 《四庫全書》本"宇"作"寓"。
② 《正統道藏》本無撰者名，《四庫全書》本作"遼王拜手謹識"。

序 三

程通《峴泉集》序

　　嘗聞①有其道者，必有其文也。日月星辰，天之文也；山川花木，地之文也；禮樂制度，人之文也。蓋道爲體，文爲用。儒先謂文章爲貫道之器，不其然乎！

　　龍虎嗣漢四十三代天師無爲張真人，神明之胄也。天資超卓，學問淵源。本諸中者，有道德之崇；著於外者，有文章之懿。嘗銓次其平日所作詩文凡若干卷，目曰：《峴泉集》，英華焕發，照耀簡編。以言乎詩，則託物寫情，優遊不，得詩人情性之正；以言乎文，則雄奇汪濊，鋪叙有法，得古人述作之體。是以海内文人碩士，傳頌而稱羡者，比比焉。自非真人學通百氏，道貫三才，體用兼該，精詣獨得，安能發而爲此耶！及觀集中所著《沖道》《慎本》《太極》《河圖》《原性》諸篇，義理之玄微，研究之精極，議論之閎肆，其於天地造化、山川人物、禮樂制度，靡不該貫。雖專門擅業、皓首窮經之士，有不能及者。非惟有功於玄教，其於世教，亦有裨焉！將見斯集流傳於天下後世，與峴泉相爲悠久而無窮也，必矣！且真人嘗爲通著《尚義堂記》，俾先祖父之志

---

① 《四庫全書》本作"少嘗"。

行，亦得託於不朽。斂襟三復，深有感焉。因書此於卷末，以致其私意云。

永樂五年秋七月甲子新安程通謹識

卷一

五言古詩

卷一　五言古詩

儗神釋①

天倪邈難窺，萬匯紛往復。至理融大鈞，一本森化育。虛靈宰妙樞，炁機運亨毒。

消長互詘伸，玄渾體群屬。昭晰互一初，垢氛曷驅束。夭壽豈二途，短修更覊促。

松喬古仙人，騁駕逸飇躅。矯首願從之，孤騫眇趍逐。委順埃壒中，攖寧去污瀆。

肖形等蟬蛻，濡沫更統族。曠視寓六骸，贅疣奚見獨。潛真絕町畦，淵澈净無欲。

誰云昧喜懼，旦夕每藩觸。廓然外天地，吹息猶轉燭。千齡垂耿光，至神永昭煜。

述懷

忳忳穹壤間，一炁互磅礴。宇宙充八紘，虛靈湛真覺。紛華

---

① 《正統道藏》本原系《操》下，概分卷錯誤所致，今析出。下十四首同。

苟螟聚，橫戾競奔鱷。

　　爭淪桀跖違，曷志孔顏樂。凝冰惕霜履，熾焰撫薪愕。孰達衡運幾，聊從澹遭泊。

　　誠道洞一初，精微曷綿邈。秋空徹靚淵，霽月瑩潛壑。千古奚與同，休焉守沖漠。

　　寒暑迭推遷，今古更代謝。健行運不息，圓方奠高下。雨露孰非教，風霆備生化。

　　至理宰冘機，裁成範陶冶。大哉體誠明，遵養緝純嘏。立命斯建本，憲章足資藉。

　　曷令斧藻乖，愆瘝乏甄煆。淇澳漠餘聲，玄功漫悲灑。

　　孔墨素殊道，孟荀良異功。問關赴衛魯，王道終誰從。淳于志不屈，堅白歸孫龍。

　　齊頌皷騶爽，美新慨楊雄。玄言晦鬻老，關鷃知求中。莊列擅雄怪，駢到師談空。

　　立言始周弊，誕謾將焉窮。善時苟不利，曠達歸無終。

　　至道妙三極，人文著皇衷。仁義本天性，賦質何智蒙。主敬乃純一，操持慎厥躬。

　　中和宰衡軌，發育居神功。鑽仰思纘緒，危微惟篤恭。昧彼誇毗子，罔趁濂洛風。

　　幽貞抱遐慕，郛郭將奚從。樂只魚鳥住，契玆泉石從。寥寥太古調，俛默還羲農。

　　抱真悟懸解，齊物探吾玄。偃月兆鄞鄂，規中契潛淵。虛明囧樞極，妙契交迴旋。

陽火溢真候，陰冰解寒泉。黃中運輿轍，一息還周天。瓊液孕靈根，玉華爛芝田。

　　神化匪言測，徵圖浩冥詮。夙昧玄命秘，乘風招偓佺。太和在葆合，控駕凌高騫。

　　坐忘燕踵息，薄俗紛馳縈。苟知達生理，洞徹性命情。追提匪遊刃，犧繪信天砰。

　　禍福相倚伏，存亡宜自明。贅疣盡土苴，猩辨奚足徵。申公竟返轍，轅固終途行。

　　巢許愧清流，叔時號賢卿。浩歌采苓吟，豈復罹攖寧。躐步誠跛鱉，寵辱何足驚。

　　盜名鄙田史，醯蚋奚足悲。禽犢乃身美，蒙鳩匪苕危。仲尼返鳴犢，虞公去之奇。

　　僖負豈蒲葦，蹇叔空騏驥。卓犖招遠風，千齡美同歸。吁嘻魏莊子，胡獨嗟歎爲。

　　采葑行且歌，永赴山林棲。

　　天地亦形器，陰陽擅屯蒙。吹萬紛錯行，柄鑿焉偶通。糟芧妄沉溺，鷃鷃奚均同。

　　素履貴貞固，含章視文中。卻缺藉耕饁，蘧瑗潔有容。弦章謝魚乘，沉猶絕羊蹤。

　　尺蠖變蒼黃，誹譽戒木公。衛風慨柏舟，川逝何忽忽。林類默無言，拾薏歌幽叢。

儗古

　　朝陽昇①東樹，微月流西岑。鳴河遡急瀾②，衆鳥亦交吟③。春夏氣候殊，涼燠自駸尋。
　　邅慕期永託，斯人藹蘭襟④。邈然與世隔，空睇瑤華音。騫⑤修曷爲言，感慨授⑥吾簪。

　　靈陰晦陽彩，清風入床幃。梁燕巢舊壘，濱鴻起高飛。庭木鬱南榮，川流迅東歸。
　　枳棘塞道途，躊躇竟何之。陟彼崇丘高，苞蕭四紛披。去去勿復言，緇塵易沾衣。

　　迢遞東山行，逶迤西北蘭。佩之欲何歸，烈風吹暮寒。凝氛日冱凍，霜露涉愈艱。
　　所惜芬馨質，恐貽蕪穢殘。泉流聲悲咽，玄蟬號空山。隰苓空欲采，俁俁奚獨安。

　　東山高且夷，溪流急何深。翔鳥奮高飛，浮雲結重陰。春芳茂百卉，悲風蕩陽林。
　　榮悴等朝暮，老大徒駸駸。富貴焉苟圖，竄空恥千金。商山紫芝秀，園綺終何心。

---

①《明詩綜》"昇"作"升"。
②《明詩綜》作"清泉活活流"。
③《明詩綜》作"好鳥交交吟"。
④《明詩綜》作"美人崇蘭佩，芳香襲衣襟"。
⑤《明詩綜》"騫"作"謇"。
⑥《明詩綜》"授"作"投"。

驅車出西城，城野多芳樹。霏靄霑裳襦，繁陰蔽庭户。寒日下長河，迢迢南征路。
　　念我久離居，行行重回顧。人生百年内，憂懼知幾度。明月照崇岡，衆星纔四五。
　　悵望欲何之，淒淒秋風暮。

　　冬入寒氣至，北風吹楊園。落木號秋聲，夕景照西軒。不知夜未央，星彩明且繁。秣馬涉堅冰，遊子嗟路難。念我平生懷，接迹難爲言。冰絲抽妙音，餘響流雲端。
　　矯首千古思，轉燭復歲寒。

　　東北有嘉樹，日暮微風涼。霖潦益載途，浮翳猶飛揚。夕照下西嶺，餘光燭幽房。
　　白露盈階除，明河低復昂。披衣起徘徊，胡爲多内傷。但恐志願違，握髮倏已蒼。

儗遊仙

　　蒼蒼山北芝，英英崇岡木。芳縟晨夕豔，柯葉自蕃茁。羽珮期天遊，絕世倫高逸。
　　翹迹青溪外，曠視濯淵潚。暮昔浮丘翁，永嘯駕輕颸。卓犖窺峻島，翱翔控回飇。
　　遠引趁六合，豈貴徐韓術。浩歌企明轍，漠然藉幽密。

　　閒閒聲利宅，丘山潛遯區。馳車奚欲營，何事返蓬廬。攀林陟崇岡，援皋俯清渠。
　　層岑足低徊，焉復被長裾。崆峒隱柱史，鄭圃卧一臞。達則奮鴻舉，超能肆淵魚。

冥棲煙霞表，浩嘯窺元初。

靈峰高萬仞，中有學仙子。霧凝崖谷巘，雲蔽泉源浽。孰測彼何斯，聞乃葛洪氏。

抗迹泝羅浮，神丹資久視。軒蓋東北還，珠林佇鸞趾。瓊姬逝我往，泠然奮輕羽。

靈均辭曷通，瞻首竟何俟。

儗招隱

步屬事棲隱，幽蹊歷迴迂。林託匪雲構，榛蓬藉荒隅。幽蘭被崇皐，餘芳翳環居。

遙岑列崎嶔，喬林亦葳蕤。惟藉耕與牧，疇畝已菑畬。胡爾役羈縶，峻谷乃吾娛。

商洛潛東園，高丘憩長沮。遲徊曷彼招，誠欲歌接輿。

偃息中林阿，杪日敷榮下。下有清池曲，足以滌塵纓。薈蔚蒼森中，松桂勁且貞。

叢薄蔓蒿莽，寒泉瑩孤清。組綬罕兼善，退遜可獨膺。荷篠迹荒途，巢由絕紛縈。

至人非前陌，大化聊斯乘。悵望將孰契，踟躕抱餘馨。

夙幕中未符，行庭空徙倚。徙倚竟誰從，斯人臥衡葦。晨陟西嶺阜，暮返東皐址。

崇岡屹高屏，繁木森茂宸。企越慨風篁，懷陽嗟露卉。林孼奚亭亭，流雲被層峙。

虛巢薄輕條，靈蔭藉幽宇。蹇拙寧有俟，聊欲憩穹斐。遯利足居貞，振袂安所止。

儗形贈影

萬物同一本，盈虛乃其常。天地亦形器，流行藉柔剛。健順恒不息，太和胡內傷。

浮生等幻有，靈明昭否臧。窮達妄蟒蝟，志違難合張。趍馳苟污濁，沒溺爲身殃。

自昭耿不昧，明德誠無方。夕惕慎吾履，乖違甚冰霜。願言紳斯語，庶以善自疆。

儗影答形

寓迹俱朝露，踐形貴彌肖。乾坤等亙機，陰陽曷窺微。萬有羅紛紜，趍馳競喧耀。

昏冥日昧淪，汨溺甚污醮。放僻忘羶漓，何由返明照。至哉聖哲徒，箴誨聿弘要。

跬涉猶履冰，敬持乃熙紹。誠身慎厥修，毋墮百齡誚。大化同一歸，澄虛以觀妙。

儗古意

養心見天則，動靜環無端。義命本一致，降衷實幽蕃。皇皇群聖言，服膺惟肺肝。

盡性斯固執，操存匪貞艱。危微在主一，居敬回奔湍。馳鶩當寡欲，炎凝生燥寒。

乾健宜不息，化機運循環。誠身乃立極，歸會良非難。哀哉曲辨徒，嘵啃分外干。

蟺蜪金史華，蟪蛄秦趙懽。緬默謝浮趨，憤悱增浩歎。云胡鴻碩生，自昔含悲酸。

仰止千古期，窮神斯大觀。

雜詩

晨陰收陽彩，風雨來北林。節更物候變，列樹增繁陰。偃息庭宇靜，園禽流好音。

仰止先民懷，扃坐抱虛心。高蹈慕原憲，子貢嗟貧侵。靈域安寂照，藏密將自任。

崇情協逸尚，慨獨散沖襟。拖履歌黍離，曠迹惟川岑。

曙星曜餘暉，圓景豔秀木。達旦陰蚩吟，清霜澹叢菊。遵渚鳴飛鴻，汀葭翳繁綠。

美人隔秋水，矯迹卧峻谷。王霸邈遺風，袁安偉芳躅。歲晏欲相從，整駕聊躑躅。

逶迆朝陽暉，倏已在林曲。

旦夕氣候變，林園散餘清。飄花委返照，向暮蜻蜓鳴。首夏暑未炎，芳草交池生。

息倦步微月，涼飆白露盈。棲遲慕周爕，偃蹇懷管寧。高視悲幻化，顯藏在人弘。

用懷泉石侶，脫屣絕浮縈。

孟夏多涼風，炎暑尚未周。芳樹葉雲布，晨鳥喧相求。幽芳被叢薄，遙草亦滋柔。

日入欣有託，荊榛翳崇丘。人生等過隙，縈縈俱蟯蚘。賦芋惑群狙，外身固無尤。

玩道猶醯雞，何復百世憂。

生無涉世意，舉俗非吾知。身幻每朝露，哀樂常相隨。天地觀大全，一炁聚散之。

安貧覺富勞，守賤忘貴危。班彪素嗜古，周黨良屈奇。委和去紛銳，禍福非所貽。

世無黔婁士，斯言當告誰。

寒冬無停運，四野交重陰。日暮浮雲馳，悲風響疏林。棲鳥鳴故條，懷春發幽吟。

膏車昧往轍，控翩稀翔音。遐託祕玄招，曠遊謝塵簪。景光駛飛電，曷由契篤心。

遠矚憩陽岡，孤騫渺欽崟。浩觀漠萬化，誰足攄吾襟。

旦氣忽舒和，清明炯無翳。流觀洞八垠，長養萌萬彙。膏雨鳴檐端，春陽藹涵煦。

晨風動高林，浩蕩長川逝。枕藉惟群編，虛中迪先志。塵羈弭迅奔，情垢息炎熾。

曷睎龐萌招，奚投薛方契。慨彼逐末徒，寥天昭象帝。

秋興

烈風鳴高樹，悵然知有秋。晨光變川谷，日夕天雲浮。積雨解炎候，繁陰急鳴蜩。

延佇感代謝，披襟獨綢繆。浮生並蚊蚋，吹息同喞啾。含慨尹生怍，緬懷閎夭儔。

委蛇中林託，憀慄曷少瘳。貪餒競鉤餌，徙攘焉自由。玄聖欲無言，誰當解吾憂。

苦雨漲寒潦，愁飈終夜鳴。悲蛩響庭戶，野渚荒煙橫。草木益黃落，撫膺群慮增。
　　明燈起床琴，理韻難成聲。邈矣黃唐化，愠忓徒內盈。凝陰肆淫溢，坎壈隨晦明。
　　達旦耿無寐，徒茲悔吝生。湮淪慨自昔，竭蹶焉遄征。泛觀等一瞬，聊復釋餘情。

　　耀雲提蓐收，秋氣日蕭瑟。霜露漸慘悽，蟋蟀鳴寒夜。晨霏翳穿林，翔鳥息幽澤。
　　櫏槮被餘姿，撫感動悽惻。流俗競處羅，先猷鮮繩墨。陰氛蔽交衢，蹎蹀逐榛塞。
　　宋玉慨悲風，靈修仰貞則。濁醪餐落英，軟駕企休德。九畹蕙華滋，凋林菊初白。
　　聊從澹容與，疇能冒時責。

　　朱曦淨炎威，商候變金素。晨林揚迅飈，庭草盈白露。落木被微陽，莎雞鳴近戶。
　　通波泛平川，鳧鷖鳴遵渚。潛居靚杪秋，代序曷停佇。煩憺千古思，高騫邈遐愫。
　　徒增惠連感，豈眷安仁慕。結軫睇鴻軒，濯纓欲河赴。棲遲丘園樂，俛仰藉幽顧。
　　怊悵樵采蹤，浩歌漠中路。

　　謝拙契林臥，養痾群慮消。重陰翳肅烈，漢潦彌崇朝。嘉木淨飄脫，幽蘭長芳苗。
　　索居信虛憺，中谷何悽寥。郭泰已巾墊，費貽宜轍遙。埃風熾僄狡，感愓煩中焦。
　　匪藉丘壑憩，胡能絕喧囂。偃息任寒燠，操觚賦樵嶢。寒泉

足自瑩，一滌心神超，

　　放情歌谷風，輟策羲農招。

養疾①

　　濯足山澗中，杖策暝乃還。寒蜩鳴疏樹，落日下西山。灌園露已濕，倦息衡門間。

　　窶空非苦疾，鶉衣畏早寒。寧貽榮叟誚，齒落無衰顏。

次韻蘇素庵寓興

　　形質俱幻有，陽剛獨貞堅。乾坤備健順，至理盈中悁。久曠山澤遊，春深長芳草。

　　悠悠懷故人，千古同斯道。

　　脫迹遺世紛，言慕巢居子。披榛事幽棲，道在孰吾否。落落山谷趣，偃蹇臥中林。

　　潛居守淵默，千載惟寸心。

次韻蘇素庵雜詩

　　積雨晦餘春，幽禽語芳樹。飄花委夕風，寒流盡東去。節候逝驚湍，浮榮渺馳鶩。

　　澄觀了萬化，形色自新故。晦息斯內持，操存自朝暮。述古欲無言，刈苗長餘地。

　　貞幹凌歲寒，松柏豈凋瘁。培養宜及時，耘除淨榛穢。洞觀萬古期，明德匪行至。

----
① 此詩據《明詩綜》補入。

微月出東嶼，明河澹疏星。露華集灌木，衰草陰蛩鳴。虛襟坐長夜，撫慨攄餘情。

萬事等埃腐，云胡勞死生。悲懽偶大夢，歲月徒斯征。感此奚足歎，百年同醉醒。

物性具至理，託質涵賢愚。利害相斜合，殉溺非智夫。哲人達天德，生化紛榮枯。

貴富恥貧賤，降衷初本如。衡茅謝形役，養拙安吾居。

蒙莊悟在宥，遣幻以休休。鄭列語天瑞，矯抗絕時流。寓言悚萬世，鮮爲經濟謀。

功業付埃壒，身名了無求。惠王識大瓠，從此忘春秋。

明鏡燭妍醜，精光匪轉同。止水見鬚眉，老少非外容。鏌鋣號剛利，於伎均屠龍。

慨此千載士，琢礪須良工。

次韻蘇素庵詠懷

物生具一本，根委宜相因。孩提禀靈覺，靡不知所親。降質等彝善，明晦猶朝昏。

先訓發深蔽，荒嬉遺精勤。至和塞宇宙，膏味非足珍。昭德在躬踐，嘉猷必誠身。

懷玆每歎逝，川月披浮雲。

虛庭被朝旭，暄和欣自得。疏竹鳴輕飈，荒苔鮮行迹。幽居樂靜恬，浮務寡馳迫。

薄俗安流趨，摧本曷滋植。恣睢日膠轕，念之耿深惕。熾濫宜異勢，凝道斯至德。

經訓藉遺轍，内損乃吾益。慎哉勖初志，操省自晨夕。

題崆峒石房圖

神媧煉粹瑛，圮叟化靈石。惟此天地根，琳房孰鐫闢。崆峒世名嶽，妙冠軒黄籍。

颻宇曠天遊，抱真慕遐迹。宜兹冥寂士，遠託契空碧。露菌益椿齡，霜松資服食。

靈籤寶玉書，大藥訪金液。雅好在清暉，幽詮窺太易。楊江夢川瀬，韶館憩歸舄。

不有壺中仙，玄黄圖一息。雲含空洞居，月瀉金波夕。陰壑秀瓊芳，流湍注迴劇。

栖神廣漠間，浩蕩方瀛適。稽首廣成君，澄虚守玄極。

題清白軒

堪輿運元化，萬有備貞一。至理含妙機，澄虚耿無息。秉彝本明善，汩蔽競膠軼。上公知體仁，端本貴操率。圖史盈坐隅，軒窗敞林苾。丹堊崇構明，芳馨蔓花蔚。

趨陪總耆彦，講貫每編帙。

帝戚貳重藩，持忠贊寧謐。秋霜澄淵潔，寒月皎川逸。曠視塵垢徒，浮榮等昏窒。鯤鵬眇天池，振翮靡回遹。簪紱揚世勛，榮名仰穹鬱。願安宗社隆，千載著熙密。

題靜學齋

太易兆胚輝，陰陽運無始。虛靈妙莫測，動靜該至理。萬彙同一初，殊分鮮端紀。人文判羲畫，賢哲範衡軌。聖學斯主靜，臥龍乃潛啟。天人罕一致，理欲爭紛靡。

外溺麀奔騑，中移疾張矢。澄淵既汩涓，綱素亦蒙侈。敦復若回轅，驚馳忽恬弛。寸心苟明定，霜月皎秋水。維揚一故冑，溫篤志前軌。習利稽化元，靈樞究玄指。

詩期鮑謝工，操慕關閩履。遵養際時雍，顯庸見旌美。泛觀鄙世流，顛悖竟何已。敏求貴勿怠，持敬以安止。

題修省齋

虛靈宰五官，四體囿衡氣。至理具寸心，天人斯一致。脂韋情慮紛，物欲肆交蔽。放僻生隱微，顛危焉內制。凝淵昧淪溺，焦火汩炎熾。典謨具聖哲，濂洛啟幽閟。

敦復匪途遙，返躬若紬棄。操存在持敬，逸驥安六轡。動靜時厥中，戒慎奚必意。襄江有俊彥，久造岐黃秘。問學鄙庸流，儒先篤高志。潛修致震亨，內省惟恐懼。

夕惕若履冰，休光乃蕃賁。克研遵養工，日益將罔既。體仁宜博施，食報豈遞替。寂感妙莫窺，殫酉竸狂戾。願言肅薄夫，明訓發矜勵。

題繼志齋

乾坤運無息，斯道具六經。君子繼先志，廓焉觀厥成。宇宙毓精粹，刻資川嶽靈。婺郡卓文冑，奕世峨簪纓。詞林振高步，聖域揚休聲。文節茂家訓，終艱欣嗣英。

幽潛奮舉翮，雅譽躋王廷。賢屏著令德，錫言周睿情。王君揭華扁，至澤惟忠貞。砥礪藉明習，涵濡資內澄。積中發妙蘊，麗藻紛瓊瑛。仰止光祖烈，崇編垂令名。

昔賢貫金石，千載歸誠明。

題黃茅庵圖

扶輿奠高厚，萬化兆溟漠。妙道潛至和，陰陽蘊磅礴。名山抱環樞，遐視淩海嶽。一氣旋規中，三花孕鄞鄂。外施神靈役，內固風霆握。環堵藉黃茅，孤笻步丹壑。

伊昔濟旱枯，江流奮鯨鱷。瓊葩秘洞笈，踵嗣紛超卓。嘉譽益神州，玄裳嘉雄角。再瞻壺子圖，運墨契精樸。淵默寂無聲，翔飇睇寥廓。

題南山霜隱圖

至道逸榛塞，弛張安預謀。玉川啟邅慕，宛託林塘幽。雲林被膏雨，風泉響崇丘。玄姿煥文豹，隱迹嘉南陬。澹泊鳧鷖趣，微茫江漢流。適茲藉肥遯，焉迷機辟籌。

伊呂不世偶，含章終見求。蒙莊善違患，蔚爾觀藏修。

九日登樵坡自遣

朝旭解微陰，侵晨步幽谷。丘園遂遠託，世網何跼促。千樟聳瑤琨，孤泉漱鳴玉。衡門藉崇丘，虛牖面漪竹。物候感湍駛，勞生信羈梏。君子慎行藏，得喪奚榮辱。

譖巧競危機，孚誠愧鉤曲。抱中守義命，肥遯素安足。悵懷箕穎徒，瓢棄曷所欲。脫屣撫喬松，傾醪對叢菊。秋花豔夕姿，聊復適心目。長嘯邈空冥，達觀恥流俗。

傲睨雲漢期，豈暇忘鹿逐。居虛了無貴，委順焉踬躅。

課耕

耦耕南畝上，資植日已茂。藝種各及時，相知或新舊。原林多豐壤，泉谷每深竇。耘耔已覺勞，紡績夜深晝。耨耕侶鄭伊，先農仰周后。素懷鮮塵合，曠迹依巖岫。

深扃讀我書，於世復何咎。貧賤樂乃常，蒙莊斯在宥。

出市歸多遲，在山起常早。風霜秋已冬，衰榮豈長好。脫葉靜寒柯，農獲藉深稿。躬耕聖且然，伊寧達王道。龐葛事畬畚，窮通可終保。群言慨古昔，撫己增幽抱。勸拙愧長沮，揠苗憎蔓草。俯謝農圃人，榛蕪慎除掃。

課樵

宿慕山澤招，於焉樂肥遯。幸逾羈罼羅，偃蹇寂無悶。還策陟荒途，林栖美敦艮。衡門翳蔓綠，方沼涵清汶。穹巘聳藍孤，飛泉瀉瑤混。夕聞樵采音，伐性感迢論。

休貞謝蹇拙，澆惡何利鈍。紬繹託遺言，資生付農畚。素諧魚鳥懽，豈沮鮑鱗涸。養拙知曲全，持盈戒滿損。抱道達先機，迷常信衡運。曷嗟原憲貧，獨契閔休困。

俛仰心志違，流光慨經瞬。濯足聊委縭，狂歌滌幽憤。

山舍夜坐紀興

潛僻非世圖，幽恬足真賞。晨招逸人來，遠策緩藜杖。叙別馨春醪，園蔬雨餘長。延懽喜就宿，窗籟風泉響。草露喧候蟲，林星曜虛敞。芳池瀉初月，山氣襲膏壤。

沉寂諧靜便，栖遲愜敦養。輕蜩蛻污濁，冥鯤絕痾癢。久違商皓遊，焉期漆園想。燃薪盡永夕，聊與謝塵鞅。

乙亥季夏還山居偶興

末夏熾餘暑，幽期諧素衿。川原①蔽繁綠，溪渚澄蒼②潯。田舍靜雞犬，荒蹊抱深林。圓淵敞靈構，迭嶂羅高岑。荷氣薄朝露，魚波衣重陰。披荊③遂恬息，濯澗清閑心。

遺世匪④塵傲，養真宜自任。秋風動早思，寫我丘中琴。

題山林幽居圖

素業得幽勝，壯遊知早還。讀書匪干祿，杖策恬丘山。卜築隱原野，翛然林水寬。磵橋度虛落，夕靄滋崇巒。怡樂事耕釣，謝徵足投安。論交久凋落，抱器無外干。

圖勝得仙繪，高情寫幽澨。顧我迂鈍質，遺形丘壑間。披覽啟中好，從茲期歲寒。

山居晚興

孤筇入暝壑，秋思滿丘山。適此松桂託，倦翮宜知還。商颷動淒冽，池溜鏘鳴環。落木秀陽岡，荊扉被皋蘭。起窗理散帙，

---

① 《明詩綜》"原"作"源"。
② 《明詩綜》"蒼"作"深"。
③ 《明詩綜》"荊"作"襟"。
④ 《明詩綜》"匪"作"非"。

遠籟微鐘殘。夕露浥叢菊，傾罇少怡顔。

困亨累咎往，夷晦無尤艱。懿德羡攣孚，反躬惟内閑。知天久達命，樂止聊吾安。大化本漚泡，蚍丸邈浮干。清霜藉叢薄，流景倏已闌。蜩翼匪雲垂，何嗟遲慕間。

餘齡付寂寞，卧疾窮幽潺。

冬日山居

嘉遯抱素期，樊籠澹高躅。殘流響遠蹊，杖策還幽谷。野雀鳴晝扉，方塘湛寒綠。迅飈蕩清氛，霜葉滑林曲。撫感心志違，含情塵網束。衡門足棲息，豈愧鷦鷯木。

久藉孫登悟，曷煩季主卜。養真付餘齡，明命孰吾欲。宗嗣屬天倫，哀煢愴顚躅。誠身愧靡逮，崇德念虛篤。洞視委順流，浮羈妄煩促。所悲負夙懷，遺響邈輓轂。

積靄浄遙岑，澄空皎霜月。寒流響佩環，露下衆星列。高閣凝霧姿，嚴風度淒冽。反躬在立命，居俟志寧輟。黃鳥止丘隅，馳鶩苦塵蹶。有斐空谷徒，玄機夙耽悅。

曷能昧俗趨，得喪摧勁節。達士固樂天，何由太空閱。至和妙一初，滌此幽憤結。聊欣梅竹芳，歲晏卧冰雪。

負喧息南榮，簷旭暖衡宇。滴露響叢篁，冰澌度林水。寒梅競雪含，藉莽並風靡。四運盈縮周，初陽曠天雨。層岑翳薄靄，鳴澗續泠耳。偃坐雲水幽，澄虛足安止。知天孰匪躬，盡性端在己。疢往謾祗晦，懲初必敦履。曷窺元化機，遺迪仰前軌。矯首慨彼蒼，采芝欲誰語。

山居小酌贈王、吉二高士

初陽曖旭霽，靜侶喜聯訪。衡宇澹朝暉，林泉足清曠。偶延雲水娛，豈謂匏罇廣。久謝埃壒情，禽魚遂間敞。虛恬與道俱，澹漠益天放。了觀鵰鶯趨，昏晝溺塵網。

慨慕鄭李招，奚能泊飄浪。愧予日衰鈍，靜退託榛莽。何幸協耆英，浩歌激蕭爽。

春雨

霏雨集崇阜，言旋白雲岑。嬰塵感浮慮，愜靜惟中林。水木寄恬逸，芳春意彌深。遊魚躍圓泡，悅鳥鳴叢陰。近澗始流長，落花荒逕侵。愧無先幾識，空此懷沖襟。

天道屬幽默，存誠惟素心。慎修匪有俟，斯志將誰任。

水檻遣懷

好遯契遐舉，端居無外縈。方池敞靜構，水木含餘清。苦雨厭行潦，閴寥諧素情。圜淵足鑑止，內炯符清明。風澗驟喧瀑，雲岑高隱冥。幽篁解初籜，野卉飄殘英。

畎谷增夏綠，閱時塵慮盈。玄渾有定命，少洽鷗鷺盟。

夜宿杭之祐聖觀東圃

弱齡志海嶽，未冠研詩書。篤慕山澤蹤，恬與俗尚辜。錢塘昔曠覽，憩此東園廬。故友昔綢繆，新交協懽娛。偃息青桐陰，高歌黃鵠辭。窗筠解初雨，床月來前除。

橙顆正霜圓，煙葭長平湖。羅罇集盟好，閑情契高符。一聞離別言，漸與心迹疏。陽鳥鳴悲風，寒潮下蒼蕪。逾紀候五載，撫事因循餘。坐感凋悴久，仙真故何拘。

明發奮遐慕，言返田園居。王喬笙鶴音，獨爾凌虛無。

負暄

負暄愛日和，雲靄薄向舒。窮山積寒翳，庭樹凋亦疏。下泉方斯蟄，田野聊安居。禾黍藉隴畝，返刈多空虛。感念曷爲整，世漓迹亦殊。焉知溫煦樂，尚及散與樗。

繁霜悴百草，幽花雜園途。獻君亮何由，蕪穢益自除。寥寥太古意，涵詠自有餘。

投身寂寞濱，自謂此生足。環堵翳蓬蒿，清陰覆園綠。聊支風雨淩，寧與世緣觸。息交輪鞅稀，寡慮鮮情束。蔬食不求餘，高趺惟弊服。結習塵障生，虛妄薰陶熟。

苦澹視莫親，浮繁互趨逐。孰探天地和，心境堪敦復。大哉艮始終，碩果契山木。

野眺

北風吹狂瀾，江水濁不澄。牛犬行平岡，木落山縱橫。輕霧散林渚，孤鐘度危城。泊舟且無寐，長河終夜鳴。弊服勌馳邁，積雨將寒生。物情異旦暮，幻質奚將迎。

悽悽葭菼間，惆悵徒撫膺。

天霽風稍息，朝雲度冥鴻。江草澹微旭，蘆洲散行蹤。言旋情既舒，息倦惟菖蓬。寄形區宇內，浮生隨化終。窮達奚足念，百感徒煩忡。存誠返自然，修己惟時中。

何當謝蹇拙，永託巢由風。

宿句容青原觀，乃葛仙翁故宅

道樸有微運，至人隱靈蹤。崇構著名邑，昔遊感深衷。鄽埃絕委巷，曲逕縈頹墉。池草滋夕露，輕飇響高松。殿廡儼穹像，凋落嗟餘蹤。玄緒契踵習，井竈遺西東。

別館延偶酌，燒燈起房櫳。終宵靜繁慮，仰慨瞻遺風。涉覽在明發，惕修茲勉躬。神功匪遐邈，萬古昭昏蒙。

甲戌三月二日山行

霽雨解前峰，幽原策歸路。荒蹊蔓草春，野水平橋度。悅鳥近聲圓，耕牛緩犁步。豐泉陰壑鳴，密竹中園素。靈岫敞虛軒，荊扉護雲固。新流泛池溢，繁翠盈窗戶。

掃榻理殘書，扶筇歷榛顧。丘林適所娛，垢濁豈浮慕。虛澹美遐蹤，顛危惕冥務。安由絕世緣，木石藉深處。倦翮止枝巢，先迷感餘悟。聊舒栖遁情，生意足農圃。

登陸文安公象山祠堂故址

羲堯體乾運，王道持倫綱。舜禹襲神器，精一斯傳彰。周亡雅頌息，仲尼語張惶。伊說佐受命，況軻司振揚。偉茲大經奧，百世垂輝光。陵夷幾更歷，明晦違天常。

濂洛啟潛閟，建中續虞唐。青田荊山璞，宏聞皎旻蒼。寸心宰靈妙，昏塞非違傷。動靜該至理，惕焉惟內強。

聖訓炳日星，卓操踰冰霜。橫經宅雄勝，古象增渾龐。雪館夜燈集，風庭春雨長。關閩覺支蔓，吳楚被餘芳。駑質愧庸昧，師謨幸遵詳。雲岑慕遠謁，佛刹榛萊藏。

探陟訪遺舊，荒田屹崇岡。肅衿悚瞻睇，天宇澄秋陽。翠臺聳前挹，曠緲歸毫芒。浮觀勵先躅，敢意窺鴻荒。湍駛難砥砡，大音孰儀鳳。八表視環轍，千齡仰休光。

癸亥元日

初陽改歲運，積雨晨將疏。微和兆春育，雲物薄向舒。清瀨散幽汀，佳禽語荊蕪。飄梅藉苔逕，叢竹橫交疏。池萍斂稚綠，密藻含清漪。玩理足自悅，物情豈無餘。

年更愧齒長，學鈍終焉如。嚮晦惟慎獨，紳言良足書。

元夕後喜晴，登靖通庵

春陽藹微和，扶疾釋餘怠。真館肅虛寥，幽尋倏逾載。小逕迷積葉，雲蘿遞空籟。飄梅散輕颸，竹柏紛映帶。澹寂每清神，晴岑列窗黛。燈宵雜市喧，鵠佇凌空界。

撫心倍仰止，素託抱深賴。叢陰支倦還，由茲悟懸解。

題夢鶴軒

至人造冥會，踵息匪形寐。物化等魂交，胎仙偶靈契。神區哦石房，嘉子志研礪。池月生蘿陰，林峰蔚庭翠。束書抱玄悟，萬有燭衡氣。隱几鳴皋音，恬愉靜纖慮。

翩然冷風行，輕舉倏騏驥。仰昔軒穆遊，蝶蟻漠埃棄。解敵曷於髡，乘軒空衛懿。憂噩感情思，死生孰莊委。膠擾紛梏亡，凝虛了浮視。愧懷軒冕期，控翩奮輪翅。

曠協緱山徒，千齡渺遐逝。

觀鑿泉

隱者事耕鑿，泉源欣灌通。汲遠非懼勞，得泉可鄰同。僕夫勸且喜，世謂或神功。源深流益清，石潔澗且豐。至化育元海，周流浩無窮。萬殊具一理，原返知始終。

斂視不盈勺，孰彌晝夜工。恨彼庸昧徒，曷窺有本宗。從茲抱幽素，飲漱巢由風。

寒雨

宵雨積餘寒，晨鐘入林皋。枯條鳴烈風，泉瀨清可漱。樵采返煙扉，山禽靜霜柚。攄懷含隱憂，慮澹無機鬥。田野日饑虛，天和恐傷候。孤懷曷與論，跬步愧良後。

撫景感頹波，暌違信誰構。養心在貞素，拂袂絕氛垢。

題繼善堂

璧①經秦亡出，遺訓幾湮淪。至理累榛塞，皇衷曷迷湮。濂洛啟末緒，由茲見天仁。

貞良本彝則，踐習乃益真。昭晰具一本，精微宜珮紳。覽古遵聖謨，始卒斯明淳。

矧子繼家學，善承猶素敦。山暉藹春澤，茂林含夕氛。談詠契朋益，規箴良足馴。從茲勉勁操，先轍宜追聞。

---

① "璧"當作"壁"，壁經指孔府壁壞，古經書遺出。

題泠風臺圖

蒙莊悟吹萬，達生誰足論。俯仰宇宙間，衰榮等毫均。斯人慕貞操，息此林水濱。明月度清瀨，空歌入流雲。飛鴻遠莫睍，遺曲懷陽春。

題無垢陳東堂清都真舘

抱真悟恬逸，樂兹林壑居。象麓雅幽託，肥遯皆蓄舍。群峰斂几席，石澗交盤紆。秋雨響鳴瀨，春雲濕耕鋤。迂橋步蘚逕，窮島通樵漁。茂樹憩晚息，丘園足栖娛。

從知絶塵久，内養宜潛虛。先德副遠志，休光恒與俱。我昨謁衡門，曉風黄葉疏。傾罇滌遐慕，晚别深躊躇。淳誨寡俗契，宿膺良匪愚。典刑屬耆望，疇能隨捲舒。

昔懷已浩邈，曠迹信有餘。高齡凝松偓，玄契爰貞腴。願資清都授，示我瓊函書。

東圃爲錢塘王景舟作

仙真寓冥託，脱迹輕浮緣。大隱匪塵繫，忘形或居鄽。若人雅清度，解爲開東軒。芳圃闢幽構，琳宫謝華鮮。環堵羅茂植，虛庭敞初筵。竹柏鬱葱蒨，簾帷陰翠懸。

禮經黄房内，夢雲紫閣前。馭鶴度笙韻，潄井通寒泉。東吳久凋落，玄德宜推賢。昔予曠西遊，靈宇諧盤旋。高桐蔽疏牖，薪火聞朱絃。暮角散晨雨，秋潮隨月圓。

湖山頗遲步，紛垢豈外纏。耆彦藉匡翼，虛心遊太玄。勿遲羡門招，洞視萬有先。

京口曉發

衝霧發晨舸，別江危浪疏。寒城帶煙柳，秋水涵風蒲。微雨濕林楚，凝霜翳汀蕪。艤舟會野渚，幽扁重披圖。靜構極閒敞，白雲在簷除。超塵謝高臥，子真宜谷居。

遺翰盈故帙，才情感東吳。佳題見麗藻，遊歷詢殘墟。斜霏乍成冷，逼櫂言馳驅。推篷寫偶興，勖茲足恬虛。遠黛識經行，餘潮知有無。

登方壺真人玄室

靈嶽產嘉瑞，遊仙處琳宮。壯志稱卓犖，神都謁飛龍。論交玉堂士，曠視金馬蹤。翰墨立倍價，還思林外蹤。金仙瀛海姿，龍井巢高峰。秘授足投轄，凝神守環中。

崎嶇遍川壑，早謝塵氛濛。閩越泛秋籟，雲迷燕岱容。東歸振凋逸，問學時相從。毫楮泝羲旭。丹青追浩仝。章書示漢迹，隸法卑秦封。覘質素駑劣，探研春復冬。

鑪甌坐梅雪，潮舸吟溪風。慕藺傾海內，知譚著江東。踰年粗有德，京國勞趨逢。名區賴推重，豈貴爵望穹。返佩已黃髮，頓衰幽桂叢。悲懷切景仰，寂寞瓊林空。

退逝倏十載，高翔遼鶴沖。朝霖變郊候，觶豆趨荆蓬。文契共嗟慨，神格期潛通。

謾興

息交寡塵鞅，散慮恬沖衿。山雨增夏綠，林煙生暝岑。溪喧逼庭戶，碧草池塘深。喬木日蒸蔚，初篁亦清陰。物性各自宜，榮謝同寸心。高騫慕遐軌，馳景徒駸尋。

銘訓昭往哲，謹獨兢危沉。微情寄篇帙，說懌稀盍簪。妙理具衆得，靈源浩幽尋。焉能逐妄迹，偃蹇聊空林。

曉懷

晨出已涼思，微風滿喬林。殘河耿向曙，疏星澹梧陰。墟曲傍遙渚，雞鳴散叢森。朝煙蔽芳樹，宿靄微高岑。松瀨瀉群壑，獨行歷崎嶔。飄柯濕零露，蕭爽盈虛衿。

愜嗜宅幽勝，久倦塵樊侵。野步縱閑適，焉能役駸駸。川源肥邂姿，雲木樵漁心。遠託謝氛涉，高騫邈華簪。流泉響緩策，發我丘中琴。

登華蓋山

圜輿奠元運，靈迹昭神基。卓絶太華頂，天真夙冥棲。跬從幸追歷，茲覽符先期。奧訣啟玄授，豐功著淵儀。煉形就金液，弛戟淩丹輝。崆峒辟崖罅，虛壇席盤棋。

巖雷隱空竇，泉脉含冷滋。化景示雄怪，瓊旌耀聯馳。遐蹤著奕世，川嶽爭幽奇。晚褐膺夙慕，攀登遂研趨。群山互簪擁，側逕縈盤危。飛壁駭神睫，回巒走蛟螭。

雲橫帶明練，水曲環輕絲。谷響度篁籟，林芳散婉霓。琳宮記結構，幻祿更茅茨。賓舍敞幽覽，庾簷護寒霏。八表盡涯際，萬殊斂希微。寰區俯埃壒，嵩華何穹卑。

息勤藉煙霧，遐瞻漠天墀。至德亮精禱，仙猷副潛希。寥廓洞一初，疇能測端倪。

遊西山玉隆宮

外世篤遐慕，高仙閟靈蹤。雄都峙江漢，玄宇羅層峰。陽精孕吳季，天秩昭晉東。異蛟肆民孽，尺劍成神功。冥構領奇秀，至神代敦崇。曰余忝真嗣，追覽適所從。

疊澗瀉鳴瀨，膏田翳疏松。飄松宛村舍，曲逕迴林鐘。稚柏挺餘茂，枯泉洌微淙。荒苔閟舊構，故址繁幽叢。飈輪寓寥廓，焉在丹華豐。黎俗被休澤，玄徒卓深衷。

川陵固旋運，鎮治昭皇穹。夜氣肅林館，春和灑冷風。潛追井丹妙，脫屣焉後從。飭勵仰先轍，大觀浩無窮。

題思誠齋

圓方運六虛，寂感恒不息。動靜根一初，妙凝洞三極。大哉賢聖心，體誠愨無適。至訓啟鄒軻，飭身在中惕。慎修有儒彥，顏居秉兢翼。敦養益熙明，精微著餘力。

式觀元化機，萬有互潛植。內固斯大本，榮衰等埃礫。遊氛苟澄徹，冥造耿金石。願究通復工，健行符大易。

蘭臯

幽蘭茂崇畹，悅此朝陽溫。彼茁盛鮮姿，潛居蔚芳蓀。挺虛卓貞幹，麗彩揚清芬。託質愛素契，豈為嘉祉存。矧茲秀林谷，曠寂靡世聞。佳木雜閟構，名葩宿靈根。

妍茜異眾卉，潔素諧良昆。豐植歲方力，所資毓奇熏。輕飈溢華露，密霭凝微曛。膏雨潤雍澤，圓輝寫叢芸。雅操希聖則，遺騷悲屈論。曠遊儓襟佩，涉遠徒塵氛。

虛室協貞獨，朋遊寡彌敦。休徵候夙契，著遠奚朝昏。八表斂宏視，冥機歸化源。

冬日還峴泉

朝涉愧艱遲，歸休美林谷①。郊墟物候和，野逕抱溪曲。言旋白雲岑，煙樹澹餘綠。淺瀨引寒流，崇巒披秀木。荒疇已農穫，隱構藏林屋②。夙託懷靜恬，睿辭諧素欲。

輕風滌垢襟，微雨滋膏沐。息倦釋塵痾，危機絶羝觸。由來期羨招，雅操契貞獨。浮染固縈縻，潛真恒自足。振衣浩所思，勉默依松菊。

六月二十三日晚宴仙巖

宿雨解秋陰，幽尋泛清渚。先晨預幽期，真賞宜闌暑。華萼秀聯芳，耆英善談麈。輕流淺抱沙，遠瀨潛通浦。峭石散攴機，澄潭迴鈷鉧。蘋鷗點雪華，汀鷺浮銀度。

野蔓晦重陰，遙山帶微雨。探奇盡窮僻，始訪雲巖路。靈寶虎龍盤，神蹤闢軒戶。苔深閟庖庾，蘿翠橫機杼。浩嘯絶氛埃，空歌激煙霧。崖懸一室虛，列席平沙潒。

勝集豈凡緣，諧懽雜觴俎。自非契仙調，歲閟方瀛府。誠謁復古祠，牽塵愧遲步。丹丘擅雄怪，宜此風雷護。曠劫視浮槎，沖襟滌千古。

---

① 《明詩綜》無首二句。
② 《明詩綜》下作"深窟想兔脫，危機絶羝觸。毋爲弓旌招，靜言抱松菊"。

觀雨偶興

　　首夏苦淫雨，喬木蔚榛莽。溪喧驟漲鳴，峰净餘氛朗。茂綠翳簷楹，脩篁藉幽敞。重扃人事稀，泥潦絕輪鞅。聊惟文墨怡，守道在遵養。隱德抱淵中，由微達深廣。

　　敢期洙泗聞，獨慨高山仰。陰積繼炎威，調元愧塵想。坐馳黃鳥音，浩浩源泉長。

題敬齋

　　秉彝具恒性，聖訓復厥初。粹質素良敏，儒宗重璠璵。詩書履先訓，百世猶菑畬。持敬在克一，肅恭遊廣居。湖山儼崇構，逸趣平川鱸。優仕際清朝，成均參典謨。

　　温沖契玄褐，雅度光州閭。充蓄冀滋茂，繼承觀嗣貽。

晚興偶成

　　明沼湛方諸，新流漲嘉澍。玄陰度巇雲，絕澗飄寒霧。人蹤泥潦稀，暝色禽蛙暮。遠睇感先期，叢懷慨危務。休潛遂兹適，世慮猶纏互。妄迹逐塵生，真源妙無所。

　　春華又易年，衰騫增慚慕。得失從化機，丘園足跬步。

山雨

　　初暑還故廬，朱明日增熾。卧痾中林下，偃息寂無慮。風澗鳴奔流，疇蛙響藂翳。魚遊芳藻輕，靄静喬林蔽。葱蒨挺脩篁，虛庭益交茀。凝雲忽成霖，竟夕驟湍至。

荷颸度晨涼，投簪適榛穢。煙濤迥塵絶，心迹澹高睄。豈謂續蚊鳴，何勞溺禽戲。空嗟夙志違，跼蹐增遐睇。憂憤終莫排，聊兹藉流憩。言從肥遁賢，永謝人間世。

步南澗作

謝拙契衡茅，還筇熟登眺。丘林滿秋氣，澗谷集藜藿。陰壑翳微雲，層岑屹孤峭。平原過雨滋，落木輕風僄。嗟余困蹇運，退遁匪觀徼。卧病日衰遲，資藥慚非少。

由知悔吝長，得失從嗤誚。擇執視汙隆，哺趨媚顰笑。澂淪恥奔流，凡隉慨殊調。絲氂或勝用，薄缶難終嚆。息躬事抱甕，適趣逢荷篠。寧效窮途悲，欣洽蘇門嘯。

降衷屬明命，玄默閟機妙。哀哉狷狹徒，日夕自淪燎。萬化會有歸，投簪藉漁釣。枘鑿異所投，艱貞曷漓耀。譖諛遽成虎，矜宥仰明照。

雪後早還

幽人素嘉遯，勵節抱貞獨。冬候喜久和，言旋課樵牧。囂塵頓斯滌，冲漠久常足。雪巘翳層雲，風崖峭孤木。初梅含衆芳，涸沼沁寒綠。開軒理遺帙，燃薪續明燭。

自悲世網嬰，息倦謝覊束。強涉川途艱，荒迳凋松菊。幸蒙休明眷，往吝鑒披腹。執志後簪裾，惟懷友麋鹿。矧兹氛祲馳，轇轕迭摧踒。志心恥軒途，汙隆豈藩觸。

願諧冥寂徒，洗耳臨澗曲。非乏解牛硎，慚媚忘羊逐。席溫勾漏松，棹佇山陰竹。永託歲寒期，冰霜靡萎馥。玄陰未改春，流景遽何速。悟幻信若浮，虛中了無欲。

鄙哉鱣鮪趨，鯉腐甘驅促。千載付空言，浩歌還浚穀。

初秋山居雨懷

暑雨解涼秋，微雲濕孤巘。尋源訪故廬，隴昇人家遠。伏稻藉衡門，靈泉發深峴。幽岑空翠明，落木崇岡展。蠻語雜嘉禽，行蹤静苔蘚。新流繞庭户，群植日葱蒨。

抱此中林情，寧羈俗塵遣。支離信大年，任拙隨偃蹇。豈乏孫登期，猶懷葛洪勉。閱世謝萍浮，狂瀾曷清淺。

賀了庵李東堂八十

覥劫每遐壽，高山龜鶴齡。清都屬耆德，大年宜夙膺。悟幻茹和久，瓊房咽華精。矧資儒素言，存養安吾誠。樂止蓬閬會，涼天湛重楹。晨飆注時雨，夕水澄秋冥。

志以敦雅契，悦諧簪褐盟。雲濤洗瑶席，月露盈金莖。安貴鳩飾美，宛追蒲穩行。後凋越曦景，名嶽須儀刑。玄曆乃遲歲，潛真衛群靈。由兹永黄髮，洞視超神經。

遊仙巖

靈嶽冠方蓬，秋清氣蕭爽。駕言物外遊，放棹浩幽賞。溪渚抱縈紆，灘瀨透迤上。河伯水成宮，天機錦爲障。仙壇雄漢基，虎嘯發空響。瞻謁步瑶宮，丹崖列奇狀。

賀醞釀盈瓢，孟機絲在紡。探尋興凝謝，曠逸情過向。大貝聳飛樓，精金赫穹像。夕酌盡懽論，群才各尋丈。曉發澄潭濱，微瀾揚浩蕩。靈蹤肆險怪，憂患孰痾癢。

姜被感情深，陳膠羨才暢。王恭貌愈純，吴猛志須廣。詞鋭善袁宏，談優懷郭象。島嶼僻花源，汀墟蔚相望。問津贏俗非，幻語曷浮誑。斥鷃等塵趨，文犧慚世想。

坤維渺溟渤，天籟靡霄壤。適意豈猿攀，忘機信鷗往。預諧斟菊英，臨眺孰輸曩。泛覽記漚輕，退情矚虛曠。榮衰倏古今，雅度試豪放。自非金石姿，應昧玄珠罔。

舉首候佺期，高風莫能忘。

信河曉發

靈溪及曉發，遠趣延江樹。野屋帶村居，朝煙散寒渚。輪春雜遠瀨，浴鳥泛深浦。霜露叢薄幽，層岑秀鷺鷥。鄉還覺自慰，別緒論親故。久曠希世懷，相知耿星曙。

驅馳固未久，物候倏遲暮。瓢飲少自如，披襟藉零露。

雪晴夜月

朔雪霽晨曦，群峰峙蒼玉。遲回空林眺，逸趣浩心目。野艇渺殘流，荒煙淡疏屋。層柯鬱秀姿，叢薄餘寒綠。曠世抱奇懷，研心寡塵欲。幽居怡遁貞，繁峡資先勖。

曠迹眇遐思，孤騫寧躑躅。含章亦尚絅，悅古宜內足。萬化同氣機，舒陽藹潛蓄。無慚尺蠖伸，頗蘊藏珠櫝。圓月淨霜輝，高情委庭竹。

幽居自適

天宇淨春明，幽居愜虛敞。言從山谷棲，意此林泉賞。風磴濕松霏，池流增雨長。肥燒秀嘉木，迂途隔塵鞅。紫壑閟龍淵，蒼岑矯鷺往。焉期芝皓隱，宛赴松喬想。

八表會靈蹤，千春躡遐仰。貞遯匪長年，觀頤足遵養。爰資飄笠慵，適詎樊籠強。或詢持竿語，間和負樵唱。萬竅各善鳴，聊茲託餘響。

題夏山過雨圖

夕雨過涼樹，流雲吐層峰。橫橋蔓綠翳，杖策宜立①中。煩溽意俱滌，邈然塵外蹤②。鍾山豈竟臥，清瀨聞高淙。

題澹味軒

至和在醇初，真味貴悠澹。羲文畫太始，聃孔論虛湛。復道信匪遙，履貞視宵旦。幽恬中林士，脫迹謝縻絆。雲臥高茅峰，茹芝石華粲。松濤雪滿簷，蘭佩風驚檻。

內固神宇完，浮營慨觴濫。釀醑棄元酒，妍鬥薄精鑒。白首混一無，寥天静陶範。

題樗木生卷

莊周悟齊物，衆有等吹萬。群植根一體，奇言愈雄誕。惠施拙用大，廣漠匪涯岸。

非抱樗散姿，支離豈終算。淮陽一偉夫，師帥久膺宦。矯慕卑世流，高騫泝鵬翰。

用拙貴樗全，託情契宵旦。步武已李廉，馳輝何鄴鄲。曰余嗜櫟社，散木與資灌。千載或調同，塵趨靡憂患。犧罇爲木災，膏漆以明悗。願追采真遊，一息凌汗漫。

姻緒倘共論，排風迅霄漢。

---

① 《明詩綜》"立"作"丘"。
② 《明詩綜》"蹤"作"踨"。

卷二

五言律詩　五言排律

卷二　五言律詩　五言排律

五言律詩

元日

開歲占豐候，晨光感節分。曉簷翻瀑溜，寒樹暗溪氛。
人事渾萍梗，生涯半水雲。盈虛知有定，何事貴多聞。

喜晴

立夏天方霽，閑情喜暫舒。樹深添雨潤，溪落見人疎。
夕照依斜竹，園花落近書。年來惟懶拙，殊覺稱幽居。

坐演法觀碑亭

野亭林藪合，苔徑慨荒凉。浮世人情薄，空山道味長。
削空崖勢赤，蔽日樹陰蒼。俯讀殘碑罷，神情頓渺茫。

藍社

曉策穿嵐浦，靈巖引鶴飆。春流迷野渚，晝雨滑莓橋。
林屋輕煙暝，漁蓑古渡遥。坐看蓬島暮，片舸滌塵消。

峴泉夜坐

借雲成隱拙，神嶽信清都。一水通雙澗，千峰戲兩鳧。
道山期小史，靈塢只潛夫。從此栖閑逸，浮塵信有無。

暮春還峴泉

暮春尋澗谷，藜杖野橋過。山崦回蒼玉，林坳濕翠螺。
柳深黃鳥岸，舟静白鶴波。勞生聊此寄，高興欲如何。

庵居冬夜

春回先臘日，晏歲臥山居。庭竹寒遮徑，池梅晚映書。
泉聲憎吠犬，春響躍潛魚。萬物生生意，虛中樂有餘。

題瓊林秋色

仙臺聳靈構，玉樹環青空。秋色半簾雨，松濤三徑風。
雲情隱居閣，澗韻雜裏桐。勉志步前列，幽圖披華嵩。

題方壺秋山幽隱圖

北苑無窮意，秋山滿目中。短橋通驛路，老屋帶霜楓。
過雨涼侵夕，殘雲靜斂空。偶同歸隱處，塵迹罕西東。

我愛山居好

我愛山居好，無求足養真。秋聲七八月，山色兩三人。
迹晦心非晦，身貧道豈貧。滄溟觀大化，搔首愧紅塵。

我愛山居好，蕭條歲月長。靜中知道大，閑處覺身忙。
夏雨雲尤白，秋風菊漸黃。何如收足坐，塵慮豈相妨。

我愛山居好，從知物我同。風雲而車轍，天地一環中。
生化機無盡，圓方妙不窮。屈伸呼吸裏，委順任西東。

我愛山居好，消閑應接稀。靜喧真蟻穴，聚教等蛛機。
情識生人我，行藏見是非。誰聞蒙叟語，獨有此心微。

我愛山居好，柴門補薜蘿。諸峰自賓主，遠瀨即絃歌。
犬靜村墟暮，山深雨霧多。夜闌群動息，琅韻獨長哦。

我愛山居好，年深坐寂寥。風霜看勁節，冰雪對寒標。
養火三宮淨，怡神百慮消。但無蟬蛻繫，放曠即逍遥。

我愛山居好，收回萬古心。漂流快奔浪，澄定見精金。
世俗觀常變，人情識淺深。崆峒無別味，自許老山林。

我愛山居好，寒溫不記時。江湖無舊夢，交友寡新知。
出處隨吾分，操違任世疑。寓言盈簡帙，於此定何期。

題汪原八詠

東塢春雲
石塢雲爲構，真成小有天。草池寒入夢，山雨夜驚眠。
村轉鄰家樹，花流磵口泉。學仙非傲吏，樂此去經年。

北嶺石臺
山澤尋真處，翻經作石臺。晚煙生古樹，春鳥落殘梅。
羽佩雲中度，靈槎海上回。俯觀無際畔，何地不塵埃。

南山秀色
南阜山俱秀，青藍滿坐隅。也應看劍飲，只合帶經鋤。
秋冷多黃葉，溪深間白魚。何如留半畝，容我共潛虛。

西溪秋月

月色初涼夜，溪流兩岸清。星何斜屋角，風露雜泉聲。
沙渚流孤舫，秋山隱故城。漁歌來野韻，東崦路迴縈。

草堂松菊

草舍依農圃，環庭手植多。寧無去官酒，也有捲茅歌。
雪後行吟晚，秋深食養和。久探爐藥事，隱退近如何。

老圃桑麻

種圃兼芝菌，耘鋤歲月侵。桑麻總生意，墟裏共繁陰。
雨足林塘潤，春寒隴畝深。夕談無雜語，投老更知心。

玉井清泉

別井泉清洌，泠泠會有源。燭容明是鑑，無底石爲根。
茶鼎斟常碧，丹瓢汲後溫。寧如溟海視，留與壽諸孫。

石池湛碧

鑿石開新沼，方諸十畝青。雨聲翻鯽浪，山氣逐龍腥。
曲竇時鳴雪，流珠曉蕩星。從知得真味，早悟太玄經。

次葛維貞煉師謝畫韻

杜曲多詩思，幽棲勝草亭。潛真窺五太，養素悟三靈。
羽服過林谷，仙標藹戶庭。耆英凋落甚，吾喜髮尤星。

南陽文物裔，興寫墨池頭。人產鳳凰穴，鶴還鸚鵡洲。
遠嵐橫嶂濕，喬木斷雲浮。晚有渭川思，應垂不餌鈎。

屛迹

屛迹渾成癖，觀空絕見聞。池昏泉入竇，徑僻蘚成紋。
石澗喧春雨，柴扉掩暮雲。素耽樵牧趣，直欲謝塵氛。

過錢塘①

越上曾遊地，年深感寂寥。山光隨浦盡，海色共天遙。
古剎藏秋樹，寒江送暮潮。故人渾不無，愁緒酒難消。

望吳山②

吳越游程熟，溪平驛路分。夕陽回浦樹，秋色滿湖雲。
曲澂船孤放，凄風雁獨聞。浣花茅屋小，別思夢紛紛。

山行晚眺③

縱自郊原趣，依稀物候新。溪寒回返照，林暝促歸人。
山逕松陰雲，漁家柳色春。盡拋江海興，期此坐垂綸。

五言排律

遊璧魯洞天

璧魯天真府，佳晨足勝遊。雅期先九日，退賞屬三秋。叢隸聯仙萼，名簪協令儔。溪潯分放棹，林渚漸經丘。村迓延時酌，山庖欸暝留。峻崖懸積鐵，密樹響鳴球。

霧引湘簾細，星垂藻井幽。泉分霜楮臼，碙抱露苗疇。席月麋鄰豹，廚煙犬雜猴。曉炊催束袚，野篸盡交籌。樹日冰華淨，眠雲練綵周。履危拋謝屐，步側舍陶舟。

洞戶駢肩入，巖肩並涉求。攀援聞窔寠，指顧坐綢繆。陰壑盤風磴，陽岡洗晝雺。凄飈宜落帽，凝靄欲加裘。漢迹神藏虎，

---

① 此首據《明詩綜》補入。
② 此首據《明詩綜》補入。
③ 此首據《明詩綜》補入。

秦封木卧虬。鲁侯严甲卫，太乙秘冥搜。

宝笈虚灵檄，琳书著羽流。贯鱼穷险怪，序雁少夷犹。秀采苏耽橘，凉斟玉女湫。古槎怀博望，深谷候巢由。枝稳惊栖鹘，身轻愧浪鸥。畏途惟仰睇，空语遝喧讴。

先辙追芳躅，真盟仰大猷。鼇行循引宝，磬折俯傍钩。嗣忝神明胄，才违简帙修。帝廷嘉静谧，玄囿遂优游。归策过停鹤，全生悟解牛。幻名题绝壁，旷劫视崇休。

和吴彦直游岘泉

丘园诚好遁，仙脉况遗宗。韦曲方迁墅，盘中偶卜宫。金波开月沼，玉气泻莲峰。藏息宜天分，经营实化工。自躭幽谷退，复览帝畿雄。真隐追庞甫，幽寻谩孔融。

残荷分露入，曲涧带泉通。石溜空鸣珮，荆扉未列墉。履声惊隐豹，黎彩动眠龙。经阁虚凝白，书林静落红。采奇知友共，惜别故人同。鹤侣宜游客，鹓行愧上公。

深期鹖冠子，敢继鹿皮翁。姻娅兼茙讬，懽延茗核供。归诇疑见竹，谈契亦巢松。文谊胶投漆，词华律应钟。续游知兴远，前席侍恩浓。盛业光先德，家猷岂易东。

五月望日游仙岩

灵迹仙真会，欣陪胜览同。斯文推世重，盛代仰儒宗。才挹华川秀，游将弱水通。放舟移市浦，啜茗下渔篷。石濑翻晴雪，溪澜荡晚风。鹭轻洲渚僻，鹤静岛屏空。

洞户容舠窄，川崖贮棹窮。苍崖分禹迹，碧树閟秦封。锦织天机妙，蓝浮地轴雄。虚冥随架鑿，造化孰陶工。庾廪纵横立，簷櫨隐约逢。鸟巢惊决皆，猿宝晦冲融。

河伯藏幽府，冯夷隐秘宫。高风宁郭泰，雅度独王恭。酌蚁诗筹遍，题岩笔兴供。汉祠松桧古，明佩水云丰。晚翠延钟入，残红扫席充。丹光遥爍電，劍氣遠騰虹。

虎豹疑陰藪，蛟龍信大溪。琪篁深夏竹，瑤草細春茸。聯璧煙霞表，懸珠月露中。山醪慚醴釀，潭鱠想雲夢。下榻苔侵履，憑樓澗瀉桐。乾坤旋塊圠，歲月浩洪濛。

梵放交林籟，幽期託桂叢。謝程就險怪，莊語振盲聾。罇俎懽承洽，箴規惕在躬。詞源傾渤澥，道統企衡嵩。王德嘉賢厚，臣衿體令忠。青城猶祖澤，璧魯固神功。

星漢澄空寂，塵氛滌浩沖。九要蒙琢礪，三益感磨礱。惜別情逾切，論文義最隆。令名追賈馬，清問記方蓬。耀古琳球彩，千秋紀制穹。

普度醮慶成，賀同虛傅仙官

靈嶽儲真範，玄科啟孝誠。耆英回帝所，幽祀會仙盟。川炬光揚燭，雲旛預達情。闡儀壇埒肅，則象典模精。綠簡通朱府，瓊章進玉京。羽曹聯杜陸，家授繼玄盈。

龍劍招搖焕，鸞幢沆瀣明。五銖交炫彩，八極遍和鳴。軒衛環千吏，遐迫走六丁。坎離資滌煉，復姤返胎嬰。紫戶凝空洞，黃輿耀錯衡。雨消寒食火，花燦暮春晴。

縹帙三千禮，琅函五億名。飛潛推化育，品彙感敷榮。炎閣浮珠黍，冥緘列火城。熏蒿昭夢寐，煦享備粢盛。愴慕矜貧困，驚呼駭隸氓。懽聲彌市野，佳氣兆薇蘅。

泉壤開重閟，冰輪徹九清。陰陽旋要妙，天地仰裁成。道以神為用，年忘寵孰驚。教樞推宿望，領袖重儀刑。愧忝蘋蘩瀆，欣承惠澤禎。從茲安泰宇，前烈播休聲。

賀彥衡弟新居

留國丕基壯，仙都傑構雄。群峰環厚地，泉匯赴高穹。川嶽儲靈域，神明著令宗。秉資嚴志操，慕學善陶功。聖澤源流偉，玄模景仰崇。陶謙居秀表，衛玠美清衷。黼黻瞻天語，簪纓俟睿庸。慈闈尊聖善，閫助篤賢恭。陸賦慚趨鳳，姜綸儗兆熊。宏規宜綺錯，鴻業信疃曨。綵緻明飛電，環材偉集虹。編連分碫碱，颯纚煥簾櫳。

豈亞方瀛翫，渾過閬圃躬。瑤林通繡閣，瓊樹接珠宮。東旭來搏彩，南薰動翼中。金張推望重，潘謝悅時雍。曠覽忘埃壒，流觀抱華嵩。百縉期顧彥，四德愧王戎。

韡萼華聯爽，塤篪奏迭工。棻楣駢黝堊，冠蓋佇璜玒。燕雀欣深靚，園池足茂豐。先圖承慶遠，後武紹芳隆。夙德由亨盛，嘉謀總恊同。蹇蹤慚阻賀，續矧喜增窿。

蔭木知孫偓，弘文冀馬融。芳時紛苒苒，佳氣蔚葱葱。每愧衰遲甚，惟希立卓沖。圖書研暇日，絲竹寫餘風。祖德貽山固，親年樂貌童。徽猷垂奕世，光譽播無窮。

卷 三

七言絶句　七言律詩

卷三　七言絶句　七言律詩

七言絶句

題方壺神仙意

厭將粉黛污秋容，净洗風烟一兩峰。要識仙家無味處，盡拋塵垢坐長松。

西宇真人枯木

夕陽渡口水連空，落葉寒鴉古道中。走筆秋聲來不盡，釣竿何處立西風。

雲壑幽居

翠崖丹壑雲千畝，只著幽居小磵東。聞說晴窻展書處，藤花飛雨更秋風。

方壺仙巖竹葉

野艇歸來飽勝奇，袖中蒼玉記當時。仙家多住空青裏，只示人間兩半枝。

望仙亭

仙徒隨地躡靈蹤，顧望鷽颷歷幾重。莫道靈槎無覓處，江南此是最高峰。

煉丹巖

汞鉛煉盡總金砂，苔蘚巖肩即是家。遙望白雲窓牖處，大還尤儗長靈芽。

霄洞

嵌空石洞走雲姻，靈草玄芝幾歲年。坐聽風霆生足下，自疑此外更無天。

龍潭

絕巘靈湫抱石磯，一泓寒碧護苔衣。蟄龍有許潛山麓，曾侍雲駸作雨歸。

學士閣

華堂舊產玉堂仙，文彩辭光照紫玄。散作人間珠萬斛，飛鯨遺想動千年。

禮斗壇

卓立空青第一峰，飛罡踽步即乘風。捫岑不識天高遠，指顧璇樞夜氣中。

玉庭館

萬仞丹光照乘珠，敞庭燕坐玉芙蕖。世人漫禮通明界，鸞鵠盤空聽步虛。

摘星閣

高閣淩霄冠翠微，星槎只載五銖衣。洗空銀漢秋無迹，入夜瑤笙鶴上歸。

望靈山

玉削芙蓉照瞻明，水晶苗長盡仙靈。何當學剪吳松水，割取蓮峰一葉青。

月中桂

金粟秋香月半梢，喜分清影入冰綃。此身如在清虛府，不待雲鬟下鵲橋。

雲野圖

曠視塵勞廣漠濱，半空笙鶴靜中聞。一從會得無絃意，不獨松巢總白雲。

下棋峰

崒崔高崖會衆峰，石壇雲霧藹西東。仙家不比商山奕，盡在河圖倍數中。

洗目池

目盡群峰遍草萊，鶴袍污弊豈凡埃。好將一滴清塵劫，只用天瓢水半杯。

七言律詩

聖節賜宴奉天殿

天開萬壽正秋清，百辟瞻趨感聖情。金節擁雲來輦輅，錦袍曛日照階楹。

禮陳內撰香馣近，樂奏宮韶喜氣明。盛典優隆垂奕世，顧慚野服際恩榮。

癸酉九月二十一日
坐冶亭蒙召賜還山，賦此以紀聖德

玄圃新亭王氣浮，承宣飛騎謁宸旒。綸音降闕融熙日，天衛臨軒肅素秋。

野服許安松菊主，崇班敢倚鵠鸞儔。帝恩高厚慚何補，瞻戀丹心仰盛猷。

欽承聖諭周神仙進藥之異，
於教有光，喜而賦，以紀之

聖皇體道美玄綱，廬嶽名仙啟壽康。方朔未專從漢武，廣成端候授軒黃。

千春鶴算丹砂妙，九陛龍顏玉液光。綸語從容欣厚德，小臣抃躍誦彌昌。

立春早朝

曉趨天仗拜王春，喜睹陽回聖德新。偶牧迎風分鶴禁，彩犧乘露進楓宸。

千官佩紱歡聲動，萬衛旌麾洲氣均。從此太和臻至治，山林疎野仰絲綸。

太廟陪祀　歲暮

東闕明禋肅廟堂，玉階仙仗晝輝煌。天垂帝几臨彝鼎，日駐皇輿耀袞裳。

萬衛旄旌環鳳閣，千官儀羽列鵷行。微臣草野欣瞻祀，嗣服從茲履百祥。

己巳元旦早朝

五夜晨鍾啟禁闈，仰瞻天闕曉雲齊。掖垣趨佩香輿北，阿閣鳴鑣彩仗西。

雪色遠臨青瑣闥，春光微動錦韉泥。盡祈帝澤同甘雨，河嶽增年感鳳栖。

長至早朝侍宴

日迎長至藹陽春，天仗顒瞻禮樂陳。輦輅星輝銀燭曙，珮珂雲擁錦韉新。

花明內饌傳青瑣，柳拂宮袍侍紫宸。深愧幸陪駕鷺篸，共欣聖德布淳仁。

癸酉九日賜宴華蓋殿

曉城風雨總煙霏，令節開筵拜寵輝。玄館濕雲迷洞路，官河疎柳帶皇畿。

菊英泛酒宮壺溢，薇露飄庭苑樹稀。祖澤沾濡蒙帝渥，鶴袍惟覺愧身微。

九日上旨賜衣

兩承恩眷錫宮袍，琳館傳宣愧幸叨。使出尚衣增羽珮，寵頒阿閣引靈璈。

香羅日瑩浮蒼琰，輕縠風和拂翠濤。國祀精誠當竭報，清光時被戴崇高。

十月九日蒙頒賜

復戴殊恩出建章，故山臺閣頓輝煌。名聞青瑣傳常侍，詔下黃門授省郎。

霞彩濃斟步兵酒，雪花累食大官羊。獨慚野服知何補，願睹黎元濟粃糠。

癸未十二月二十七日蒙頒賜法服

內使馳宣降蕊宮，金衣烜彩拜恩濃。鬱蕭星斗輝三極，警蹕風雲面九重。

聖澤雨濡沾禹貢，皇猷天廣頌堯封。極慚疎陋知何補，敢俟圯橋禮赤松。

齋宿朝天宮貽王東白煉師

地接瑤壇秋氣高，獨慚山客侶耆髦。長蘿市户玉勾鎖，密竹過人金錯刀。

曉雨只躭憑棐几，暮寒應愧想綈袍。書鄰賴有華陽子，孤鶴更闌鳴九皋。

題方壺萬壑雲煙圖

絕世壺仙海嶽情，慣憑灝氣混滄溟。雲岑杳靄凝嵐色，烟渚微茫遠瀨聲。

自儗靈峰覓勾漏，誰從塵劫話彌明。高風寂寞徒追慨，八駿何如汗漫行。

中秋同周貞白飲湛碧軒

秋色平分月正圓，清論喜共會華筵。鼎彝妙畫秦斯法，科斗遺文漢象傳。

露瀉芳醪凝瀲灔，雲濃琪樹藹嬋娟。番湖耆德於今少，幸播清芬樂大年。

觀溪石因懷舊藏靈辟

玄玉奇峰孕秀靈，九天雲霧夜還生。燕山丈室仙洙泗，吳渚煙濤海渭涇。

鶴韻每添書榻潤，龍光時近墨池明。山人故儗崆峒壽，靜屹天根韞妙精。

題方壺雲山秋思圖

玉立層峰曉翠寒，最宜東閣靜相看。霜林風露含珠潤，秋水芙蓉瀉練寬。

折屐正須同野步，直鈎誰獨倚長竿。自緣北苑神情會，有分雲山足考槃。

題方壺高深海嶽圖

海嶽庵居鐵甕城，壺仙品格會青冥。鯨濤夜吐胥潮白，鰲背秋分劍閣青。

待約琴高凌汗漫，尚疑中散走精靈。侯嬴家住虹光渚，冰玉時看滿户庭。

遊昭真宮贈祝洞天煉師

猶龍之徒鼓橐籥，石室又與神明居。群峰過雨暝投屐，一壑臥雲晴理書。

丹爐光現虎時嘯，雷笈風生龍每噓。昨我尋真醉方起，寤寐思君長晏如。

遊南山湖上

蘭橈桂棹盡幽潯，小劫真遊到夕陰。雲護鶴颷蓮一葉，波搖龍島石千尋。

奇峰遠貯金銀氣，靈籟時飄紫翠音。勝集幸陪塵外賞，山林餘韻託球琳。

題三茅山卷

遂古仙壇句曲東，茅君觀閣聳三峰。神經藏石追秦刻，秘册傳家侈漢封。

到席珮聲春隱豹，濕衣劍氣夜降龍。我曾羨讀《登真訣》，願住華陽若箇松。

題清白軒

清白傳家仰令名，高軒覽翠挹川靈。空青珮緔留驄馬，翡翠簾開展畫屏。

春滿圖書雲到席，晚酣詩酒月移庭。由來忠孝椒房重，野服空懷睹聚星。

題方壺茅齋圖

丘壑茅堂澗水濱，清暉寫入碧嶙峋。嚴光釣瀨雲爲宅，韋著書籤石作鄰。

樹色送涼峰斂夕，瀑聲飛潤谷藏春。壺仙飽得幽潺趣，寂寞高風屬幾人。

題白雲軒

侯門別館五雲西，林壑清衿擬鶴栖。月滿金罍垂柳重，風回銀勒落花低。

皜衣雪瑩期朝鵠，絳幘春明待曉雞。高興豈同山野趣，皇圖光贊與天齊。

題松筠軒

貴戚高門倚繡屏，松筠猶喜護長青。雲濤繞閣茅峰秀，雪色侵門剡水潯。

朱户綠纓回晚照，錦轡銀燭戴春星。幽懷豈比山家味，拂石冰霜澗響泠。

題凝清軒

甲第高梧碧樹秋，清芬繚繞壯神州。花凝煙霧空連佩，風送江波月滿樓。

黄閣晚題鸚鵡賦，玉臺春暖鶺鴒衷。芳名盛喜過潛耀，野褐馳情愧狎鷗。

南山淵静軒宴集

瑤池仙閣並方諸，真賞何殊黿畫圖。繡閣迎風回芝藻，錦楹披霧帶菰蒲。

筵開晝日蒸霞縠，臺瞰秋波絡月珠。綵服獨慚疎旨養，譙懂豈必讓東吳。

山人獻紫芝二本

喬林瑤彩結靈姿，野老窮幽解獻持。玄霧擎柯瓊化璧，紫雲垂蓋玉生脂。

清溪道士躭山癖，甪里先生任世疑。共我風霜老丘壑，休禎豈必愧華詞。

游水簾洞

幽洞雙關入杳冥，瑤林陰壑後先行。層崖珠落簾收瀑，疊嶂屏開錦列楹。

擊石尚須期嘯父，捫蘿端欲候仇生。磵阿藉地林霏暝，寫盡絲桐世外情。

采瓊林間碧桃

桃池自是仙家種，絕愛林間碧海枝。弄玉洗粧雲母障，飛瓊整翰水仙墀。

驚風不動塵回劫，和露微凝雪滿肌。折向山窗寂無寐，恍疑笙鶴下書帷。

飲湛碧軒賦石鍾乳盃

石乳傾醪粲蕊花，飛霖尤喜注仙家。照衣練白含窗雨，浮臉猩紅乏洞霞。

自愧酒酣倫庾袞，宜添文彩屬張華。衰容尚借資培力，九日何須更問賒。

題赤壁圖

雄文豈獨過莊騷，千古高情仰素遭。夜月扁舟經夏口，秋風野屋倚臨皋。

周郎遺迹成孤鶴，葛亮精忠壯巨濤。擬似雪堂攜二客，丹青有待覓奇髦。

題孟浩然踏雪圖

鹿門高隱臥冰霜，踏雪行吟韻思長。詩興自應凌鮑謝，木名豈獨契王張。

野橋寒瀨偏幛帽，山樹驚風逐縹囊。猶抱孟亭千古意，墨華寥落見微茫。

山人獻石

石丈欣移紫洞雲，幽人辭綴錦囊紋。陰精墮地凝春雨，水沫成霞集畫熏。

蒲牖風長疑鵲化，芝房煙煖夢星分。山家拾澗寧庸煮，雅好深知滌垢氛。

楮帳

雪楮乘筐寫練光，方幛連緝稱雲床。春冰煖動乾坤大，霜月輝澄漏刻長。

華嶽臥龍從偃蹇，漆園蝴蝶任飛揚。本來內外俱貞白，根蟄嚴冬氣八荒。

爐炭

積薪穴火勢迎空，霜雪嚴寒衆樂同。煉質自堅非性黑，敲聲舍響愈光紅。

木金成象明丹候，離坎周天奪化工。莫使吹噓煩橐籥，天機流動六虛中。

題洞玄子卷

早慕玄虛讀養生，久趨天仗住神京。太虛本是渾侖體，空洞中含寂默聲。

雲氣屢乘霞佩遠，松陰長護石房清。五千言意須融會，坐贊皇猷答聖明。

訪朋山如愚煉師榆原真館

榆晚高堂續構成，獨橋雙澗步秋清。牽籬野蔓殘花影，繞户林塘過雨聲。

種朮圃通黃葉路，采芝人老白雲扃。累曾約訪朋山主，且遂茅茨話拾荆。

題白雲茅屋圖

太學傳經荷主知，謾懷山谷媚清輝。短簷生白雲藏室，老圃凝寒竹掩扉。

簪佩未應辭禁闥，丘園底俟覓漁磯。詞林信有歸田詔，願假藜光照槲衣。

贈茅山王道士

早住華陽六十春，玉音琅韻異常聞。白雲庭館鶯花靜，紅葉林皋月露分。

鶴背豈須笙作譜，龍光直使劍成文。會須石室哦空籟，楊許遺踪絕世氛。

題太和山

太和磅礴結高峰，北極靈飈望拜中。翠壁煖雲丹臼穩，瓊臺疎樹劍光洪。

澗西梅棚分苔徑，天外旌旄護蕊宮。闕下多君蒙聖眷，故山遥對畫圖工。

遊桃源

山桃春盡徑難尋，苔蘚階庭老屋深。崖瀑鏦錚蒼澗瑀，石門曲折古藤陰。

雲中雞犬栖雷室，谷口園田帶虎林。曾就丹房留兩宿，遍詢陳迹漫追吟。

繁禧觀訪友

溪山勝處絕塵紛，路入瀛洲訪隱君。門外野航魚躍露，松陰高閣鶴巢雲。

青藜曉值穿花入，黃粟晴看掃徑分。不有故人清誼久，素懷寥落竟誰聞。

題方壺夏山圖

越絕奇峰趣最高，一溪春碧未容舠。雲連壺嶠從招鶴，天盡岷峨已斷鼇。

老屋靜依村晻靄，長林遠帶雨蕭騷。江南遺墨今逢少，轉憶方干獨世豪。

謁留侯廟

昔從列國有封疆，黃石三期授素章。韓隙豈論車中復，楚兵已定斗分降。

言回雍齒非仇士，說奪淮陰易假王。晚嗣叨光懷祖烈，每經祠下意傍惶。

遊雷壇

虎踞顛崖聳石壇，風雷四望起林端。紅塵下視渾埃壒，赤日行空欲羽翰。

芳樹巖煙猶路𩇕，琳宮天闕正高寒。坐令頓叱蒼精劍，長躡煙霞響鵠鸞。

遊靈芝巖

披霧朝尋虎豹蹤，倚崖磐石獨嵌空。紫芝煙煖靈根長，翠壁雲深野路通。

古木千齡忘換劫，落梅幾樹漫飄風。澗阿蘚磴猶陳迹，隔世清遊豈偶日①。

題湖光山色亭

江左湖山百郡雄，近推賢守足高風。官亭水泛天光裏，芝角嵐深月色中。

皂蓋新謳聞德政，玉堂遺澤見清忠。春帆曾繫逢煙雨，尚儗雲濤絕賞同。

題聖井山天瑞白雲圖

金仙昔住龍湫頂，萬頃白雲如海濤。夜行石澗虎長嘯，晝坐雪堂風怒號。

太虛一息渺蝸角，濁世萬有輕鴻毛。西來瓢笠探道者，妙墨彷佛超塵勞。

題方壺霖竹

壺子神情廣漠遊，獨傳遺墨照千秋。石磐踞虎雷翻蟄，竹灑驚濤鳳在丘。

甘雨作霖回呈劫，靈書藏笈秘玄洲。自應宿契淩前古，尚使淋漓濕翠流。

---

① 日，疑爲"同"字。

遊南豐神龜岡①

龍翔鳳翥結岡巒，玉府神遺爲砜壇。翠峭軍峰當北面，青連龜嶺互東盤。

春藏林谷天光净，袖隱風雷劍氣寒。愧我瓊函嗣真子，仰求靈迹重躋攀。

黃堂觀答同遊者

策鶴衝林度板橋，仙姬靈舘著香茅。天垂四野雲雙屐，地濕春空雨半巢。

翠竹繞簾疑臥虎，紫函盈笈逐潛蛟。誰家獨得西山勝，借我東遊折幾梢。

峴泉尋山得勝地

仙家區奧屬清都，敢卜林丘有分居。山色已分龍壑翠，泉聲待致鵠庭書。

蘇門浩嘯疑聞度，句漏丹砂稱養虛。天付白雲安敢拙，甘隨瓢笠寓屠蘇。

題山輝海潤圖

關西華胄衍遺宗，溪上林堂住楚東。十畝春雲青嶂裏，一庭秋水翠屏中。

丘園逸興推潘嶽，編簡清芬憶馬融。粉繪宛疑窮海嶽，尚求先澤挹流風。

---

① 《正統道藏》本爲"國"，據文義改爲"岡"。

冶亭秋宴

聖主開圖駐六龍，冶城山嶽勢盤空。鶴亭雙立煙霞表，鷺路中分檜柏風。

瓊樹涼添侵袂碧，瑤杯新酌照顏紅。醉吟近屬仙都伯，共仰殊恩宴蕊宮。

懷峴泉

孤峰磐石記閑栖，蹭蹬風塵夢不違。闢野茅簷當夕沼，鋤煙石磴媚寒暉。

半林花雨春陰薄，一塢芝雲磵道微。幾日秋空更黃落，尚疑清夜坐苔磯。

壽曹道錄

永算欣看甲子周，養真端稱上京留。先春桃熟霞披斃，長至梅芳露滿甌。

大庭清問過顏駟，內典精論擅楚丘。近別遽成雲漢隔，高齡惟頌八千秋。

芝雲亭觀泉

白雲谷裏營巢久，爲愛山泉類養蒙。天窄戶庭微俯蓋，地分光嶽小盈弓。

良田際野同諸葛，秀菌登畦後陸通。雲畔紫芝時可食，不煩人世覓孤風。

雪中宴曹道錄

玄都綺席宴西清，畫雪繽紛瑞色明。仙醞已春雲寫綠，洞梅先臘霧飄瓊。

凌風皓氅環鸞署，訪竹華簪列鵠楹。愧我林蹤叨勝集，遠期眉壽永恩榮。

題方真人秋風茅屋圖

誰家磐石小漁灣，淡冶林皋戲墨間。靈籟濕空招鶴遠，蕚陰遲步共鷗閑。

秋風老屋楊雄宅，流水衡門謝朓山。我德竹寒沙碧處，看圖尤使夢飛還。

正月四日得旨還山，賦別傅仙官

累月承懽集竹宮，帝恩隆渥詔還東。箕纏光動煙霞表，凫舄首傳月露中。

霽雪野橋春渡雨，煖雲歸舸夕潮風。臨觴愈覺離情厚，鶴髮龜年冀與同。

別曹道錄

雪霽相過載筍輿，瑤臺春晝玉堂如。秦淮水泮春潮長，吳樹煙消夜雨踈。

仙署紫貂雲步障，江帆烏帽霧遮廬。別懷半載林泉隔，煉液期探錦笈書。

冬日山居

愛日暄和曝晝暉，空山池角掩荊扉。白雲席煖樵分住，紫洞人還犬護歸。

雪茗湧濤泉乍細，松醪炊露客應稀。閑情爲促梅花早，谷裏行看盡翠微。

上巳山居述懷

涉世多慚覆轍蹤，山居竟日坐松風。水添龍井雲蒸澤，林亞鯨濤霧障空。

池藻漾鈎分近綠，巖花滑屐步殘紅。浮榮笑競真匏繫，樽酒怡情豈世同。

冬晴尋渾侖庵故址

杖藜窮谷信幽尋，絕巘琵琶澗道深。田野平原通窈窕，草萊遺址歷崎嶔。

陽坡日煖冰霜徑，風磴雲寒虎豹林。誰會渾侖千古意，獨餘松柏歲華心。

題方壺蘧廬圖

金壺遺墨混空濛，偶幻蘧廬曠劫同。了視乾坤形氣外，大觀川嶽有無中。

霜林豹霧秋聲晚，煙渚龍泓海色通。江漢定應何處覓，不慚幽谷臥方蓬。

雪後望金野庵、天瑞庵遺迹

金仙奇構躡崑侖，天瑞曾窺禦寇文。嶽氣融春時灑霧，天光留雪晝成陰。

劍飛遼海塵揚劫，丹護淵龍勢絕群。千古漫亭風月並，靈泉一酌道誰聞。

雪中還峴泉

群山積雪遍溪濱，歸策尋原徑絕人。瓊樹斷槎橫亞地，銀河浮練曲通津。

風傾巢鶴雲先暮，冰灑崖松谷易春。虛閣嚴寒高臥處，底須浮世覓嶙峋。

隱居

久懷栖遁樂幽居，今古浮名信有無。動視風雲時槖籥，靜窺天地偶蘧廬。

儗招鮑靜遺雙燕，倦逐王喬至兩鳧。每得大觀形氣外，寂然真宰示玄珠。

題玄覽堂

束塢高堂別一天，滌除氛垢味幽玄。黃中觀妙知虛極，白裏居貞悟象先。

巢鶴凌風笙度月，溪鷗翻雪棹分泉。耆師重是金門客，早繼家聲並列仙。

夜宿玄都觀

廿年塵迹記重來，華表仙壇慨劫灰。遼鶴夜闌先警露，淵魚春暖已驚雷。

溪聲猶是桃花水，月色仍侵竹葉杯。丕繼遺宗皆祖澤，廢興空復感蒿萊。

花晨宿東嶽宮

岱嶽行祠木帝官，佳辰登謁喜春融。花明山縣川原秀，地擁神區甲冑雄。

銀女祠連嗟孝節，青鳥塚近著遺功。休祥世世司權宰，試目流光夜月中。

遊石仙觀

深入花源百畝春，丹崖翠壁盡龍文。形歸無象非金石，地聳玄精冠霧雲。

斜斗光連丹竈火，橫槎濕護蘚苔紋。喜聯車蓋同真賞，總向仙家滌垢氛。

宿神龜岡妙靈觀

仙臺盤踞俯江流，曲徑幽源喜再遊。去鶴遠通霄漢路，靈龜猶著鳳麟洲。

五城換劫丹光動，三島融春玉氣浮。從此玄臺增秀發，高風奕世廣真猷。

遊麻姑山

風磴躋攀百折遥，危亭隨地遠凌霄。倚空飛瀑銀河瀉，夾道幽篁翠霧飄。

塵界微茫歸培塿，仙都冥漠上岧嶤。廿年經覽渾忘卻，底用尋真視廓廖。

姑射仙標降五城，瑤壇紆徑入青冥。銖衣帶月來王遠，蕊節排霄候蔡經。

環珮聲留龍井雪，軒楹光動鵲橋星。貞珉千載昭芳躅，形勝端宜護百靈。

遊丹霞洞天

空洞深藏小有天，舊遊遺迹感經年。山廻鳥道盤雲蹬，澗抱龍泓瀉石泉。

蒼蘚殘碑看落日，疏林雕閣俯寒煙。遲留疑有餐霞侶，不聽瓊簫到席前。

舟中望匡廬雪色

江渚扁舟得月多，匡廬春霽色嵯峨。香爐峰裏雲千畝，星子灣頭雪幾坡。

風暗虎溪清瀨發，雲迷蛟室夜潮過。定巢莫辨高峰白，割與泉聲煮石窩。

元夕上清宮建醮喜晴

雨注青陽秘範宣，忽晴元夕月重圓。鶴山春滿崆峒席，鼇極風清碧落筵。

蓮朵流輝金蹴踘，天花流彩玉嬋娟。自緣聖澤嘉玄德，化日期書大有年。

賀醮成答葛維禎

舊說君家盛帝宣，瓊樓華月更清圓。遙聞洞醮煙霞曲，尚想仙臺綺繡筵。

琪樹枕前明婥妁，玉峰窗面秀聯娟。葛洪細酌丹砂水，散木應宜樂大年。

和沈講師韻

句曲仙臺總碧桃，玉京飛步不辭勞。龍池共挹雲中彩，兔穎應慚月裏毫。

壺嶠詩情推沈約，滄溟飆度想琴高。白頭離別何時會，釀术延齡樂正滔。

寄曹道録

祖澤丕承仰昔今，支離才乏感時駸。浮榮久達莊生旨，高識誰窺仲子心。

鸚鵡杯前春夢少，鶺鴒巢畔野情深。當途賴有相知重，退臥應煩寄好音。

秋日遊演法觀

觀閣凌霄玉氣浮，倚雲並宿古丹丘。霜鍾遠度松蘿月，暝策聯尋石澗秋。

豈訝掃門無魏豹，最欣得句獨楊修。燈前小酌情偏洽，明發靈巖更盡留。

遊萬壽峰

絕巘層巒雨霧中，縈紆雲磴步蒼穹。花源曲渡銀濤壯，崖瀑高懸素練雄。

天際鶴巢招許邁，笈間鴻寶冀茅濛。過庭聞有風雷授，宜向崇椒著妙功。

東壁懸珠小閣寬，夜連雲靄宿簷端。林藏積霧疑聞豹，澗瀉驚風欲下鸞。

蕙帳含輝消晝暖，蘭膏喧溜促春寒。漫傳徐市窺瀛島，何事瑤臺覓羽翰。

題蕭史鳳臺

危臺百尺壯層霄，彩鳳翔空玉管調。蕭史情緣非世偶，嬴姬仙質信天標。

五雲樓觀煙霞合，三島旌麾霧露飄。秘府足怡清暇賞，秋空遺響坐宜招。

題飛仙

仙迹微茫彩繪精，浮雲空洞入青冥。玉娥飛佩桃盤熟，金母停裾竹露清。

輕箋有題煩鳥使，香緘無語度鸞軿。仙根自得煙霞契，方蔡遺蹤候降庭。

題方壺雲出山腰圖

壺仙妙墨過商巖，絕巘長林興每酣。山腹斷雲凝曉黛，澗頭新水漲晴嵐。

凌空似聽鸞音嘯，掃徑惟聞麈尾談。卻喜仙曹盛簪組，臥看蒼翠襲春衫。

題觀海圖

萬頃滄波海色寬，乾坤一馬孰倪端。山用泛覽宜披豁，廊廟經綸足奠安。

雨霽島夷浮八極，月生煙樹接三韓。高情豈爲丹青盡，笑向長鼇撒釣竿。

題三峽圖

名藩設險倚長江，錦水西流勢渺茫。天塹遺蹤懷杜葛，民彝佳政慕龔黃。

峨嵋月映繩橋遠，巫峽雲連劍閣長。何日相期瞻祖澤，浣花深處覓秋芳。

大祀

大統宏元四海春，南郊類帝肅誠裡。星衢輦輅來金節，天闕輿幢降玉宸。

圭璧霞明周典重，珮珂雲擁漢儀新。獨慚執獻居玄褐，聖德祥符仰一人。

登大茅峰

句曲危峰冠九霄，曉披煙霞上岧嶢。下窺莽蒼霓旌近，高入穹隆霧蓋朝。

已挹茅桓來羽駕，尚期王許候靈軺。喜瞻新構淩空表，從此真風百世遥。

二茅峰

玄洲小塢徑縈紆，群岫中尊列帝居。八素靈文標玉籍，五辰奇迹著瓊書。

露飄沆瀣天花爛，雲擁扶輿地籟舒。我欲尋真訪遺訣，金峰磐石足憑虛。

三峰

懸崖絶巘入青冥，雁字峰回閟五城。陸馬遺蹤留劍氣，陶劉芳躅記松聲。

星垂琪樹臨千壑，石笋瓊芳繞四楹。今夕瑶壇當月滿，擬追笙鶴御風行。

贈白雲沈講師

憶會京華久別情，偶從句曲訪丹扃。長林已遇赤松子，崆峒何疑白石生。

獨嶺雲生驚虎嘯，菌山風急顧麋鳴。由來沈約多詩思，夜話童顏觀閱清。

元夕留茅山

幾願尋幽訪羽宮，偶逢燈夕宴崆峒。陽林霧隱庭臺月，茅洞雲深檜柏風。

歌鼓鼇山懷故舊，煙霞鶴磴任西東。浮塵世事應多感，高視寰區一笑中。

遊華陽洞天

玉柱東盤積雪姿，嵌空石室渺難窺。獨容靈籟傳清響，止納虛明燭別曦。

雲擁谽谺通雪竇，風鳴决眥鼓天池。欲探月窟招黃鵠，王許遺蹤去不疑。

題春暉樓

層樓高俯萬家春，旭日晴輝暎紫宸。萱草北堂冰雪遠，韡華東閣畫圖新。

九霄鶴駕馳青瑣，八極鸞璈下錦輪。藩屏皇猷攄至孝，佇瞻旌寵煥絲綸。

宿武當別峰

一宿琳官最上峰，折旋石磴杳捫空。六鼇洲渚浮金粟，萬馬峰巒帶玉虹。

玄武旌旗黃道北，紫微臺閣綠華中。仙姿喜有虎眉叟，月下期招鶴背風。

題雲林泉石

清溪華胄舊家聲，西望雲林劍閣橫。疊翠排霄浮壍劫，空青洗露出滄溟。

妙探靈笈存中谷，道佐玄樞駐上京。願割好峰三十六，未應泉石結芳盟。

題周仙官禱雨卷

自是蘇臺鶴上仙，神州濟旱領鈞天。阿香車動玄晶脉，織女機翻太液泉。

焦槁頓回皆聖德，豐穰薦致屬靈詮。詞林幸睹争推美，肥遯猶欣大有年。

題自像

玄冑何才振後芳，早從問學識行藏。兩朝寵渥傳青瑣，八奏威儀儼綠章。

松菊雲中吟夜雪，鶴猿谷口卧秋霜。幻形底用丹青貌，浩劫終期視大荒。

中秋

憶昔琳宮夜氣清，又看秋色拜恩榮。友朋交義書偏積，京國離懷酒倦傾。

前席累承人鼎重，尚衣猶愧翠羅輕。深蒙眷渥知何補，不寢徒聞禁漏聲。

賀周仙官禱雪有應

內制黃麻降近臣，聖衷欲雪念黎民。六花幻劫融千樹，八景通章轉萬鈞。

銀燭光浮瓊沆瀣，瑤臺聲動碧嶙峋。詞林頌美過枚馬，共喜玄都眷渥新。

訪獨庵少師

清晝春和十日深，城南迂徑訪禪林。蓮花刻漏真如性，貝葉傳燈古佛心。

雁塔倒垂臺殿影，虯池方抱檜松陰。遠公久被恩光重，結社詩盟許再尋。

次獨庵少師韻

一棹趨馳似鶴輕，喜從禪伯會神京。五燈慧劍山靈護，千佛泥珠海藏驚。

春換鳥巢應洗竹，雨消齋磬過班荊。茶瓜絕勝東林味，況是詩郵慰野情。

東來雙履與雲輕，久被恩光駐鎬京。說法雨飛藏虎嘯，談經花滿卧龍驚。

詞章巨擘過裴白，文史雄鳴盡許荊。方外同盟遭聖代，禪機無惜滌閑情。

次葛煉師賀賜衣韻

春王正月始書年，曉待朝珂儗洞仙。禋祀九鳴聞大護，雲韶八闋聽鈞天，

寅標夏正瑤圖建，甲紀周官寶曆傳。草野累沾殊眷厚，應懷園綺竹梧邊。

疏才自昔愧高岑，豈謂浮名感聖心。內醞累承鍾鼎美，尚衣猶覺芰荷深。

道探黃老思玄賦，治治軒堯擊壤吟。歸向林泉語耆舊，鳳池清夢繞於今。

泰階簪紱列周行，殿制新頒體上皇。冠冕才華聯管樂，絲綸文采過班楊。

金閨待漏瞻天側，玉輅承顔侍帝傍。玄褐世承宣室重，君才應未侶馮唐。

次董煉師賀韻

樗散由來樂大年，登瀛敢謂次群仙。端門待漏趨綸省，秘閣鳴珂候木天。

虎衛排霄環鵠籥，龍章煥日聽鴻傳。外臣豈足裨皇祚，眷命重頒日角邊。

神州秀壓閬風岑，物候陽舒會帝心。雪滿建章欣晚霽，雨消太液覺春深。

愧耽隱士鷦鷯賦，願獻賢臣蟋蟀吟。應怪董春便靜退，每辜推轂重來今。

幾陪天仗列千行，昭祀攄誠並九皇。學負浪名慚鐵檛，才違定價愧青楊。

官袍晝錫風雲表，禁臠時沾雨露傍。歸愛耆英爭頌藻，林泉共儗樂虞唐。

次前韻答王煉師三首

寶曆宏開大有年，朝班幾視羽衣仙。春融貝闕明千雉，雪霽瑤階敞八天。

綸語密乘金馬重，懽聲時聽石渠傳。顒瞻聖化流荒服，不用銅符促警邊。

樵漁久藉玉山岑，聖主從容閲素心。優渥累頒嚴執玉，殊恩薦降倍臨深。

虞廷禮樂關睢化，漢室衣冠《梁父吟》。疏野惟慚無寸補，尚懷砥礪自芳今。

五夜壝壇列鵷行，陽回物候兆東皇。誠通海嶽稽佔畢，職亞尊彝愧植楊。

枚馬聯芳鑾旆側，蕭曹接武袞衣傍。緱山久屬王喬卧，詩律長懷邁兩唐。

題龍虎山圖

道區今昔著江東，虎踞龍翔萬壑雄。紫翠峰巒三島外，金銀臺閣五雲中。

天低絳節來黃石，地亞瓊旌候赤松。橫槊停驂肆登覽，展圖何俟①覓方蓬。

玄都道域重仙山，翠水丹崖四望環。萬竅摩空喧地籟，九霄飛佩謁天關。

丹光夜燭驪龍躍，劍氣晴追羽鶴還。喜授靈詮探禹穴，大②廷好爲説幽潺。

題孫康映雪圖

積陰飛霰下瑤臺，四庫懸帷晝不開。大地瓊花光有隙，半空玉樹净無埃。

山陰蠟屐妨尋竹，官閣蓬窗類對梅。千古高風增起慕，雲仍

---

① 《留侯天師世家》"俟"作"事"。
② 《留侯天師世家》"大"作"王"。

遺澤喜多才。

重登大華山

　　三謁高仙萬仞峰，躋攀百折上層空。星垂華蓋青冥表，天接句陳莽蒼中。
　　近儗梅欒還羽佩，遠招揚許躡泠風。真猷千古齊山嶽，玄澤（下缺）

題洞霄宮

　　天柱珠宮海嶠寬，餘杭別道儗躋攀。白茅洞隱雲中虎，青嶂山空月下鸞。
　　杯泛湖波千頃碧，瓢翻泉溜九霄寒。覽圖便作憑虛想，卧滌炎埃一掛冠。

登河圖仙壇

　　仙伯神丘失故宮，河圖遺埤護諸峰。南暝海嶽懷秋佩，北闕風雲憶曙鍾。
　　夜月影歸華表鶴，曉雲光動葛陂龍。塵情代謝渾前夢，浩劫靈飇遠莫從。

卷四

七言長歌

卷四　七言長歌

槖籥子歌

太虛無垠浩磅礴，孰使陰陽兆開鑿。皇皇真宰執化樞，鼓蕩吹嘘槖中籥。

由來萬有同一源，玉檢瓊編秘經略。玄元聖祖啟妙機，百萬微言示沖漠。

廓然茫昧天地先，無名無象皆自然。百煉精金返真液，龍虎烏兔相縈纏。

古來至士亦罕遇，至人珍秘億劫傳。祝融之孫得異說，垢足麻衣叩雷穴。

自言縱閉司雨暘，霹靂鞭驅隨奮烈。少曾飛步金馬門，鉅老[①]勛卿盡傾結。

[①]《四庫全書·峴泉集》"鉅老"作"聖嗣"。

翻然不受簪佩覊，直駕風霆走吳越。是時金璧羅英豪，豈意風塵頓愁絶。

韶華滿眼總灰爐，傲睨芳罇肆談閲。歸來且識真主顔，仙巖鬼谷思盤桓。

掃花酌水①弄清嘯，塵世俗慮無②毫幹。洞觀向來去就不足數，登我石磴之上洗耳聽潺湲。

昨言忽憶桑梓里，天冠之壇久蕪弛。雕甍畫棟勞經營，越歲前圖復雄峙。

削空兩壁峨帝宮．石室雲床蓄雷雨。我亦尋山築茅屋，琵琶諸峰美如玉。

嘗聞大藥宜早營，煉就丹光遍空燭。洞庭彭蠡波滄溟，黃鶴一去安飛行。

汞鉛顚倒豈細事，爲我剖決乾坤精。誰雲洞天別有書，洞中之天惟虛無。

既非皇人所筆廣丈餘，又非元始所説空懸珠。煩君鼓橐訊然否，請括溟涬大塊歸元初。

---

① 《四庫全書·峴泉集》"酌水"作"釣水"。
② 《四庫全書·峴泉集》"無"作"毋"。

題方壺真人《奇峰雪霽圖》

岷峨太古雪，萬劫崑侖巔。壺仙灑墨總冰玉，劍閣巑岏西極天。

層峰浪湧何奇絕，暖動魚龍湘水裂。霽色初分款①段橋，松濤夜度峨眉月。

滄江老屋山之幽，極浦陰崖迴凍流。袁安門巷白三尺②，古木焕爛珊瑚鈎。

笑我支離卧丘壑，瓊樹瑤芳翳溟漠。大澤重裘霧霰深。春風漸轉梅花角。

衰倦謝毫端，披圖意欣③愕。輞川遺興邈復追，静對孤光隱寥廓。

題《松陰授道圖》④

緩嶺仙人結屋瓊林東，巢雲道者爲寫百尺之長松。見山堂前蔭高蓋，根盤鐵石枝虯龍。

自言泥丸古仙子，昔者授道瓊山翁。有如靈壇燕白石，長蘿秋籟吟天風。

---

① 《四庫全書·峴泉集》"款"作"欵"。
② 《四庫全書·峴泉集》作"三尺白"。
③ 《四庫全書·峴泉集》"欣"作"忻"。
④ 《四庫全書·峴泉集》作"題松陰授道圖歌爲王景山賦"。

上摩九霄錯落之雲漢，下接三山渺漠之星虹。泥丸之道視曠劫，直與偃蹇蒼翠窺鴻蒙。緱仙昔跨嶺頭鶴，閩海吹笙訪名嶽。故人喜是仲父尊，回鷗溪枕梅花閣。嘉定雄詞百煉兵，細語情深古方朔。道山文彩嗟寂寥，振翮超騰足鯨角。憶過溪上停歸船，釃酒松陰溪月圓。縱橫鱗影落空翠，杳靄竽聲迴暝川。喬木疏篁不堪寫，撫今感昔心茫然。畢宏韋偃稱絕筆，獨許壺仙踵芳迹。雲孫宜更追今名，磵水林峰暮寒碧。後凋之木梁棟材，陰崖霜雪應稀擇。笑我放歌蘭蕙叢，欲剪松花釀春液。舉首共招陳白二老仙，醉臥雲濤弄秋色。

題《華山仙掌圖》①

太華峰，古名嶽，元炁扶輿兆礡礴②。根盤西極嵩岱尊，萬丈蒼崖倚寥廓。

斜傾半月指掌明，側掛銀河碧空落。摩霄岌嶪張峻屏，培塿群山聳良霍③。

天子巡方幾幸臨，荒祠古宇凌千尋。斷橋遠帶墟渚靜，老木低亞川源深。

浮雲似隔鍾鼓暮，鐵④索高懸渺烟霧。中有仙人王子喬，虎豹爲關石爲户。

我朝望秩⑤當隆平，遍遣羽人通精誠⑥。瑤壇瞻謁莫敢登，歸復金門馳聖情。

---

① 《四庫全書·峴泉集》作"題華山仙掌圖歌"。
② 《四庫全書·峴泉集》作"磅礴"。
③ 《四庫全書·峴泉集》"聳"作"從"。
④ 《四庫全書·峴泉集》"鐵"作"銕"。
⑤ 《四庫全書·峴泉集》"秩"作"秋"。
⑥ 《四庫全書·峴泉集》"人"作"士"，"通"作"遍"。

雄辭妙刻照千古，秦漢徒誇禪梁父。山靈川后降禎祥，宗社安隆固天府。

巨靈擘石通川流，明星玉女棲丹丘。黃河盤渦出天際，白帝金精熒彩周。

車箱箭括通天路，我欲因之與天語。儗招馬衛駕鹿升，翠崖丹谷知何許。

手攜九節杖，笑拍洪崖肩，饑餐落雁霞，渴飲玉井蓮。朱鬒或相遇，

紫衣借我茅龍飛復旋。壺仙白首驚畫絕，矗鳳遺蹤豈磨滅。泠風一息九萬程，底須醉向峨嵋月。

題郭熙《秋煙平遠圖》歌①

畫中五代俱匠師，荆關董李稱絕奇。河陽昔居秘閣內，神宗眷遇重一時。

手圖屛障遍宮府，古來籤軸不足數。金壺玉椀留墨香，湘雲華嶽生毫楮。

是時館中千百卷，越世相傳不多見。劫灰一息江海空，彩素因之昧高遠。

丹丘自是蘇米徒，此筆妙絕當時無。風煙黯淡秋樹晚，短橋斜屋行人孤。

遠黛晴嵐隔墟里，山村路暗寒鐘起。僧舍人歸別水津，鳧鷺聲散漁歌裏。

河陽時在圭璧間，意態落筆渾溪山。使人對畫欲絕世，閑情倦思懷躋攀。

我思昔人今有年，放曠日已俱拋捐。北苑薊丘獲模寫，猶好鍾

---

① 《正統道藏》本無，依《四庫全書》本補入以下三十五首。

陵僧巨然。

世傳粉繪競妍醜，澹冶人情蘊瓊玖。歲寒枯淡見蒼森，指顧風標凌不朽。

滄洲玄圃事莫期，蔬飡茅棟臨東菑。霜林石磵足栖逸，賈公寧有冰鑒知。

晴鹵展圖爲之惜，落寞浮名在編籍。賞心獨憶雲林翁，皓首從誰翫空碧。

題何滄洲《象山高節墨竹》歌

唐家畫法竹最多，幹葉每貴施青螺。崔徐唐趙雜花鳥，五代變更初李頗。

閻梁諸作皆妙絕，獨許蘇文成一窠。元盛先稱趙李輩，房山京兆俱名代。

當時聲耀動林府，脫穎壺仙猶狡獪。壺仙昔自燕吳歸，氣吞雲夢光陸離。

三湘七澤隘胸宇，尺璧寸珠安苟施。滄洲老人探骨髓，腕臂一掃秋風隨。

遂令毫楮盈四座，快飲肆意令人嗤。昨爲黃郎寫高節，緣追卓勁猶奇絕。

六經百史意莫傳，建安青田事明滅。幽繁但詫充棟辭，寂寞秋潭寫空月。

況此超塵涇渭空，斷崖絕壁春雨藂。黃州巀谷今幾種，落筆獨我先推雄。

雲籜風根象麓趣，蜩扃撥轡俱蠱蟲。夏山百疊水千尺，夜雨蕭騷太陰黑。

展卷挑燈謁我題，尚恐風雷驚四壁。勿謂長竿無釣綸，滄洲白頭猶我惜。

題王右丞《雪霽江行圖》歌·爲陳無垢作

希夷之孫貌若仙，臥雲不出動十年。揮毫自比荆李輩，舊藏卷軸皆精傳。

王維此圖更幽絕，瀁空積雪愁雲天。茆屋誰家舊籬落，前山後渚相縈礴。

袁安屋舍風正寒，老木蕭條幹盤錯。放舟應有曉行者，竹梅亞地溪聲惡。

煙霏溟漠漁網静，亂絮飛花夜鳴薄。尺圖景物興難盡，小塢橋通足深隱。

絕類君家象麓居，龍湫石磴蛟蛇影。瓊林柯葉冰欲鮮，飛瀑巔崖兩峯頂。

客來掃雪開畫門，凍葉滑屐篷簷温。坐懷方薛試春茗，故舊凋謝今誰存。

黃塵沸熱未清泠，何事酒壚燒竹根。白頭偃臥意未倦，會須共筆山南村。

題《湖山春翠圖》歌·爲倪晉明作

春江漲流夜喧作，霖雨如膏滯山郭。新圖坐閱類經行，金彩湖山肆遊樂。

誰家門巷柳煙叢，別渚舟帆花霧幕。清都阡陌酒壚春，絲管相催鶯燕頻。

小船風送殘音曲，月榭歌幃蒲藻濱。黃金買笑輕鄉土，白髮朱顏改秋水。

歡筵宜厭梵臺鐘，晚市何憎荻花雨。當時珠璧爛京華，湖水荷香今幾家。

　　古來消長電驚目，莫恠寒潮悲暮笳。自緣粉黛擅蒼翠，心迹爗酣動忘歲。

　　記我林逋鶴隊行，江聲海色歸帆尾。浦樹汀雲送瞑鴻，閑情盡付嚴灘句。

　　漢家倪掾帶經鋤，故業尤存圖與書。多君白首素賢裔，高卧松筠躭自娛。

　　要知楊鄭等榛礫，清白傳芳看有無。

題《琵琶雲氣圖》歌·爲張彥弘作

　　岱輿之山走靈骨，化作劫外千奇峯。此峯立我茅舍北，潑墨許我滄洲雄。

　　滄洲酒酣肆揮掃，章達高情尤絕倒。浮雲浩蕩隨有無，期爾來巢拾瑤草。

　　蒼煙積雨龍恠居，雲屏石磴相縈紆。碧澗紅泉恍疑似，夢遊尚記仙人都。

　　况是清修久閑適，燕景空濛漱瓊液。坐來黃葉墜西風，對此令人重相憶。

題宋復古《溪山積雪圖》歌

　　空山積雪動千尺，太白嵯峨遽今昔。墨圖尤儗輞川莊，價重南金世珍惜。

　　袁安高卧慣深扃，孟嘉獨蹇餘空迹。歸棹寧忘赤壁鱸，幽禪共譓雲巖夕。

　　荒亭落木正凝寒，磵道冰流墅橋逼。巢屋老居固陰崖，破凍飛泉灑銀壁。

我亦滄浪把釣徒，曠睨乾坤微一息。怡情皓素欲誰伴，靜裏春陽惟内溢。

披圖渾覺滌纖埃，霽黛何妨幻空碧。只今毫墨謝衰遲，詩情瀁逐冰絲滴。

題吳至靈葆和藏董元《寒林重汀圖》歌

曾讀屈《騷》語，悵然懷遠遊。空山高卧日慵起，對此宛歷江湖秋。

重汀回抱別淑隱，洞庭木落湘妃愁。不將巧趣混天真，寒林杳靄迷煙氛。

凫鷖散亂已冥邈，漁舍兩三知幾春。江南此景興莫比，霜冷蒹葭長新水。

長松影落空籟鳴，小艇殘陽歸鴈尾。吳綱近著風霆脉，雲笈深藏窺莫得。

野渚平川憶故園，林原入夢經年隔。顧我曾追老畫師，層巒疊嶂探幽奇。

荊門雅澹推董李，隋珠定價今誰知。明日京華理歸漿，空闊神情夢中想。

月際潮生晚思多，菰蒲過雨寒風響。

好静軒歌·奉教賦

太始混開闢，玄黄敷判初。人文兆三極，乾蓋包坤輿。

宇宙循環渺無間，萬有吹息周盈虛。至人調元視浩劫，豈止區區了生滅。

静根於動動復静，互運陰陽赴車轍。賢王富積萬卷書，漢獻才優獨修潔。

夙探好静道之基，清静正民民乃悦。高軒不貴飾紛華，岷峨爲嶂芬瑤花。

儼持藩屏輔親國，忠孝誠明惟帝家。執中之妙皆静力，舜禹相傳由建極。

聖賢確示仁義途，湛徹虚明豈沉寂。道存編帙千萬辭，方寸斂之無別歧。

冰壺秋月皎中夜，渥洼緑耳停奔馳。

璧水爲鑒，靈臺是居。黄輿廓象，玉液流酥。

天根來徃自晝夜，赤水象罔浮玄珠。坐燕鴻濛遊太古，仁壽有躬滋樂土。

曷誇泛海覓佺期，羲農至治驚談麈。俯愧微臣林野儔，累蒙宸眷被鴻庥。

敢辭蕪陋爲軒祝，忝竊遺宗遵内修。蒼崖曲磵卧秋水，谷鳥巖泉苐盈耳。

寂然真宰貯一源，風葉雲蘿老煙雨。仰懷廷闕五雲栖，鸑鷟翔驂霞佩躋。

獨慚攀附渺何及，睿算日瞻天與齊。綸章飛墜瓊林曲，洞吏天姝環拱肅。

竒英麗藻爛群芳，夢繞鈞天夜光燭。餘光烜耀動九垓，寂寞幽滯頓爾心顔開。願趁璿臺翠岫千萬丈，一洗朽腐之凡才。謁侍軒居圖史側，六合凝虚晝生白。

道之樞，帝之則，浩漠玄機啟淵默。鵾鵬神化歸毫芒，埏埴甄陶聊一息。

坐來囊括溟涬會一元，千古皇圖光簡册。

清熙亭同諸玄幕賞紫牡丹，即席賦歌

洛陽花品傳芳秩，姚魏名花皆異植。劫换塵氛見每稀，譜英辨質探遺籍。

清都自是有天根，萬片晴霞飄國色。積雨園林麗日和，艷先桃李東風逼。

虛亭潏足少娛春，真賞欣諧總玄職。轞蕚聯翩況共歡，文彩猶多老賓客。

枝擎翡翠瀉銀河，色蕩玻瓈泛金液。育秀全資造化功，流輝不讓天孫織。

陳觴稍面畫楹間，列席傍依彩簪側。悅鳥分明度咲歌，好山高下融衿臆。

饌香蘭馥錦雲披，杯面蓮垂珠露滴。卻愧妍心慕邵程，寧期眩俗追何石。

怡安尚冀並芳叢，歲歲看花醉今夕。如此韶華奈興何，賓筵爲樂情無極。

送別王仲縉先生歌

爲學貴師友，斯文追大宗。江湖近凋落，王子欣相逢。

昨我髫童慕儒業，尊君卓起推文雄。先子嘗從謁明主，文光萬丈騰奎府。

固宜英嗣繼休聲，雲夢滄溟隘吞吐。華川鍾秀山嶽奇，辭源自昔專吳楚。

一朝輝彩動賢王，九苞鳳羽鳴朝陽。鵷行倚馬千萬語，班賈曹劉焉足方。

我聞王書積萬卷，探索朝夕高虞唐。珠璣金玉非嗜好，聖訓皇謨世爲寶。

自緣天縱皆宿成，況此賢才臻輔導。漢唐藩屏知學稀，千古鴻名亙穹昊。

卻愧山林庸鈍資，累蒙恩眷徒心馳。逢君備語仁睿德，執報未能歡欲趨。

空山積雨交夏緑，聯璧獨肯過茆茨。濕雲到地繞原隰，啼鳥深林晝陰寂。

翠荷斜帶碧篁妍，殘花低亞清泉急。蒲葉傾尊五月涼，離情緩逐長淮入。

錦囊卷帙探遺言，禁苑驪珠光四懸。

極譚精蘊深啟沃，述作幸紀名。

山川世聞久，枯木寒泉冰雪情。

千金難遇論杯酒，玉堂金馬虛位方待賢。直睹高鶱動星斗，品藻慚加樵牧音。大雅寧遺鳳麟藪，岷峨蒼翠仙者都，莫惜因風慰駑朽。

題方壺寶晉《雲煙圖》歌

昔與奉常輩，丹青夙妙年。披圖且覽句，撫慨心茫然。

壺仙胸宇丹青府，燕趙歸來隘吳楚。襄陽逸法訴荊關，海岳風流雄萬古。

自緣宿契海岳情，雲煙浩蕩窮滄溟。山浮群樹清瀨邃，雨洗半峯孤塔明。

濕嵐餘靄紛夏緑，墅渚輕風散鳬鷖。移家願卜水雲坳，長竿獨倚清溪曲。

奉常高弟俊彥流，泮水橫經今幾秋。鵝湖秀色賦真賞，對此宛卧滄江幽。

畫意非苟精，神情會應少。

落月秋空江海思，浪擬浮槎度林杪。北海高風須力追，清衿氣吐雲煙姿。

曹劉沈謝興莫比，溟鯤一躍凌天池。

題方壺真人墨竹歌

方壺之山倚空勢，陰壑長竿動千歲。壺子衿情海鶴閑，墨華縱寫雲煙趣。

遂令倍價重南金，怒髮揚眉鮮輕與。只今寥落散驪珠，太息鯨濤渺仙逝。

我昔瓊臺立雪時，每許餘光發騏驥。廿年弄翰興莫追，春籜秋筠覽蒼翠。

雲臥丹丘不記年，短筇幾顧滄波棄。儗招六逸卜芳鄰，曠芳浮緣衰懶至。

坐閱孤標共歲寒，冰霜豈折淩霄氣。虔慕還丹煉汞鉛，靜探雅操消塵繫。

束書須叩劉長生，怡悅何如滄中味。

古硯歌·答鮮性初高士
贈寶晉齋硯而作

空峒山人居巘谷，擁翠成軒種群玉。生平好古陋流俗，垂釣揚江岍山曲。

昔嘗授道袁安門，立雪瑤臺書萬束。珍圖異玩皆絕奇，雲錦為囊善牧蓄。

時來桂館聞鈞天，握手論交踰十年。相知不悋有清癖，每贈毛穎兼陳玄。

石鄉雅制來即墨，蘊質含章尤礛堅。銘詞重是寶晉物，枝蔓瓜瓞相連綿。

南塘硯品每無價，龍尾洮溪未容詫。端歙猶推西北巖，青逼琅玕紫如赭。

襄陽本是南宮仙，自許蘇黃堪並駕。海嶽庵前錸甕城，愛石應須拜其下。

駑駘過謂追名驥，封題遂寄滄江頭。磨礱愈鈍鄙精銳，體方用靜心與侔。

窮經朝夕謾披寫，臨池一掃春雲浮。梧竹軒牕共清夜，冰綃雲霧騰蛟虯。

京華苦惜久離別，痼疾翻成臥松雪。秦淮春漲鱠思吳，京口秋高潮夢越。

支離晚契松喬蹤，價忝楊休賦應劣。願子空峒壽與齊，緩調笙鶴梅花月。

題董北苑《秋江待渡圖》歌·爲汪大椿賦

山幽幽，水悠悠，喬林落落依崇丘。夕陽在地鳧鷺散，二三歸客呼行舟。

清霜被野晚風急，白露帶袂寒江流。蒹葭遶渚飄葉赤，浦漵荒橋亂山碧。

迴汀迷岸幾漁家，霽月遙天兩飛翼。古來畫法惟荊關，北苑猶推李郭間。

不粧巧趣合天造，雲煙澹漠江南山。汪子才華出群驥，文墨有成探畫意。

珍藏此幅動十年，肆筆鮫綃每丰勢。愧我少年遊越吳，壺仙潑墨傾金壺。

風潮雨瀨盈尺素，易畫稍窺龍馬圖。久遺毫墨藉雲臥，喬木重是青珊瑚。

雲中山，天際水，昔欲壯遊今倦矣。錦城春色繡圍空，畫閣晴光香霧洗。

湘水閑情蘭蕙叢，剡溪逸興林巒許。愛子芳年咲我衰，琴書滿座娛清暉。

青雲高步矯馳翮，煥耀家聲光陸離。得失幾何紛代謝，遺墨蕭條動無價，

塵世驅馳待渡人。谷靄川霏競高下，嚴灘釣艇一葉微，繪鱸得味輕王霸。

豫章秀才歌

豐城古劍氣，化作豫章木。上摩牛斗墟，下蔭湖湘曲。

吳剛鍾秀山嶽英，入地深根拔蒼玉。綠髮窮經會化機。博究儒玄盡膏馥。

中罹兵革涉艱危，花鳥春深林谷非。故園無處覓歸棹，栞寓幽尋薌水涯。

授業黌宮藹佳譽，一朝薦剡光彤墀。束書秘閣環帝冑，藩府欵受賢王知。

晉祠雄峙太行北，燕樹秦峯護今昔。我王嗣位煥文明，鴻寶珍圖羅貢職。

聖主深愉孝友情，宸衷歲注駢繁錫。花萼相輝古所稀，多君輔導聯圭璧。

誰誇袁粲梁棟材，獨許王儉如瑯瓘。儒冠早際盛明世，紫泥赤紱來天階。

幾遂東還覓桑梓，太行古雪飄飛崖。山家夜對紫蘿月，班荆石磴歌庭槐。

袖出賢王珍翰美，豫章翻風忞莫比。詞源百斛粲驪珠，先帝恩濃寵綸語。

盤根孕秀煙霧深，直幹凌空霆電起。遺芳快睹千里駒，塞漠尤期甲兵洗。

別緒渾添渭北思，翻疑夢繞西山雨。

西山之高峯，群仙挾飛佩。欲擷南浦雲，神交躡吳匯。

張華預識劍津龍，夜光直射銀濤碎。冰雪高標傲歲寒，清都儘許尋鱸鱠。

約我玄洲掃白雲，底須釣海尋鼇背。

君不見，孔明老柏高倚天，柯葉翠蔓垂千年。芳名願與懸宇宙，故人應寄歸來篇。

野舟行

翩翩一葉舟，蕩蕩廣漠野。大幻視八紘，煙波爲六馬。

始從振翮沅湘間，荊門聲動爭揮詫。試業黌宮未有年，曳裾每重王公前。

岷峨覽轡入巴蜀，劍閣崔嵬高插天。一朝令譽達明主，美政推賢著天府。

精忠浩蕩三峽源，俊德輝光百川武。錢塘潮落海門秋，豸冠驄馬來南陬。

澆風鄙俗頓除滌，湖光萬頃煙氛收。自謂天心眷吳越，調官復補洪都缺。

花覆烏臺劍炁寒，冰凝鐵柱凌高節。昨過瓊林風雪隈，和風暖日姿顏開。歡呼倒屣即知已，醞醁細傾歌落梅。浮生總類轉篷急，櫓棹帆檣幾張弇。

縱柁長江白練寬，雄吞七澤湘妃泣。我亦滄洲把釣徒，輕浮一葦窮天吳。渭川嚴灘儻相值，握手一咲哦菰蒲。知君南浦多魴鯉，不啻空山臥煙雨。

紫闕青雲俟遠期，白頭共釣瀟湘水。

孝節行爲黃貞婦賦[1]

黃門有令婦，孝節今古稀。未嫁知事親，既孀猶在闈。家承忠烈素儒裔，女則閫儀知所持。姑嫜剛毅善容止，侍養晨昏具甘美。繼宗聘娣遽失天，絲枲訓兒欣卓起。孀居自抱冰柏貞，指日不改攄精誠。孰云墮井殞狂易，翼刃保孤終有承。危存兩世甚乖線，橫逆艱摧困餘喘。高堂白髮屆稀年，食報寧嗟信幽邈。賢仍富學趍神都，染翰累載名中書。清光密邇侍明主，文彩焕爛青藍如。我來忽遇輦轂下，帶月侵星語官舍。簪紱雲蒸曉佩鳴，卷簾霧擁春窓暇。示我群公金玉篇，凜然行義招重泉。綱常誠足敦薄俗，青史必睹芳名傳。嗚呼！采蘩之事柏舟誓，宜共母劉[2]光百世。

題方壺真人淇籙堂墨竹行

方壺子，仙之徒，煙霞炁度冰雪膚。青年適志走燕趙，胸吞雲夢隘八區。

手調玄黃仙掌露，華嶽崑溟肆吞吐。貝闕金門汗漫期，照耀奎章渺三顧。

振衣便作江南歸，江雨湖雲春滿衣。鶴髮仙翁愛蓬首，丹光久與雲龍飛。

絕崖一咲天地驚，顛倒銀河橫玉繩。狂瀾浩蕩作霖雨，碧玉萬疊泠風生。

人間謂竹總形似，太陰黑入淵龍怒。滄海揚塵壍劫空，此幅

---

[1] 《正統道藏》本無此賦，依《四庫全書》本補入。
[2] "劉"爲"留"。

自是風雷護。

方壺子，天與遊。

琅玕忽墮凫仙裔，鐵網珊瑚銀漢秋。平津劍躍尤神變，夢斷鈞天日華遂。

吳楚湖山阮謝情，箕箐翠黛平湖淺。淇籙高堂意綿邈，溪霜林霏濕空闊。

夜聞天籟繞舍鳴，惱我囊琴與鯨角。浮生轉燭江海空，荒岡野渚喧寒蛩。

赤縣滄洲不可圖，坐聽落葉聲悲雄。欲假長竿釣秋水，獨漱寒泉時洗耳。

浩歌漫有千古思，高臥空山紫蘿雨。

懷友行・寄水北楊雲溪

昔喜館西清，今嗟乏東易。鍾陵楊君文獻家，奕世詩書貫胸臆。

宮亭湖口春漲號，水北溪頭晚峯碧。日臥柴扃人迹稀，秋聲坐繞寒蛩夕。

憶昨論交倏有年，下榻賓帷絕塵役。蒼蠅白璧寧足嗤，天藻雲葩爛珠璧。

貳室館甥儒雅流，從君立雪春雲阪。五經六藝富探討，風雅百氏追源悠。

詠雩經史益鑽仰，迎刃窺光如鮮牛。聖哲遺言猶菽粟，味澹涵和厭粱肉。

風辰細語玉樹前，月夜高歌翠微麓。一別更秋日爽期，切思麗澤盈膏馥。

悒怏離情渺去鴻，謇予薄世羈榮辱。甕幾知患故預圖，豈意迂疎墮虞蹙。

鵁媒曷足達衷誠，豺虺揚嗔肆夷腹。妖氛翳空晦曙明，簧鼓潛期務藩觸。

東歸臥疾松桂叢，脫屣浮塵課樵牧。悵懷屈賈亦何悲，用舍隨時恒自足。

雲溪子，儒之徒，藏器乃肥遯，含章謝馳驅。

願從冰壑侶漁釣，奚復君門獻子虛。

題《青巖隱居圖》歌

青巖之峯幾千尺，中有隱居山別翼。龍門高插勢穿窿，宛與齊山並蒼碧。

澗南澗北環兩溪，沃壤平原美泉石。翠蒲瑤草鬱芬芳，屹立雙楹面森戟。

徵君素非隱者徒，涵泳膏腴富千億。華川名冑世儒宗，師友淵源重今昔。

文章光熖煥驪珠，詞藻聲華爛和璧。偶欣林壑寄閑情，豈比煙霞滯飛舄。

皇明真主聿龍興，卓起幡然應先辟。佐州裁史冠文林，寵渥駢蕃照淪迹。

遂使邊夷執節傾，精忠耿耿明胸臆。漢家馬援誓革尸，曷愧荒榛秋露滴。

佳嗣超騰早曳裾，永繼文聲光史籍。天朝繼統際仁明，太學高遷宜遽陟。

曩過空山索我圖，為寫潺湲勉相憶。夢追清瀨聽猿啼，落月高懸當絶壁。

萬里岷峨別四春，京華忽喜離情滌。爛熳雄文應墨新，不慚班馬傳芳迹。

繼志寧忘梓澤情，白頭終許從安適。黼黻皇猷正邇期，坐對青巖猶目歷。

謝蜀府賜口衲歌

岷峨高峯幾千丈，西蜀雄藩勢尤壯。賢王久著忠孝名，巫峽川流屹相向。

始當茅土立，儒玄沐恩庥。鮮衣每下士，道義非塵侔。

嗟予疎野曷侍遊。渺漠萬里，何乃遽惠五彩之重裘。

京華拜領增拾襲，片片雲霞相蕩浮。自慚樗散爲時棄，久託林泉臥榛翳。

五銖不音芰荷輕，王門敢儗長裾曳。盛服俄驚降大庭，鶴禁封題遂緘至。

凝寒陋質變春和，冱凍空山消顥氣。

華陽之仙人，文德並前烈。拯濟群黎凍餒除，國社安隆仰明哲。

遂令眷渥及山人，亦被輝光起迂劣。晏嬰衣被十載忘，範叔號寒一朝撤。

儗營大藥窺洪厖，正爾宜擷雪羽雲姿裳。行穿蘚潤墮晴雪，坐倚林籟鳴秋霜。

千金裘，世稀有，宮錦袍，仰君壽。李白狂歌詩百篇，應悅丹砂駐衰朽。

蕭條山谷絕世期，緬想青城勞夢思。扁舟倘遂涓滴報，拭目相從天一涯。

題吳處淵畫山水歌

我有江海思，倦爲江海遊。空山久高臥，煥耀疑丹丘。

清都道士家在塵垢外，家有雲巢衆峰會。白衣蒼狗任徃還，乃倚西晋仙人舊松檜。方壺外史昔授李郭之丹青，拂袂便作江湖行。

湘漢盡探山水秀，盈尺繪畫歷歷窺蓬瀛。

停策瓊林初話別，二十四巖紛巉崒。馭風彭蠡駕飛蓬，雲濤萬傾浮空雪。

曉泛宮亭十里湖，夜醉潯陽萬艘月。黄鶴磯頭江渺茫，岳陽城東臺閣張。

千波萬波帆葉赤，十點九點山微蒼。江陵墟景四鄰集，赤壁扁舟漲流急。

雲雨昏冥十二峰，洞庭梧暗湘妃泣。

嵯峨陽臺山，積雪天際白。滄溟倒瀉巫峽來，巴蜀層峰削秋色。篙師努纜攀洑流，星落苔磯亂川側。曹劉功異失吞吳，楊馬才優漫詞客。賢王藩屏近所都，殊恩尤眷山澤臞。儒玄滿坐劇譚笑，霞佩幅巾聯曳裾。

青羊瓊館深煙霧，露顆冰漿出宮樹。濯錦江邊赤履飛，蛾眉月裏瑤笙度。

我祖靈蹈最漢中，曾驅魑魅昭神功。青城化迹千萬丈，幾復夢遊安爾從。

歸來且展圖，為語川途興。一覽何須汗漫遊，應嗟海舶誇雄勝。

人生去住俱浮雲，净掃舊巢呼鶴群。盈虛洞了人間世，天池一息南溟鵾。

鍊真衹儗栖蓬閬，霧屬風飄隨放曠。脫屣寧懷聞達期，幽尋寫向松蘿障。

雪蓬歌·為典籍邵原性作

雪蓬先生紫綺裘，曠視八極輕王侯。蚤研經史博探索，雲夢煙霞相蕩浮。

華川之高峯，秀色並廬霍。中有群碩生，文光等川嶽。

世探淵藪時繼作，盛代多君振凋落。艱途萍梗付虛舟，浩炁盈衿恥悲愕。

昔過空山瓊樹隈，論交泉石傾尊罍。雄詞讜論驚滿座，玉麈揮雪行雲開。

間關江漢幾經涉，授業侯門卑草萊。一朝聲譽動明主，萬卷英華馳儁才。

成均富高堂，束書雪蓬側。

夢寐江湖興不忘，吳樹秦淮送秋色。日招坐客總簪裾，畫舫煙波照編冊。

晚風蒲葦斷鴻西，凍靄綸蓑巨溟北。渭川嚴灘傲世徒，羊裘熊夢知何如。

數罟爭投溉鷺急，長竿潒倚遊鱗疎。

白銅鞮，歌莫止；金叵羅，爲君起。

玄陰大澤閟春和，松柏堅貞歲寒美。我本清湘理釣緡，直欲憑虛與天語。

闕下相逢後有期，共醉梅花雪蓬裏。

題《讀書松桂林圖》歌

高夫子，儒之英，妙年卓犖馳俊聲。結巢松桂究經史，研思探賾皆鴻生。

一朝聞望光祖武，盛代高超列簪組。聖朝嗣位擢詞林，八澤三湘隘吞吐。

愧我山林韋布姿，幸從金馬瞻風儀。南金和璧不待價，盡推高適今昌黎。

復向容臺協昭祀，肅陳典禮名當時。尺圖雅淡珍藏久，詞藻聯翩粲瓊玖。

　　幽馨滿卷繞屛幃，濕翠盈編到囟牖。寥寥古徃聖賢心，眛目塵情歲寒守。

　　多君自是董賈流，夙承文獻嘉謀猷。長林落雪驚舞鶴，遙瀨迎空回素鷗。

　　掃花席月足涵泳，豈比皓首徒探摻。

　　高夫子，美襟度。

　　幽栖勿念松桂佳，廊廟方期佐明主。經綸不在鐘鼎貴，風月寸懷隨出處。

　　謝別還山理釣綸，願企文光照千古。

題清真軒歌

　　右軍昔得清真趣，蘭樹留芳總賢裔。君侯振起自天朝，恩重椒房冠穹貴。

　　華軒正面松筠開，玉作籤楹金作臺。松風墮雪響晴菌，筠霧迎春侵曉梅。

　　琴書插架牙籤束，斜月闌干醉絲竹。珠履毬纓滿席珍，不嗔玉漏催醽醁。

　　五侯七貴雄當時，飛甍傑閣淩光輝。披露彤墀聽鳴鳳，簪星紫禁聞朝雞。

　　輦轂新承臨甲第，玳筵綺食繁歌吹。千金寶帶五雲裘，一朝頒寵傳丹陛。

　　世德由來忠孝家，相傳簪組俱才華。聖朝累代蕃寵錫，許史金張奚足誇。

　　丰姿溫雅信奎璧，鳳券鸞章煥今昔。頗牧功成萬戶侯，願尊聖主隆勳迹。

　　愧我山澤臞，清真愜幽適。

山陰羽客未籠鵝，掃素何由寫空碧。嘗謁高軒翠樹藂。落花細雨回青驄。

廣庭瀟灑塵不到，春色繞簾啼鳥風。只今齒暮慚衰槁，刷羽高騫羨青昊。

貴冑恒看奕葉繁，醉向鵝池卧芳草。

次姚少師茶歌韻

昔我雲卧惟丹丘，鶡冠既弊嗟狐裘。聿來京國際真主，綺食瓊筵歡眷留。

當時故舊鮮知遇，客邸養痾空息喉。王蒙素謂有茶癖，累載憶別方從遊。

夙聞我師佐幃幄，六龍御極乘桴流。中官持節詔趨辟，象教頓使叢林稠。

金張接武肆清賞，茗椀細潑鶯花柔。龍團洗翠逐風響，蟬翼凝芬和露柚。

片甲分香顧渚外，酪奴衣彩颭湖頭。囊收餘瀝傾玉兔，乳面一掃浮雲收。

陸羽嘗爲竟陵第，上公況與聯鳴球。揮錢寧效季卿鄙，盛世豈獨高巢由。

頗儗樵青斃荻葉，應憐陶穀羞銀篝。松風落雪響清籟，竹雨澹煙吹薄颼。

誰誇何石萬錢費，肯比卜相儲金甌。乳窟蒙陽盡真味，著書自足消窮愁。

王公掎角每英傑，何俟庖丁窺鮮牛。應副華歆忽黃閣，偏宜曹壽今瓊樓。

輦轂時倍玉堂賜，恩榮卓冠踰神州。鍾繇白首竟中輔，竇固青眉宜列侯。

京畿異迹富靈液，況汲揚江千丈湫。愧我嘗追後塵末，天葩麗藻知難酬。

標格清雄豈阮謝，詞華逸邁過楊劉。累承愛遇甚投轄，矧被清光多運籌。

東歸拂石藉林壑，感仰漻使枯腸搜。願戴皇圖廣惠澤，高騫奕世蒙天休。

送鄭教授叔度之蜀歌

東風破暖楊花密，夜雨翻簷漲流急。鄭樸肩輿晝叩扃，朝簪猶帶嵐光濕。

我昔知歆孝義門，聚廬合食皆溫醇。良金粹玉美昆仲，文獻流風欣討論。

闕下相逢藹辭色，東朝恩冠春坊德。景慕踰深託素知，王門況值賢賓客。

旌異東南猶昔時，丹楹彩筆張高楣。鐘鳴鼎食系千指，內箴外訓嚴規儀。

五百餘齡同一日，應慚劉李爭矛戟。巨碣豐碑金石文，豈誇張柳相雄軼。

仙華山秀涮水東，文藪詞源爲代宗。仁聲義澤世薰漬，偉望豈亞青芙蓉。

多君令譽遭明主，曳裾發軔趍藩府。朝鳳鳴陽絶後塵，逸駒脱轡鳴前武。

巴蜀巑岏秀挿天，繩橋劍閣相鉤連。我王祚土建藩屏，孰讓漢獻稱才賢。

君行職教過桓馬，絳帳銀燈論璧犖。浣花飛遍錦官城，灩澦雲濤半空灑。

王門富積書萬籤，不啻珪璧光淵潛。璿源玉葉重當世，紳繹萬古窺洪纖。

　我慚荒陋叨寵錫，報德何由致涓滴。空羨高騫勢莫攀，日方葛杜偕心迹。

　儻眷栖遲山澤臞，爲言齒暮徒迂踈。祖道陽關悵離緒，柳條綰帶增躊躇。

　蘭金交義知應幾，離棹匆匆泛江水。願挹清芬並昔賢，蒼蒼泰華橫秋宇。

題趙魏蘭石歌

　吳興玅年冰雪姿，鷗波水暖清漣漪。醉揮兔穎盡書法，密竹幽蘭蒼玉枝。

　湘濱楚畹煙霧濕，我欲佩之將何適。千載孤芳烈士風，一調朱絲對寒碧。

題《五龍圖》歌

　至陽之精善神化，倏忽雲雷動驚詫。波濤洶湧萬里奔，變態百狀雲爲駕。

　九五其位居至尊，尚書賢偉宜攀鱗。蒼生正資作霖澤，拂拭此圖裨聖仁。

題中山草堂歌

　鴈蕩高峯連石橋，草堂別構凌山椒。赤城霞氣浮五彩，奇峯疊嶂爭岧嶤。

　盧遨芳躅素儒裔，富積詩書佐明治。哦松月夕動遐思，官舍清風落空翠。

題《積雪觀梅圖》歌

　　王猷才氣淩冰雪，貞白高居抱孤潔。梅卉中含天地心，重陰不受風霜烈。
　　芳縟羞同豔冶姿，蓽廬晝暖春陽熙。久知陶謝每同調，静對曲卣千古思。

題翠濤亭歌

　　翠微之山美如玉，面山築亭傍溪曲。長風吹下萬松聲，百頃雲濤恍心目。
　　手揮五絃歌紫芝，兩耳天籟淩空飛。人間衆竅不足和，羊裘雪滿遲來歸。

題《雪江獨釣圖》歌

　　衰柳蕭條斷流急，短蓑釣雪風煙濕。大江渺漠去不還，萬頃瑤光浸寒碧。
　　林侯重是三山英，烏臺久共冰蘗貞。俯仰乾坤竦毛骨，巨鼇一撤淩空行。

卷五

詞賦騷操

卷五　詞　賦　騷　操

詞

沁園春　登真

瞑滓鴻蒙，肇自先天，無極之初。暨陰陽分判，乾坤定位，循環動静，真宰中居。一點靈明，輝天朗地，亙古圓融無智愚。塵緣斷，看碧潭鏡净，月瑩心珠。八荒洞照無隅，中宵永、冰壺玉液酥。正真鉛投汞，坎離交姤，火龍水虎，橐籥吹噓。白雪凝輿、黃芽滿鼎，雷震昆侖徹太虛。功成後，俟胎圓神化，同赴天衢。

水調歌頭① 法海

先天無象始，父母未生前，一真獨露，光明亙古著靈源。縱閉陰陽內運，顛倒五行攢簇，浩氣養三田。發用殺機處，雷電震無邊。既非心，又非法，亦非禪。幽微奧妙，千金不與世人傳。莫認符塗②呪訣，直悟玄關宗祖，將在自已神全。瓦礫兼莎草，濟

---

① 《正統道藏》本詞牌作"水龍吟"，《四庫全書》校作"原詞牌誤作'水龍吟'"。
② 應爲"符圖"。

世自超然。

風入松　問學

十年燈影夜相親，寒暑迭催頻。短窗幾度停犀管，殘編盡、知味何人。簾外雪深風緊，梅花偏旺詩神。千經萬史足經綸，學業志彌綸。天根月窟間，今古文章事，多少迷津。收斂虛靈瑩徹，杖藜隨處陽春。

無俗念　參究

麈湖峰下，結雲松巢，子動忘昏曉。浮世衰榮無限事，一笑浪漚萍蓼。翠竹黃華，水聲山色，此味知多少。湛然瑩徹，色空俱自明了。天光雲影徘徊，寫長空色，一鏡澄清沼。春去秋來心自在，付與野情魚鳥。海闊江平，月明風細，清籟傳音杳。便須飛步滄溟，朗吟天表。

水調歌頭　內工

至道無言說，寂默守規中。杳冥恍惚周流，一炁運元宮。采取金精木液，真土內擒鉛汞，頃刻顯神功。測爻符，鳴橐籥，震雷風。坎離顛倒，火飛碧海煉真空。太乙含真有象，玉鼎流珠凝結，神化合玄通。歸去蓬瀛路，曠劫玩鴻蒙。

滿庭芳　山居

折卻烏藤，便尋茅屋，誰知剩水殘山。鑿池種樹，梅竹任縈環。芳草閑花覆地，煙霞裏、蘚徑柴關。無人到，春風秋月，松菊伴幽潺。簞瓢隨分過，無榮無辱，樵路漁灣。與林猿谷鳥，暮樂朝歡。掃盡情塵業垢，披衣坐，真息養還丹。優遊處，孤琴只鶴，霜露不凋顏。

蘇武慢　消閑

悟幻尋真，參求幾載，自誓頓超生滅。風抄雪纂，夜讀朝吟，探究古今賢哲。道妙禪宗，萬殊一本，勘破底須分別。這堂堂無礙，真空非與，太陰圓缺。堪笑處、竹椅蒲團，松窗桂牖，邁步便同高潔。塵世相違，水雲為伴，高臥故園風雪。駿馬貂裘，翠袖紅螺，過目浮華閑説。速回頭是岸，簾幃光透，性天心月。

滿江紅　閲世

憶昔少年，行樂地、都非舊景。聽海添潮落，綺繡四城春永。歌舞樓頭憎日暮，管弦席裏嗔酣省。看目前、榮悴幾光陰，愁難整。夢魂醒，塵慮並；漫堪嗟，空自警。慨蘭橈荻閣，水寒煙冷。無分江湖中緒斷，天心月到澄潭影。念浮生，識破悲歡，川波靜。

醉江月　江湖

曾隨釣艇，弄秋波、見盡江湖浩漠。兩岸白蘋洲渚外，露冷荻花楓落。半夜潮聲，中天月色，更轉梅花角。推蓬試問，故人隨處蕭索。發棹牧浦漁村，夕陽城畔，歸雁鳴偏數。綠酒黃花煙雨際，幾夢故園林壑。壞塔風高，海門山小，春盡垂楊郭。歸來林下，振衣高視寥廓。

望梅花　絶交

浮世無邊，塵累勘破，幻緣能幾。億劫冤親，千生契識，薄似片雲情義。空自愧，奸巧機關逞英雄，徒增業翳。用盡深謀詭計，奔競是非名利。造物無私，靈臺自昧，苦海沉津如熾。净拋棄，野水踈林絶行蹤，月明風細。

解紅　了悟

本來真性體虛空，遍界圓明現。情塵撐翳心珠暗，溺重淵，靈光不昧，一點輝煌元非遠。掃浮雲、萬象無遮礙，天心見。野花啼鳥間中舒春，看滄海桑田，幾清淺。衰榮代謝常消息，盡愁山苦海，流浪難轉。猛省來，乾坤總妙玄。松筠畔，寂寞細玩真源，曹溪路口無陰樹，非法非禪。直待一陽生坎，光騰如波卷。誰會取靜飲刀圭，浮慮遣。視無形，聽無聲，言無辨。這落魄逍遙真可羨，白雲堆裏容癡倦。共寒泉枯木，隱隱壺天。

風入松　和虞學士韻①

江城淹病酒難酣，疎鬢訝朝簪。暑消已覺秋光遍，紅塵遠、斜日回驂。蕙帳累留殘宿，清霜猶濕春衫。秦淮潮定碧如藍，歸燕息呢喃。白雲幃幔寒偏早，更誰問，雁字魚緘。早晚棹聲歸也，黃花白酒村南。

賦

澹漠賦

粵太初之沖漠兮，紛萬彙之資生。爰混沌之始鑿兮，列儀象以爲經。根動靜而始畫兮，迭奇耦以五行。曰圖書之是則兮，立三極以權衡。時俯仰於浩眇兮，互消長乎生成。維二五之妙合兮，宛歷環樞而內凝。絪縕以塊圠兮，煌耀而惚恍。漠虛靜而恬逸兮，求玄珠於象罔。湛一黍之空懸兮，儼雲蒸而霓朗。抱規中以潛淵兮，廓浮游以潤瀁。旋乾坤之復姤兮，協降升以轅輞。濯暘穀而遹皇兮，傑扶搖兮沆瀁。策菖葩聯蕙繶兮，謁靈君於輝晃。咽玉

---

① 《正統道藏》本無此"和虞學士韻"五字。

液與桂漿兮，翳綝纚之鬱泱。乃授而曰混茫兮①，超澹漠乎寥闃。是庸滌此洆涊兮，返玄精於蘊質。駕黔嬴之曖曖兮，御六炁之豐蔚。貫離明以實坎晦兮，乃弭節而運一息。何周始之無端兮，洎灂灂而有淪期。羨得而退舉兮，由乃味乎醇真。松喬矯而壽考兮，奚椿松②之與鄰。彼豈信偷生③兮，潛崖谷之囍辛。志冰霜之高節兮，眇幻有若漏塵。豈紛華之謂美兮，溺粗穢何由論。慨予生之蹇鈍兮，徒留志乎昔芬。漫先訓之紛糾兮，悒予④中之莫伸。怊惝怏樂⑤大化兮，煩衡槀而隱綸。棄訑謾而釋萊兮，叩厖鴻乎問津。絕桑濮之蚩嘻兮，大音浩乎若聞。胡康匏之見寶兮，又何顧乎商敦。慨柄鑿之鉏鋙兮，若異質於茞薰。尚何⑥眷躨熉兮，每希榮而歎悴。孰不固予之操兮，仰⑦老列之猶貴。伊楊雄之守玄兮，且美根而密閟。矧屈子之遠遊兮，亦中存其灝氣。潛沉濁以虛待兮，聊漱鑿而猶豫。遠姱嫽觀隅限兮，宜殉潔以蟬蛻。惟賈誼之哀鵩兮，了死生以奚慮。孰若御厥泠風兮，造列缺之何繫。外爾躬之附贅兮，豈為物之蝨蝟。落⑧晨星之寥落兮，徒餘光之衍洩。悲埃壒之陋陋兮，獨徨徨而懵惻。紉蘭珮而欲遺兮，搴薜蘿以謇釋。睇芳躅之欲追兮，邈高騫而岸峉。粲露華於菊英兮，感質而形踣。齊物我於稊米兮，曠窮途而奚恤。仰威鳳之高翔兮，曷德輝之憎嬗。懼跛鼇之跬躪⑨兮，騎膠轕而靡軾。將求之以叩丹丘兮，詎知無言之玄默。

---

① 《四庫全書‧峴泉集》作"惟混茫兮"。
② 《四庫全書‧峴泉集》作"椿柏"。
③ 《四庫全書‧峴泉集》作"儉生"。
④ 《四庫全書‧峴泉集》"予"作"餘"。
⑤ 《四庫全書‧峴泉集》作"怡惝怓樂"。
⑥ 《四庫全書‧峴泉集》"何"作"可"。
⑦ 《四庫全書‧峴泉集》"仰"作"泠"。
⑧ 《四庫全書‧峴泉集》"落"作"薄"。
⑨ 《四庫全書‧峴泉集》"躪"作"躓"。

求志賦①

繄予生之抱志兮，惟慎獨以自持。託衡門以偃息兮，情卓犖而不羈。廓予心之芒昧兮，仰千古之同蹊。曷乾坤之汝隘兮，眇莫知其所爲。嗟垢氛之擁翳兮，託桑甕而潛逸。斯求志於隱居兮，爰棲遲以沉鬱。絕流俗之便佞兮，躭素履以貞吉。莽榛棘之塞途兮，涉宕冥其蕩潏。衝嶮巇之阨隘兮，號封狐之跌軼。獮磔虺之啖人兮，疾驅馳且徒怖慄。仰崦嵫以浩歌兮，噫剛飆以箕踞。奚矯翩之霄崢兮，尚嘯群而墜矰。弋彼饕狼之肆摧抑兮，歡梟鵰之是儔。羌搆類以結族兮，曾蟻蛭之遑羞。挾奸媮而骯髒兮，窮巢穴之探捫。幸高蹈於洭湎兮，藉鶉鷞鳥以爲裘。慨徃轍之綿邈兮，欷悲風之颼飀。頼源泉之不舍兮，擱操縶夫崇丘。曠杳眇其遐覽兮，仰明德以慎修。合絪縕於恍惚兮，庶一氣之周流。守中扃而寂黙兮，又適以夷猶。徒組綬之蟬聯兮，愧中赤之莫投。孟軻之鄒臧兮，猶歎魯之弗遇。董子之正義兮，卒江都而永棄。彼蓬麻之鮮儷兮，徒拳拳而結緖。播蒼蠅之簧鼓兮，感白珪而曷睇。聖且有是阨困兮，矧予茲之若寄。何窮達之累中兮，曰媺人之遐逝。激頽波之顛仆兮，徒鬱悒乎奚語。侶漁樵之閑逸兮，林壑聞其靚深。踞潺湲之曲澗兮，臨絕壁之嶔崟。傲箕穎以容與兮，泂淵潛之靡禁。恥睢盱其惋媚兮，快若趨乎浸滛。睹下泉之清冽兮，蔚苞蕭之蒨陰。豈膏肓之忘返兮，奈網罟之我侵。足儽俛以躄躓兮，志又奚能以斯。任冠章甫而縫掖兮，聊采苓於高岑。哀道之行廢兮，惟明命之莫諶。駕言峛此貞素兮，庸孰契夫我心。

---

① 《正統道藏》本無此賦，依《四庫全書》本補入。

騷

停雲辭（有引）[1]

晋處士陶潛嘗尹彭澤，不能爲五斗米折腰，遂賦《歸去來辭》，謝官歸耕，以詩酒自適。其亦寓憤世嫉邪之感而然也歟！其曰："停雲者，思親友而作，以序其園田之樂，朋遊之思也。"後之慕夫閑雅静退者，率慕其爲人。雖然，或遭時不同，用舍之異，而其沉溺乎？寂寥枯槁之濱，固安於恬逸，而寧無親友之懷也乎？予卧疾黄箬山中，寄迹於高蹈遠引者久矣。暇日，用廣其意，以識其思焉。辭曰：

停雲之思兮，思不能已只。予兮斯棲，有山有林有園有田只。山崖卓拔，居輒拮据只。林木蔽芾，時而濛翳只。丘樊衍沃，味所茹蓄只。田疇嶕嶢，食以菑畬只。仰瞻扶輿，宇宙隨所寓只。來今往古，焉有窮只。予兮斯棲，復吾廣居只。仰止昔人，返吾誠只。道以爲逕，由適趨只。德以爲宅，直而方止［只］[2]。體仁爲防，遵義爲範只。大中至和，心之醇只。閎文鉅章，道所載只。持敬弗愈，主厥一只。溥博其淵，慎兹獨只。制以衡轍，爲德輿只。操其淄澠，增澡礪只。執中無隅，神無方只。心君湛然，净以虚只。聖哲同皈，永矢蹈只。停雲而思，遂遡遊只。麗澤其鮮，胡盍簪只。澆風頹波，曰漂宕只。孰偕寤言，中心樂只。平陸修阻，慨遶悠只。舟車莫從，奚促席只。洞視千古等須臾，伐木以歌，恨吾悲只。

---

[1] 《正統道藏》本無，依《四庫全書》本補入。
[2] "止"當作"只"。

儗鞠歌①

鞠歌奚儗兮，感斯道之莫信。情鬱悒兮，無語兮，獨黯黯焉。慨將乎自珍，棻騏驥兮靈氛。駑駘竭蹷兮，惟敬修以書紳。託空言以述古兮，或庶幾乎芳澤肥遯。爲心兮，乃循循其以明德。軼駕兮軾曷，憑數千百載兮，遽乎靡勝。道豈實萎兮，則予孰得續緒末馨。

操

耆山操

山之巔兮，莫瞻覷。魯山之木兮，莫中斤斧。山之幽兮，祇以栖處。志之遺兮，世獨予忤。皇初有作兮，嗟餘焉睹。

歸樵操

我巢於林，孰覰其憂。伊我返慕，曷敢不由②。懷古之人，惟守我常。樵斯我采，胡使伐傷③。彼牛有蔚，我往曷銍。世莫予心，奚悲我音。

佩蘭操

蘭之芳兮，其質漪漪。我將佩兮，孰覰我思。遡其遠兮，霜雪靡漸。陟其邇兮，榛棘維滋。我植而晦兮，悲其潛斯。潛兮潛兮，無揚爾馨兮，無華爾姿。

---

① 《正統道藏》本無此歌，依《四庫全書》本補入。
② 《四庫全書》本"由"作"繇"。
③ 《四庫全書》本"伐"作"我"。

卷六

頌 箴 贊 疏

卷六 頌 箴 贊 疏

頌

華陽吳先生壽頌（有序）

余友華陽先生吳君，至德篤文。行而年益高，垂六袠有四歲。十有一月六日，其壽辰也。世家饒之安仁，爲邑大姓。近遷吾里。幼知嗜學，凡其鄉先生若李公、仲公、張公子東、黃公均瑞，而吾里張公孟循、盧公伯良、夏公伯成，皆從之遊。其友則周君孟啟、龔君克紹也。故凡翰墨詞章之學，靡不精究。而性敦克，爲斯文所推重。暨授業於西塾凡五六載，於吾昆弟相與研偲之助居多。今年冬，壽將屆，予孟弟彥璣持觴而告，曰："吳君學力而行修，爲吾從子師。歲且有成。效講習之益尤至焉。於其壽，願得一言以頌美之。"予喜而歎曰："斯文凋謝莫甚於斯，若前之所師友者，不可作矣。而旦暮所資迪者賴君耳。宜其獨年抑經曰仁者壽，智者樂，凡君之怡情乎林壑之幽閑，文籍之淵雅，莫非存乎仁則養於其心者，益充而益壽矣。然微吾彥璣嘉斯文之好，友誼之厚，其獎勵輝揚，能若是哉！予雖鮮文，敢不思一辭以永其壽焉。"頌曰：

斯文之宗，蔚乎山嶽。粹德淵光，龍翔虯躍。凡我鄉邑，耳薰目濡。

君爲時彥，涵澤茹腴。曰經曰史，聖訓是緝。遊藝其餘，繹義斯習。

漢迹魏模，晉唐實工。崖鐫石刻，遺玅曷從。恍懌無厭，日造其蘊。

微言大章，雲行霓暎。暨授我賓，惟貞惟純。式範有猷，介壽斯仁。

既康且祉，孰匪天厚。偃兹丘園，采豐植茂。崇酒於觴，福履攸綏。

裳冠博裳，百祿是宜。惟我友朋，允資麗澤。撫凋感殘，永爾碩德。

貽厥孫謀，是則是承。仰止先哲，協于嘉禎。

黍珠龕頌（有序）

晉王殿下既膺祖訓，光嗣大業，留神聖學，有取於存養之言，質諸方外臣芒芴生曰：“子形如槁木，心若死灰。類以道自樂，而不偶於世。乃鶉其衣，鷃其冠，與荷蓧抱甕之徒，相忘乎大林丘山之間。所栖者鷦鷯一枝，尚何異夫居一黍之小乎。子之所樂而世之所悲也。其若是歟？然吾志造夫誠明之學，會夫虛靜之工。嘗有取夫老莊氏黍珠之言，暇豫之頃，趺坐一龕，廓然虛中，心與天一，子能進一黍之得，以告於我不亦善乎！”芒芴生起而歎曰：“夫物有生於無，實形於虛者皆然。心爲形之宰，形爲神之宅。非中虛則神室而不通，心晦而不明。是以學夫栖神煉氣之道者，虛玄關之規中，若浮遊之潛深淵也。始則固鼎爐，調火符，采鉛制汞以煉之。已而金精木液、坎戊離已，不頃刻而會乎中黃之宮。一炁五行，周流六虛，化爲黃芽白雪，若粒黍之微，而後返乎黍珠之中，陰滓盡而陽質成，乃所以爲仙矣。即釋之謂真如圓覺者，以其圓通，周遍大千之界。凡所有相盡入無際光明藏中，皆此珠也。其質雖元始說經之前，空懸去地。衆真交會，而入莊周，求之罔象，皆所以盡變化之神，有無之幻也。以是亦不知珠之爲中，而中之爲珠也。則有無虛實之辨，復歸於胚腪馮翼之初，尚何究於言哉！抑守道之極，惟玄、惟默、惟恍、惟惚。① 生亦莫能造其極焉，莫能言其至焉。"乃稽首而獻。頌曰

帝青混芒，閟奧靈編。浩漠中扃，一黍空懸。博大真人，煉質大淵。

凝玅紫虛，養珠幽玄。闔乾闢坤，虎伏龍纏。茹和金宫，百霱翼翩。

黄輿流液，玉芝産田。嘯詠九辰，動熙静專。冥栖鬱藍，駕景雲駢。

廓落遨初，青冥倏旋。梵樞洞陽，高視八綖。溟滓赤明，瓊文内研。

佇膺寶書，浩劫綿綿。

示弟宇清頌②

一點靈明，本無生滅。五十年中，非圓非缺。今朝裂破大虛空，三界十方俱透徹。

箴

藏修箴

方寸之心，宰乎一元，所以配乾坤而同體，爲三才而並立者，曷由而具焉。夫必曰理以爲之主，極以爲之淵。非理不立，非極不全。不立無以制諸内，不全無以合諸天。藏以自晦，修以自率，庶不爲塗人而已，其無昧於虛靈者孰愆。是以靜一以固其本，健

---

① 原文爲"慌""忽"，據文義改。
② 原文見於《江西通志》卷一百四。標題爲編者增加。

順以濬其源。充之以仁義，裕之以辭篇。返而求已，用則以兼善當世之責，舍則以守吾之玄。此之謂遁世而無悶，居敬而守中。古之學者孰越於是，吾何敢怠於希賢。雖然，究老莊之道，探周邵之言，固吾之自礪而不偏。惟斯言之確踐，必日夕以拳拳。

贊

月鼎莫真人像贊[①]

心遊乎太初，迹超乎空漠。施之則彌六虛，斂之不盈一握。是乃佯狂乎麴蘖，亦或曠談於糟粕。其餘事也，可涓滴以寓靈，即霆奔而川愕。世孰睹其身外之身，奚可得而描貌。

瓢笠像贊

猗余之生玄胄，少趨學問之門，長有圖史之癖。謂其為顯也，則曷嘗析纓衣組；謂其非晦也，乃已嘗枕流而漱石。是豈不羈窮達之所移也。必矣，惟其脫落於世故；凜乎，若孤鶴之唳清霜；問乎，若澄淵之湛寒碧。夫又孰庸其博聞強識之所寄，抑將寓其高潔，聊託箪瓢而自適者耶！

孔子問禮圖贊

孔李殊途，道本同源。禮吾所履，持敬克存。
天地經法，商周典墳。大音希聲，余欲無言。

伯夷叔齊贊

商弊周隆，運移鼎逝。道在彝倫，確乎仁義。
曷存曷亡，孰鑒孰眎。言采其薇，高風百世。

[①] 《正統道藏·峴泉集》卷六作《莫月鼎真人像贊》。

王重陽真君像贊

道著元興，運移金墜。樓觀終南，蓮芳衍系。
虬龍之姿，風霆之炁。廓然天遊，仙風奕世。

樂真唐真人像贊

縱閉玄造，光振真宗。肖形象外，合景規中。
妙運風霆，心見帝則。宸眷赫曦，湛然淵默。

希夷真人像贊

華山白雲，惟意所適。曠謝浮榮，默守玄極。
至人無夢，乃踵真息。控駕扶遙，象存太易。

侍宸王真君像贊

宿資靈質，道契真傳。囊括暘雨，超乎象先。
光贊宸猷，淵澤之會。木葉遺傳，啟我蒙昧。

雷淵黃真人像贊

博大之資，清明之炁。混融萬殊，了徹無際。
玄經至道，妙範微言。俯仰今古，具乎一元。

衍素勞真人像贊

江海之器，山澤之臞。發揮妙用，莫測有無。
秋空林籟，石室囊書。洞視遐邈，風霆卷舒。

貞白周先生像贊

於維皇元，顯達斯盛。德義之容，仁淳之令。
有大厥宗，昭文斯永。平湖靜淵，冰雪齊勁。

穎濱蘇先生像贊

雲日之姿，芝蘭之氣。忠肝萬言，文采百世。
眉山蒼空，穎水天際。千載遺風，肅瞻光霽。

耆山羽服像贊

山林羽服，江海清衿。冰雪其操，春陽乃心。
翔鶴扁舟，飛鴻素琴。匪象可圖，寥寥大音。

疏

演法觀修造疏

本觀始於漢季，創自唐初。暨元盛改創以來，歲久凋弊，已嘗修葺，功力浩繁，敬叩賢門，幸思補報，以成勝事。

伏以祖天師以魁星降世，嘗孕瑞於薔薇雲錦。山乃梁楚鍾靈，固儲祥於龍虎。廟宇始崇於漢代，殿庭曩建於唐朝。歷今千二百年，真風益振。由昔二十四治，道脉彌尊。奈風雨之震零，致廊廡之頹圮。雖教統所當修葺，亦真徒之合結緣。筆下生春，會見王長桃再熟；目前願力，指看趙朗鼎重輝。幻成貝闕珠宮，不異丹臺紫府。名著長生錄，等沾福慶之綿綿；功題大有書，咸睹祥禎之秩秩。玄風有永，國祚無疆。

靖通庵題緣疏

靖通庵者，三十代天師虛靖真君修煉處也。真君生宋熙洽之時，嘗結圜山頂，功行既著。迨崇寧間，徽廟崇道尤篤，同王侍宸文卿、林侍宸靈素，遭際特甚，禱祠榮襘，皆有異徵。未幾，宋社既遷，而真君皆先後坐脫。凡其超辭茂迹，具載紀述。而庵之建於宋元者，累經兵燹劫灰，更創非一。矧以歲久日遠，不無傾圮。雖①本山之修葺宜先，而力之弗逮，必假衆緣。是持短疏，遍於好施長者，揮金以成勝事，庶幾，真君靈貺，同垂不泯云。

伏以道尊漢室，正三十代②之仙傳，教闡宋朝，悟五千言之秘奧，屬徽廟尊隆之日，協侍宸顯著之功，立勇將於殿庭，揭妖蛟於潮汐。蒼龍白虎，猶翠竹而碧梧；赤馬紅羊，仍青編而紫閣。既飾皈崇之地，敢忘葺弊之勤③，爰欲圖新，必幹衆助。鶴歸遼海，還瞻瓊館翬飛；鳥化泗洲，喜見瑤臺傑出。共資宸貺，均被靈休。

本山上清市修路疏

伏以：上清勝概，肇迹冠於東吳；龍虎名區，儲祥始自西漢。屬聖治昭明之日，當玄風盛大之時。雜冠蓋於通衢，壯閭閻於廣市。綿延巨路，正浮渚以臨溪；浩蕩洪濤，乃傾圮而磔岸。匪葺飄零之暴，幻成久遠之規。爰居正工，必於樂助。鄭涯治道，復看砥柱一新；管仲失途，共喜街逵四闢。尚資善力，同積福田。

上清市五通廟題緣疏

伏以：五顯靈官，嘗著靈於徽、婺，三山勝境，獨佔勝於仙都。昔由元運之興，遂纘唐祠之建。晨鐘暮鼓，壯福地於東隅；春祀秋祈，鎮名山於西序。道尊龍虎，景著鳳麟。昨因風雨之震零，兼以劫灰之變幻。致茲摧弊，必仗一新。自非遍叩於賢豪，豈獲成工於土木。施泉貨，擲金聲，慶衍源源之祉；種善因，揮兔穎，福增步步之高。安樂公何須託迹於王瑜，道鎔師從此顯靈於史卜。即睹棟樑之焕爛，竚看金碧之輝煌。國有禎祥，民臻康泰。

---

① 一本"雖"前有"畢"字。
② 一本"代"作"式"。
③ 一本無"弊"字。

臨川寶應寺題緣修造疏

伏以：臨川絕境，名推擬峴之溪山寶應禪林。法演筆峯之勝概，蜀僧伽如尚在，晉浮圖已何存。徒聞真卿有《說戒碑》，謾記靈運遺繙經石，劫緣所遇，修葺棄時，筆下目前便是，見世來世中，布種人間天上，要於即心非心處，悟求無量福因，河沙功德。

南唐虎溪東林寺題緣疏

本寺始自虎溪一脉相傳，故名東林。古稱大刹。昨毀於兵燹，已復從新，刱建道場，塑立佛像。緣功力未圓，莊嚴靡備，必資喜捨，果願同圓。

伏以：龍樹佛現自在身，如滿月輪，無相實相。虎溪寺得袈裟地，若大千界，不空亦空。本南竺之心宗，實東林之勝迹。曩因業海揚塵也，作劫中飛燼。幸資一念，已結衆緣。但百丈金身，尚資陪於妙色；更千年寶藏，未照耀於河沙。成廣殿，唱梵音，悟在一彈指。次升高堂，演大乘，證於三繞座間。大檀越生信向法寶心，諸菩提報佈施功德念。求之徃古之善因，種此現前之良果。即看寸筆春生，便使長河注酪。福皈至願，恩倉鴻禧。謹疏。

神霄雷閣長明燈疏

伏以：無上玉清王，持九天炁，六院宰神霄雷祖帝，爲群生父，萬靈師，位爲貞明大聖相，贊雷師皓翁。蕊閣宏開，即鬱蕭彌羅之館；蘭膏普照，乃紫極曲密之房。燈燈相續於無窮，月月可隨而有禱。一點之光不昧，千生之業俱空。主一府，總四司，實由鞭策風霆；司五雷，臨三界，斯其統攝聖嶽。將盡種現前善果，便揮筆下春風，灾禍不萌，吉福來萃。興居協慶，晝夜長明。謹疏。

南城縣南山圓明寺佛殿像堂疏

伏以：南山勝地禪林，昔創於唐朝。東土法門，佛脉俱流於漢代。惟此圓明之巨擘，獨遺旴水之靈蹤。殿宇震陵，幻相亦空於定劫；川源壯觀，真如必顯於明時。大檀那共成歡喜緣，小衲子同種慈悲果。指廩捐金於筆彩，結緣建業於福田。即看丈六金身輝天朗地，便見百千寶閣麗日干霄。修方便因，獲無量祉。

資國寺題緣修造疏

伏以：徵君山雄秀冠於吳楚，資國寺高深始自宋唐。固文安之遺簡尚存，儼馬祖之靈蹤猶著。奈殿堂之傾圮，念風雨之震零。古木寒藤雖躋攀之可歷，頹簹壞砌實栖息之難容。既承信向之勤，敢後葺修之舉，必千眾力，願遂良緣。大檀那點額，春生兔穎；小衲子安單，穩坐烏巢。佇看翠竹黃花，即幻珠宮寶地，廣修善果，均證福田。謹疏。

卷七

序

卷七　序

《上清大洞真經》後序

　　性命之賦於物也，至大至微，至輕至重，有無不可涯涘，而其不遺於道，悉可見可求矣。故得夫己者明，然後知天地萬彙皆一物也。彼之虛靈神妙者，吾豈不具之？既具之則可見可求，曷不與至大至微、至輕至重者同所賦有而不昧焉？道之所謂經者，發乎天真之音、三炁之文，莫不由上帝真仙宣演而後傳之下世也。其音聞於無音，其文質於無文，判於溟涬混沌之始，而其開廓生植之著則可聞可質矣，謂之經也。啓己之藏，說己之經。發其至真之奧，以開人之頑蔽，豈不物物具夫此經也哉？

　　大洞真經凡三十九章　皆修煉之旨。行之而有成者，若魏、楊、郭、許者是也。其隱乎高虛，達乎明徹，或謹於禮謁，或頤於采服，工用各有同異，非可泛易求之。蓋修煉之道必本於養炁存神，逐物去慮，然後炁凝神化，物絕慮融，無毫髮之間礙，而後復乎溟涬混沌之始。故不飢渴、不生滅，與雲行空躡者遊於或往或來，而莫知其極也。經之行世，敬善之士必思廣其傳，原其存心於善一也。聞道者熊常一求道有年，募工刊是經，來請一言。

　　噫！知經之為道而從之也衆矣，能行經之道是不徒從之也。太上之設教，蠢動之類莫不受其澤，行之千萬世而不息者，有自來矣。其幾何人能信於己而力修之？能信而修之，何患其不得乎經也？矧出乎有無涯涘之表，而神妙不特乎經之謂也。持經者尚當勉於余言乎！

正一嗣教道合無爲闡祖光範真人、領道教事四十三代天師張宇初謹書。

《道德真經》序

《太上道德》上下篇凡五千餘言，內而葆煉存養之道，外而修齊治平之事，無不備焉。此所謂內聖外王之學也。史氏列之申韓間，世因稱之黃老刑名，則與道家者流之所謂大殊，不能無病焉。蓋周衰，王道浸微，其垂世拯俗之意寓焉，而非一本諸自脩也。而曹參、蓋公以清靜無爲有驗於治，其用之去經世之理不遠矣，矧出世之教由是而大者焉。或不求其端緒之奧，一概詈以爲虛無怪誕之說，是豈真知道者哉？古今注疏凡百餘家，各持其見，而必以辭理該貫者爲善，苟理塞義晦，辭雖工無取焉。

盱江道經危大有，端謹有志行，間探索諸家，擇其尤善者類編成集，將募工鋟梓以傳，其志亦勤矣。使善味之者求之言外，踐之身心，則葆煉存養之道內充，而修齊治平之事亦外著矣。道豈二哉？因其請，遂冒書於篇首。

歲昭陽作噩仲冬晦日，嗣四十三代天師、三洞弟子張宇初謹序。

《華蓋山三仙事實》序

仙道自古尚矣，而世之紀録或不得其詳焉。間因其微而病其著，一斥之以眇茫怪誕者有之，又孰知其靈蹤異迹昭赫彰著，信有不可揜焉耳，其可均謂之誣哉？

撫之崇仁華蓋山，又曰寶蓋山，浮丘、王、郭三真之祠也。浮丘者與容成子、黄帝遊，周末授靈王太子，晋漢授詩於申公，與楚元王友，度王褒以仙，即古浮丘公也，或傳王方平云。郭乃王氏族，因託邑尹姓，猶未之詳。然以代稽之，至人神化因時而顯固或然矣，而託姓之説亦鄙諺不足取也。迨晋元康間，王、郭始師事公。永平二年二月一日二仙上昇，則是山由晋始著稱矣。按紫清白真人云："公生於商，仕於周，隱於漢，化於晋，至隋開皇間尚留巴陵華蓋山也，宋元累旌以封謚。"若山之曰華林山、衡州小廬山、潭州浮丘山、江陵之寶蓋山、歙縣、宣州、太平州、金華俱有黄山，皆三仙遺迹也。當是時，名卿鉅夫若顔魯公、李宗諤、李沖元、吴文正、虞文靖輩之記審矣。而廣録所載，凡旱潦、疾疢、禱祠、禜禬之應，在在有之。故所奉祠宇亦不下百餘，是豈非至神無方而能然乎？

余少慕靈迹，洪武己巳獲謁祠焉。壬申，奉旨降香於山，皆有異徵。暨配孔氏，累疾，叩輒應。永樂甲申秋復謁，夜夢白衣仙坐卧内。翌日登峰頂，初雨晝息，天燈夜現山麓。九月朔日，竣事畢，紫玄洞現圓光大如室，芒彩燁煜，若仙居其中。予再拜，遂辭。殆還，感至德之神，亟欲叙其異焉。

噫！是非目覿耳濡其能盡信之哉？且夫真仙神化蓋不世出，其靈質仙風皆天真法慧所至，故其神庥靈貺垂澤萬世而不泯，其亦宜矣。而兹山穹秀卓絶，迥出遊氛浮埃之表。孰無雲軿霞蹋往來陟降於其間也，其可失所紀歟？惜先後所述多庸鄙弗典，顧飾而未遑。今年夏，蒙旨纂修道典，謹以是録正而附之，因叙其實於首，使千萬載之下知慕夫仙者，庶不以眇茫怪誕視也乎？而生民蒙惠之大，昭之國祀，與兹山齊久，不其偉歟？

時永樂五年端陽節，正一嗣教道合無爲闡祖光範真人、領道教事四十三代天師張宇初齋沐謹序。

《華蓋山志》序

歙之黃山、金華山皆三真印足之勝境，當時名公卿賢大夫若顏魯公、李宗諤、李沖元、吳文正、虞文靖數公之記，致爲詳核。廣錄所載，凡旱澇、疾疫、禱祀之應，在在有之。故其祠祀之盛，亦與之相齊，此非至神無方而能然乎？

余少慕靈蹤，洪武己巳獲祀焉。壬申，奉旨降香於山，皆有異徵。曁配孔氏，劇疾，禱叩輒應。永樂甲申秋復謁，夜夢白衣人坐臥內。翌日晝雨霽，天燈夜見於山麓。九月朔旦，竣事畢，紫玄洞現圓光如室，芒彩輝映，儼然王像品坐於中。余偕從觀者莫不再拜稽首，久之始還。感上真之嘉瑞德惠，耿耿萃中扃，亟欲叙其靈妙，是皆目接躬逢，夫豈自誣者耶？正所謂誠之不可掩也。

且夫真仙神化蓋不世出，而兹山秀穎拔萃，超出風塵，雲軿飈轂往來際會於其間，固其所也。其洪貺靈庥垂澤萬世，有功於國家，有功於斯民者又如此，此志之所以不容不作也。惜乎後所述者蕪雜弗典，將以傳信人人，反致迷謬於人人也。久願修飭而未遑，今年夏，蒙旨纂修道典，敬以是錄正而行之，用序其實於首，使千萬載之下知慕乎仙者，溯流求源而得所憑信也。而生民蒙惠之大，昭之國朝祀典，兹山相爲悠也，不其偉歟？

永樂五年戊子，正一嗣教真人四十三代天師張宇初撰。

重刻《天遊集》原序

文，載道之器也，道著而文有不工者乎？此先儒之訓無異者，何哉？理造而氣充，道斯著矣。然往古之遠不啻千萬載，以文稱於一時亦不下千萬人，而求能以文垂千萬世者，又幾何人哉？是豈非文不足恃以垂久乎？抑亦道之著否然乎？六經而下，班、馬、董、賈偶於漢，韓、柳、劉、李鳴於唐，歐、曾、蘇、王紹於宋，姚、劉、虞、黃作於元，逮我朝，宋、王、蘇、徐之下所弗道也。予獲師友於四子之間，而求之唐、宋諸名家，以上溯秦、漢，以窺六經之遺法所未能也。深惜先輩淪謝，友朋凋落，文之氣運與昔消息，而莫之能挽狂瀾於既倒也已。乃得友於耐軒王君達善，於寂寥慨歎之餘，亦何樂之極與？

予往歲與達善定交錫山，聲迹不相聞者幾十載矣。近以二教成均累會於京，握手寓邸，道説故舊，懽如平生，一何人生之離會有不可期者若是哉？間示其所著《天遊集》若干篇，可謂理造而道著者也。凡長編巨帙，嶽峙川流、雄贍淵雅之音見之辭表，而視諸名家者，相與齊驅並駕，未知孰先後焉，又豈世之姱麗藻繪取譽一時者所可同日語哉？宜其遭際聖明，寵恩溽澤，非它可倫擬者，良有自矣。矧其雅操高風，凡得之濂、洛、關、閩者，恬退隱約之志，惟槁梅幽芷可得而同其逸趣，又豈拘拘言辭是效者比哉？尚何容心於窮達而已耳？

予也學而無聞，又何足以語文辭哉？抑知達善非一日也，其亦若將可語夫莊周之謂天遊者乎？予當與之和以天均、造乎天倪之外也，則求夫天遊者，亦豈出乎理氣之外也哉？因序於卷首，以俟叩其然與否與。

昔洪武壬午秋，方外忝知張宇初識。

太上混元實錄序

道之立教，先天地爲之始，而後天地不知其終也。其始於太上，世惟傳黃帝，時號廣成子，帝嘗往問道崆峒山，後乃鑄鼎成丹而上昇矣。及考之傳記，見之他書，皆曰生於殷，爲周柱下史，後轉爲守藏史，積八十餘年，太史公謂二百餘年。時稱隱君子，謐曰聃。孔子至周，嘗問禮焉。周衰，去而之秦，過函谷關，關令尹喜候氣而迎之，强爲著書，乃述《道德》上下篇以傳世云。

按氏族之書，或謂周氏李乾，娶于益壽氏女嬰敷，生子耳，字伯陽。又謂李氏出高陽氏子庭堅，爲堯大理，以官命氏爲理氏，其後李徵妻挈和氏，逃罪於紂，食木子得全，遂改曰李。又謂李靈飛得道，妻尹氏生老子，諱弘元，字曜靈，或曰伯陽，或曰老萊子，或曰太史儋，其說非一。若黃帝之先，自三皇開闢之初已有之，而相傳歷代應化神變，動百千劫而不息，是《實錄》之作也，其必有考焉。夫神之無方，可先後，可有無，其視千百載猶一息，故不可以形測，以迹求也。是故以不可言謂之道，以無名觀天地之始，以無欲觀其妙，故處無爲之事，行不言之教，以不争不盜而使民無知無欲。此周衰將以厚俗拯化，以還乎素樸而已矣。使當是時，俗流化薄，而復訓以有名、有欲、有爲、有言之道。又焉知乎曲所以全，枉所以直，窪所以盈，弊所以新也哉！以是乃鎮之以無名之樸，不知孰爲道，孰爲仁義，則復古矣。故其言行於秦虐之餘，漢興以清静濟之，猶水之解炎也。此先黄老而後六經也乎。蓋以一時之尚而言之，其謂老子所貴道虛無，因變化於無爲，故著書，辭稱微妙難識，良有以焉。後之君天下者，代師而用之。見諸其緒餘者，祕之爲天經洞錄，發之於靈書隱訣。修之於身，可以登真躡景；施之於人，可以濟世利物，是乃兼乎内聖外王之道焉。若拘夫鴻生碩士之説，一以莊列，若散道德放論，要亦歸之自然，因雜之申韓刑名之流，直有不可者也。矧甚則以浮誕空寂病之乎。然《實錄》之所紀載詳備若此，豈得一出於私所尊大，以取惑於世，而能傳之之久若是哉！今皇上以天授仁聖，自有寰宇，首註《道德》上下篇，是資以清净之治矣。吾道之幸，孰有加焉。

洪武十五年，設道録司，吾山曹公希鳴實職焉。希鳴以道行誠篤，日承寵光，度越前代，是豈非有以贊清静無爲之化而然哉！

暇日考訂是録，壽梓以廣其傳，間屬叙其端。顧某參竊是懼，豈容述其首，然而神化玄通之道，六合之外，聖人存而勿論，於斯見矣，謹爲之序。

還真集序①

仙道自古尚矣！由黄帝問道廣成子，世稱黄老，蓋廣成即老子也，仙之説始焉。若唐之籛鏗、夏之嘯父、商之宛丘、周之王喬，三代則固有之。而周穆逮草樓以延士，其説始著。迨秦皇、漢武，惑方士藥石之術，雖王次仲、東方朔之徒而不知師，而其邪説滋蔓淆雜，卒以殞身。則世之鴻生、碩士並起而訾斥之，亦宜矣。

若漢魏伯陽仿《易》撰《參同契》，本《古文龍虎經》而充越之，以是丹道倡明，不溺於金石、草木、雲霞、補導之術。一明乎身心神炁自然之理。假卦爻晷刻以則之，靡不合乎奇耦象數也。

厥後由鐘離、雲房授唐吕巖，則祖述其説，而歌辭論辯，庶得乎《指歸》之正，代亦不乏其人焉。若宋之張紫陽、石杏林、陳泥丸、白紫清、李玉溪、李清庵皆一時傑出。凡其辭旨，亦不下伯陽，而互有深造默會者焉。

夫相去千百歲之間，何言之若合符節者，不期然而然哉，此無他，千百世之理同也，心同也，其所以淆異者，必邪妄詭誕之説，非取誇於時，必鼓惑於後，其能果合於身心神氣自然之道乎？此古之人必得人而授，而道不虚行也。抑亦非師之秘玄蘊奧，不

---

① 《還真集》元末明初全真道士王玠撰。書共三卷，皆言金丹大要，其中以上卷之《金丹妙旨》最爲系統。以精氣神、身心意"三全合真""性命混成"爲還丹秘要，以"取坎填離，水火既濟"之理爲修真樞紐。丹法屬南北合流之全真丹法。文録自《正統道藏》太玄部夫字下。

妄啟示而學之者，無累功積行之實，徒飾虛文僞譽，馳聲揚耀者無異，尚何足語道哉！其能見諸言哉？

南昌脩江混然子①，以故姓博學。嘗遇異人，得祕授，猶勤於論著，予讀其言久矣。間會於客邸，匆遽，未遑盡究。今春吾徒袁文逸自吳還②，持其所述《還真集》請一言。予味之再，信達乎金液還丹之旨，其顯微敷暢，可以明體會用矣。使由是而修之，雖上遡紫陽、清庵，亦未知孰後先也。矧予嘗憫夫世之膚陋狂僻之習駁潰滋久，有莫得而盡絕者，猶喜其言足以振發末季之弊也。庶或志士貞人，有砥砆美玉之辨焉，則遊神胚腪馮翼之初，煉氣混芒溟涬之表，爲不難矣。是所以盡乎原始返終窮神知化也歟！尚容招黃鶴淩空而下，相與共論乎湘濱嶽渚之間未晚也。

是書於編首以俟。

道門十規·序

伏聞，聖人以神道設教，太上以虛無爲宗，其廣演宏敷，自塵劫以來，愈彰愈著。原其本也，雖有道、經、師三寶之分，而始自太上授《道德》五千言於關令尹，其所謂無爲不爭之旨，始殷三代之初，則廣成子蒙黃帝問道於崆峒，等而上之，道所由立，出乎太上一也。修諸己而合夫內聖外王之道者，則有關、文、莊、列諸子之遺言；治諸世而驗夫清靜無爲之化者，則有蓋公、曹參二公之善政。迨我祖天師立教於東漢，葛仙公、許旌陽演派於吳晉，曰教：則有正一、全真之分；曰法：則有清微、靈寶、雷霆之目，非究源以求流，必忘本以逐末。然吾道之盛，宋元已稱。

---

① 南昌脩江混然子即元末明初全真道士王玠，字道淵，號混然子。南昌脩江人。道行修煉甚高。除《還真集》外，還著有《道玄篇》一卷，《入藥鏡注》《陰符經注》《消灾護命妙經注》《青天歌注》《常清靜經注》等。

② 今春，即洪武二十五壬申年（西元1392）。

特至我朝，欽蒙太祖高皇帝御注《道德》上下經，立成道門上範，清理道教，崇獎備至。謂道教之設，中古有之，如黃帝謁廣成子於崆峒，祖天師鍊丹於龍虎，役使鬼神，御灾捍患，所以歷代不磨，禱祈有應，無不周悉。永樂初元，首蒙皇上聖恩申明，眷諭彌篤，務令一遵太祖成憲。由是觀之，吾道之光赫，又豈前之所企及也哉！

永樂四年夏，伏蒙聖恩，委以纂修道典，入閣通類。切念臣宇初匪材涼德，學識淺陋，忝竊是懼，徒承乏於遺宗，曷負勝於重任。然雖撫躬慊慄，詔命莫辭。兩承勑旨之頒，時蒙宣室之問，揆之駑劣，慚悚益增。稽之遭遇，喜懼交集。又念吾道自近代以來，玄綱日墜，道化莫敷，實喪名存，領衰裘委，常懷振迪之思，莫遂激揚之志。茲蓋伏遇聖明御極，神睿統天，偃武修文，成功定難。聖德合於天心，禎祥疊見；皇猷孚於華夏，道德斯昌。實道門千載一時之遇，成太平萬世不湮之典。是用旦夕，搜采前代定規，群師遺則，撰成《道門十規》，志在激勵流風，昭宣聖治，永爲奕世繩規，玄門祖述。庶幾上不負朝廷崇獎之恩，下有資道流趨學之逕。其茂闡玄元之化，益宏清靜之宗。陰翊邦祚，大振教謨，深有望於將來，期永規於厥後也乎！

龍虎山志序

道之潛於至微而顯於至著也；天地之大，陰陽周始而理著焉；事物之衆，盛衰循環而文著焉；此其至微之機，潛於至著之間，人不可得而見矣。殆夫歷千百載之下而不泯絕者而後知也。道之謂虛無玄默者，原夫天也。杳冥惚恍之內，而精粹朕兆存焉；是不可見而可知也歟。吾太上之教，自軒皇文景之下，率嘗用其清靜無爲之說，驗於世矣。或方之申韓形名，或闢之方術怪誕，蓋將有不得而毀斥爲異端者乎。故太史遷以其動合無形，贍足萬物，指約而易操，道家者流則古有之也，必矣。是以關尹、莊、列之言，有以發其未盡。而柔弱謙退之言，有足以拯周衰之弊，而範世軌俗，焉得以幽玄視之。且神道設教，豈將誣後世以取惑哉！迨列國而下，秦之茅君，漢之我祖天師，吳之許、葛，皆其尤著者焉。天師鍾不世出之姿、親受於太上，由是三洞經籙符法之傳，祕於九霄十極者，靈詮奧旨，盡降於世，乃遊蜀之吳，而煉丹龍虎山。山之名於天下者，居福地之一，而與三茅、閣皂並稱焉。我張氏留侯而下，四十八世矣，有非二山之足儗也。歷魏、晉、唐、宋，代有襃崇，典秩具備。若山川之勝，宮宇之麗，人物之繁，仙迹之異，道行之神，爵望之顯，代之慕儗歆艷者，或美之於詩文，垂之金石，相傳逮二千餘載。而嗣之者愈久而愈昌，栖之者彌遠而彌廣。孰非上世之濟物利生，禦灾捍患，其玄德綿遠，有以陰祐生民，上裨王化，而能傳之不息，若是之久且著哉。抑亦山靈川厚，有以呵護資毓而然也乎。是《山志》之不可無述也。元皇慶二年春，玄教嗣師吳公集爲三卷，進於朝。詔詞臣元文清公、程文憲公實序之。而予曾大父留公、大父太玄公，遭際寵光，烜赫當世，獲紀之典籍，榮亦至矣。我朝先公冲虛公，在先皇之始元，累覲天顏，眷渥猶至。而余之鄙陋，早襲教章，上承殊遇，宮宇易新。已而今上嗣位，首承召命，蒙恩兩朝，博厚之仁，鴻厖之澤，莫得而盡紀也。間病舊志多疏淺凡近，竊有慨焉。或謂值茲盛世，非加以稽古索隱，以成一山之盛典，豈不使奇芬偉躅，湮鬱渙漫，若珠玉之蔽於淵藪，其質可珍。而忽不收襲，亦豈不自棄也哉。

予雖篤志而學，有未逮焉。講師李唐真，清修篤厚，乃命搜訪其遺缺。而仲氏宇清，志銳而才敏，力贊成之，遂析爲十卷，將完，而善士某願壽諸梓，能無一言以志之哉。惟道之在天下，與天地並行而不違，其存於人者，昌大而已矣。能志是而弗替，則善承其已著而垂裕於將來，宜與山川同其悠永，其有已哉。然世遠代異，或不能盡其紀載，而後之慕其餘風遺烈者，未必不有取於是焉。敬僭序於首。

漢天師世家序

《易》曰："顯道神德行是，故可與酬酢，可與佑神矣！"盈天地間古今不息者道也，能顯明於道，則功用之神具見而合乎德者，故可與應萬變而贊祐於神矣。是所謂參贊天地之化育者也。太史遷曰："道家無爲，精神專一，動合無形，贍足萬物，而與時遷移，應物變化，立俗施事，無所不宜，良有以哉！

太上生於殷，爲周藏室史，復遷柱下史，以神化莫測之迹，代降於世，爲玄教宗。我祖漢天師蒙留侯遺澤，嘗親受道於太上，由是仙經洞籙，秘劫不傳者悉降於世，繼以降治妖魅，服煉神丹，功成沖舉，以劍印傳於奕代者，今垂千五百年，雖運移物改，繼承不替，其非以清靜無爲之教，功用之神，有合乎天德而足以贊化育者歟！

迨今凡名山奧區，靈迹具存，此其子孫流芳之遠，榮達之久，信有以陰翊王度博施生民者，蓋可見矣。漢末而下，居龍虎山者，巖栖谷隱，脩煉以自壽。宋初漸以道行稱於時。暨大觀、崇寧間，虛靖真君出焉，其神功妙應，一發於御氣鍊形之實。而後益振，有足以方駕於前矣。其下莫顯於曾大父薇山公、大父太玄公也。凡其榮檜、禱祈之著，遭際寵渥之極。當是時，奇徵茂迹，雖簪纓縉紳之士，莫不禮敬之。視前或有所未逮焉。

及我朝，先君沖虛公光際聖朝，混一海宇，其崇資偉望，昭赫一時，榮被終始，又豈昔之可倫儗者哉！其爲神明之胄，必若是乎！

某以匪材庸質，仰紹先烈，惟忝竊是懼，代蒙聖恩，猶深戰慄，間以世家顛末未白於世，懼有遺缺。昔侍先君，手舊編一帙，授傳高道同虛，謁宋太史濂，序其首而未暇整緝以行，然舊文辭意冗腐，僭用刪校增次，以廣諸梓，庶以成先志也。嗚呼！物理之有盛衰也，思所以承先啟後者爲難哉！末降以來，棄實趨華，競於勢利者衆矣，苟不能造詣其學，輝光其德，以亢厥宗，可得謂之克纘前人之緒乎！是豈足知夫昔之授於太上者德行之隆，勛烈之大，其相傳之無窮也。果何使之然哉！抑神而明之存乎其人，後之來者尚必自勵。其有以章述焉。斯爲不墜其教矣。其曰《世家》，則本諸史云。

張氏宗系後序

古者受姓命氏，莫非聖賢之後。或以國爲氏，國滅而氏存。其世遠族湮者，固常有之。譜牒之製，史設局以掌之，及局廢，而學士大夫家自爲譜。所以敘昭穆，別親疏，使凡爲人後胤者，知存尊祖敬宗之心，是乃君子所務之大者也。

張氏姬姓，系出軒轅子青陽氏第五子揮爲弓正，始造弓矢，張羅以取禽獸，主祀狐星，世掌其職，因賜姓張氏。殷張穆子、唐堯時張果，皆以仙名。逮周宣王時，張仲爲卿士，其後張侯爲晉大夫。至三卿分晉，張氏五世相韓。太史公以爲張本韓公族也。韓滅，留侯良以擊秦始皇報仇，遂更姓焉。舊譜始侯爲初祖，上無所載焉。嘗觀其略，因探索以備遺缺。侯本沛之豐邑人，佐漢高有天下，遂封侯，起家至七世，多以功烈著傳。暨唐列爲安定、範陽、太原、南陽、燉煌、修武、上谷、沛國、梁國、滎陽、平原、京兆等四十三望族中，出宰相凡十七人，封侯者八人。至十世而生漢天師父桐柏真人，自沛遷杭，嘗過鎮江之丹徒縣，有留侯廟而常州仙迹亦名張公洞，意必德其惠而祠焉。其後因居浙矣。

漢天師生杭之天目山，是爲玄教之宗。嘗以修鍊神丹及劾治魔鬼，道吳遊蜀，遂家信之龍虎山。其傳緒悠遠，盛倍於前。史弗之察，以謂留侯再世國除，即意其嗣絕。殊弗知流裔南北，若是之繁也。

自漢天師十世而下，丘隴之完，系序之存，凡居龍虎山者二十八世，計侯之上遠不可知者，通爲五十餘世矣。其支屬之殊同，出處之顯晦，則無所稽焉。或傳閩之石筍，信之上饒，其張氏皆族也。間見其子孫故老，猶能道說舊故。而求其世次，則亦無從考質焉。

若夫江東西之間，世稱穹爵令望，而國朝崇尚不息者，鮮與之倫。其非列祖之神功玄化，德被四方，而能若斯之昌且久哉！抑嘗慨夫世之好誇譽者，每爲譜以自眩，其間攀慕貴顯，傍引曲證者多矣。其於孝敬之心，果何在哉？而我張氏以神明之冑，迄今千有餘載。論者徒以繼爵虛玄之宗而已，又焉知夫重珪疊組，蟬聯而不替者代有之。特或文獻之有不足者歟！然其未能大白於世者，前之人於求本之志有缺，故當時鴻生碩士，無一言以及之，是亦甚可愧惜者也。矧今宗裔，視昔則十不一二，其消長盛衰，猶深有足感歎者焉，可復失於整輯也哉。顧駑劣無似，弗克負荷，常懼駸尋墜絕，使後之人曷從而知源流之自，思元其宗，慎其本哉！或謂作譜之法，親者宜詳，疏者宜略，爲子孫者各詳所親，則略者亦可互見。後之人當體夫祖宗德澤之重，篤志樹立，使其流風餘澤無至顛墜，庶克繼其善也。昔韓相公之言，謹家牒而不忘乎先榮者，學之大也，可不警勉焉。則古之譜牒之製，所以敦本之道，爲不虛設矣。茲述其概於編末，以紀其所自，其發揚潛耀，尚有俟於當世大手筆焉。

三十代天師虛靖真君語錄後序

宇宙之間，鍾光嶽靈淑之氣者，惟人。而人之修乎身也，有諸內必形諸外，固凡蘊蓄之素者，其能已於言乎？雖老莊氏之學，墮肢體，黜聰明，凡役乎外者，一切斥絕，務一返乎內，而至於垂世立教之道，亦必因言而後達且著焉。由是觀之，遊方之外者，豈盡以言爲無所用也哉？蓋其於言也，若太虛行雲，澄淵微瀾，隨其動止而成文，不可以迹求之也。歟與儒之於言也，達則雄邁放逸之情肆，窮則羈旅感慨之語發者異矣。雖然，其道隆神化之久，與天爲徒，又豈必以言之有無而後謂之仙哉！

　　三十代祖虛靖真君以靈悟宿植，遭熙洽之朝。在崇寧、靖康間，徽廟崇道尤篤，而真仙輩出，與真君上下一時者，若徐神翁、王文卿、林靈素也。凡祛禁妖祟、平潮孽、祠滎禬，往往有異徵。暨而國運艱否，預達災眹，及致風霆暘雨，特指顧間。其道神行著，誠足以羽儀天朝，澤被含品矣。雖相去數百載，至今人猶道慕之。豈務誇一時而後竟泯無聞者比哉？舊傳《應化錄》，載述勳行詳矣。太真君流示世教之語，陶冶性靈之篇，又皆足以警迷啟蔽。非遊神於胚腪块圠之初，蟬蛻於轇轕塵滓之表，無毫忽足以介其中者，其所造詣能若是哉！四方傳誦願見者，惜不得其全。往嘗刊布，久亦遺缺，因求之名山，重鋟諸梓，以廣其傳。庶俾冠褐之士，慕向之流，探索於言外意表，以悟火符之秘，窮鉛汞之妙，有餘師矣。以是而進乎道德之域，若所謂廣漠之野，虛無之濱。當層峰高林之間，風清月霽之夕，哦詠其空歌靈韻，林唱泉答，又焉知其霓旌霞佩之不來降也哉！其可不與老莊氏之言而並傳也乎！宇初忝嗣匪才，豈足以盡其讚頌揚美。嘗恐有所遺墜，姑序其槩，以俟諸大手筆焉。

悠然閣集序

　　夫物之衆，自萌苗兆露而生生之意具焉。以及繁長盛大，而人鮮知也。其所可見者，越寒暑冬夏，敷榮凋悴之色而已，蓋未得乎其初也。物且然，況己之心，尤莫之察也乎。人性之善，知覺既形，莫不有悠然存乎中者，與物同而物欲情慮蔽其私，猶寒暑冬夏之榮悴有不免焉。而能察其蔽釋欲盡，則悠然之善本存。故爲學之道，由仁義操禮節，所以持其中，復其初，則己心之悠然者，若實之有仁，於吾無間然也。士之立身顯親，非求夫是而後達，不足謂之學也。

鄱陽甲江西他郡，以產殖貨貿之富，民廣其利。五季間，賢士巨室争出而周爲盛。迨元，集賢司直南翁公以學聞，居湖田間，山明水秀，覽而悦之，遂搆悠然閣其上，或有取夫晉陶處士詩語也。未幾入朝，時大夫士咸有述。始南翁洎左丞伯溫公，皆顯宦，族姓且繁，而郎中公充復伯仲，守世澤不墜。元季兵興閣毁，而克復處仕途既還，若上世手澤，皆收襲具存。余辱與克復契厚，間出所藏，屬以言。是編辭藻增耀，有足見南翁遭際隆盛而悠然，乃未達之日所名。其諸賦詠，皆一時名卿碩士美之。於既達之日，雖眷眷桑梓間湖山之勝，與晉處士所適固異。求之世澤之愈久，其得乎一心之悠然，與景物之託興者，又有不同者矣。雖然，景物之代謝，常係於榮悴。且物俱圅於理氣，積後者源深，若家世之遠近，亦由積之之厚薄也。當元盛時，四方士人簪擁雲合，與周氏同輩者，視今能幾人哉！

克復之善繼其業，且護重編帙，以示將來，是使知夫悠然其中有若是耶！抑余祖太玄公於南翁伯溫有世契，而余於克復凡辱知三世矣，言可拒乎！惟其後胤尚善珍之，則悠然之澤，非榮悴之足拘，必由至仁之著於無窮者焉。予因致其望於是者，敬序以復請。

丹纂要序

黃老之書出而吾道興。史載帝嘗問道廣成子於崆峒山，其言非神異深奥而簡明要切，易知易行者也。至周穆王作草樓延逸人，而後相尊信之。若關尹、莊、列諸子生戰國間，以時上下而言亦異同，然其授受之源一也。蓋其本，則三洞九霄諸經品道藏者，其用世之說，則內聖外王之道。蓋公、曹參以清靜而治，是也。其要也，使有歸於無，實返於虛，順元氣之流行，而深根固蒂，返本還元，則性命混融，守其一真，復超乎無而已矣。迨秦皇、漢武，取惑方術，而其說淆雜。後之所謂金液大丹者，始《金碧龍虎經》《太上石壁歌》。至漢，魏伯陽本《金碧經》作《參同契》，假《易》以明丹，述五行八卦、陰陽經緯之說，詳火藥消長生化之機。或引金石草木之類以證體用，或託嬰詫龍虎之說以隱玄微。而踵其後者，全以木石比喻之言，溺其要義以惑世誘俗。不惟內外丹之傳由是迷逸，而未知探訪者，一概以藥石為丹，捨身心之實，性命之理，因譌為奇言譎語，以權衡學者，非特鼓惑一時，且流弊後世者有之。

蓋外丹之傳，采五金八石之精粹，按火候陰符而烹煉，與內丹升降進退之道無異，故內外之運用一也。夫人之形骸屬陰，皆由精氣凝化，必資金石之英、雲日之華以化鍊之，則靈變之妙，可輕舉飄浮矣。故名山川間，丹爐藥竈，皆有遺跡。若吾祖漢天師、許太史、葛仙翁之流，世傳尤著。故舍二者之傳，則皆妄也。

元季間，有險薄之徒，爭倡邪說為采戰之術。盜習成書，假先德之言，以相引證，誑惑當世。富豪大賈之人，且多從之以延年，縱欲必喪身亡命而後已。其始作俑者，業識之報，當何如哉。予嘗欲抵斥之，患未能廣耳。又或持草木、雲霞、按摩、導引之文，以為入逕之資，雖可養延壽，求其成工，亦緣木求魚，負薪救火，尤庶乎邪說暴行而已矣。

所謂南北二派，其全真所宗金王重陽氏，南派則張紫陽氏。張之書多文而隱，王之書皆直而約。張氏之傳必內外合而後成，王氏則修內而已矣。然其授受之奧，必學者力究焉，有非書之可盡也。余自襲教，蒙皇上眷念隆渥，嘗勉以精進道宗之學，今凡十餘載。嘗討論參訪於四方之士，不敢少怠，第以質下聞寡，無以上副國恩，以光宗教。是錄平昔所覽經論詩訣，上自帝真師匠，沿流而止，探考異同，擇其精要，足爲學門軌範者。題曰《丹籥要》，不惟便於玩覽，實將發性命之理，神氣之要，一貫而萬備，可因誦心會，不惑於謬戾之病，亦無取於經世兼善者之訕議，其於黃、老、莊、列之傳，亦庶幾不失其緒焉。使傳之廣且久，則蒙吾道之澤有自矣。況栖遁山林，日積月累，進之不已，豈登真躡景之不可繼哉！然尤在夫善根上器之士，有以自證者也。是序於卷首。

生神章註序

《易》曰："神者，妙萬物而爲言也。成變化而行鬼神，至神無方，聖而不可知之謂神。"《易》之言神至矣[1]。蓋萬物自一氣生，氣分而太極判兩儀，四象五行各位乎氣之中，由五行之氣布，而萬彙生生之無窮。其五行之運，陽極於九，陰極於六，二五九一之道，又備乎五行之中。一爲萬數之根，而氣爲萬有之母。氣之流行，統宰於神，然後變化出焉。

天以積氣而成，帝以統神而名。若一氣生三氣，三氣生九氣，九氣生之無窮，彌滿六虛[2]，皆氣之化生，是謂之諸天也。諸天歸之於虛無，言其不可以象求也。是以吾教之設，本乎虛無自然，其虛無自然者，神氣也。知養夫神氣，則性命之道備矣。而修之

---

[1] 一本作"《易》之言神極判至矣。"
[2] 六虛，一指上下四方，一指《周易》六十四卦中每卦六的位置。《繫辭下》："變動不居，周流六虛。"六虛又指上下四方。

之方，雖或同異，其原夫三洞九霄①之旨則一矣。蓋三境梵炁，②結篆成文，非人世演說、模仿塵言之類也。《九天生神章經》，道貫義明，其分章掊句，皆至賾之奧③。每各府命元④而有一天，其修煉之徑盡矣。內而修己，外而度魂，故誦之九轉七誦，皆按數之妙，可以坐致自然，白日登宸，蓋非讀誦使然。

十乃成數，天地之造化係焉。人身備天地之造化，豈登真應化之道，有不可得哉！況按金液返還之旨，九乃陽數也。夫元始之演妙，神王之進請，其灾劫種之訓至矣。自赤明⑤、開皇⑥以來，仙曹之判選，若階而升。其不修善行，不求至道者，豈不於是深所感畏哉！其能修者，不惟度劫成真，乃上證僚擢，非由養氣煉神，回九氣於萬靈，混三界於一氣而然乎！所謂知其神之神，不知不神之所以神也。抑於死生之說，則煉己之神可以度幽。雖闡太上之慈恩，亦由修己之功莫大矣。故是經與《度人》《大洞》《救苦》之義，表裏混融。其善習誦者，因文解義，於道之奧，日有所悟入矣。

清源董圭山註釋明達，實幽明之津筏者也。暇日，某命工鏤梓，以廣其傳，其存心惠澤至矣。間書請序其首，余何足以開倡⑦其旨，使人人知所皈向，況幽顯之大者乎！然遵是而修之，久乃神靈炁化，躡浮駕空，返己之天於虛無之上，則高虛清明之景，是所遊焉。

---

① 三洞：洞真玉清境，洞玄上清境，洞神太清境。九霄：《混雲圖》有風霄、雲霄、煙霄、氣霄、霞霄、青霄、碧霄、丹霄、景霄。指天上不同的天界。
② 三境：即三洞仙境。梵炁指大梵天之氣。
③ 指達到最為深奧的程度。
④ 各府命元，指人體各臟腑之元命神，詳見《黃庭經》文。
⑤ 赤明，道教年號，元始天尊開啟赤明之運。
⑥ 開皇，《上清靈寶大法》："至開皇劫，分隸三化，化生諸聖"，為天地始分時五大劫號之一。
⑦ "倡"一本作"介"。

武夷山志序

　　世之謂方輿、職方、郡志之書，率於名山大川靈踪遐躅，莫之盡詳焉。蓋非載籍之遺缺，而代之鴻生碩士多病以虛誕，而諱言之。然古之仙真，其神靈所寓，無往不在。凡禦灾捍患之異，有禱輒應，豈不足以陰翊皇度者乎。抑豈無參贊之功於世也哉！而或史之弗書，述之弗詳，則千百載之下，竟遂泯泯無傳焉。是亦習教者之所宜盡心致力也歟！建寧之武夷，爲昇真玄化洞天，按傳記晉鴻漸謂昔有神人受帝命，統錄地仙，嘗降於山顚，自稱武夷君，山因以名。而白紫清傳《列仙》則謂秦人籛鏗嘗隱於是焉，攜二子，長曰武，次曰夷。其亦莫得而辯也。《漢郊祀志》：武帝嘗祠武夷君於建，命祠官領之。山有漢祀壇遺址。或曰：秦始皇二年八月十有五日，上帝同太姥元君、魏真君子騫設會幔亭峰之頂，虹橋接空，魚貫而上者千百人，呼鄉人爲曾孫，享以酒核，皆彩室綺裯，供帳華盛，靈樂迭奏，已而風雨且作，竟失所在。子騫始學道於山，從張湛、孫綽等十三人，遇控鶴仙人，受道皆仙去。下而唐宋迄元，得仙者常輩出。沖祐觀始創於唐天寶間，迨南唐寶大八年，李玄輔於道有得，遂遷今址，賜額曰：會仙。宋初，凡殿宇廊廡更新之，太宗寵以御札。祥符二年，賜田若干。熙寧初，秩二千石者領之。暨紹聖、元符、端平、嘉熙、紹定間，禱雨輒應，復加封號，錫田蠲稅之恩累降。元天曆，亦寵賚如前，而貞人介士代不乏焉。以是名於天下，與三山相先後也。蓋建之曰丹山碧水者，奇峰麗岫，層見疊出於一水縈紆之間，而巖姿屏色趨抱拱挹。凡洞穴壇壝，不可枚紀。每皆勝絕，孰不有仙真異人居之。是故若朱文公、蔡文節公、劉文簡公，一時名賢鉅儒，亦皆讀書講學其間。則九曲之勝，聞於四方者，亦豈偶然也哉。余嘗異夫三茅山楊、許二長史之會於華陽洞天，麻姑之會蔡經、方平於仙壇也。稽之傳記，若劉向，漢稱博極群書，其言未必誣也。以是知幔亭之集，必不妄矣，其可無所紀述也哉！而山志考載且詳，誠足傳遠矣。余嘗欲一遊而未遂。主觀者某，間請序其首，余固不獲以淺陋辭而亦尚圖詢諸遺老殘文，以補其未備云。

白鶴觀志序

自黃帝獲鼎，學仙丹成而上升，繼則周穆王作草樓召仙，而其說始殷。逮秦漢求仙之盛而方士迭出，謬以神異誇誕，取惑好慕之君，淆雜虛玄之授，招時訕議者亦宜然。豈無真仙者潛遯窮僻，遺名棄迹以修之。故其丹爐藥臼，靈書奧訣，或祕諸巖洞，或留世隱顯，雖其迹不同，自古相傳，代有之矣。

江西豐城之白鶴觀，在陳大建間，其地真仙甘君之靈迹也。甘君幼篤孝，以行聞於鄉里，學道有年，聞旌陽許君善，往師之。許君與偕，往師丹陽女仙諶母，得祕授，法行日著，乃從許君積功江漢間。若其圖松禦怪，斬蛟虌，袪虺孽，以三尺劍致功，可益萬世，其名迹垂之無窮，必然矣。況其功烈，尤有不能具錄者乎。而許君嘗有淨明忠孝之法行世，其說皆本大中至正之理，非他符訣、呪步比也。甘君以孝行之著，成仙蹻空。其功與道，豈不得之忠孝尤多。矧仙之爲超脫凡俗之逕，未嘗去人道而必獨善也。此甘君道既成，事母終而脫去，則可謂兩全矣。抑凡仙真區宅，必山川雄勝，而豐城之佳秀，宜有以毓其質焉而然也。余今春謁西山玉隆宮，還經白鶴觀，雖風雨之夕，探采遺逸，尤有足起慕焉。其地雖處闤闠間，景物幽麗，詢其兩楹，乃吾祖虛靖真君窟盈方丈，其前龍潭真君飛幻處也。

道會鄔某、耆士熊某，主觀事，且出甘君所爲丹經、泊《觀志》，及真君《與任首座書》，言尤足以有發，而事異名存，寧不重爲感惜者焉。

越夏，某來山中，以觀志請叙。余幼嗜名山水間，以窮幽索勝，嘗歎古今名迹不獲遍覽。若甘仙之神德優著，乃獲讀其言，履其境，叙不可辭。矧尤吾祖之遺聲逸迹間，可以詳夫紀載者哉！然某克盡其職，且編次成書，欲壽諸梓，可謂善究其本矣。使他日真仙之靈蹤異化，與是録同其弗泯，於吾道豈不甚盛事哉！繼者勉之。

張嘉定集叙

澹漠先生張公詩集若干卷，吾友大椿編次，屬叙於余，其不獲辭也。記髫齔時，嘗侍公於先君子之側，獲請益焉。當是時，稱鄉先生盧公伯良、夏公伯承，爲同門師友，而學業又皆齊驅並駕，而莫知其孰先後焉。公爲吾里著姓，自宋元簪組相屬，多以文鳴。公幼歧嶷，才贍氣鋭。暨長，博學善記誦，猶長於詩。元季，鄰邑以詩名者，若張公仲舉、黃公君瑞、危公大樸，皆嘗頡頏其間。而李先生仲公、祝先生蕃遠，猶所師也。間挾所藴，走燕趙間，卒無所遇合，道吳楚而還居。無何，天下雲擾，豪俊並起，一時僭竊之徒，間聞而聘之，竟潛退不屈。而其流離忠憤，皆見乎詩，而雄放之氣毅如也。我朝國初，奄有海宇，首以遺逸徵公赴闕，授知嘉定州。秩滿，以老賜還。乃泝吳越淮湘而歸。晚築耕林塾，杜門家授，於詩益工。州之民嘗有以誣禍搆連，逮數十人，公直其事，獲全，迄今人猶德之。公之詩，其體裁風致，本乎風雅，而浸淫乎漢魏六朝，若盛唐初元而下，所不道也。蓋其氣岸魁偉，美姿表，故吐辭運思，捷若神助。宿搆不假窮索苦思而成。其雄渾淵永，若穹華之雲，長江之瀾，不可涯測而迹求者，是所以淺陋庸隘者所不能造也。此其知名王公學士大夫間，信不虛得矣。惜其平素撰述，中罹兵燹，散軼者多。盧公嘗拾襲其千百，圖永於梓。未完而歿，藁復逸不存，間愛而不能棄者。手錄其十一，校大椿所錄居多。惜余無似嘗承教於公，而不能副其訓育，其敢妄叙之乎。然公之學優辭敏，不惟駢華競秀於一時。而其盛德偉望，已嘗見於事功，其遺聲潛曜，豈竟泯泯漸墜者哉。矧吾大椿力學好義，將繼盧公之志爲不難矣，又豈不樂爲斯文道哉！公諱率，字孟循，號澹漠，門弟子以澹漠先生稱云。

宗濂藁叙

余友倪君子正，少從學先師夏先生栢承，而授陸氏本心之說於彭先生孟悦。其踐履篤實，推信於鄉里者，雖庸夫愚婦皆知其爲君子也。窮居陋巷，貧窶自守，慎交寡言，於師友請益不怠，而動容常若不足間。苦疾，鮮爲文辭，或强綴作，必稽諸經，一出於純正。余嘗聞性理之說於彭公，其琢礪討論，皆君之益，凡交處十餘年猶一日也。某年以薦辟除新建教諭間，兩還鄉里，獲與研究古先賢哲前言往行，陶冶於疎林荒磵，軒燈池月間。其意味醇慤，求之古人不多讓也。洪武十七年春，服缺赴京，示微疾終。余悲不勝，嘗勉其子衡勿墜其手澤。後四年，衡持文若干篇曰《宗濂藁》請曰：先君居新建時，縣庠乃元江丞相宗濂書院也，故藁以是名。先君託知之深，莫公若也，願叙其端。余不獲辭。讀之再而感曰：夫士之爲學求足於人者多，求足於身者寡矣。君育天地之和，山川之秀，蒙先世之澤，質淳氣清，性行端潔，自非庸儒俗生所能至。内既足於身而外亦無待乎人者也。故其言論風旨，一本諸簡易之理，精微之得道，不待究而自明，誠不俟立而自著，是所以得之本心也歟！宜其施諸事，爲訓諸講解，舉不論於口耳之習，言辭之辨，一存乎端本誠身而已矣。本端身誠，則聖人之道、經世之法具矣，尚何俟其繁贅也哉。其策問、講義、叙說，皆發乎正大之要、存養之方。陸門之楊、錢，殆不是過也。

其詩歌篇什，得乎性情之實，而韋、孟之閑雅，陶、柳之沖澹有焉。惜未之大用，無以發其和粹之蓄，豈聖代之可多見也乎。今凡新建學徒，在當時嘗聞其言者尤有立，是豈其涵濡操勵之工爲少哉！惜其學本諸陸，而世之宗朱者，或有不與焉，是故其特立不惑，宜世之鮮知也矣，然究其會同其言可得而竟泯泯者乎！使其傳之不替，豈不羽翼乎周、程、朱、陸之言，必矣。墓則友人吳君伯宗爲之銘，惜余無足以發之。姑以義弗辭，叙其概焉。

雲溪詩集叙

孟子之言曰："王者之迹熄而《詩》亡，《詩》亡然後《春秋》作。"夫詩豈易言哉！自三百篇古賦之下，漢之蘇、李，魏之曹、王、劉，應，去風雅未遠，始有以變之。晋初，阮、陸、潘、左之徒，尤未湮墜。逮六朝鮑、謝、顔、張出，而音韻柔嫚，體格綺麗，則風雅之淳日漓矣。暨唐初宋、杜、陳、劉，盛唐韋、柳、王、孟作，而氣度音節，雄逸壯邁，度越於前者也。而集大成者，必曰少陵杜氏。在當時，如高、李、岑、賈，亦莫之等焉。則杜氏之於窮達忻戚，發乎聲歌者，有合乎風雅而足爲楷法矣。唐末風俗侈靡，宋之稱善者，蘇子瞻、梅聖俞、石延年、王介甫、歐、蘇、朱、楊而已。及元，範、楊、虞、揭輩，倡遺音於絕響之餘，直追盛唐，一時禁林之儒生，四方之士人，莫不宗師之。凡江東西之間，言能詩者尤盛。蓋得乎己者，高而宇宙山川之大，近而卉木禽蟲之微，無鉅細妍醜之辨，接於目者會於心，其操辭運思若江海之奔而不可遏矣。故代之辭人墨客，以是名者，駢華競秀，櫛比鱗次，及求之大章全帙，可以躋古而式後者，復幾何人哉！然則三百篇之刪取，雖出於庸人愚婦之言者，其風刺美怨，皆足以薦之廊廟，神之政化，而王澤具存焉。其曰"《詩》既亡而以《春秋》續之"，則爲詩者必欲繼其亡者焉。是以後之學者苟不操源遡流，發乎性静之正，資養之實，務趨於模測雕飾，窺古人之餘膏剩馥，惟將和鉛吮墨、剽獵纖碎，駢駕於蘭苕月露之頃，以誇時自足，是豈足與言詩也哉！

余友楊君孟頊，世以詩鳴。余卅歲嘗讀其伯父顯民詩，惜不盡見。今春延孟頊授業余甥，采其言論風旨，恨得之晚。且出其平素詩若干篇，獲盡讀之。及扣其家，其先自伯起者，漢爲名儒，世稱關西夫子。迨隋唐多顯宦，有名某者，官江西某處，因遷居進賢縣之水北里，實高宗麟德元年也。至宋，有諱仲博者，舉進士第，擢長沙令，轉江西漕運使而終。又諱龍偉者，亦舉進士，爲番陽簿，仲父季子，元爲中書檢校，遷禮部侍郎，終贈本部尚書。以是族日益蕃，今凡居水北者，二十有九世矣。其學則祖叔能，師宋監冑生見心危先生季輔、顯民季子，皆學於叔能，率以家教相承。季輔志識閑雅沖澹，晚節亦慕道家縱閉之說，延明師篤教諸子。孟頊德充而學贍，其襟度辭韻清麗宏達，法於杜而備衆體者也。蓋世爲簪纓家，其淵源之懿，研泳之習有素矣。余固知其不以顯晦榮悴累其中，而向使列之英俊之林，又安知其不可續清廟之音，以鋪張盛世之述作也哉！此亦其志夫國風、雅頌之大者焉。抑余無似，退卧乎窮山密林，曠意風月寂寥之濱，其淺陋良有以麗澤之，又豈能盡知孟頊哉！然感夫世之知詩者如孟頊且鮮，況信能凌厲前古，而與造物者爭衡也乎。間屬叙於余情不獲，矧俟於異日，豈惟是哉！

許氏族譜序

嘗讀《周官》書，其小史之職，奠世系，辨昭穆，以定邦國之制。雖古無譜牒，而嚴大宗、小宗之法，自宗法不修，而尚門地，由是而有譜牒之識焉。斯所以昭穆不紊，疏戚有別也。然代之譜其宗者，率欲光其先，振其後，凡得同姓而顯著者，必將攀援附竊而成書。雖自欺以取誇於一時，而其尊祖明宗之法，胥失之矣，又何代夫爲之後者，此學士大夫之所不取也。蓋遡而上之，莫得而詳焉，是或有所誣也歟？或不求門地之素，風俗之淳，而徒資産之厚，聲利之盛，則以巨室名閥尊尚之，其於古之人久近之別，賜姓命氏之原，尚何自而考證之哉！

　　高陽許氏，春秋之謂齊侯許男後也。春秋之後無復國，其後以封爲姓。按譜，漢許氏侯者七人，王莽敗，始失侯。東漢循吏許荊者，其下爲汝南人，各有聞。許靖爲蜀太傅，許褚事魏封侯。晉許孜徵孝廉不起，其後稱高陽爲盛。許邵爵唐安陸郡公，敬宗爲龍翔相，孫曰遠，天寶之亂以義死。宋祥符間，許遂爲將作監主簿。許怡，元爲江淮荊湖兩浙制置使，其後族大且蕃，累仕於朝。至某者，由某官遷撫之宜黄，因家焉，是爲江右著姓。某於譚爲世戚，外兄碧淵，嘗以其譜牒屬序焉。余嘗感夫盛衰榮悴之理，騖騖於無窮者，一何甚哉！

　　幼聞故家遺俗，莫盛於元，蓋以享國之久，恩惠寬厚，貨殖蕃碩，凡其有休聲餘澤者，靡不思以振復興起者焉。故不惟奢靡豪縱之習，而詩書之澤，孝友之風，猶彬彬間有之者矣。迨今凡三十餘年，運去物改，一旦鞠爲榛莽者有矣。其亦消長之數，信有定在也耶。矧以學行世其家者，非假譜牒之存，以詳其支派之遠，嬋嫣之自，則祖宗之嘉猷盛烈，曷有不顛隳者哉！而能存其譜者亦鮮矣。其若許氏之能善寶其存，所推本者，皆穹爵令望之士，可謂敦本知自者焉。惜乎，未識用衡而於碧淵之言可徵矣。是不辭而爲之序。

贈御風子序

　　世之具形氣者有生於無，而無復歸於有，故形載乎氣而氣御乎形也，元氣運天地而陰陽行焉。天之覆，地之載，日月之明，四時之序，晝夜之續，鬼神之變，萬物之衆，其運行而不息者，皆有無自相生化者也。古之善訓人者，惟使趨乎道而已。知趨乎道，則達有無生化之機矣。然世之謂學者，苟聲務華，飾外忘內，其於生化之有無，又豈能潛求默識也哉！

余居耆山中，閑遊鶴松下，值一道者，蓬䯻翛然，揖而言曰："吾遊江海間久矣，嘗扣異人以金液還丹之道，信夫列禦寇指尻輪神馬之說，而有御風之神化者也。吾雖未知能也，其然乎？其不然乎？願有以發之。"曰："風之爲物也，聲而不形，蒙莊氏謂之大塊噫氣是焉。其御也果有馮乎？所馮虛者，則何致福之數數然也。所馮者非虛，又何福之可致耶？況數數也哉！是故難免乎，猶有所待者也。孰若無所御而行，是無待於外矣。故乘天地之正而御六氣之辨，以遊乎無窮者，彼且惡乎待哉。彼列禦寇之御乎尻輪神馬者，乃一氣之往來無窮，是託乎御風也，果何待哉！故其遊之不息，非以邊涯可得而測焉，況旬有五日而後返耶，有息而後返，返而未嘗不息矣。特有之所以乘無，無之所以御有也。及乎非有非無，而生生化化之機盡矣。子之於學也，必求夫天地之正，六氣之辨，修之於己，日積月至而後形神氤化。亦御乎尻輪神馬之無窮，則風不待御而行矣。其視致福，乃吾無所用者哉。舍是而欲之，雖使飛廉列缺，侍乎飈車霆轍，駕乎雲道星衢，尚何能御哉。雖然，凡造乎道者，必去浮幻，絶識染，形如槁木，心若死灰，視世之貴者爲埃壤，身之重者若土苴，則其自待也輕，舉天下無毫髮之足累其中。猶馮虛而行，不假於御而莫知止也。雖天地之外，不可以迹限之也。矧子以剛勁之質，參究之學，使洞視有無之表，而遊乎逍遥之墟，廣漠之野，若萬竅之怒號，衆竅之爲虛，翏翏乎之不聞，刁刁乎之不見，又何衆竅之謂地籟，比竹之謂人籟，吹萬之謂天籟也乎。惟聽於無聲，視於無形，則有無之間，皆一吹萬也。斯求造物者之所馮哉，而吾獨不得而至焉，子其勉之"。道者因請以自號並錄其言而別。

送琴士朱宗明序

　　樂之所以致和也，極乎天而蟠乎地，行乎陰陽而通乎鬼神。是故大樂與天地同和，其感於物而動，乃形於聲，聲成文謂之音，音之發有喜怒哀樂、欣戚邪正存焉。此君子之於琴瑟，斯須不可去也。故曰琴，樂之統也，君子所當御也。蓋凡接於耳目，具於四體，必禮以節之，而琴足以閑邪滌非，怡心養性，是得乎性情之正焉。其與夫鸞和珮玉，雅頌之音，無故不徹也宜矣。其由羲、農、虞、舜、文王、孔子而下，伯牙、屈宋之作也，或感於憂思，形於悲歎，放於悅懌。始於齋泫沓溰，劃然若怒；終而颯爽激烈，淒然若悲。其急也，風雨震而崖石裂焉；其緩也，波濤作而蛟龍興焉；其大也，騏驥驟而千戚舉焉；其微也，泉溜滴而蛩螿語焉。此其千態萬狀，不可得而盡也。信能與陰陽相摩，天地相蕩也矣。在夫得之心而應之手也，非習之有素，不亦難乎。且必得乎性情之正，而後不失乎聖賢之餘韻也。豈徒悅乎流俗之觀聽也歟。昔之稱師襄、師曠、師文者，其去遠矣。其下損益者，雍門周、司馬相如、蔡邕、孫登、嵇康、桓譚、楊收之徒，各擅其説。近代之以是名者，惟曉山徐氏子方、袁氏敏仲、毛氏伯振。楊氏學於徐、袁，而鳴一時者，起敬冷氏，是有江淛二操之辨，後皆徐袁爲宗焉。余少嗜其學，聞於通都大邑，遇鳴於是者必叩焉。其曰淛學者皆然，而徒誇多競靡而已。求其音節雄逸，興度幽遠者，亦甚鮮矣。

　　閩士朱宗明氏，師於袁，冷其友也。今春來遊吾山，相與掃石鼓於峴泉之上，其曲也、調也，皆清深雅淡，雄逸飄縱，信非誇多競美者比也。采其論説，必以得性情之正爲要。少遊四方，多所資訪。我朝國初，首以薦赴京，力辭獲還。凡閩之巨室大姓，更相延致之，而其齒髮向暮，乃得乎音之妙者，宜非一日也。然昔人謂之高山流水者，獲與之陶情寫意於風林月磵中矣。其別去也，豈不夢寐乎吾天籟雲濤之聽也乎，而亦果何爲黃鐘白雪之音也。特恐均不能忘乎耳哉。於其行遂抱琴鼓之溪之潯，再鼓而不知其有離聲也。乃序其概以爲贈。

遊仙巖詩序

予嘗觀夫世人，靜躁勞逸之異也，其出處語默，必見乎性情之趨好焉，是豈得強而至哉！苟強而至，又豈造夫趣之真也。夫吾山仙巖，凡居二十有四，聞於四方久矣。由漢天師鍊丹茲山，而龍虎現巖，因益名。由是天下士人，無貴賤老壯，凡偶經，特謁者，靡不願一遊焉。以是遊帆曳棹而往者，歲無虛月矣。

洪武丙子季秋六日，予偕館賓楊公孟項、仲氏湛碧、吳甥汝緒，侍遊者王景山、吳處淵、袁止安也。命舟溪潯，崇酒榼殽而發焉。縱波衝渚而下，不踰時而達。是夕息巖之左曰演法觀，乃漢天師祠也。危臺傑閣，高出天際，水簾斗壇，丹灶芝巖，交列左右，相與偃息。踰夕，明旦發舟，篙人指顧，下上應接，睇眄之不暇。而洄島洲渚之間，怪石異木，幽葩奇卉，穠縟重馥，皆聯芳獨秀之可喜也。頃而旋汀歷淑，若坳窪抵岸之觸，側竇隱隙之險，惟島棲猱攀，而人迹莫能即焉。或依乎深林隘谷者，漁舍隱焉。或蔽乎荒榛野渚者，樵逕紆焉。是殆與武陵桃源不異也。已而開罇啜茗，遡流而下，顛崖絕壁突怒而起者，蛟騰豹躍，龍襄虎踞，俯首而伏者，屏列障闥，雲奔霧湧，千態萬狀，層見疊出，而穴其巔空罅眦者，庖廙罍牖，機杼梁堵，畢具其間，使人仰視慕羨，心融神釋，信不知其有人間世矣。下視澄潭一碧，靈籟四起，而其干霄麗日，排空而上者，岌嶪巑岏，惟巖峙谷聳，蒼嶒綺錯而已。遠而狂瀾淺渚，瀹泫淳灪，餘不知其有窮也。

久之，即巖下，摳衣而上。懸石萬仞，若垂蓋覆宇，可坐數十許人。遂陳觴羅俎，而飲於是。吟者歌焉，琴者弦焉，繪者圖焉，盡一日之歡，移夕乃已。時天風西來，怳若欲躡空駕浮，而興不可遏。遂命舟訪巖之右曰明誠觀者，吳大宗師河圖仙壇也。天且暮，乃明火趨宿。主祠者曰吳從善氏。善曰者術，延談竟夕，明日乃還。所賦詩若干，不覺盈袖成卷矣。孟項乃次第成帙，而告曰："人生行樂耳。今夫名山大川，爲仙眞之窟宅，吾聞有年矣。不啻蓬萊、閬風、方壺、圓嶠之勝也。世之願一遊而不可得者多矣。或聞而以爲怪誕之誇，而未之信焉，今也幸遂一覽。若安期、羨門，飛仙狡獪之適，盡在目睫間矣，豈不自幸也歟。願序諸作之首，以紀一時之勝集，而遺之無窮也。"余不辭而歎曰："夫開闢以來，天地位而山川有焉。茲巖也，屹立曠劫，曷有傾圮，前乎千萬載，莫知其閱廢興消長之幾何也，其能同此樂者幾何人矣！後乎千萬載，孰知夫能同今日之樂者幾何人哉！然則羈縻軒冕，沒溺氛垢，或風雨之晦冥，人事之欣戚，不可勝紀。而不能從茲遊者，其相去豈不霄壤之間哉！矧是遊也，且有詞章絃詠之樂，視昔之赤壁、剡溪之興，亦未必多讓也，其能已於言乎。抑世之躁者思靜，勞者慕逸，其有得夫天趣之眞否乎！遂樂其請而序之。

大滌洞天記序

湖之爲郡，山川雄秀甲於東南，故爲吾道之奧區。而所謂洞天福地者，在在有焉。予過錢塘之上，每低佪延覽，不能捨去，惜不盡遊其名勝者。間讀予友大章徐先生所序杭之洞霄宮歸一規者，尤慕其山水之麗，宮宇之宏，而未之一造焉。今年春，其宮道士某持其宮志請序於予，因獲探其巒源委顚末。

其大滌洞天天柱峰，即洞霄宮也。始漢武元封間，而晉唐以來，修眞隱遁之士多居之。逮宋南渡，都於杭，則門地之盛，聲望之隆，與玉清醴泉、崇福昭應、太液寶籙諸宮觀等矣。凡寵書幸駕、錫田賜額之異，尤冠一時。涉元之盛，高人奇士輩出，於教益振。雖宮宇之變，或罹兵燹之革，輸賦之繁復，設規以守其成，益有復興之漸矣，而山川之推爲洞天福地之殊者，四方至今猶稱之。故其具諸載籍者，凡殿廡之盛，人物之異，文辭之偉，靡不備見之。若渠之名於東南者，舍是尚何求哉！昔之志夫是者，可謂善述其事，張大其迹也。今某尤將廣於梓，亦抑知繼夫先志地。嗟乎！古今之盛衰，興廢之無窮，雖仙真靈異幻化之迹，尤有湮沒而無所考焉，其所可追索者，徒賴於名辭巨筆，垂之金白，煥乎千百載而不泯也。雖然浙之地勝人傑，而琳宮璇宇，卓稱於時者，爲不少矣，而能託於不泯之言者又幾何哉！若洞霄之稱於一時，而文且著於不朽矣。使其傳之悠遠，與三山之書並行而不已，豈不亦吾道之盛典也。因嘉其志而序首焉。

太極祭煉內法序[①]

《易》曰："一陰一陽之謂道"，天地之大，萬彙之衆，凡囿於形炁，窒於道器者，莫非陰陽二炁流行而有焉。故原始返終，死生之說，幽明之故，亦莫非流行詘信之著見者也。是故鬼神者，二炁之良能，造化之迹舉，不違乎詘信動靜而已耳。吾道之謂死魂受鍊，生身受度者，豈誣世者哉！蓋以陽煉陰，即以流行之炁鍊不昧之神也，則已散之炁必聚，已昧之神必覺。詘者必信，沉者必升矣。是皆理炁之宜然也。

靈寶齋法始徐、葛、鄭三師流於世，迄漢唐宋元以來，蹊殊逕異，紛糾交錯，不啻千百，而求夫升堂入室之至，則一也。且鍊度魂爽，猶爲靈寶之要，而鍊度之簡捷，猶以祭鍊事略而功博。

[①] 《太極祭煉內法》，宋時鄭思肖所著。

自仙公葛真君葳其教位①，證仙品，世傳則有丹陽、洞陽、通明、玉陽、陽晶諸派，而莫要於仙公丹陽者也。丹陽本夫南昌，而南昌乃靈寶一名也。得丹陽之要者，莫詳於所南鄭先生②《內法議略》深切著明，誠所謂發仙公未發之蘊也。

其言首主於"誠"，學之大本，何莫非誠，故曰："誠者天之道"。誠之者人也，能存乎誠，則陰陽之機、鬼神之用得矣。其水火之秘，符籙之奧，內鍊升度之神，非合夫三五體用之妙，其能造乎五行陰陽，復歸太極也乎？若盡性致命，拘魂制魄之道，可謂盡矣。其足為齋法之軌轍亦宜矣。然先生之言，皆極乎身心操存之實，是有變名易用，誑眩惑亂之戒。苟非含醇茹真，屏絕氛濁者能哉！

予嘗參討數派，莫善於斯。姑蘇袁靜和氏，純敏篤究，今秋以與纂脩來吾山。一日請序，將梓以傳。其志可嘉，不辭而述其端，他日獲讀是者，反求諸己，篤志力行，非徒言之不泯其於幽明之澤，豈不博大矣哉！

太上洞玄靈寶無量度人上品妙經序

太者，大也。上者，尊也。無上之上，是為極尊。洞玄者，品秩之稱。經有三洞：洞真，元始主之；洞玄，靈寶主之；洞神，道德主之。此經本元始所宣，而道君紀錄，故標"洞玄靈寶"，而正經止云"元始無量度人上品妙經"，所以別前、後序。道言，乃道君之言也。合而命曰"太上洞玄靈寶"，以由道君承元始之旨。"無量度人"，即一卷之目。三洞之中三十六部，此經為首，故曰

---

① 仙公葛真君即葛玄。
② 所南鄭先生，鄭所南，宋時連江（今福建連江）人。宋亡後改名思肖，字所南，號三外老夫、三外野人。

上品。妙者，至精至微，玄奧難極也。經者，徑也，日用修真、共由之道也。內而修之曰丹，即先天真一之祖炁也。上無復祖，惟道至尊。洞者，空洞明徹；玄者，湛寂幽微。靈乃真性長存，寶乃元命流行。能修之於身，則能度人，所度無窮，非可限量也。夫證上乘之道，不離乎自心。此心即道即經，是以虛靈無礙，而度人無量矣。

卷八

記文

卷八　記文

蚊睫窩記

　　吾里象山之麓，綿亙數十里，起伏百折，隨其淺深遠近皆秀結氣融而幽室玄館必踞其會，篠嶺冣幽而甫近，由嶺南行數十步至榆原，茂林曲磵，聲潺潺若環佩，泉石幽僻而愈勝。行不半里爲朋山。山之耆德士張如愚棲息所也。以樂其勝，與朋友共，因以名焉。洪武辛酉，薙榛莽築草廬數楹，環堵一室，左右竹樹交蔭，磵鳴鏘然。丁卯秋，余與如愚登龍井象山，還即其廬指而告曰："此吾蚊睫窩也。余少讀列禦寇書，聞老商氏之道，其言曰：'焦螟群飛而集於蚊睫，栖宿去來，蚊弗覺也。螟至小而栖於蚊之睫，蚊非大而可容，況其睫乎！'吾少志瀛渤，視湘海不啻坳水，山嶽不啻犁土。直欲遊乎無形，達乎無隅。栩栩而快，蘧蘧而覺，不知天壤間果何生何化，而時其來、順其去而已矣。今已息我以老，其放藪澤、逃榛萊，所樂也衣短褐、茹菽荍、庇蓬室，視昔之志者大而玩物小，其大者若此，況其至微者歟。吾居窩中，不知其幾年矣，忘形忘物，不知有短褐之衣，茂菽之味，蓬室之覆，但存乎一息之微，亦不知其居蚊之睫也，亦不知蚊之睫果能容乎？果不能容也耶？"余諤然若不知所止，與之徜徉樗櫟之下，坐擁腫之栯，執支離之疏而歎曰："余聞之損一毫以利天下，去一毛以濟一世，士弗爲也。子非不以一毫利物舍國而隱者歟。眇者物之以其利而有焉，故不以一毫爲小也。矧損我一毫無益於世，世亦何用於濟此。非聃尹禹翟所以異而不爲也乎。蚊之睫以一毛微於肌膚，螟栖而弗覺，此其忘於一毫之容也，尚何損益之累，亦無所用其覺耶！然蚊之睫且望之不見，聽之不聞，惟心死形廢，以神視，以氣聽，然後見之若崇山之阿，聞之若雷霆之聲，其能以一毫利天下、濟一世乎！始之不可聞、不可見而卒無不聞、無不見也。其無形之與有迹之相去也豈不甚遠矣哉！遂兩俱默然，莫知其孰爲湘海山嶽之大而蚊睫之小也，亦不知臥於樗櫟之蔭也栩栩而蘧蘧，亦忘其何所從來復何所止也。返而命其弟子執簡，書以爲記。

靜復山房記

吾山上清宮之洞玄院，居宮之奧，地僻而林水冣幽。東則象山，歸巖其支。隆然特起，院據其會。西則瓊林臺鬱然。前則雷壇丹井在焉。其重屋奧室，皆畊隱劉眞人元盛時所建也。其徒吳尚綱闢堂之奧室，以"靜曰復命"之旨扁曰：靜復山房。一日請以記。

昔其祖張貴德氏職教幕間，延登覽焉。凡庭宇軒户，皆佳山美林，不知去纏會而幽僻者也。天光四明，幽趣互發，信足以凝神澹寥，日造乎道矣。而尚綱居是也，不寓於水木園池之好，不洽於塵垢凡易之見，而獨志乎靜復，可謂善矣。

夫學必靜而能復，復所以靜也。止者動之君，闔者闢之根。易之復也，動初之體，陰剝而陽復。道之復也，靜極之真，夫物芸芸，各歸其根。若冬之藏氣，所以培；若夜之息動，所以寧，物之復也。人不能復乎靜也，萬變汩其靈府，旦暮作息之頃，意慮交擾，機欲紛鬥，動者、流闢者散矣。其體天地之運行，順陰陽之消長，潛於寂感之前，發於顯微之際，惟能審夫動靜賓主之辨，外物不能窒其虛，外欲不能蔽其明，則洞達融徹，周子之謂無欲，故靜也若循天地之盈虛。齊萬物之生化流行不息，推符候以乘其進退，抱冥寂以絕其染奪，然後若太虛之瑩而不翳，止水之净而不波，此守靜之篤也。然儒之謂誠之復也，道之謂命之復也，皆至幽至微而與天地參矣。故非造天人一致之工，未足盡事物本然之性也。若翾飛跂行，不能離乎靜；轅趨軾憑，不能舍乎動。大而風霆之變，江海之奔，龍蛟之怔，始寂而忽喧，方往而倏返，其來莫測，其止無迹，惟能養其至者，所以備其神也乎！抑余聞吴爲撫之望族，世以儒顯，尚絅少穎，秀質淳而氣清。余近職以文史力從山中及江海高人異士究性命風霆之説，其志篤於自修，視古之超逸者，其將輝揚先德，有不惟吾之所謂也，豈徒使人歆豔誇譽之爲足哉！且學之至、養之素，久則神發其知，妙著其用，視天壤猶一息，六氣輪轍，八荒庭除，不知遊乎溟涬胚腪之初，觀乎沖漠虛寥之表，非動非靜而與天爲徒，是豈一室之足居我哉。尚絅勉之。因記其概以俟焉。

資深堂記

吾里爲天下名山川，故士生其間，必多出類之才。而吾於黄君叔寅見之。叔寅少穎敏，有志習進士業。值元季，弗利，乃止。遂鋭意詞章，而尤業醫。時嚴胡稱精於醫皆師問焉，是名一時。余識之已年七襃，與縉紳之士遊，老且弗倦。觀其論議譚諧，常若無慮於世者，其非有得乎學哉！故其嗣孟律亦以學聞有司，薦擢永平推官，轉長州丞而歿。其孫伯儀，幼從良師，學業克習。嘗請曰："某遷今之居也，塵湖、琵琶聳其前，華臺之山俯其後。東爲古象，西則雲錦。若夫澄溪激湍，層岑秀麓，朝姿夕態，舉在乎目睫間矣。間蒔花卉沿畦圃，或閲詩書之腴，或佇林泉之幽，適足以自娛。而尤有慕夫爲學之道，以‘資深’名吾堂。願有以發焉。”乃復之曰：“儒之宗也孔孟，孟氏之謂君子深造之以道，欲其自得之也。自得之，則居之安，居之安則資之深。其旨大矣！蓋君子之學，必造乎道，乃所自得也。非自得者，皆外務末趨，豈能造道也哉！其自得也，故居處之安，固資藉之深遠，則日用之間，無往而不值，其本逢其原矣。夫乾之資始，坤之資生，此萬物之所藉也。生生之不息係焉。是心也，乾坤之體，同吾所資也深遠，而乾坤始生之道存焉，則安愈固而深愈遠，是所以不息無窮也。”

伯儀之蜚英騰茂已譽於人，尚充所聞，擴所知，則仁義之趨誠明之，則根乎心而備諸身矣。養其生生不息之仁，推其餘以濟之醫，則得乎內者博外之可娛者，皆所自悅哉！抑世之所患者曠安宅而弗居，舍正路而弗由。故其所謂得者，特簪組之榮，紈綺之華，寶金玉而違粟帛，燕穹廣而陋卑隘，其盛衰欣戚，有不免焉。其得之，豈常也歟！惟得乎己者可終身焉，或不惟終其身，將以遺其後而不失者有焉。顧所持循之慎否乎。矧古之人所以過乎人者，非後之人異焉，在乎守之篤，行之著也。伯儀其勉之。則茲堂也，蒙祖澤之遠，據山川之美，思有以光其所付焉，則亦命扁之志歟！予既交其祖若父，尤與伯儀善，豈不樂道之，勵其進也。遂爲之記。

倪氏東園記

江西爲郡，與閩、浙並雄於四方，故名宗大氏多出焉。吾里倪氏，始唐，爲鄉之大姓，凡鄰境邑代推其盛，子姓皆簪纓相續，非他宗所及也。

先輩倪君晉明甫，博學有智略，少從鴻生碩士遊。元季兵革，嘗謀以寧鄉里，衆戴其安，暨天朝平一海內，君誓以有年，遂即所居之東園，辟畦圃，蒔花卉，建齋曰：慎獨。齋之東象山、雲臺巋然而特立；南則麈湖、琵琶，卓然而隆起。臺山華巔秀其後，澄溪激湍帶其前。奇峰偉岫之覽，佳花異木之娛；圖書之列，詩酒之樂，靡不畢具。籬菊牡丹之殊品者，時則遺親友以花，餘乃貯之。穹簷廣庭，炬爛若綺繡。年八裘餘，尤培撫不倦。暇日徜徉其間，擷幽芳而蔭喬木，聽遂籟而挹層岑，信忘其居乎塵闠也。

余家於倪爲世戚，去東園相望不數十步，若其幽勝雅麗，嘗或濡其故家文物之流風矣。間相謂曰："余樂茲有年，可無一言以紀之乎？"夫時之代謝，物之盛衰，今古若夜旦，然若夫金張陶猗之徒，誇侈於一時，使後之慕者，求其雕甍綺閣之華，絲竹聲容之美，相去不數十載，遂而百餘歲，皆爲深榛餘礫、荒煙白露之墟，其能竟保其久哉！是惟世德之厚，猶本植而末茂，乃繁衍碩大之無窮也。倪之系相傳數百載，可謂悠遠盛大矣！而東園之勝，雖遭時變遷，而卒宥其存，豈苟然哉！況君以高年耆德，與乎喬松鬱柏齊其堅貞於嚴霜畏雪之表，爲其後胤者，宜思以不墜其先業，克昌其家，他日客有過東園者，則指而告曰：凡其蔚然蒼者益固，燁然鮮者益繁，皆某祖之手植也，可不慎護之哉！則視昔人之特爲耳目之悅，其賢豈不遠矣！惜余不足以發夫將來之志也。遂書其所樂者，以爲《東園記》。

安素齋記

西原汪氏爲吾邑故姓，其上世九膴仕學仙者有之，以德澤之厚，族蕃而子孫多才也。大椿氏循秀雅飾，知嗜學，尤爲穎敏者。間偕吾友龔君克紹請於予曰："鄉里雖原野之僻，而山水最秀。若雲臺、鬼谷、逍遙峰、諸葛嶺，皆四面環抱清流，曲澗抱其前，層巒疊嶂擁其後，腴田沃壤，深池茂圃，錯列左右。某世居其地，而近復增廣之事親之堂，曰嘉樂堂之西屋數楹，間凡山霏林霭，朝姿夕態，舉集於几席間。而某慕學之久，亦知素乎安適，不事進取。幸有以扁而記之。"

余曰："子知素乎安適，豈非能安於素歟！宜以'安素'名齋。夫物生天地間，自形自色，皆稟其素有之質，而榮落聚散，乃若安於自然也。人靈萬物而乃不能素其所有，而皆有所役焉。何也？傳曰：素其位而行，素富貴行乎富貴，素患難行乎患難，是以先儒致戒謹防閑之工，必操踐存養以底於成立者，得夫素有則能安而行之。安而行之，則庖鮮飲醇，不足甘其味；裳綺衣縠，不足麗其服；居華燕廣，不足悅其處；金玉不足謂之富；爵祿不足謂之貴；則驕吝奢僻之習，無自而入，惟學之趨之為貴也。是乃不汩於利欲，不溺於嗜好，所志者無非得性情之正，其視內重而外愈輕矣。故處富貴福澤之常，遭貧賤憂戚之變，須臾不能動其心，蓋一視得喪，不易於常變而然哉！抑其係乎天者，具夫吾心同也。其休祥否泰在已有以致之而後至焉。苟能持於儉約謙虛，心與天一，是存其素有者得矣。必充之以弗怠，無俟乎外，非安於素而然哉！若然者，家益固，德益厚，學益充，其光先裕後者又可量哉！不徒已之安適而已耳。大椿未知以余言然否乎？曩姻且契情，有不得而辭焉，他日尚容登其堂，觀其規制，采其言論，必不惟耳目之娛以自足者哉！矧克紹得館授之賢，足以資所未逮，因幸質之余言也。"遂為之記。

妙靈觀記

天下名山川，古今真仙之名迹在在有焉，而大江之東西猶為仙真窟宅。晉許旌陽興於豫章，以地靈而法闡。既祛蛟孽，遺五陵八伯地仙之識，嘗遊郡之建昌，道遇南豐州望軍峰之秀，曰異日當產一地行仙也。迨宋王侍宸以道著，則其人矣。

按行實，侍宸姓王氏，名文卿，字子道，號沖和子，世為撫之臨川人，後徙居建昌之南豐，今爲縣神。龜崗去縣五里而近大溪，南環軍峰，北峙支阜，蜿蜒而氣集。昔嘗産異龜，地因以名。母夢赤蛇蟠於庭，紫雲覆上，因躢其首，蛇奮起，化黑雲騰空而去。覺而有娠。生宋元祐癸酉二月五日也。幼卓異不凡，事親以孝聞。嘗爲詩告其父有方外志，父歿，辭母遠遊。將度揚子江，行野澤中，雨暝失途，微見若燈明，前就之，有一老嫗若爲逆旅者，得書數卷，篝火燭之，乃致雷電、役鬼神之説，因錄之。紙盡繼以木葉。雨止天且明，乃息大樹下也。

及渡江，遇異人舟中，神宇超逸，遂前禮之，叩其姓名，答曰：「吾乃玉府火師也，今治華陽洞天。子既得法，當佐君祐民，以應玄徵。他日俟子於神霄玉清之天。」復出絳囊祕文以授之。竟失所在。

已而還軍峰，密修大洞迴風合景之道。飛神玉京，遇徽宗駕於帝所顧目之進，曰：「臣昔爲三天都史，掌文吏。陶伯威降世爲王文卿，乃臣也。」會上夢亦然，召侍臣林靈素訊之，對曰：「臣向所奏王文卿是也。」即詔求之。時方以法驗，名聞江湖間，累召莫可得。聞遊高郵軍，皇叔祖廉訪巡歷淮南，且臥疾，有請，疾徐愈。遂聞於朝。詔真州守臣賈公望以禮聘之。力辭不赴。復詔道錄董沖元同監司守臣厚禮之，乃行。時天子崇尚道教。入見，以肖前夢，問對大稱旨，拜玉府右極仙卿，寵賚益厚，每固辭不受。時宮人疾，詔劾崇禁中，俄雷震，擊白龜一。上飲之酒，拜大素大夫凝神殿校籍，父肇贈承事郎，母江氏贈宜人。京師有狐爲妖，率祠祀之。又黑鯉爲妖，奉詔劾之，即築壇墠，置鐵甕，雷震狐狸皆磔死。奏建司命府於壇上。未幾，乞還。上命修鍊度齋於内廷，若有現於前者，上神之。是年冬，將有事於明堂，兩命禱之，立霽。有詔獎諭，拜金門羽客，由校籍升侍宸，賜號沖虛通妙先生，加贈父曰承議郎，母曰宜人。

淮南北以無雪來奏，上憂麥，以命侍宸，遂雪，麥且熟。賜金帛，辭不受。盜起山東，徒黨號巨萬，累遣師，不利。上召見便殿，以爲言，對曰："請醮於內廷，命神力助討。"他日獻捷者言交戰之頃，天大雷電，賊乃潰。上遂歸功侍宸。轉沖虛大夫，獎賚有差。揚州守臣以旱告，上以命侍宸，對曰："下民積罪，凡川澤帝命悉禁，惟黃河水可借三尺。"乃仗劍役之。數日，揚州奏得雨，皆泥潦。上悅。

侍宸知天運有變數，以青犬之兆爲奏，請修政練兵，不聽。遂請歸。時三十代天師虛靖先生、林侍宸靈素、劉宗師混康會於京，侍宸嘗請於虛靖先生甲庚混合之道，深獎語之。復力請還。上繪其像，親爲之贊。會金虜犯京師，欽宗受禪。靖康元年，賜還山。將上道，京師有於元夕爲妖婦馮者來告，巫與符，遂愈。

暨還，惟怡神山水間，郡有妖怪，皆頓息。高宗都江南，聞侍宸猶存。累徵弗起。紹興二十三年癸酉八月二十三日爲酒食召鄉里飲別，命弟子視雲起西北，俄雷震，書頌而化。既殮，遂葬神龜岡。舉棺甚輕，蓋屍解云。後或遇於龍虎川蜀，其神化常莫測。凡經籙科法祕奧之文傳於世，嗣其法系者，若上官氏而下，靡不顯異。侍宸歿數百載，凡水旱疾癘，禱之輒應，是能福其一鄉而澤乎無窮者也。

元至順三年夏，同知南豐州事蒲汝霖禱雨應，上其事於朝，時臨川道士唐樂真以法術承應內廷，亦禱雨應，復聞於朝，加贈"靈惠真君"。在元盛法大闡，由樂真發之也。

洪武二十三年庚午，予謁神龜岡，時祠墓榛穢弗治，遂命建昌之嗣法者章恢彥弘募官重搆葺之。彥弘志惟謹，余仲氏彥璣克贊其成，以洪武甲戌某月某日始工，而是年某月某日落成。凡殿宇門廡像設之具皆畢備，仍題曰妙靈觀。舊址在城之南，久益廢，因更名是祠云。其明年，伐石請記其概。惟仙真靈化之迹，所以相傳弗泯者，蓋其至神與天地並行而不息焉。侍宸之功行是也。代祠於其鄉，以昭其惠，宜矣。

今幸易弊以新之，孰知其神之不格降乎，煙霞空漠之表歟！異時一鄉之人，將千百世蒙其靈貺神休之被，又豈前之顯著而已哉！主祠者必慎其操，束善保其廢興，以相承而弗墜也，則其悠久尚何啻璇宮琳館之無窮期哉！是不獲以蕪陋，辭爲之記。

正一玄壇題名記

　　道書所載：洞天三十有六，福地七十有二，而吾龍虎山，居福地之一也。山川雄秀，風氣融會，有非他山比者。是以名聞天下，爲道門之洙泗。

　　東漢之季，我祖天師以豐功神德，親受太上之傳，肇業伊始。而子孫世繼之，今凡千有餘載。自宋崇寧間，遷真仙觀爲上清宮，厥後莫盛於元。而上世之傳，以正月、七月、十月三元日建齋於宮，以傳經籙。願授持而有請禱者，居其首焉。凡其澤幽濟顯，則隨所請而從於首者禱之，此其代傳不息。四方皈仰之眾，愈久而愈著焉。余不敏襲教以來，上際熙朝，聖神撫運。凡故家巨室，願有請者，歲無虛日，聯驅並進，不期千里而同者有之。是按前制爲之建齋三日。而其齊明盛服，通誠天帝，羽節霓旌，星裾霞佩。闡玄範於陟降之間，恪盡寅敬，務竭孝感。若雨而月霽，晦而日麗，嚴烈而風和，皎亢而露潤。所謂祥鸞瑞鶴，飛繞乎上下；祥風慶雲，升騰乎遠邇。時若有之而形乎夢寐，見乎薰蒿，皆精神之所感。其祥祉之集，禬祈之感有兆焉。是蓋由乎神而通之。其冥合非可以法術徵測之也。

　　然而所藉者，國朝之鴻禧，祖宗之宏烈，山川之神靈，有以默符潛運而至是，又豈余之行能足以致焉。因恐其歲月之久，姓名無所紀載，日至迷墜。是倣古官署題名之製，刻石於亭。其氏名歲月之先後，用昭一代之盛典，非欲矜己之私，以取譽於後世也。抑其默運玄機，陰翊皇祚。因以識之，亦抑惟恐有弗逮焉。

間詢之故老，曩嘗立石而後廢於兵燹，迨不復舉矣，亦甚有足慨者焉。而四方之善士，其睹夫是也，尚必思夫吾名山之重天下，在在聞之，欲一叩而莫遂者有焉。矧獲紀名無窮也哉？然其趨善之澤，宜有以躋乎不泯者焉。

頤萱堂記

頤萱堂者，九江衛指揮僉事孫君奉親之堂也。堂成之明年，以書介其甥彥璣屬記於予，曰："世爲鳳陽著姓，上世多顯宦。元季兵興，我先君以丁酉於揚州歸附。上度江之初，守御嚴州。戊戌正月，克婺源，再克嚴州，以是僞吳張士誠寇盡平。己亥，克衢州；庚子，克和州，討浦城，策兵以應諸暨，復應衢州，攻紹興。壬寅，遷守金華，再轉諸暨。應建昌，取龍遊，復遷金華。甲辰，取溫州，五月以功除守御正千户。乙巳，克桐廬、富陽、餘杭，杭州悉平。吳元年，改除安慶衛正千户。洪武改元，戊申，討建寧、延平。遂涉海道，克蘭秀山，捕松溪，寇寨悉寧，復守金華。二年己酉，授流官。四年辛亥，贈大父某某官，祖妣某某夫人。九年丙辰，遷建昌千户。十一年戊午，誥授世襲武節將軍、建昌守御千户所正千户。十七年甲子，以疾辭，某遂襲前爵。二十年丁卯，討贛州賴寨卜山盜平，是年復廣東程鄉、興寧、長樂、義化諸寨。二十七年甲戌，制下，是年復以年深起赴闕，擢九江衛指揮僉事。二十八年，復討廣西，盜平，守建昌，時以女歸彥璣。"

予觀昔之興於一時，故皆雄特英銳之姿，必有王佐之才以成之，若漢高起而其將皆產豐沛，光武興而其才皆出南陽，是豈苟然也哉！皇上混一海宇，一時大將皆鳳陽故姓，若千户公以雄才大略佐有疆土，是其天將降大任於至治，必假命世之資而後成其股肱心膂之託者焉。若摧堅破銳，儁功茂烈，雖廉、李、衛、霍，殆莫是過也。此其家益大而裔益盛，天之報施，亦有在焉。僉事君驍勇善騎射，尤溫篤嗜學，如弗稱廩禄養親，以孝友聞。三十五年，克五開，以天子嗣位，賞賚有加，擢河南僉事，則千户公之善尤可知矣。

母夫人頤甘旨於高堂之上，視子若孫，累蒙眷知。簪組相望，世之至樂，曷有逮此者也。昔曾子之仕也，三釜而心樂，復三千而心悲，蓋以願養而親不待也。今君以厚禄穹爵，以怡壽康之親，而九江爲地雄勝，匡廬彭蠡，森鬱奇秀，冠於江左，朝姿夕態，交映乎几席之間，承歡膝下，化日悠永，又豈時之所多得也哉！

予以仲氏某於君有通家之好，而雅相善惜，未能登君之堂，而徒欲誦其榮遇之至者焉。爲其後者，尚克謹其承世濟厥，美而勿墜。詩曰："焉得諼草，言樹之背，"惟公以之，是猶無媿乎忠節之大也矣。

福慶觀記

吾道之謂洞天福地者，皆據東南山水之奇勝，故非人迹所宜栖息而必仙真之奧區也。信之玉山，又曰暉山，蓋嘗産玉而有輝，因以名焉。舊之宮宇益廢，黄谷山始於道會李顔則也，洪武十五年壬戌皇上聿興玄教，昭天下府州縣皆設司，以隸從道者。吾山佑聖院李顔則以法術稱於人，有司檄至，命趨闕，授縣之道會以董治之所未宜。十九年丙寅秋子入覲問指示之曰：溪南之峰特秀整，下宜居，必往擇焉。道會遂旋登之。遇樵者，因問諸樵曰：此黄谷山，昔謂大王峰也。其地去縣二里許，崇亢聳拔，高可數十步。山之半折迤而上有泉，出石竇中，布石爲井曰冰壺。迤左一石洞，去洞數步有石，若鑼鼓狀，擊皆有聲。石前近溪爲大黄潭。溪之濱曰功曹山，山之下爲龍洞，唐相國閻公立本宅。其東禪師貫休寺，其西東嶽祠，創寺之右，即懷玉山也。寺之北爲三清山，峰秀若筆立。吳葛仙公玄曁德興、李尚書某修鍊其間。宋端明殿學士汪澤亦居其下。青鰲峰拱列其北。二十年丁卯，道會乃剪蕪芟穢，中建三清殿，後爲法堂。堂之東曰紫雲軒，若廊廡庖庾皆畢備。翳以杉松竹柏。風磴雲擔，迂回隱約軒之前。下俯鄱邑，闤闠近接衽席間，而其平洲遠水奇巒秀巘，皆層見疊出於雲煙。出沒之際，惟身與太空爲鄰，不知其有塵世。信所謂仙真之境也。余趨京還，輒登而樂其成。道會請以舊額合而命曰"福慶觀"。觀乃宋侍郎韓公某創於鄉，廢且久，因復以名云。

　　玉山之東嶽祠也，山水雄麗甲他郡。由懷玉山之金砂玉龍洞爲江東發水之源，閩水逆出其東而風氣會焉，故世稱其祠爲泰山之二。余嘗謁其下，必低徊不能舍去。而黃谷山近在目睫間。其爽塏幽勝，不亞外祠。是豈非宇宙清淑之氣發而爲山川也，待其人而後興焉。矧道會光際天朝優眷，非昔倫比其統隸乎一邑也。必發揚吾道之玄德靈休，上翊皇祚於億萬年，則山谷相與無窮期也，使吾徒涵詠乎鴻鼇之間。雖居閬風玄圃，殆不是過也。後之繼者，亦必是志乎，則黃谷之謂，豈非吾老子谷神之旨也歟！道會名顏則，字自昜，爲番陽令族。其秋還山，狀其實請記。因嘉山水之勝，是不能無以紀之。

翠微觀記

　　撫之翠微觀，道士嚴與敬氏間持揭文安公所撰《翠微觀記》其修創之顛末謁余文，余未遑執筆。今春謁南豐侍宸王真君祠，道過翠微，其膏田沃壤，溪山迴揖，皆層青疊翠，蜿蜒十餘里而岡阜支麓，起伏不已，信風氣所會之佳處也。

　　按文安公記，應真之山在盱汝之交，是爲金溪之南郡。唐天寶元年，有道士結廬其下，扁曰：谷林。宋宣和元年，賜額"翠微觀"。元泰定二年，住持周君應悌復撤而新之，是爲之述焉。歲久弊陋，元季已爲榛莽之墟。我朝建國之際，金谿後車何氏以資力雄鄉里，嘗延旴之南城延禧觀道士羅則銘住持。廷壽觀其徒則熊益謙、嚴與敬也。與敬於洪武六年請部牒度爲道士。七年，禮部起充太常樂舞生。未幾，丁母憂，還。八年起服，仍就樂舞員。十二年，以故得請賜還。益謙則居青州藩府。十七年，道會疏延主翠微觀事。二十二年，則銘解化，與敬厚葬之。遂率徒黃用素、李用光領延壽、翠微二觀事。凡殿堂廊廡，多繕葺之。三十年秋，搆亭山之顛，松竹薈蔚，顏曰：翠濤，且得文安公記於里之李尹誠，抑符其增創之志，因重有請焉。

余聞古之仙真靈迹，率據山川之雄秀，所謂地因人勝者信矣。吾郡山水豐麗莫過旴，撫而翠微始於唐而興於宋元，豈非地勝而人傑也哉！矧獲託不泯於當世知名之士，有如文安公者可謂盛矣。而與敬以俊敏之姿，善鼓琴、繪畫，其興創改作，必尤有侈於今日也，則主觀事，爲得人矣。余豈不樂道其成而記之。其山川觀宇之規制，已備前記，兹不復贅。

義渡記

南豐之爲州，今爲旴之上縣。山水崇秀，人物繁夥，而商帆賈舶，嘗[1]往還爲市。其道則上通南昌、袁贛[2]，下達旴撫閩廣。而義渡適當其要衝，舟不可不設也。溪去縣五里而近，溪上重岡壘楚引暎若環帶。北面軍峰之秀，是爲神龜岡也。宋崇寧間，侍晨王真君[3]以道行之著，受知徽廟。晚瘞蛻其地，而神龜之徵益名。邑之賢良有鄒鐵璧者，嘗受法於上官氏。上官，侍宸甥也。

---

[1] 一本作"常"。
[2] 袁贛，指袁州、今宜春市，贛指贛州。
[3] 侍宸王真君，指北宋徽宗朝道教神霄派創始高道王文卿。

已而復遇侍宸，親授其奧而道亦顯。時有知南豐州事王質，嘗師事鐵璧，及付受之頃，忽雷震壇上，鄒曰："吾將度矣。"王驚喜，遂傾資奉之。鄒謝曰："吾雲水徒也，用此奚爲？"王乃請以廣妙靈觀，以祠事侍宸。故舊觀在他里，乃遷而新之。以是凡旱潦疾疢者，居民禱之必應，懇謁者日至而渡，猶病涉有不惟利趨之弗宜也。是設舟於渡而亭其上，因有以憩息之地焉。

元季兵興，亭廢而舟亦毀。洪武庚午春①，予嘗謁真君祠，時妙靈蕪穢弗治，是命旴之嗣法章恢募力新之。工既畢。歲乙亥②，復新候仙之亭，設舟以爲義渡，且施水田若干畝，以贍舟師而備易舟之費。其爲悠遠之計亦至矣，而惻隱病涉之仁具存矣。數徵文以記之。

夫義者，事之宜也，舟之象渙以濟不通，此聖人於物取象之宜也。雖凡溪渚不通者，皆得設而濟之。矧南豐爲之上縣，而神龜乃仙真之遺迹，流澤在焉。使無商賈往還之劇，舟故不可廢也。今彥弘推其慕道之心，博於仁愛，其亦功用之勤且篤矣，尤將託之以義，其爲悠遠孰大焉。蓋義之所在，會衆志而一於久者也，衆必持乎義，以成彥弘克紹之志，尚何廢興云哉。然嗣其守者，必公是心，以慎其出納，則雖久而勿墜，必資弊者可集，守失者可易，豈不仁人之惠無窮也哉！豈徒便於趨謁之一而已耳。予聞而樂其成也，遂爲之記。

詒善亭記

吾山上清宮之寮院，凡三十有六，其源同而支異，故毀而復興者，有先後焉。至正辛卯宮灾，越數年，延焰而毀者更新之。

---

① 明太祖洪武二十三年，西元1390年。
② 洪武二十八年，西元1395年。

紫微李君仲冶作曠逸堂於丁巳冬。已巳歲復搆亭堂之南。友人周君孟啟爲顏①曰：詒善。仲冶揭扁於上，請記於予，曰："吾鼻祖都監洪公②，始得於浙之紫微閣，因號曰微叟。宋天聖間，入道於吾山。嘉祐間，知上清觀事，度弟子王太素等。時徽廟崇道益篤，太素嘗侍天師虛靖君，領祠事，於朝寵賚有加。及易觀爲宮，賜田畝，蠲賦稅。築圖靖通。庵成而院亦就，因曰紫微者，示不忘也。

派久③益盛，五傳爲沖靖劉公，道著孝、光、寧、理間，宮賴以顯重。元戊戌、壬戌院災者二，隱居史公倡諸徒擬新之。嘗以上世曠逸金公有光於院，宜揭號於堂，致存思焉。言未就而歿，未幾兵興，先師汪伯清還安山堂，同草創故址間，方如治命也。而祖覺庵朱公嘗建玄潤齋以訓其後。亭之建，尤不忘金、史二公慮迪之意，亦將若覺庵之有所資焉。故孟啟謂：雖君之祖詒謀之善，而君亦善繼之，宜實其扁歟！非賴一言以警勉吾後可乎。

亭成，余聞而善之，仲冶具告其志，此受託於真先者之盛心，能無言乎！抑心爲身之靈府，善吾所固有，其或欲蔽物奪，而有弗善焉。苟能克己自反，制諸外，無移其內，則善固存矣。雖然，仲冶學吾道者，其以禍福之戒之爲善，則與孔孟荀楊施之事爲者異焉。然發乎心而復反乎心，理一也，是必抗節勵行，汲汲於自修，則蘊諸心而存諸躬者，無不善焉，則福不待希而集，禍復何自而至哉！然人人之宗祖，期於將來拯於已廢者，莫不欲善而福，而後卒以不善而禍，古今何紛紛也，故凡爲人後者，視其先詒謀之善，豈不甚可畏哉！非慎持而敬守，其可謂之能嗣乎！矧仲冶敏厚而文，於孟啟雅交厚，是扁深有契。夫望於其後也，其必求

---

① 一作"額"。
② 洪徽叟，北宋天聖年間於龍虎山入道，嘉祐間任上清宮知事、都監。
③ 一作"火"。

諸實，積深而培遠，則不徒繼乃祖之訓，亦以副孟啟之命，於余言，豈不重有勉焉。是爲記。

企雲樓記

元運方興，天地渾厖①之氣鍾其餘於山川者，一時鴻生碩士並起迭出，黼黻皇猷，以成一代之盛典，而遺澤流芳不世而益永者，何其偉歟！

盱爲江西大郡，山川之雄秀，人士之宏雅，風習之淳美，他所不若也。是時程文憲公②以儒而登顯要，光際累朝。文章德業之懿，穹爵令望，燭赫當世③。有若趙文敏公④、揭文安公⑤、胡僉事公，皆一時以學行名者，悉出公之門。凡懷才抱藝，紆朱曳紫之流，多所薦拔者焉。其言論文旨，雄毅贍蔚，具見於忠節。晚以高年退老，猶時錫存問宜，其鴻聲峻耀，垂之汗簡，光昭於無窮也哉！

公之子若孫，簪組蟬聯⑥，代官翰苑，故以名家顯宦冠於盱焉。曾孫彥錫生於燕，暨長，侍提舉公南還。少穎敏有文，蓄先世手澤具存。以元季避兵遷嘉永，自家焉⑦。得西南爽塏之地卜居之。已而親老去盱，猶數舍身不克侍養，而興旦暮之思焉。別搆重屋數楹，日以企望之，因顏曰："企雲"，蓋取夫狄梁公之義也。

軍峰峙其北，神龜聳其南，大江環於前，崇麓負其後，而麻姑、芙蓉諸峰，遠近暎帶，乃引流爲池，植木爲林，而亭其上，

---

① 厖，大也。
② 程鉅夫（1249—1318）號雪樓，江西南城人，一代名儒臣。
③ 一作"炫赫當世"。
④ 趙孟頫，一代名臣，書法家。
⑤ 揭傒斯（1274—1344）一代名儒臣。
⑥ 一作"簪紱"。
⑦ 一作"因家焉"。

若嘉禾之勝舉集於目睫間矣！

洪武丁丑春①，予因謁侍宸王真君祠，獲登其堂，而故家餘俗，藹然具存。予之祖妣而下，世戚非一日矣。然而媥舊凋落，豈不重余之感且喜焉。間延覽於斯樓也，屬以記。

予辱媥娅不獲辭，夫人之營居室也，率嘗娛山水之秀，城郭之麗，溺田疇之養，植蓄之奉，此特苟一身之資而已耳。則托之得所，用之有餘，其志爲足矣。若斯樓也，山煙水靄之出沒，商帆②賈舶之往來，魚鳥之適，花竹之玩，皆足以悅乎心目，發乎詠歌者也，而彥錫眷眷不忘其親，一舉目之頃，猶侍親側，可謂知孝之大倫，而賢於庸衆人遠矣。是猶見夫詩書之澤，厥有庭訓③，其所企慕之切，有不惟梁公之望矣哉！且提舉公嘗迎養於兹，其奉甘旨，篤溫清，必踰年而後還，得不謂之盡孝矣乎！既公捐館，且斯須不忘，時有松楸之慨焉！抑上世之休德嘉猷，垂裕於無窮期也，而彥錫之企慕，亦將無窮也哉！後之嗣人尚克厥承④，異日或復登斯樓，其聲華之著，殆不惟是而已哉！是爲記。

靈谷山隱真觀記

洪之曰名山福地、仙真靈迹之奧區者，莫甲於盰撫。而撫之奇勝，必華蓋三真君居焉。按傳記：真君爲秦人，即古浮丘公也。王、郭其弟子焉。往從之遊，已而俱升真矣。世謂三仙云。

靈谷山在撫之臨川，三峰峭拔，去郡邑三十里而近，高峻雄峙，冠於他山。山巔東有古牛石，南則瀝酒泉。西爲石門關、退心石、瀑布泉。北連文印峰。山之半有南北二井，水清冽不竭。

---

① 明洪武三十年，西元1397年
② 一作"高帆"。
③ 一作"廉訓"。
④ 一作"厥永"。

井傍立駐雲亭、棋枰石。靈鶴常集其下。西南第二峰爲謝靈運洗墨池。盱江之水縈迴於前。西若龍虎之廛湖，琵琶、雲林諸峰，暨巴陵、華蓋、芙蓉、軍山、麻姑、羊角諸山，皆環峙互拱於目睫間。其層見疊出，一舉而皆仙都真境也。

宋大觀己丑冬十月，山人丘祜樵於山巘，遇星冠霞服者三人奕於地，遺祜以桃。奕畢，叱祜歸，徐莫之見。祜及家，越三載矣。祜復往奕所，掘地得陶燈器三、香爐一，衆異之，即累爲龕，像三仙祀之。疑奕者，即三真君云。

正和丁酉，道士易安寧始建觀其上，請於朝，賜額"隱真"。凡民之旱潦、疾疫，禱之輒應。元盛亦顯著，累毀於兵。旋復修創。我朝衆日益繁而舉廢爲多。觀之張大順氏洪武十五年壬戌授府之道紀。葉良貴氏，二十七年甲戌授山川壇署丞。或謂皆山靈之陰有祜焉。而皆以法術名。間請記於余，余方退偃林壑，有高蹈遠引之志，凡仙真靈異之迹，豈不願遊而樂道之，故不辭。然予嘗觀堪輿家之書，凡山川，風氣所會，皆合乎天之星曜，地之精英聚焉。是故扶輿清淑之氣所鍾，亦豈苟然哉！若靈谷之勝，雖相去不數舍，聞而未即而三仙之靈休偉覛，在在有之，其著於是也宜必與山川之壯，同其無窮期矣。土產其間，亦豈非宿修預植而然哉！良貴溫實夷靖知其必能大先業矣。尚當挾冷風、擷飛佩，一覽其上，或將有異遇焉。乃記其概以俟。

凝正齋記

凝正齋者，從兄用鼎名其燕居之室也。其言曰："昔元盛時，我宗第宅之壯，雄峙於閭里，皆彫楹彩柱，干霄麗日而東南莫之能儗也。自燬於兵而向之穹廣者率爲灰燼矣。是構居故址之側，丘園林麓環其中，溪壑洲渚固其外。其峰之卓然而秀者，山迴之地之偃然而紆者逕縈之，雖接闤闠而幽深自宜，吾於是樂夫古之人謂小隱者，亦未絕乎市朝也歟！乃環吾居植以桂花美竹，通以虛簷敞廡，蔚然而翳薈。然而滋舉足以娛自適懷，乃闢一室，凝思怡神，以致力乎道家縱閉之工。因顏曰：凝正。蓋有取夫易之鼎也。吾曾大父三十七代天師希微公視先留公爲之伯仲，則某於子宜親且密矣。幸有以發之。予聞易以道陰陽，聖人所以極開物成務、微顯闡幽者，深矣大矣，是豈易言哉！

夫五行根乎太極也，陰陽判而爲一奇一耦，而六十四卦由之以變易焉。鼎居二陰二陽，而兆體於臨遯次革而受震鼎之象，吉亨以木火從餁而足以享上帝養賢也。以柔進而得中宜致亨矣。君子之所以正位凝命者，觀鼎之象，端以正位，止以凝命，則正其所居之位，而凝重其明命也必矣。若初之顛趾，三之耳革，四之折足，皆能無咎終吉，蓋知慎所之也。其二之有實，五之黃耳，六之玉鉉，以剛柔節而無不利矣，豈非命凝位正而獲吉，若是哉！是故天之明命自降衷而具。夫人可不克脩以致夫吉亨之道乎。奈之何悖而趨乎凶者衆矣。抑易之道有以見天地之至頤非惟鼎然哉！六十四卦吉凶進退，靡不然也。是以聖賢必正心而後意誠，正德而後道凝，道既凝矣，其所以參天地，贊化育，成變化而行鬼神也者，亦未始與吾道異焉。後兄嘗以文學見稱而猶篤於致雨暘、効鬼物之說，求之於雷風相薄，水火不相射，鼓以雷霆，潤以風雨，剛柔相摩，八卦相盪之機，尚必資於易，以充乎道也，則其探幽致遠以盡乎窮神知化之工，將學益深而德益茂，使予之慨乎族姓凋落者，宜必有以振大之；抑余之志乎退藏於密者久矣，尚當洗心以聽餘論，或有以啟之。是記其言以俟。

桃溪丹室記

凡山水之雄秀名天下者，莫吳若也。其地廣人繁，最名者錢塘、姑蘇，江右則會稽、上虞。予嘗愧不能遍探力覽以盡其勝，而昔幸托知於時彥或從而詢訪，江湖之故迹，閭閻之餘俗，文物之遺風，猶足以少慰凋落之感。相去不十餘載，舊交殆盡，予亦退臥山谷，志與世遺，間涉乎經行目歷之地，惟歔欷慨慕而已。此亦古今代謝，人情所寓之常也乎。

蘇之吳江有桃溪焉，去太湖三十里而近東西洞庭二山不數十步，聯屬其上，大河繞其前。四面膏田沃壤，南連沈漲湖，東通驛河，西接苕溪而桃溪縈帶左右。長堤小蕩，僅通舠艇。而入吳氏世家溪上。凡上世隴兆具據其會，丹室則文剛氏所刱也。嘗以記請於予曰："世爲汴人鼻祖，諱充，宋神宗朝入相，其下數世皆顯宦。六世祖諱思賢，以護駕高宗至臨安，蒙賜田宅於蘇之松陵，因占籍焉。以是簪祖代著。而文剛雅，不樂世味。自髫稚慕道篤學。嘗棄生業，留志雷法、鍼砭之術，窮探博究，束書千萬言，猶孜孜參問不息。乃別居溪潯之幽，日與清淵修竹、奇峰遠渚爲之賓友。可謂超逸絕塵者也。

夫士之窮達，或出或處，惟義之從，初未嘗容心於其間哉！然而存心養性之地，必山幽木腴，則穹崖谷茂若林麓，垠島垤伏，汀渚迴合，是乃崇其居、環其室而栖焉，則户庭之間，檻牖之外，有泉縈焉，有池湛焉，有卉蓁焉。若山之高，溪之深，皆爭妍獻伎於目睫之頃，是乃心融神釋，內虛而外暢，足以潛心進道於寂寥閑曠之濱，其視轇轕塵垢、汩溺紛華者爲何如也。雖然文剛生貴富間，一旦能捨妄返真，棄末求本，抑亦賢於流輩遠矣。獨未知其曰丹室者，果神氣之變化，風霆之鼓盪，水火之運行而亦金石雲霞之謂也耶？然其得乎溪山之適，心虛慮澄，發而爲法，養而爲丹，何莫由斯道也，他日浙水之西能以符藥已人之疾疢者，大其功用，非文剛而誰哉！因其志之足嘉也，是書以俟充其未逮者歟！

歸明軒記

　　凡士之處顯晦榮悴其窮達常相代也。此古今之必然。其少也血氣之剛，心志之銳，凡耳目之嗜好，事物之酬措，櫛比綺錯方夕前，莫非聲色勢利之競，情慮交擾旦夕無須臾之息，其能少寧乎中哉！及夫血氣之定，心志之一，其視向之膠擾乎耳目事物者，如脫氛垢、去桎梏，所謂聲色勢利競乎情慮之間者，雖燕趙之麗，鄭衛之音，綺縠藻繡之華，旌旄車馬之盛，舉不足以動其心，則拳拳乎反身修己是務，直欲絕氛華、竝峻銳、懲忿欲而日趨乎高明正大之域，其有不造乎充實光輝者歟！雖然求能一旦舍舊習故染，而思志乎是者亦甚鮮，其終身溺而忘返者衆矣。

　　饒之安仁箬嶺張氏爲邑之著姓，其先皆以儒登仕籍，思禮之曾大父伯遠元以能詩，與黃公均瑞、張氏仲舉並名當時。大父子東嘗從遊趙文敏公，善真行書。父叔達值元季兵興，以驍勇授職千户。叔達以老辭，冢子某襲，未幾不禄。侄某繼，不踰年，升廣東指揮，遂家於番之雙溪。日有林麓魚鳥之樂，詩酒足以自娛，若忘乎富貴榮達者也。

　　雙溪據湖山之勝，湖水周環數里，丘樊墟浦挹其涯，汭島洲渚抱其中。其山之歸然而秀者，湖泛之岸之穹然而高者，水帶之浦之窈然而深者，皋縈之。若夫煙雲起滅，鳬鷖浮沉，與波光雲影上下隱顯，朝夕姿態舉集於几席間。

　　堂既成，乃蔭以松筠蘭竹，被以菱茨葭葦，雜以魚蝦鴈鶩，望之蔚然而幽，就之邈然而邃。凡遊觀藏息之美，悉專於是矣。思禮乃闢一室，以篤慕吾老莊氏之言，日致力於虛極靜篤之工。今夏過吾里，與之道宿昔叙契闊間，請顔其軒。予告之曰："吾老子之言曰：'用其光復歸其明'，子嘗從問乎縱閉之説。夫以簪組之裔，撫事有道，是用其光也。而能探乎操，存之要，是能歸其明也。斯足以顔之。夫老子之謂知子守母，塞兑閉門者，道爲萬物母也，得其母是子萬物也。故知其子，復守其母，即返其本，還其源也。能返其本，還其源，必致塞兑閉門之工焉，則終其身而不殆矣。苟開其兑、濟其事，不知返求其母，則危而不救矣。是以其所見者，大小而盡其微，豈不明哉！所守者剛柔而去其鋭，豈不強哉！以其能見小守柔，是以善用其光也，故善用其光，則必復歸其明。用而不知歸，乃遺身之殃矣。此所以歸其明，則造夫天地之始矣。抑亦一陰一陽爲之闔闢，動静往來，周流不息，内而守之曰道，外而施之曰法，何莫非斯也，尚何縱閉雨暘、袪劾鬼物云乎哉！其有見乎是者，必重内而輕外，一毫不足以累其中矣。"矧思禮生豪右之門，長奢靡之日，能無浮侈驕逸之習，乃知求乎返還之道也，可謂賢於流俗遠矣。

斯軒也，湖山之幽勝若有待焉。而嘉子之志，知樂夫静逸也歟！思禮勉之。他日或道過湖上，尚當相從於煙波雲水間，叩其所願講者。未知滄浪釣徒，能與語是否乎？

歲寒亭記

洪武三十二年春，吾邑長史林君子行來佐邑，事未幾，有善政。或謂其世業儒，誠方正士也。暨冬，予朝京師，獲會焉。目其言論容止，知其譽信矣。頃以督務過吾里，且告曰："世爲閩人，年未冠爲邑庠生。甫四載，居母憂。服闋，以薦貳教延平之順昌。洪武二十五年，謁告居閑，憲府辟郡從事，不受。送京師達天官，以故役淮西。二十九年，謫戍威虜。某年，以薦來佐邑事。某之居塞垣，蹈桎梏，被艱涉險，非一日也。無異歲寒後凋之木，雖難霜病雪，靡不磨礪，而幸不至摧圮。今復蒙國恩，食三釜之禄，猶履顛危，而復坦道也。異日將以歲寒顔吾亭，以識是焉。請爲記。"

蓋士之處窮達得喪也，必以其心志之不移、行操之不改爲難能也。然求爲士之道，則固當然哉！若夫平素居富貴、處安逸事物之頃，無不適其志意，則雖抱道懷義之士，猶未之見也。一旦不幸，遭困阨，罹險阻，事物之變，無不折其心神，而能凝心正慮以居，而處之若平素，無悲戚憐悴之色，視去就得喪，初無容心於其間者，復幾何人哉！若吾子行先後，凡經危難得喪，匪一而能攻苦食淡，不改其志操，而乃脫然，若去榛棘而步康莊之衢，遽爾際恩命於休明之世，斯亦宜矣。是所謂不遇盤根錯節，不足以別利器也歟！此其謂歲寒也，不徒若世之士人有取夫友於松梅柏竹，以契其孤高迥絶而已矣。雖然，抑亦同夫四者之堅貞也。當凝寒冱凍，天地晦暝之際，與煙雲水石相吞吐，隱見於寂寥浩漠之濱，惟冰霜並潔，亦何異夫居洪濛之表也哉！是所以盡其固窮守約之操，益確而益固，然後能蟬蛻人欲之私，而春融天理之妙也。然而陰極而陽生，剝極而復至，故《易》曰：厲艱貞，乃所以用晦而明也。碩果不食，君子之道不可消也。此其致命遂志之道，而能終亨也乎。子行以學行之懿，宜知之素，而行之篤矣。來佐吾邑也，獨尚志節不爲庸衆人之歸，而澤夫人者，已悦於民矣。苟持其志之不怠，異日之光大顯赫，必若松柏之凌厲霄漢、傲睨風霜之不可遏，又豈暇顧競桃李之紛華也哉！予方高蹈乎穹山密林，以銷聲閟華爲務，亦若志乎歲寒者矣。惜予無似不能有以發其未逮焉，若亭之規制景趣，以俟諸後記者。

孝節堂記

番陽周氏世爲宦族，而在元尤多顯仕。攻篆籀，書名四方者，伯温父也。公歷仕於朝，暨出蒞江東海右。其冢嗣克復公，未嘗去侍側。元季兵興，克復之官山東道，過廣德，值盜起，妻子奔竄，有女甫八歲，背母，失所向。天下既定，亦聲迹不聞。洪武間，番商人往來於濡者告曰："公女曩以兵革流濡，幸故契張光弼氏爲妻。許明道生子三人，光弼且訓以孝傳，女則克家，有成立。甫長，知求父矣。"公驚駭悲惻久之。

己卯秋，二甥彥升某，竟走番迎養焉。公且愕且喜，詢其母，年已四十有七。明道早卒，以節自勵。明日鄉里媚故交賀焉。公益少自慰，已而與偕往焉。父子相去數十年，有死生之隔，感慨留連，道說故舊，聞者莫不異而悲。越踰年，還番。今年秋來遊吾山，且告其顛末，而復感愴焉。曰："子知我厚，幸記之。"予不獲辭。

夫孝節所以勵風俗、厚彝倫也。予嘗觀劉向《烈女傳》，自三代而下兩漢多善俗美教，而貞順孝淑者代有之，然能若曹娥、朱女，其孝行卓卓可稱道者亦鮮矣！今克復之家，世承簪組詞章之後，其流風餘澤之薰陶，宜有自矣。使居庸下之質，亦將有以覺焉。矧其聞習之有素者哉！其所難能也。值時多難，奔竄流離之餘，猶能習詩書，亟求父所在，而苦節自持，可不謂之賢矣乎！且兵興以來，若此者豈勝道哉！而公幸以耆年而存生死一見，則尤世所稀矣！而光弼亦可謂篤於友義矣！可無一言記之乎？是書爲《孝節堂記》。

澄清堂記

江西僉憲林君子潤，清漳右族，以冑監生授職憲臺，歷清要而有是命焉。蓋由皇上御極以來，勵精爲治，猶以憲綱爲重，以糾百司爲要，必遴選天下英俊之才任之，此朝廷所以澄源濬流之盛典也。子潤以成均令器，遭際昭明，足以展其涵蓄之素矣。間道過吾里，予獲《承顏論》，挹其辭氣之溫，動容之粹，不大聲色而人知其爲寬厚君子也。

今年秋，介書來曰："吾以'澄清'扁官舍之堂，以警夫朝夕澄心清慮之志也。子知我厚，幸記之。"不獲，以蕪謬辭。惟君之志，夫澄清者大矣，予幸目濡而耳接矣。其養夫内者，若水之淨，若鑒之瑩。淵乎，澄潭之不激；浩乎，長江之不竭。不以泥滓而溷也，不以炎涼而動也，不以垢穢而昏也。湛焉！廓焉！其清明昭晰之體，莫非全天理之公；而人欲之私，不能蔽焉。其見夫外者，若陽春之溢，凝冰之潔，不以矯亢爲能，不以苛察爲明，而凡郡縣聞風慕誼而見之者，莫不畏愛之也。是以所歷之治，必振風紀，勵俗化，而事無不舉，無不敷也。此其不踰聖君慎簡之盛心，而抑亦善澄其源流，無不徹之驗也歟！然而天之清者氣也，翳之則晦；地之清者水也，汨之則昏；人之清者質也，蔽之則昧；物之清者性也，誘之則喪。所以聖賢之謂學也，致戒謹存省之功，惟養心寡欲之爲難也。子潤以充粹之質，窮經好古之學，已經明行修矣，非發乎至清至明之善而能哉！尚必濬流激濁，誅强鋤梗，而民必阜，物必育矣。則以子潤之才之賢，施之廊廟，去痿瘵之色，回中和之醇，其所澄者，又豈一郡而止，澄之天下，宜無不清也，亦豈昔之人之謂澄清者乎？且堂之構，俯大江，臨雄藩。鑒之於水，滌之於心，其所涵泳，宜何如哉！吾莊氏曰："水淨猶明而況精神，水淨則明〔而〕燭鬚眉。①"吾子潤可謂得矣！則斯堂也，他日豈不重吾民之思乎？是有以知君之善，不可以不記。

尚義堂記

　　徽爲文公朱子之闕里，朱子繼孔孟不傳之學，大倡濂洛之緒，天下後世莫不宗之，固其流風遺澤，猶耿耿在人耳目而不泯者。徽若閩，尤最著焉。是以其民俗士風習厚而義篤，皆詩書之澤有所致焉，亦宜矣。

---

① 據上句式，此處脱一"而"字，今補之。

程君彦亨，忠壯公後也。爲徽右族，世業儒。大父德正，父以誠，暨彦亨三世以義顯。其言曰：大父德正以坐事徙邊，年且邁，彦亨上書陳情，高帝憫之，即詔所隸，釋德正還。始其徙邊時，坐鄉人與俱。一日，舍道傍，鄉人夜飮酒家，暴雨水大至，行囊盡没。鄉人責償，德正償如數。未幾，至徙所，病且死，德正棺以瘞之。鄉人子來省，中道聞死狀，亟返。越四年不至，德正命彦亨負骸歸，子復不至。彦亨致骸其家，人稱爲長者。從父以忠。洪武間，尹潮之程鄉，幾絶音。以誠趣其子往省，不行。以誠冒瘴險視之。以道病卒於吉安，時彦亨居太學員，請扶柩還，哀毁盡禮，鄉里賢之。彦亨官遼府長史，博學強記，有文聲，王嘉其賢，大書"尚義"二字以旌其堂。使來以記屬，予不獲辭。

夫世之於義者不代見之，何程氏之訓其敦厚至若是歟！自德正逮戍，能周其鄉人；以誠復命，負骸歸竟；以視弟卒，皆人所難能也。彦亨獲生，還其祖而後終父喪，躋顯仕，豈非天有以佑之而彦亨之食報也驗矣。他日程氏之昌大，又豈惟是哉！蓋君子之所尚者，莫先乎仁義之歸，莫急乎義利之辨也。觀其所尚則知所趨矣。彦亨生朱子之邦，其尊仁安義，行之素矣。矧以是三者徵之，概可見矣。兹以經明行修以佐藩屛，凡厥操踐惟義是遵，是以受知賢王德契志符，其爲一國之模楷，非彦亨而誰哉！

予也銷聲遁迹，退卧林谷，抑聞而樂道之。彦亨尚必以是爲子孫訓，則伊洛之慶，其不在徽矣乎。

三峰堂記

撫之金谿吴氏，爲邑著姓。自五季而下，世業儒，往往擢高科，躋膴仕，簪組蟬聯，非他姓所及。殆今才儁有文，必曰吴氏。其居曰吴塘、新田、曰吉原，雖疏戚遠近之異，而皆自吴塘支分而派衍也。其地多據山水之秀，或謂風氣之會而然歟！予嘗辱交元厚伯宗，獲讀其譜牒，凡書翰文辭，皆當時元夫碩士珠暉玉瑩，煥耀幾册間。信近所鮮見，而吳氏何獨得此哉！

孟啟之居吉原也，膏田沃壤，去吳塘不半舍，三峰卓然而起，峻拔若筆立岡隴，林麓環抱映帶，中寬而外固，溪流畦圃，增濬益植。回視雲林，吳塘層岑疊巘，數十里皆黛蓄膏渟，獻奇發秀，若不可遏。孟啟築堂其間，修篁嘉卉植焉，泓池曲澗鑿焉，良疇廣陌闢焉。久之山幽木腴，豐暢薈蔚。日葛巾野服，枕藉芳縟，相羊乎喬林曠渚之濱，惟巖霏谷靄朝夕應接於目睫間，不知其有軒冕之足動乎中，而枘鑿之足介乎外也。以是教授鄉里，有司薦，弗就。今年春，從子從之遊，始識之。端厚謹願，言動不苟。一日，以記屬予。予獲託知數世矣，而孟啟且塾客也，言能已乎。抑予聞古昔之以文鳴且顯者非不多也，而其名卿巨夫求其胄胤之遠克紹先緒之不替者，幾何人哉！是非志夫辭墨之學，而於聖賢之謂返諸身心者，求之鮮焉！其能遠且大乎？江右之學，宗象山陸氏，而求合乎考亭朱子者也。吳氏世稱行修，其於誠立明通，見諸身淑諸人也久矣，宜乎詩書之澤，不徒衍迤於子姓，而其淳風厚俗有以被其鄉里，是以益久而益著，豈不與山川之勝同其悠永也哉！

《易》曰："履道坦坦，幽人貞吉。"予於孟啟之素履見矣，尚亦以是訓諸將來，則後之登是堂者，猶造乎朱、陸之閫奧，又豈聲利之足盡吳氏之賢也夫。

端本堂記

饒之番陽守禦千户高君旭瞻來守饒，嘗顏所居之堂曰"端本"。偕予弟彥衡屬記於予，其言曰：世為句容望族。洪武初，高帝有海宇，父某以武勳授撫之所百户。未幾，旭瞻襲爵廿有八年，以功擢饒。

旭瞻質溫而氣和，少嗜學，一無介胄習。予識而愛之，宜彥衡相與雅厚也。饒爲魚鹽之地，通江倚湖，其河山之雄曠，物產之豐庶，城府之壯麗，自昔甲於他州。是乃闤闠輻湊，雖洲島洰渚之間卑濕隘陋，而屋瓦鱗集，商帆賈舶，簪盍襟擁，此塵氛轇轕之不足恃也。而其長江巨湖，千里一碧。波濤之衝激，雲煙之吐吞，鳧鷖之出沒，與湖光山色，下上聚散於天塹之表。協遫瀨而凝遅飀，朝姿夕態，應接不暇。舉集於几席間，皆足以怡心悅目，而與造物者容，與蕭閑乎埃壒之外，宜非弓矢狗馬之好所能過也。而旭瞻乃於是亦無所嗜焉，獨有取夫周元公之謂端本者也，可謂知務學之方矣。元公繼孔孟不傳之緒於千載之下，其立言垂世，實秦漢諸儒所未造而濂、洛獨得之，而天之所賦若固有者，萬世人心之所同然也。其曰：治天下有本，本必端。蓋端本誠心，皆切諸身之謂也。由家而達之天下，在夫身修而已矣。身修則本必端，而心必誠矣。豈曰齊之難，而治之不易也哉！

　　矧本端者末必茂，使致於治，其有不足者歟？則上而溯之聖人之道，入乎耳，存乎心，以誠爲之本。元亨之通，利貞之復，皆誠之所以具夫五行之性也。雖天地之大，萬物之衆，不能越乎是焉，又豈齊治之効而已哉！

　　旭瞻於學優矣，以纓弁之胄，際熙洽之朝，其有得夫本者信矣。尚力行而不怠，必以賢聖爲之模准楷式，則將見其大而忠君顯親，以亢厥宗；小而捍禦疆土，克盡智略。其不媿廉李之才必矣，異日爵望之重，可勝量哉！凡其胤胄，尚當以旭瞻是則焉！予因其志之足嘉也，是不辭，爲之記。

新城縣金船峰甘露雷壇記

　　江右真仙靈迹之勝，莫著於盱。若南城之麻姑仙壇、南峰之神龜岡、新城則金船峰甘露雷壇居其一也。峰高踰百仞，蜿蜒支阜數十里許。去縣十里而近曰峰峭其前，香山抱其後，峰之巔爲三濟禪師壇。

元至正甲申，有爲白蓮師者虞覺海聞閩之杉關戴某延武夷山月閑汪真人，禜禬有奇驗，遂迎居焉。真人姓汪氏，諱道一，字朝道。世爲信之龍虎人。父文富。真人生有異徵。暨長，超悟不羈。丙子秋，武當山張真人守清來遊龍虎，嘗旅文富家，一見異之，謂曰："是兒非庸質，幸侍我，後當爲令器。"遂挾入武當。守清授以金丹雷霆秘訣。一語有省，復往武夷禮蓬頭金公埜庵，卒其業。

元季兵興，閩多疾疫，光澤、杉關爲甚。戴某、黃某聞其賢，首致之，皆驗。一日登高歎曰："盱之新城，山水差秀麗，吾當往焉。"未幾，覺海果延居之。所治輒神邑大姓，若範、張、王、劉者，皆禮之於家。以是凡雨暘疾魅，叩之皆驗。

一歲，三月不雨，士民遍禱弗應。縣苗侯命釋道禱，復不應。時達魯花赤貼木赤獨延真人禱於靈山寺。真人穴地而坐，煙松葉爲雲。須臾雨大注。士民争迎之。間乘竹輿從數十童歌呼而行，雨隨至。禱畢，即火磚撫身，自謂假以補真陽云。

縣北石硤龍潭深窅莫測。一日，褰衣躍入，竟日乃出。衣不濡袂。或問故，語皆神誕。厥後言輒隱異，人莫之悟。

迨辛卯，民罹兵燹，言皆驗。或復叩之，默不復語。壬辰兵愈熾，覺海延真人居三際壇。登山右，低徊久之，見山勢奇絶，曰："此勝地也，宜居之。"因藉茅栖焉。其徒陳覺堅復欲募衆充大之，真人笑曰："焉用是爲，異日自有成者，是豈久耶！"翌日果災，隨復新之。山素不泉，或請之，曰："但居無憂也。"一日，酒酣，踞山陰巨石注酒其下，曰："是當出甘泉也。"旋命工起石，泉奮出且甘冽，雖旱弗竭，因題曰：甘露雷壇云。已而或數日不食，或一日輒累食。人莫能測。

癸巳二月，久不食，惟飲荊汁數斗，仍火磚撫身。起謝衆曰：

"吾從此逝矣。"乃端坐而化，二月二十有六日也，世壽五十有三。衆瘞於山側，其徒盧濟川居焉。

逮我朝洪武癸丑秋，旴江李大顛同邑人黃德繼裒略庀材度工創正殿兩廡未畢工，邑人裘可大募瓦石完之。大顛從子道弘克紹先志，禮表爲師，力脩飾之。甲子，建飛天法輪於堂後。凡殿廡像設，皆邑人江興翁、李黃琛成之。且甃路百丈，以便往來。復置水田若干畝，以給衆。

戊午秋，衆起藏塑飾事之，像儼若生。今年秋，道弘走謁余，文將伐石刻之。余嘗聞於閩人曰："真人居武夷時，民有女疾瘵，叩之諾。命闢密室，抵足臥榻上。女號甚。踰頃，蟲出於口，疾隨愈。時有邪所憑，亦叩之。召健兒數十人，以椎交擊，真人欣咲若常，憑者旋愈。"其恠誕神縱多若此。惜未能盡述也。

予讀《馬湘傳》，觀湘狡猾奇誕若投深淵，踰日乃出，自謂項羽召飲而酒氣猶逐人，未之盡信。今觀真人靈悟曠邁之迹，不異於湘，始知其言之不誣也。

嗚呼！吾道之士，一志於超脫幻化，必外形骸，絶氛垢。其視埃壒紛華若蟻羶蚋腐，乃一切屏斥，卓然高舉遠引而遊乎物初。是以飢寒顛困，不足動其中。日與太虛溟涬爲徒，所適者惟惚恍寥廓，而無一髮之可拘也。故乃雲馭風行而乘天地之正，御六氣之辨而超乎無窮，與後天而終者，其亦灝氣之專而然歟？其真人之謂乎？宜其委形若蟬蛻，初不繫乎迹之存亡也。

茲雷壇之建，葺飾彌備，豈不使真人若遊神閶風玄圃間，而或來歸哉！此余聞而樂道之。後之人尚克謹其承，使悠遠弗墜，乃經始者之志焉。

易書齋記

上登大寶之改元，監察御史蔡公分按江西郡邑之間，聞風嚮仰其摧奸剔穢不勞力而畏懾，而乃濟以寬厚詳審，以是民德之。是年冬，道吾里，余適蹈晦林壑，獲挹其儀度，貌温而氣和，宜有得乎儒先君子而然也，且告曰："吾家廬之舒城，爲邑右族。嘗受《易》於先君子，而學《書》於芒先生。以是二者，揭於齋居，以勵志於學焉。子幸有以發之。"予不獲辭，乃作而言曰：儒之謂學也，莫大乎六經。而經之所載，凡道德、性命、仁義、禮樂、刑政、制度、學術、是非、治亂，隱微巨細靡不具焉。而潔浄精微，莫妙於《易》，疏通知遠，莫盡乎《書》，而《易》之本也，順性命之理，通幽明之故，盡事物之情。聖人將以憂患後世而作焉，故其有聖人之道四焉，以言者尚辭；動者尚變；器者尚象；筮者尚占。所以觀象玩辭、觀變玩占者，皆備乎吉凶、消長、進退、存亡之辭也。於是乎推驗陰陽奇耦之變化，有以彌綸天地之隱賾者焉。其至微者理也，至著者象也，孰有外乎是心之太極也哉，必審乎先後天之謂也。伏羲之畫而無文，此《易》之本，其精微奥密，必深玩力究而後知未畫之妙也，庶有以合乎文立而理備者乎。《書》之三墳，言大道也；五典，言常道也。其精一執中，世爲帝王相授之心法，故二帝三王，其治本於道，其道本於心，純其心以事天，謹其心以治民，其爲訓模教令、典章文物，皆存亡治亂之具也。必得乎心，則危微之機可見矣。雖《易》之傳疏自商瞿受於孔子，五傳至於田何，若漢之楊、施、孟、梁、丘、賀、焦、費、高氏、京房之徒，後漢之陳、鄭，晉唐之韓、孔，率皆卜筮名數之説。迨宋陳摶、種放、邵雍者，出而後明。夫理致於王弼之説焉，而莫備於程、朱，則理象兩明矣。然後四聖之心法足以開物成務者，一旦昭晳乎體用一源，顯微無間之極矣。暨孔子刪書，斷自唐虞以下，秦火之餘，孔鮒、伏勝僅存於屋壁。漢伏生得其殘缺，作傳授之鼂錯、張生，張授之歐陽生，至歐陽夏侯而劉向亦爲傳，後漢賈逵、馬融、鄭玄；隋之王通；晉唐之陳、孔，皆續焉而未盡。夫道也，逮宋、蔡、沈以朱子之授，始發乎堯舜傳心精微之本，經世廣大之用，非徒記誦訓詁穿鑿模儗之謂也。其體立用行，必一本諸心焉。

噫！三才萬物之理，二氣五行之妙，凡備於河洛範疇之秘者，未有過乎是二經者焉。苟有得乎是也，雖官兩儀，裕萬物，以極参贊之功爲不難矣，豈特用之家國天下也哉！今公以積學之懿，由成均而登憲臺，上際聖朝之運獻，替補納將，必盡其職矣。至於本植而末茂，綱舉而目張，其振風紀、宏憲度者，皆已見諸平素所操，而適於今日之用矣。

予也方退卧窮僻，山益高而林益深，其孤陋荒槁，尚何以塞公之命乎？然公之揚芳邁烈，方志於是，他日之所造就尚可量哉！抑何俟予之勉也歟！姑以致予之願，求正於公者以復焉，且因自勵云。

杏竹軒記

松爲浙之右府，且多佳山水。士生其間，皆有文聲。余友江西左參議胡公，爲松右族。世業儒，公博學有文。洪武間，有司以能名擢春官，居無何，官署東偏杏數本，竹十箇，益繁且茂。公暇則適乎生意之悅焉。上登大寶，篤於爲治，以史事爲先務。首詔京之儒臣，以行能稱者纘輯焉，公預首選。今年夏，史成進奏。間上悅，寵賫有加，陞今官。予辱知雅厚，聞而喜且幸。未幾，會於吾山，且屬記曰："吾曩居春官，杏竹之悅，子所知也。其肯靳一言乎？"予方幸公之佐吾郡也，豈不樂道之。惟杏也，孔子嘗壇而植之；竹也，淇澳之詩嘗以美衛公矣。則之二物者，豈不有取夫聖人也歟！豈他植物者比哉！蓋杏之質文而表華，君子足以比言以暢其辭；竹之中虛外直，足以比德以勵其操。然杏之繁也，當春陽既敷，群芳競麗，力與穠艷鬱縟爭妍奪媚於和風煦日之際，風雨不搖其姿。其所悅者，且皆遊士賞姬，相與誇多競美於粉黛間也。似與竹之靜也，值歲律冬徂，霜雪沍凍，百木零謝，而獨挺拔森蔚、凝蒼卓秀於寒煙肅露之表，寒燠不改其色，不逐浮脆，摧靡其所契者，又皆幽人介士，相與抱道守節於清苦間也。則與杏之濃淡喧寂，將大有不侔者矣。雖然而其材也，杏可爲棟梁，爲構櫨；竹可爲管籥，爲簠簋；則皆清廟之器也，皆適於用也。其植於斯也，知幾何年矣！何晦於昔而顯於今也。其亦若有所待焉。效①竹與杏，京畿之廣，何地無之，而獨有取於公，形之詠歌，可謂托根得所矣。

今公上際皇明撫運，豐亨豫大之時，以夙德雅望見推於名公卿間。則前日杏竹之榮，豈非今日之休徵也乎！抑公也學聖人之道，經明而行修，其舒翹振華，已名垂金匱，又可謂托不泯於千載矣！而公不假聲色，篤於撫綏康濟，使斯民濡公之德化，日躋於太和之域，猶植物之育春陽，而不知其盤根勁節之敷茂，雖淩厲霄漢，莫之可禦矣，又豈區區佳葩美竹之悅而已乎！而予之望於公者，亦豈止是哉！請記之概以竢。

崇仁縣玉清景雲觀記

撫之崇仁以山水穹秀，道家所謂洞天福地者多居焉。凡邑里皆浮丘王郭三真君顯化之地，不啻數十區。輒據風氣之會而獲悠永者也。

景雲觀居縣之西不數里，而近巴山屹其前，浮黎峰聳其後。由峰之隴，蜿蜒數十步，觀建其支也。其南則澄溪激湍，北則方池涵碧。平衍虛曠，林木四翳。雖居闤闠，猶處山林之幽寂也。

觀創於唐景雲間，因以是名。既成，額未之書。忽一道士夜至，篝燈大書而去，筆光煥動，急追之，顧曰：「吾蕭子雲也。」

---

① 疑爲"刎"字。

其識之，因琢飾以爲門扁。後危，太傅全諷爲州將，奪實黃田寨，乃逸去。蓋以子雲嘗爲梁黃門侍郎，以善書名，後於玉笥山仙去而異焉。舊懸大鍾，一夕遯去。漁者或睹溪潭間，取竟弗起。後鳴者，開元二十七年物也。

　　殿設大爐，上題旌陽許眞君名。相傳皆以爲異云。昔之穹簷廣宇，自黃巢之變迄於灰燼。顯德間，彭城劉元載尹茲邑，乃延道士蔣道玄闢而新之。道玄善科典祈檜，乃復振焉。遂謁前進士樂史記之，皆開寶九年江南李氏未附時作也。暨宋復興，迨無道士黃養素力新之。未仍舊觀，其徒傅自成克相之。洪武初以樂舞員召赴闕，居祠宮者三十年。辛巳春始獲請老還，復新其未備者。授教椷某法師采遺文以記來請。予嘗謁三眞君，兩過其地。今年秋復叩焉，則剛薙榛莽建立殿廡，曩之狐兔霜露之墟，一旦豁然高出煙霞之表，是亦靈蹤奇迹，晦於昔而著於今也。殆亦有定在矣。其非自成才能幹濟，將亦終爲荊棘埃壤也矣。尚能使山之秀者益明，水之麗者益瑩，草木之蕪蔽者益挺拔矣乎！矧自成嘗受法於仙官傅公同虛，究靈寶雷霆之奧，尤以道術稱焉，則他日之纘承先業者，能不失其所託矣。後之人尚必是志焉，則其悠遠弗墜也必矣。又孰知其虛寥冥漠之際，不有若浮丘公者攝飛珮、御冷風，自華蓋巴相之山，飄然而來下也。而其玄休靈貺，其有涯哉！可無以紀之也歟！是次其實以記。

稽古齋記

　　聖人於《易》則曰："探賾索隱，鈎深致遠，以其精微幽妙也"。於《書》則曰："稽古、師古、學古，以其危微精一也"，皆所以致力於學焉。聖賢相授，其曰："博學切問，愼思明辨"。蓋非稽諸古以盡其幽微蘊奧，豈足謂之學哉！是雖孔子之聖猶曰："祖述憲章而於夏殷之禮爲不足徵也"。當是時也，典籍散亡而況下，逮秦焰之餘也乎。故六經火於秦後，多漢儒穿鑿附會，失聖人之遺意者多矣！其非稽探考索之能至哉！

予①從子懋孚，穎敏嗜學。間請鄉先生楊孟頊顏其讀書之齋曰：稽古。謁一言記之。予雖志乎古，其能以己之不逮而淑諸人乎？然予聞羲農而下，二帝三王爲世至古，爲道至尊，稽諸開闢之先，鴻荒溟滓，遂古之初，六合之外，不可得而盡知也。自結繩書契以來，墳典而下，鳥迹蟲書，孔孟之所述，惟黃帝、堯、舜始太史所錄，其稽諸載籍未之先焉。奈何世之嗜古厭常之士，鮮知求夫堯舜禹湯、文武周孔之謂道也，徒知寶夫三代秦漢之器，若神農之耒耜、黃帝之裳衣、兊之戈、和之弓、垂之矢、軒轅之鼎，陶唐之禹、有虞之敦、夏后之璜、殷之爵、武丁之卣、柏乙之罍、楚姬之寶盤、仲之誥、義母之匜、崇磬、離釜、渦盤、孔鼎、桓碑、罘刻、岐陽之鼓、鄒嶧之碣，均所謂至古者也。人得其一，則緘縢皮置，肩鐍秘藏，若有神護而不敢忽。極其嗜好者，且求之故家大宅、山崖墟莽、仙蹤鬼塚，竭其才力而取之不倦，將以侘奇偉麗，有足誇一世之雄而然也。故雖湮淪磨滅破壞之餘，愈弊而愈貴之也，亦宜惜不能以是心求諸六經，皆上古取賢爲道之要，得之弗遠，摶之弗艱，返身而誠，皆吾固有也。古之賢哲是以孳孳屹屹，不遑朝夕含英茹華、研精毓粹於訓詁辭章，史氏之未若鶱侶楊墨荀揚、管晏莊列、申韓騶慎之述，屈宋班馬、董賈商孫、燕丹淮南之言，靡不蒐羅纂拾、攟拾離合、該博參互以充其識、博其趣焉。庶將有以極其探索考輯之工也。雖然，而其汗漫浩漠，雖皓首不能窮者有焉。

夫聖賢之謂開物成務也者，將以彌綸天地之道，輔相萬物之宜，凡形諸六藝，大而參贊化育，立民命，建人和，皆由得諸心而措諸躬也，必求濂洛關閩之緒，非徒事編簡，惟操觚秉翰於佔

---

① 《四庫全書》本作"余"。

畢之末，以爭妍取憐於雕繪剽竊之謂足也，則不徒志稽古乎哉！抑余家上膺祖澤，世載厥美，某知求乎古而不流乎貴富之習，驕逸之趨，則其度越庸衆人之歸也必矣。尚必旁搜遠紹，涵泳膏腴，浸漬穠馥，然後明體適用，眞知力行，以觀厥成也，則其所造詣又豈讓桓榮專美於前哉！此予之望於將來也。惜齒髮向暮，日就荒落，因嘉其知所趨也，姑以是勉其進焉。

存有齋記

浙東爲文獻淵藪，以婺爲首，稱其風習多尚節義，知詩書，是皆東萊呂成公之遺澤也。故宋元以來，鴻生鉅夫每產焉，豈非山川穹秀，鍾清淑之氣獨厚，而士生其間，必英銳卓絕之姿，皆沐其流風，亦豈偶然哉！其篤夫義者，世稱鄭氏。由五代迄今，數十世矣。一門之間，藹然三代之風。凡其鄉邦里閈，皆目濡耳染其化焉。

馬君全初，世簪纓家，居諸暨，去婺爲鄰邑。温粹有文，嗜古博雅。曩官廣東僉憲，改佐江右都司，所至有能聲。道過吾山，且告曰："某鄉曰雲泉山，曰冠山，山產石五彩。其下爲龍井，旱禱之輒應。岡隴延袤數百里，自東海迤邐不絕，越之勾踐嘗居焉。東爲陶朱山，范蠡巖，島夷井。西則婺之東明、芙蓉諸峰，近在目睫間，宜隱君子之所居也。且於胡文定公爲世姻，而得究學於諸孫間。吾師南郭黃先生爲顏齋曰'存有'以勉焉。願屬記。"予弗獲辭，且存有之命大矣，而世所鮮言者，豈予之足知也哉！然儒學自宋季以來，多剽獵膏馥，惟希利祿是趨，其不知究濂洛關閩之緒者皆然，此世之所謂學也。全初獨知求夫聖賢之道，是亦成公遺澤之所薰毓然哉！抑孔孟之謂存性、存誠、存心，其揆一也。吾之所受於天者，吾固有之，特知志夫操省之工則存矣。苟失乎存，則放舍而亡矣。是以返身而誠，不遠而復，時有以致戒謹恐懼於慎獨明善之頃，則塞吾體者充乎宇宙矣，又豈若珠璣象犀、金寶珪璧之爲世所貴者，惟有力者，所可有也。其好而不能有者，雖歆艷嗟慕，卒不能至焉！彼能有者，亦必窮力竭智，得於囏危摧困之餘，而吾之所固有者，惟制物欲之蔽，絕膠轕之溺，則靜虛而動直，至正而明達，不勞形苦慮，而無不存也矣。抑惟持敬矣乎！予不敏，願學而未逮其樂，與全初講益者必習之。著行之力，則其所造詣當何如哉！豈徒舒翹揚英角藝於仕進之途而已矣！因以期於全初者記之，並以自警云。

思植軒記

儒之以世德聞者，予行四方，久未之見焉，其亦何鮮得也若是哉！蓋君子之於學也，德爲之基，文以華之而已。苟德弗之修，雖誇於文辭無取焉。

撫之金谿吳氏，世爲衣冠，家族大且蕃，重珪疊組，蟬聯不絕者數十年矣。而子姓皆以文鳴，非鄰邑他姓所可比儗，斯非世德之厚而孰使之然哉！

率正氏居吉原之奧，由吳塘而支分焉。間致書耆山中曰："某家吉原數世矣，其山之穹者泉泓焉；谷之幽者木蒨焉；池之湛者澗迴焉。故凡軒牖庭楹之闢，林巒隴阜之邃，篁木菱蕖之茂，鳧雁魚鹿之稠，皆足以棲遲藏修，以自娛適者也。是不忘其先德所致而然歟！而旦夕之思，爲人之後者，敢不求以承先啟後也哉！然其所以克厥承者，非植德於將來，復何逮焉？乃顏吾軒曰思植，非徒佳花美竹之玩，叢芳異卉之悅而已耳，乃所以永吾孝思也。幸爲記。"

予辱知吳氏頗詳，其能辭一言焉。夫人之於居處也，舍闤闠而宅幽勝，多志夫隱約潛退而後樂之，亦或非脫略榮耀，而畢於無所用於世也乎。是故其居也，必窮經廣業以擴其體；其出也，無不濟其用矣，豈皆曰忘情斯世而然耶。且吳氏之居，皆山舒水抱，而其臨清挹秀也宜矣。而率正乃不誘於外適，而切於惟德是植，豈不賢矣乎！且德之積於先也，施於後者可見矣。後復思以植之，孰不若木之根培者，枝必掩矣，未有本植而末萎者也。是以植之力則已繁者愈茂，而未蘗者日滋矣。待夫春陽既敷，其豐暢薈蔚，雖干霄聳壑，有不可遏者矣，一或弛於培，失於植，一旦霜露殞悴，其摧折圮腐幾何，其不為荒榛穢壤也哉！學苟怠焉，必德墜業毀，孰異夫是哉！

率正少警敏，從鄉先達遊。克志通經學古，間試其所用也。嘗尹湖之武康，居二考，以能聞於朝，擢山西太原守。未幾，請疾還，教授鄉里。學者無遠近，皆從之遊，而率正怡情閑曠，學益充而德益懋，未嘗無山水之適，而獨懼夫德之未植，無以訓將來，雖昔人孝思之感，殆不是過矣。為其後者，必斯志是繼焉，則其追遠之思無窮，其克紹先德也，必亦無窮期矣。是樂為吳氏勉焉，而為之記。

建昌府武當行宮記

盱為江右郡治之首稱，且多名山川，若麻姑之著於唐王侍宸丘，河南之名於宋，皆他所莫倫儗，其亦仙真之奧區也歟！

武當行宮在府之南，去百步而近。始南唐昇平間，以陰陽家拘忌，或謂不利午水之衝，因以祀玄天上帝而鎮之，且傳帝嘗降武當太和山，示創於盱，若有默符云。已而有司請於朝，賜今額。逮宋咸淳五年，安撫使西郢程公飛卿命郡之延禧觀宋養浩主祠祀，而李沖虛繼之。已而宋社既屋，廢興亦靡常。元至正元年辛巳翰林程文獻公鉅夫有聲於朝，宮賴以振。予叔母公之四世孫也，施水田若干畝以祀其先大夫敬甫公，而眾藉以安。我朝高帝有海宇，凡郡治釋老之宮總轄者，咸新之。時嗣領者則張太古、危本初、危大有、利洞玄，皆以行能稱於人。洪武九年，大有懼其創始之艱泯而弗舉，令其徒王思微具顛末，請文刻諸石。思微善科典縈繪，克志葺治。凡像設法器，靡不繕飾之。增贍水田若干。予少遊盱，嘗即其地，雖處闤闠而爽塏可棲息，故仙真顯著之久，其亦宜也。然盱之繁麗，嘗甲於江右。自宋元之更象冒兵燹，雖昔所謂大姓巨室，掬爲灰燼者有之，其亦造物者消長盈虛之常理也。而宮迺巋然獨存，廢興相續，則上帝靈庥神貺信有自也。若叔毋昭祀之孝，其不有所感而至焉。今兹增益之備猶先志也。後之繼者，守而勿墜，時能格神明、闢氛浑以貯其陟降，則儼然雲旌霞旆，淩厲乎埃壒之表，霄漢之間，若盱之人必皆蒙其休矣，則其宏久之規，又豈亞於麻姑諸峰也哉！

乾元宮記[①]

蘇之常熟乾元宮在虞山之巔，世傳周虞仲嘗隱焉。山是有仲雍墓。宋祥符間，海陵徐神翁命其弟子申元道南遊，將行，戒曰："逢虞則止，無雪則開"。元道受命，久未之悟。一日，渡江而南，見高峰悅之，詢諸故老，曰海虞山也。乃曰："是非逢虞則止也歟"。遂植竹，結茅以居。未幾，竹茂成林，名之曰竹林庵。而山朧峭拔，水不易汲，厥後雪深數尺，獨庵前覆簣地不積。元道曰："是地氣和，疑必有泉，豈非'無雪則開'也歟"。乃命工掘地剚壤，不尋丈，果得美泉，遂得雪井。乾道間，改庵曰招真。治平間，業益宏大，遂改曰乾元宮。

泰定甲子，練川道士喻抱元復新之，三清殿法堂三間兩廡悉備，左祀中大神，又左像太乙慈尊，右祀玄天上帝，又右祀祠山

[①] 明永樂二年天師張宇初撰《乾元宮記》，見載於清代高士鱮、楊振藻所撰《常熟縣志》。

大帝。

元季兵興，僞吳張士誠據蘇，宮日就圮，鞠爲瓦礫之墟。入國朝，未之葺治。今天子嗣承大統，凡名山靈迹，命保職興復之。教門高士林剛伯者，家世業儒，敦謹有文，膺是薦於永樂二年住持宮事，乃募金新玄元老君殿，方丈門廡，一以恢復爲志。今夏以預纂修，來吾山間，録其實請記。

予嘗稽宋嶽廟世稱道君，嗜吾道尤篤，當是時，三十代祖虛靖真君、王侍宸文卿、林侍宸靈素，皆顯赫先後，而神翁居其一焉，故四方靈迹，多其所遺。是非道行之著，德望之邵。其能前知預定，若是之神乎？則是宮之廢而復振，其亦有定矣。剛伯克踵前烈，益大其規制，可謂得所付焉。予固不辭而次序其事，俾志於石，使繼者之勿墜，所以昭其休光靈貺於無窮也。剛伯曰：誠吾志也，請刻之。

紫霄觀記[①]

天下山川之名勝，老釋之宮常居什一，而江右、閩、浙靈蹤異迹昭赫者甚衆。廬陵紫霄觀距城六十里，昔東山楊仙煉丹所也。或曰三山，曰龍山，曰楓山、橘山，勢若金龜出匣，玉兔望月。左豐溪，右長塘，兩水夾出山麓。宋治平甲辰，玉笥山廖思閱來此，始創基焉，里故姓彭氏割地爲觀。淳熙丁酉，周益國公、楊文節公請於朝，賜今額。廢於紹定壬午，郡之天慶觀蕭蒼雪來此重興。元泰定甲子，不戒於火，其時毛丹隱、彭慶堂協圖興建，揭文安公僕斯記之。至正丙申，毀於兵。明洪武庚戌，郭克禋爲之倡，其徒次第葺之，凡殿堂廊廡、寮院庖庾，仍舊規而增壯焉。永樂四年夏，予承旨纂修道典，秋澄以與薦來吾山，狀其槩請曰：

[①] 輯自曾國藩、劉坤一《江西通志》卷一百二十三

"是觀創基迨今三百餘載，凡廢興者三，茲幸少加振，願有記，伐石以示不泯。"

予嘗異吉之爲郡，有道文明之士多產焉，抑以山川之靈毓秀以致然邪？故道宫元宇凡去闤闠而負形勝者，必將遠熏墊歊煽，而獲遊神虛明爽塏之表，若玕琪之植、翠黛之覽交會目睫間。誠欲與安期、羡門之徒神交迹合，非若俯城闤鄽井之輻輳者。然則紫霄觀之累朝悠遠，非神庥元貺其能然乎？秋澄以耆年優學，編校之勤居多，此予樂記之以垂將來。

卷九

書

卷九　書

通彭先生書

去春獲詢動履之詳，莫不推先生純篤自守爲學明正，不爲事物所移變，素以古道自任，此某之願見之急也。弟念志力駑鈍，讀書究理，未知趍進之方，雖欲致鑽仰之工，不可得也。況日羈塵俗，迹與心違，負愧萬萬，雖嘗欲絶交，獨處以守道，自期庶幾有足繼乎古人之遺轍者也，猶恐世殊時異，動招訶議，惟坐歉其不可追也。然能不力致心其間乎，蓋今之言學也，鮮與古先聖賢真履實踐有所契合者，非道不同，學之不同也。今之所異也，誠不過循習腐朽之説，以意見疑測未明謂之明，未得謂之得，即輒自盈足，不惟以古人爲不足追及，或以爲不已若者有之，及求之奇言卓行，則甚相懸絶，又豈得以是責夫世哉！矧將以究濂、洛之緒，會朱、陸之異，則猶親師取友之難，而同異邪正，不得不辯也。古之言學也，先儒碩德之徒，言不可泯，行不可掩，此無他，皆由操踐之實也。豈苟且循習之可儗似也哉！既知所趍矣，必底乎是而後可非，是則不足師友矣。子正兄嘗辱不棄，每相指明其啓發琢礪多矣，若俗學淺陋之弊，故嘗粗知鑒燭，而日有得矣。別後凡過山間者，皆未足以真實研究。人情薄惡，不怪以迂，必非以癖，豈果盡知所從哉！

竊惟古之人以道德性命垂之萬世，具之經史，子氏者億千萬言，充塞煥耀流之無窮，而與日月並明，天地並久者，非積諸中者，至大至幽而發乎外也。能若是哉，其繼承末緒，何代不有之，而卒若牛毛之於麟角，又何若是之難哉！抑道之明晦，亦時之係焉，況文墨之小，道義之大也乎，故知言力行之士，特立獨行，其所造詣，必異乎流俗者也。雖未足抗行古人，其無愧乎道，則亦庶幾矣。士之所以擔簦躡屩，雖祁寒隆暑，驅馳道途，所以汲汲不自安席者，誠亦已分所當究而已矣。

先生相去不數舍，嘉言善行聞之於耳，見之於目，苟不知所從焉，是舍近而求諸遠也。豈不甚愧乎千里之行也哉！異日專圖躬侍講席，面究欲言，惟左右以先德接引，晚學爲心萬有以終惠之也。幸甚。

通蘇編修書

某不奉起居，倐已一載。前冬，處城人回，貢書想達續。於杭城領發下陋像，辱賜讚語。顧其塵容俗狀，何敢煩瀆。且蒙與拔之至，惟增愧赧。後數尋，便奉書問旆從，赴召晉府，遂乃不果。及秋，京還，聞已回至鳳陽，甚欲於杭候謁，復以人事窘冗，而度留王門，必未即返駕，遂不獲一視顔諭。此某之分薄心違，相去聲聞不遠，而不遂一見，何賢士君子面提耳教之不易得者若是哉！迨今徒深悒怏。往來中，每蒙齒記。及孟啟還，獲誦大文，並承命錄登卷，此又所過望也。某向之冒昧達賤姓名，貢二三書於座下，蒙不鄙棄而教之，然某之有請者，非世俗徽譽於明公之門也。古今之道同，託言以顯道，是不可無也。抑亦健而不息，明而不昧，塞乎天地，與日月並明，四時同序，雖川流山峙，鱗躍翼翔，靡不同乎是者，所謂理性命也，惟誠明中正以修之，皆相傳不易之說。雖立言或殊，究其實踐，無以越此者也。凡修之於身，必行於當時，澤及後世。苟行無所立，必託言以自見。此文之得之心而所以載道也，故先世師匠，觀其有德業文章者皆然，且三代列國有文矣，兩漢唐宋之文，不愧於古，雖吾道若關文莊列者，皆善於言，是於道勝者，文不難而自至也。

某之志者，非欲眩俗誇時，記姓名而已，思有以造乎道焉。往歲蒙賜書，開性命之道，發經史之旨，爲學爲文之方盡矣，此某之至幸而至感者也。嘗研心編册，雖未知有得，必待磨光濯潤，以揚其光澤；闢室去疵，以發其蓄蘊。此非惟一鄉之狹陋，不足以自廣，求之四方，亦鮮所契合，非有望於明公之門，而復何俟焉。況此學者之所當盡心也乎。

兹儳删訂平昔所作一二，俟秋間，躬謁庭下，以卒所願，惟高明幸不斥棄。先尋便下舟抵盛郡，納之以進。鎔其飛質，發其言辭，拔其沈溺。使淺陋者深廣之，卑隘者閎大之。一返乎高明宏邃之域。若道德之源，文章之授，必不待加驅策而盡得之，則其不能甘與草木同腐者，一旦可託之千載之上，非先生而誰之賜耶？非不親謁括庠，以職所拘，諒不見咎，干冒清崇。伏祈寬宥，以冀終惠。不具。

通徐教授書

某久慕高風，無由瞻謁。曩者，不愧庸陋，以仰慕之切，妄以堂名干大文非，惟賴傳永久，實候有以開發之，旋蒙不鄙，允以譔至，惟增悚恐。今歲秋，京還，遂獲承顏接論，以及古文述作之訓，惟高明已不固靳，與之以進，教之以方，苐某深愧率然輕瀆，乃沐過愛，獎納甚至，諒某晚學無聞，何以得此於明公也哉！迨今徒益感愧，違教日久遠，惟文候起居，康裕爲慰。某自抵山，塵俗紛冗，幸以平素聞師友警策之言，不爲事物所羈。每求索於編册，雖未能有進，足以優泳於内，及發乎筆作，終爾塞鈍。自揆養之未至，求之未達，若古人之所積蘊，未能混融故也。或居山庵，去塵濁，安寂静，旦夕充擴所志者，或有以自慰。惜去執事日遠，音問日疏，不獲證是否於宗匠碩師之門爲歉耳。且今鄉邑間，求講學明道之益，卒所未見，況文辭之大者乎！或往還郡邑者，特汲汲於口體之累，尚何足與論古人身心之事哉！近蒙以古先聖賢格言至訓，開其隱奧，寢食欣快，私竊慶幸，惟執事既以允請，必不中棄，幸推儗師匠之法，經史之訓，賜之裁成，與之修潤。某雖志力駑困，不足以光斯文，顯傳緒，得無愧乎今，追乎古義之所在，豈不感於中而思以報也。執事實以道誼與之，故言不能已矣。是乃悉敷其情，萬乞鑒瞽心腑，何幸如之兹便翔。謹布區區，以致萬一之謝。遇便無靳賜教，不勝至望。臨楮無任瞻慕，伏冀愛重以肩斯道。不具。

通吴待制書

某少有文好，嘗慕登先生長者之門，討索古文，探研經史，發其所蘊蓄，以卒業焉。初承鄉先生方壺、朗亭、草堂諸師，與之以進，開廸其説。未幾，師友淪謝，漸益荒怠，深抱感惜。於是數年，遂鋭志求之京師及四方先達之士，且亦罕遇，豈果無其人哉，實未之遇也。蓋以賤蹤往還迂逼，不能詳求力叩故也。往歲獲侍顔論，以醮修拘暇不獲請益，繼而嘗於闕下瞻睹儀采，亦不果盡其所請。追今惟增慚歎。曩聞車從賜還田里，實深欣羡，以執事文獻名家，厥有端緒，是欲願見之切也。嘗過蘭江，念欲趍謁，間值令似直閣，相過必言療疾，鄉戚間相去稍邃，又弗果一聽誨益，諒非高明欲固鄙棄而然。何以緣羈分薄，一至是耶！然昔人之相慕，平生或合復離，蓋其所願見也，欲究古明道而已。道同言侔，則若合轍同席，互有資益。其未逮也，必有以啟激之，非徒若世俗之謂學求口耳之辨，聲光之誇。合則就，不合則去而已。且嘗求之四方，鮮能有以激發頹靡，振卓沉俗者，正此也。某嘗取六經百家之言，求其會歸。游泳晨夕，若知所趨。又嘗慕爲古文章，弟未聞繩説，而求之浙東西，間或得一二。庶幾有人，蓋非欲勉强於言，以希名眩俗而已。維道之在，必託言以傳逺，固非學貫天人，所不能也。況某空虛窮陋所慕若此，亦豈不深不自量也哉！尚冀有萬一之遇，故舟便間累欲往見，蓋有請於是焉。惟賢士君子，必有以成人之美，宜不固靳也。後容叩謁，勿拒其愚。銘感萬萬。

答程訓導書

僕自未冠有志於學，若鄉先輩，靡不師以求之。未之有得，而思之反復，求亦愈切。及長，親歿，襲教。雖肆力吾道家言，而誠身修己之道，自見必求諸濂洛關閩爲備，遂易所習而力求之，卒無所逮。久之先輩，頓益淪棄，四顧凋索，雖志夫特立獨行，豈其才質學行所能至哉！況日以塵累之纏，憂患之逼，乍作復輟，始明復晦。求向之所得已日廢，而何能日進焉。及奔走京師，上而館閣，下而所歷州邑，凡知名之士，莫不親益以達於成，而其施之言辭昧於事，爲務誇一時以取利禄者，往往皆然。其誠能以周程朱張之謂學者，擴其所聞，大其所養，以致君澤民爲己任，竊未之遇焉。

矧文章家有諸内而形乎言，此其立言君子，遇之尤難也。乃退而反求諸己，以自省思爲自昭之工，復每爲虛譽所牽，不能躬踐明公之訓多矣。雖然，豈能舍近而取逺，以名自足而不知求正於友朋哉！

閣下以家世之舊，學業之素，於僕雖未之面交，而觀其求諸逺者若是，蓋有可驗者矣。況每往還吾邑，其往也，以敬君之心，不敢少怠，莫能延滯而還也。又以桑梓在望，別去之久，其情益切，故所以不能少從容几杖間，以承誨論。此素所慕而有歉者，寧不間於執事文字間興愧焉。夏間，忽辱臨顧，得遂欲言，曷勝慰浣。使平昔有所願講者，沃洽於一旦，寧不私竊自喜焉。別去音問少疏，而常於往來者，詢動履之祥，益增慰快。夏末，以召赴闕，羈留連月，縻迹粗安。回過溪上，甚欲胥會，又以匆迫不果，旋蒙惠書，辭義周至，獎拔過情，自非以家學之厚，其見趣言論，豈能至是。弟愧僕疏陋無似，不足以副所許儗者。銘刻何已，即欲奉答，以乍回塵務，所稽茲敬，此以復緩慢之咎，首希寬抑。辭不盡意，尚圖別究所諭。朱進士文就此發上，錄畢幸即擲還。辰中乍寒，餘惟珍愛，以益斯文。不具。

通倪教諭書

逼歲承別後，稍久不知音問，伏想抵京動定履端百福，區區臥痾日甚，雖杖屨屢相從，而惡俗交沸。排遣之餘，徒增感惜而已。臨行蒙發至陸門論太極往復諸書，及諸先哲狀銘，抱疾研究，深所警發區區力駑志下。其獲聞先儒之遺緒，皆託友愛之切，鄉里之重故也。銘刻高誼，豈能少忘。嘗欲充其見聞，雖修踐未至，常若洞徹清快於事物間，少所忤累矣。自聞先覺之訓，與世推移，言寡合，而行不侔。往返山舍，託興丘壑間，俯仰陳迹，切所自奮，惟加省察耳。雖不能表裏混融，較之汨沒愈下者，或庶幾焉。此皆吾兄切磨之益也，奈何今之學者，率難以實理相究，縱有體認模測之工，守之不固，執之不確，其淪溺廢墜，特返掌間耳。此世之通患，而流蕩忘返者，莫之知也。其亦斯文凋喪之極，師友授受之不明也哉！此正吾儕自持於識察之間無所愧怍，所以不求知於人，而亦不侔之大端也。古之人於經世出世之道，豈視之兩途，故其出處有在焉，雖嘗致力求之，又豈能心符志合者哉！亦必惟超出獨立，邈與世絕，庶幾於己有得，無咎於人也。書至幸詳箴教，是所望焉。左右去就，想日見次第有便萬即見示，茲便敬布。區區臨楮，不勝拳拳。（闕）間萬冀以時自重，爲斯道砥柱。不具。

通王博士書

竊聞道之在天下，無乎不寓焉。雖天地之大，萬有之衆，舉不能違乎是也。何哉？蓋理無不存焉。由理無不存其間而後知道之大也，無不著矣。求道之有於己者，知率其性，則道之在我也。若固有之，知存其固有也，則能立其本以齊其末。本既立，則末不治而齊矣。然率性之道，莫先乎窮理，理窮而後能盡性，此周孔思孟之謂學也，其大中至正之謂歟？及夫致命之工焉，舍理而言氣，不兼乎理氣，而專乎天命，流行者言之，此老、莊、關、列之謂學也。是以自二帝三王之道熄；秦漢以來，楊、墨之言塞；而孔孟之道晦；下而雜爲申、韓刑名。若前之荀、楊，後之韓、歐。以孟氏功不在禹下，以其闢楊、墨云耳。或謂韓愈氏足以配孟氏，以其闢佛、老之功亦大矣。此無他，非吾老子之言，有以取先儒君子之觝斥也。蓋學之者不善師其道焉。若夫内而丹砂、方術、禜繪、祠祭之説，外而刑名、兵數、權謀、機符之用，老、莊之言，似是而非也。周衰之時，天下糜爛，直欲以是言拯時匡俗，以拔溺捄焚於已弊壞之頃也，豈必立其説以惑當世，而取誇於後世也哉！故其立教初無神誕譎僞之詞，不爲怪奇可喜之論，其於窮神知化之機，六合之外不論也。後之爲其徒者，務蔽庸俗之所嗜好，而一旦舍源求流，耽爲狡獪詭異之習，飾華背實，蜂集羶附，號呼而起，其趨世競利，尤有甚乎！弁冠縫掖之士，於守中抱一之道，歸根復命之説，果何在哉！是亦何遜乎不取訾毁於當世也哉！奈何千萬載之下，豈無卓識獨行之士，或有見夫是也。一以清静無爲、陰翊王化之言爲任也哉，亦豈無柱下史之職哉，亦豈無老、莊、關、列之謂道哉！

　　某也質愚且陋，今生四十有三年矣。少從鄉先生遊，所習者辭章翰墨而已，其於濂、洛、關、閩諸儒先道德性命之說，壯而後，有聞於是，致力乎性理動靜交養之功，其於天人一致之理，或若微有入焉。而後，一棄舊習之所爲辭章，凡六經二史而下，若夫孟、荀、楊、韓之宏深，左、馬、班、賈之精雅，柳、歐、蘇、曾之雄博，皆嘗研精覃思於占畢之末，而未之有得焉。然後於守中抱一之道，益有以見夫內聖外王之實也。是以常歉乎其不足者，願求正乎朝之公卿縉紳，迨夫湖海聞望之士，有若宋潛溪吳蘭、江蘇素庵徐林叟、高嗇庵，皆獲師友焉，獨以未謁執事爲歉也。曩歲，幸於姑蘇請益山莊一見之頃，歡如平生。挹其言論風旨，自恨識荊之晚也。未幾，執事以召入朝，往還京師，幸託一日之雅，又獲承誨於客邸，雖匆遽不能少傾別緒，而一面之慰，何可言喻。去秋，復聞承恩寵擢有加，此固執事名實之效，遭際之盛積之有素而發之以時故也，豈不於詞林交友之輩，預有光矣。間嘗不揆微陋，以精舍碑文爲請，實以託雅契之厚，知學業之詳，必不固靳也。而閱時且久，未蒙付下，切恐玉堂應制事繁，未暇故耳，諒不爲世俗貴賤之棄也。且某之願，託於當世名筆，煥耀泉石者，非有勳業之盛譽。望之假特，所以記其歲月，述其出處而已矣，又豈將藉是以誇世駭俗，以誣將來也耶？

　　矧某雖素庸鄙，承乏祖烈，其所深愧者，不能以蓋公之道，上佐明盛，而其歷事兩朝，每沐隆眷，徒竊譽無補。此其寢食負報，不能少效涓埃之報爲大咎矣，又豈能污合流俗，以鼓惑詫衆，苟徼一時之趣，而取議於後世也。是以恭默自守，隱約自固。毀譽不足動其中，抑亦薰蕕之不相入也。因皆短之曰：彼學孔孟者也，是舍其本矣。亦宜而又熟知某之學夫老子者，與彼異歟！其耽玩泉石，若將高蹈遠引，超脫幻化，託空言於千載，而將亦視其無所用於世也。非託執事知之益深，愛之益篤，言不及是。且昔人云："士爲知己用，女爲悅己容。"以執事豈非知己也乎！孰不有以啓而勵之也乎！深愧縷縷煩瀆，惟執事裁而教之，幸甚！

與倪孟沖論火候書①

日者承過訪山舍，高論竟日，足洗枯寂鄙野之懷，甚慰甚慰。念欲少淹一宿，山雨夜話，亦見林泉眞味，何御風長逝，飄飄然不可追及耶，遽增怏怏耳。繼辱示高製，洗心玩味，涵泳之久，誠有默識心通者矣。吾友之學，可謂博贍宏遠矣，又豈僕之足盡窺盡聞也哉。然而正欲探賾幽微，攢礪隱奧者。邇者罹不測之禍，譖諛浸長，譊僞競起，一時傾危覆奪之勢，若火之焚，水之溺，莫可得而避也。惟容之以默，委之以愚，引咎自責而已，尚復何辨哉。當是時，求能卓然不改，以禮節相扶，未之見一人焉。何薄於道義，趨於流俗者皆然。抑世豈無若馮驩、朱勃之才者，亦固械②口結舌，熟視而不發一言乎！乃爲濡足之故，不救溺人可乎！幸賴高明在上，藉祖宗之遺澤，獲全而歸，而卧疾且久，人情世態，雷動川湧，何一變至有若是之甚，其亦可歎也矣。是以處塞困之中，將以省心克己，戒謹恐懼，修德以俟天命。此古人之處榮辱得喪，安於所遇而已。雖愛者戚戚而悲，憎者欣欣而喜，舉不足動其心，干其守也。故其居屯艱險阻，迺所以驗進道之力也。是以文王囚而作《易》，宣聖厄而修《春秋》，下而學業文章，未有若班、馬、楊、賈、韓、柳、歐、蘇者，亦常困於放逐貶竄。而其學不廢，而德愈修者，所謂不遇盤根錯節，不足以別利器者，此也。豈欲文其過，以欺後世哉！敉僕以慎而取咎，思患而預防之，乃所以致患也。此非命與數而何？然而《傳》曰：

---

① 《四庫全書》本作《與倪孟沖煉師論火候書》。
② 《四庫全書》本"械"作"鈐"。

"惟彼譖人，投之豺虎；豺虎不食，投之有北；有北不受，投之有昊。"今斯見之矣，其獨無愧乎中者。雖屈於今，未必伸於後也。幸復苟安泉石，日與木石居，樵牧遊，其去野人幾希，迺得肆志於性命道德之言。視彼碌碌炎涼之輩，奸回譎詐，肩摩足躡，若蠅聚蟻負之逐羶鯉，然群議黨計，朝湼夕違，亦獨何心哉！又孰①知處進退存亡之道者，惟義是從耳。雖死生窮達之所不論，尚何奔競悅媚之下者哉！且人受命於天者，必有定在焉。豈以一人之私，可得而拒哉！此固非世之所能知，而亦古今之通患也。而僕之潛心力究於吾友之言，深有取焉。而學之未逮，切有疑者，獨火候之傳。凡參討數十載，往來方外之士，靡不討論，鮮有契者。其言之荒唐謬悠者，悉歸於虛，則以卦爻晷刻之設，特其規式耳，循而不必泥也。其言之幽深微密者，悉詳於實，則以符候斤兩之數，皆其法則也，守而不可違也。則二者孰善焉。

若夫乾坤坎離、金精木液、火龍水虎、水中之金、火中之木，返還顛倒之妙，鼎爐藥物之諭，皆嘗聞其概矣。獨百日立基，十月胎圓，脫胎神化之機，火符下手之工，卒未之決其疑也。而坎離之真陰真陽，升降逞來②，周流不息，即五行一陰陽，陰陽一太極也。由太極而生四象，四象生八卦，八卦演而為六十四卦，六十四卦演而為三百八十四爻，循環無端，逞來無窮，雖天地之大，萬物之衆，有不能逃焉。此人身一息之呼吸，而與天地之道合，而人所以能盜天地之機也。以是觀之，則一年十二月，一月三十日，一日百刻也。一月總計三千刻，十月總計三萬刻，三萬刻之中，以奪天之三萬年之數。一刻之工夫，自有一年之節候，所以三萬刻可奪三萬年之數。故一年十二月，總有三萬六千之數，是以三萬刻，刻刻要調和。或有一刻差違，則藥材消耗，火候虧缺。

---

① 《四庫全書》本"孰"作"熟"。
② 《四庫全書》本"逞"作"往"，下同。

火數盛則燥，水銖多則濫。火之燥，水之濫，不可不調勻。是故攢年歸月，攢日歸時，十二時中，只一時也。其間晦朔弦望，沐浴刑德，盈虛進退，不可不知也。

有曰："南北宗源翻卦象，晨昏火候合天樞。隨日隨時則斤兩，毫髮差殊不作丹。由來庚甲申明令，以時易日法神功"。其火候之有記，而聖人傳藥不傳火之言，信矣。

而又曰："冬至不在子，大藥不計①斤。真火本無候，卯酉時虛比"。"箇中得意休求象，若究群爻漫役情。"則符候之謂，信虛言哉！此必始於有爲，終無爲也。若天地一年一周，日月星辰一月一周，人身大藥一晝夜一周。一日之内，陽生於子極於巳，陰生於午極於亥，陽始於復，陰始於姤。一月之内，朔始於屯蒙，晦終於既未。自巽至坤，皆未生之卦，故知來者逆。自震至乾，皆已生之卦，故數往者順。則一年二十四氣，七十二候，所謂一月一還爲一轉，一年九轉九還，同仙師之言，詳且至矣。考亭朱子則謂火候之法，乃以三百八十四爻爲一周天之數，以一爻直一日而爻多日少，則去其乾坤坎離四卦，凡二十四爻，以應二十四炁。炁至而漸加焉，況一日之間，已週三百六十之數，而其一炁所加僅得一爻，重輕不相權。準其策數之法，蓋月以十二卦分之，卦得二日有半，各以本卦之爻，行本卦之策。其策多少，陽即注意運行，陰即放意冥寂。十二卦周即爲一月之工，十二月周即爲一歲之運，反復循環，無有餘欠。是則大易之妙，豈不與大丹允合也哉！以此抽添進退，必有消息增減之異。豈若沉空滯寂之偏，即禪宗所謂黑山下鬼窟者，蓋以默坐於陰趣故也。殊與吾命宗之旨，大有逕庭矣。惟吾友皓首窮研，遍歷湖海，必素會玄微，幸有以啟之，使僕齒日向暮，苟獲有尺寸之進，以俟其成，其能忘所自哉！此非山林契合之久，鶉衣惡食，與世相絕者共論之。豈

---

① 《四庫全書》本"計"作"記"。

誇耀當世，苟媚聲利之輩之足語是哉！然亦察非其人，言不及是，庶不失於知言也。高文謹用，返璧拱俟，一發駑鈍，幸甚幸甚！

畣張司業書

去冬留京，獲承枉顧客邸，傾慰渴懷，誠如執熱而濯清風也。第以人事匆冗，弗克少盡欵洽，臨行又不獲告別，迨今愧慊，何可言喻。及還，急欲貢書首謝，又以世道之艱，不敢造進，以此廢禮負咎，知萬萬矣。諒閣下以媾契之舊，必不譴及。其如自愧，甚若芒背何。近便間附繆句，至達善先生處，亦嘗附寄，未審一達聽否？益深怏怏耳。不面者幾不知梧楓之又秋矣，方欲貢狀，遽承惠問，且沐鶴箋之賜，揮沐仁風，感怍不已。從諗履貺康裕，甚慰甚慰！

某也碌碌無似叨襲宗緒，自揆德之不修，學之不逮，惟忝竊是懼。少從問學，數年以來幸獲從縉紳縫掖之士遊，篤於窮經學古之志，而道德仁義之説，或有聞矣。而學不加進，悠悠駒景，復何成焉。比者以恐墮覆轍之戒，實出愚暗。蓋以山林樗朽之資，不意獲咎乃爾，幸蒙苟全誠出，望蜀自知。運數蹇晦，學力荒陋，一至是耶。惟困卧泉石，期以自勵，奈何志慮願違，宗嗣無託。每一興懷寢食，不遑少寧，惟痛心疾首，益增悵惘而已。而晨夕切念，遭際兩朝，國恩未報，雖據所抱已度，無所用於世矣，徒憂患日至，疾疢日侵。撫視少之所志，忙然若夢幻耳。雖欲綴輯一二所見，託空言於千載，固不足擬諸作者。而才思荒鄙，竟莫能就，俯仰愧歉，惟不能自棄而已，復何聞達之求哉！此固古昔之人，處困亨夷晦之常也。特未知於天人一致之工，宜何如哉？自非託知，非一日言不及是，尚惟閣下憫而誨之，不咎其率直可也，詞林諸宗公巨伯，幸念平素之誼，明有以教之植之，亦仁人君子之篤於交處者也。昔人云："士屈於不知己，而伸於知己，"

閣下非知己何哉！抑亦士君子扶植斯道之盛心也。裁答簡慢，首祈寬宥。臨楮不勝馳情。秋熱自愛。

贈《孝子周伯玉》序

曩貴溪號爲儒林，自陳先生靜明甫倡明道學，其高弟往往蔚爲儒宗。良範葛先生雖晚登其門，尤爲傑然者也。於弱冠嘗拜先生於家，聽其議論，而與其徒遊，無不亹亹善學。若方眞伯英之嚴重、侯廉伯隅之方直、陳穎彦清之通敏、彭習孟説之純謹，皆余所敬畏也。先生謝世十餘年，天下多故。兵荒疾疫之慘，吾邑尤甚。交朋淪落，百存一二，方欲一就師友切磋之，並求後來之俊秀以致其勸勉，則絶無而僅有也。遠有倪鎮之，數爲余言周伯玉之賢而未及識。

去年春，予有鄱陽之行，適與伯玉同舟，始知其爲人也。他日造市，伯玉首來謁，更治具酌我，皆無所爲而爲，始信鎮之言不誣矣。鎮之又嘗曰：「子猶未深知伯玉也。搶攘之時，其父没，不在牖下。首禍者已死於邊，其餘黨初時竄匿，既乃有所挾，莫敢誰何。伯玉與之不共戴天，白於有司，置之法。吾之善伯玉非止一端，此其大者。」予聞鎮之言而歎曰：「兵興以來，骨肉橫罹，非命者衆矣，孰無報讎雪恥之心？而卒不獲伸其志者，豈盡厄於時而屈於勢哉？蓋剛者必輕躁以敗事，弱者則隱忍以匿怨，若伯玉者固絶無而僅有者也。好義之士烏得不爲斂袵哉？《傳》曰：齊魯之間尚文學，其天性也，豈其習俗教化使之然歟？伯玉雖不親承盛世師友之教，然幸生禮義之鄉，去前輩之聲教未遠，宜其自拔於流俗，從容事變，卒就其志，孰謂儒者之教無補於人心風俗也？伯玉又善醫。醫家有孫思邈者，其言曰：膽欲大而心欲小，志欲圓而行欲方。此豈專爲業醫者發？伯玉亦由斯而有悟矣。」鎮之聞予言而喜曰：「士之與伯玉交者，嘗有歌詠之章，吾方將集爲卷軸以贈之，請以吾子之言冠其首。"遂書之，以爲之序。①

回吳文正公宅求親書

伏以陽回冬序，候應秋成。恭審某人尊親家、叔翁家：

承天爵望重儒宗台候起居，神相百福。某伏領華緘，深慚瓊報，尚祈曲鑒，庶迪淵衷。某啟牘馳誠，循彝致敬，尚期瞻謁，兹獲叙言。即辰菊綻暄，風梅含霽。旭敢冀善，調茵鼎樂。御琴尊茂，介休禎容。敷悃愊某敬惟先學士文正公，道德淵源，文章模範。實當時之師表，垂奕世之輝光。簪組相承，芝蘭並秀。以紫電清霜之威略，兼烏臺柏府之權衡。世之所稀，古且未有。恭惟某人尊親家叔翁珠玉襟懷，丘山仰止。盛德冠名門之長，斯文紹家學之宗。宛蒙葑菲之勿遺，自愧葭莩之有忝。幸聯姻好，敢拒親盟。攀附無辭，含宏有賴。某玄樞末緒，學域疏才。慕登四行之門，忝繼三傑之裔。昨以執柯之善諭，擬諧擇德之良緣。謂令侄孫秘譔夙資英粹，才不下於馬融。而長小女粗習儀容，託必慎乎杜衍，蓋所尚者先儒道腴德博之尊，豈乃墮乎世俗銖較寸量之陋。特承雅命，欣挹嘉猷。猶俟吉占，先圖治復。某借易恭問貴門淑眷、高第賢宗，伏冀慶衍鴻熙，福資燕祉，引忱聲謝，不及別緘。或有委裁，拱俟條目。

回吳宅定聘書

揆辰臘霽，松簧春融梅萼。恭惟某人尊親家叔翁學專詩禮，志適丘園，盛德日新，嘉祥咸集。某采露華於仙掌，濡月穎於墨池。庸復菲辭，式干籤史。某仰惟源分世胄百八十載之名家，自

---

① 輯自楊長傑、黃聯珏《貴溪縣志》卷八之七。

愧派系仙傳千五百年之流裔。當寰宇雍熙之日，並風雲步武之姿。祈茂著於芳猷，是克彰於慶緒。某再惟廣經史而昌文獻，典模景仰於東周；叶帷籌而衍宗風，道德益綿於西漢。幸荷儒玄之重，復諧劉範之盟。感挹蘭金，慚依葭玉。

某伏承高誼，以令侄孫秘譔與某長小女爲姻對者，言念玉帛徵賢之後，衣冠侍帝之宗，起華蓋之卧龍，旋青城之鳴鶴。唯此江南之閥閱，久齊海内之聲光。以先聖之甥，得大賢之嗣。令侄孫才倫冰雪，長小女志謹閨闈。吴罕駕並於張喬，劉向言符於賈誼。期謀斯遂，結託猶長。不揆其愚，並有少請，俾室家之好既翕，而絲蘿之附維新。爰表一忱，次修六禮，尚祈嘉納，允副崇瞻。某敬問怡悦桑榆，雍和琴瑟。珠璧華棠之彦，雲霞裳被之儔。列致興居，咸膺景福。某才雖疏鈍，敢効役令。有事於斯，請問其目。

卷 十

普説

卷十　普説

三元傳度普説

太虛沖漠，玄範幽微。至極難言，妙亦難思。夫無聲無臭，無形無名。溟涬大梵，寥廓無光。當爾之時，文字未立，不可思議，莫可度量。自赤明開圖，生天生地，萬有畢具。百千萬重道炁，結爲雲篆，發爲靈文，然後萬範開張，五篇敷落，保制劫運，與天長存。真聖相傳，爲道則一。蓋自元始説經於黍珠空懸之景，衆真監度以授玉晨道君，大範始張。開皇之後，復授靈寶大乘之道，紫微飛天十部之書，實《元始洞玄靈寶赤書玉篇》《混洞太無靈文》。元始煉之於洞陽之館，冶之於流火之庭，乃元始靈寶之玄根，空洞自然之真文。生天立極，開化神明，施鎮五嶽，安國康民。是以太上演説玉局，靈文誕布。而我漢祖天師，降生應化。昔於上皇元年正月十五日，無極大道太上老君修注上化八治，無極元年七月十五日修注中化八治，無極二年十月十五日修注下化八治。漢安二年正月十五夜，感金闕後聖玄元道君降西蜀鶴鳴山，授《正一盟威都功修真延生飛化秘錄》《肘後經訣》。是年七月十五日，修立二十四治，以付嗣師。又於十月十五日建四治，以應二十八宿。故治有二十四氣，氣有二十四職。男官女官二十四官，男職女職二十四職。受任之後，依按科格，領户化民。其有好道樂法，心專志一者，度厄延年，攝邪皈正，除害去妖，濟生度死。大可以飛神躡景，度品登真，使三五之教，永劫無窮，正一之風，流傳不息。是以授受之者，對治度神，臨壇分券，以表盟誓之重也。

蓋聞道君曰："吾昔降蜀都，其二十四治，皆二十八宿之獄，謂之陰景黑簿之司。乃開紫陽南宮玉宸正一內殿，授《正一盟威都功秘籙》，遂得籙中交乾履斗之道，三步九迹之要。嘗告祖師真君曰：'正一之道，生於混沌一炁，玄黃未形，純素尚結。至太樸將散，澆風日侵，吾憂道民爲邪所亂，一氣混雜，鬼魔相纏，災害橫生，不得道真，天年不竟而爲中傷。吾所降盟威諸籙，盟誓外邪，內正一炁，故號正一。叩者觀之，不失一源之道。故吾此法爲衆法之門，上清靈寶十變九化，大赤隱書三九素語也。'"祖師真君亦嘗授王真人曰："混元之炁本一，一生二，二生三，謂之三元；三生四，四生五，是謂五行。此三元五炁者，經緯天地，變化萬物。是故正一之法，本一炁而生，動化於五，故號三五法也。奉其法者帝君，三元靜位，五行守理，日月貞明，陰陽順序，雷霆無非震，風雲無妄動，萬物滋澤，天下無征伐之勞，人民無疾疫之苦。則奉正一之法大感也。"

真君始居嵩陽，遂歷江東名山，沿流巨壑，乃入蜀。戰鬼降魔，分幽獄爲二十四福庭，降鬼帥爲二十四陰官。遂遇玄元道君，復授以正一盟威之道，三八飛仙延生之術。拜真君爲泰玄都正一真人，攝玄元後聖之位，爲玄中大法師，封泰玄都正一平炁宮主者。由是六天魔鬼平治俱息，修煉功成，三天命下，遂白日上昇，位賓九清矣。故二十四品秘籙之傳，皆攝邪歸正，大興靈化，以福萬民。降二十八宿之炁，修二十四炁之治，佩法籙之符章，役治炁之將吏。功滿德備，三官保舉，刻書玉名，屍解變遷，位登真人，七祖父母超昇福堂。由是三洞四輔經籙之傳，宏衍秘妙，普度無窮。上所以保鎮國祚，與天長存，下則福利存亡，普天稱慶。其於紫陽內宮玉晨正一秘典，開闡玄微，良有以也。迄今四十三傳，仰蒙聖眷，流演宗壇。茲遇上元令節，天官校錄之辰，都壇首弟子某齎金效信，祈降玄恩。十方參佩之士，雲集宗壇，是以法海高朋，講筵清衆，洗滌身心，欲聞至道。

嘗聞經曰："虛無自然，道所從出，眞一不二，體性湛然。圓明自足，不墮諸見，遠離塵垢。學無所學，修無所修，於中了然。不去不住，無死無生，是眞解悟。豈不深切著明也哉！"內而修之，乃金液返還三五之道；外而施之，即靈寶十回眞一之妙。演之爲紫樞飛梵之文，赤書靈圖之錄。普度天人，其功無量。是以太上諸品經籙之傳，出自是者，其感通應化之道，於茲備矣。蓋知造化之津，可以化吾之民，若天降地昇，環之以日月，發之以雷霆，准測機械之運行，不言可以利羣生。是知具夫人者，非智愚之可加損，在乎反求諸己，則本有之善，念念歸眞，純一不二，而後抱玄守一，復樸全眞，則盡性致命之道具矣。是以萬殊一本，與天地並行而不相悖，若虛無恬澹，寂寞無爲，乃吾道之本。而修之家國，施之天人，無適不可。其感於兩間，皆自眞文靈笈，有以回祥弭患，誠有自也。夫如是，則不徒福利存亡而已。沐我太上涵濡之惠，信無窮也。

茲夕陞此法座，上帝高眞爲作證盟，六凡四聖，咸所聽聞，略爲敷揚，願臻玄悟。一切善信人民，凡在有情，均躋仁壽。無邊幽滯，道岸同登，久立珍重。

靈寶煉度普說

伏聞洞眞妙戒，靈寶玉文，上保國祚於萬年，下超苦爽於浩劫，威禁至重，神力難思。該度亡靈，宿違眞道，甘受輪迴，先當普宣法乳，開明眞性，俾令猛悟，早離冥途。原夫無極之始，太初之先，無兆無朕。由是而太樸始散，陰陽始分，生天立極，發育萬物，三才並立，人居其中，陽變陰合，而五行混凝，二炁周布。萬物與天地並生，均稟一炁而有形，形生而性具，乃天命之流行。若三光並明，五嶽分峙，雷霆之妙，雨露之教，無洪纖巨細，皆有生知之全，無一物不具此太極也。神道設教，度世化人者，惟此而已。故曰：天地之道，其爲物不二。在孔孟曰仁義，在釋迦曰圓覺，在莊列曰虛無，在荀楊曰權衡，在班馬曰文詞。流而爲千工百藝，不離寸心，特殊途同歸，萬殊一本也。奈何天地與萬有俱屬形氣，囿於生滅聚散、榮枯成壞者皆然。人之有生，知覺一動，晝夜頃刻交擾紛紜，無一息之寧。耳聽目染，口味心思，莫非欲蔽情纏，境奪物誘。蓋性流爲情，情熾爲念，念積爲慮，慮久爲識。故七情六欲，五蘊三毒，凡貪瞋憎愛，欣怨橫逆，纏縛互至，愈深愈固，遂溺於根塵，縛於執想，甚至恩愛情欲或生有所負，致結冤仇，遂爲眷屬。一切眷屬，妄認冤親，冤親相纏，互相報復。乃緣隨境起，境逐心生。凡一切逆順好惡境，緣動成障礙。物之有形，自一念之萌，逐妄迷想，百千萬劫，流轉不已。東昇西没，頭出頭入，雖木石無情，亦常感化，皆由一念之差，遂種千生之苦，使己之靈昏沉漂蕩，散亂顛倒，無有出期。初則受想行識卒入成住敗空，是有天堂地獄之報，皆由心造而然。罔知地、水、火、風，四大假合；一切聲色，盡是空花；一切有相，皆是幻妄。自從曠大劫來，一段無相圓明永劫自昧，九幽長夜，苦惱無邊。由是太上有好生之德，開方便門，起大慈悲，接引一切，使之捨妄歸真，均證無上道果，獲福無量，永出沉迷。謹按，元始天尊在始青天中，懸一寶珠，登引千真，說經演妙，以授玉宸靈寶道君，而靈寶三品之道遂出。次傳五老上帝妙行真人，又命玉清真王開朱陵火府，出破地獄符命。青華大帝開青華左府，出九龍符命。韓君丈人開朱陵右府，出拔幽魂符命。三佐真人開黃籙院，出黃籙真符。由是上古三師以黍珠經法演成煉度玄文，超度死魂，澤及群品。靈寶天尊傳之太清道德天尊，次傳大羅無極神公、鬱羅翹眞、定光三眞人，流演以及徐、葛、鄭三眞人，大振其教，而飛天十部玉字隱書，由是發其微奧，源源相授。至漢，我祖天師受太上正一之傳，其文猶闡。刱龍漢之初，混洞赤文，梵炁彌羅，天真皇人，按筆所書，皆洞章靈符。上以保制劫運，度厄消灾；下則死魂受煉，生身受度。普告三界，無極神鄉，北都泉曲，疾除罪簿，落滅惡根。然後魔王保舉，地祇送迎，拔出地户，登真度命，惟此無量妙旨。昨自世降俗薄，靈文奧典秘於天府，信乎玄科四萬劫一傳，自非宿植靈根，常培善果，少能契遇。實以玄禁至重，豈泄慢之能造其微妙哉。然靈寶之妙出於度人，度人之功備於靈寶。嘗聞仙師曰：靈寶即金丹，金丹即靈寶。若木金間隔，水火潛飛，安得性命混融，還元返本。必立乾坤之鼎器，煉坎離之藥物，擒兩曜之烏兔，會二炁之龍虎，采先天真一之炁爲根基，取陰陽運行之機爲法象。動則起於陽九，静則循於陰六，按六十四卦爲周天之火候，體三百八十四爻爲升降之符節，顚倒之妙，逆順之機，母隱子胎，砂中取汞，雖億千萬言不能載。故毫髮差殊不能成，妙在三五歸一之道。啟偃月，運天根，循黃道，行周天。取西四之金於北一之水，而制東三之木於南二之火，復歸五土之中，追二炁於黃道，會三性於元宫，然後陰剥陽純，脱胎神化，玄珠成象，太一歸真矣。昔無上元君得九五之道，而五雷君得三一之道，與此無殊。蓋河洛二圖所同，實天地生成之本也。其謂之靈寶也，神凝爲靈，炁聚爲寶。亦必采混元杳冥之炁，煉日魂月魄之精，歷南箕，涉東井，動至易之真火降太陰之黃華，使坎戊月精，離己日光，會融五炁，周天一匝，無質生質，逕上朱陵。是乃普受開度，死魂生身，魂度朱陵，受煉更生，即虛一以象太極，復歸於無也。故至人修之以煉己，推之以度人，實乃天地之真陽，點化陰魄，時刻升遷矣。是知靈寶亦金丹之異名也。汝等沉魂苦爽，歷劫有年，今以會首某，修建無上大齋，千生慶會，得沐道慈，頓令開度。如上妙義，一歷耳根，永爲聖種。惟汝自性法身，本無垢濁，本無生死，自緣染著幻妄，無有解悟。經曰：三界衆生，本無輪轉。真一道炁，本無生滅。苦海無邊，回頭是岸。故曰：了即業障本來空，未了應須還宿債。如智者或有聞見，惡知惡覺，亦須掃除。愚者全無趨向，昧性冥行，猶須猛省。居富貴者，念念纏縛。處貧賤者，念念攀緣。造此業因，豈逃輪轉。是故前代師德休去歇去，如寒灰死火，枯木頑石。只爲息此一念，方能照了諸妄，不著一塵。況來無其始，去無其終，生本無生，死本無死，一靈妙有，亘古長存。蓋由結愛爲根，積想成業，故有種種受生，種種償報，千生輪轉，萬劫苦惱，轉轉不息，罔自覺知。座下四衆，受度亡魂，我以非舌言，汝以非心聽，向非言非聽處，猛烈悟來，畢竟不落萬緣，超出萬幻，則三業六根，一時净盡。回顧頓省，向來一切苦樂纏縛，了不可得，於此直下體認。昔本無生，今未嘗死。求向纏縛，尚不可得，況一切有無亂想，尚何有哉。不可認生前具此，死後已無。不問出劫至劫，捨身入身，汝應無壞，但汝自昧，若了明自性，觀汝妙净明心，昭昭靈靈底，不落語默動靜，不著有無際畔，如垢盡鑒明，波澄月現。不空之空真空，無念之念正念。頭頭動徹，念念圓通，真所謂千江有水千江月，萬里無雲萬里天。若不打破藩籬，終存窩臼，直須覿面承當，更莫當場蹉過。百千法門，無量妙義，盡向一機會悟。從此一念不生，萬緣俱寂，塵沙罪業亦遂泯除，惟此本來面目，便是真仙道祖。尚何地獄惡道，苦輪不息之繫哉。究竟至此，畢竟萬幻俱空，一真獨露，太空無相，乃汝實相。大衆聞此法音，頓然解悟，識自本真，絕輪迴道，慎無退轉，常自護持，則廓然圓明，了無罣礙，視彼色相，竟復何有。是乃超淩三界，逍遙上清矣。其或下界沉滯之魂，於此尚未洞契真常，故宜傳以戒法，免致淪墜，敬以九真妙戒，逐一宣傳是用，先皈依三寶，庶有依憑，咨示衆魂，各宜遵奉。

授法普說

　　原夫太極之初，溟涬始判，陰陽由是而分，天地位而萬物育，五行兆而萬化生，以是而生生化化無窮焉。五行一陰陽也，陰陽一太極也。以天命之流行，而賦與萬物爲之性，性萌而理具於中，理著而情見乎外，皆由乎陰陽之生殺，五行之升降。所以水火相激，雷霆相剥，剛柔相摩，八卦相盪，皷之以雷霆，潤之以風雨。而行乎陰陽二炁者，神主之宰乎。萬物之消長者，帝主之。然而動靜無端，陰陽無始。在人心則曰主宰，謂之帝，妙用謂之鬼神。天地之大，陰陽繫焉，孰無以主宰之乎？是謂帝者，此也。吾道玄元之宗，由元始天王於開皇之後，以靈寶大乘之道，紫微飛天十部之書，授玉宸大道君，暨神霄九宸上帝。後降峨嵋山，授天真皇人，是出煉度之法。龍漢之初，九陽自然之炁，元始命天真皇人按筆成文，秘之於洞陽之舘，及開朱陵火府，遂以起死迴生之文付之，是以黍珠經法，演成煉度之文。又於龍漢劫中，授道君以清微妙玄之道，授老君以玄初應運内法。以是靈寶天尊授妙化天帝，清微通玄至式，太上授之吾祖漢天師，口口相傳，是爲清微正宗。及元，上侍宸一輝祖元君，然後合之，是曰清微、靈寶、道德，正一是也。太極徐真人修真成道，奉太上命，授靈寶十部妙經。徐真人授之三佐真人，凡濟度之事悉隷焉。三佐真人授之太極左宮仙公，由是靈寶之派流芳演派。倡其說者若杜、陸、寧、張，最爲大盛而流之後世者，莫詳於林、白二宗師焉，是曰洞真。出書度人，强名元始；洞玄嗣教，易曰靈寶；洞神演教，名曰道德。三者雖殊，其實一致。昔元始天尊命玉清真王開朱陵火府，命青華大帝開青華左府，韓君丈人開朱陵右府，三佐真人開黄籙院，出玉清破地獄等符，若三簡五符之文，凡行持煉度，告下幽關，莫不開悟。是曰神霄。自清微而下，皆其文也。故高上神霄玉清真王長生大帝，專制九霄三十六天，三十六天尊惟大帝統領元象，主握陰陽，以故雷霆之政咸隷焉。昔無上元君，得九五之道。經曰：得九五之道者，而帝雷霆也。五雷君乃得三一雷霆之道，三乃東之祖數，一乃北之生數。仙師曰：太一元君泄至真，顯宣三五度凡人。在靈寶言之，天地之大，日魂月魄，升降陰陽而不息，其所以死魂受煉，生身受度之道，以我陽神煉彼陰魂，然後交姤陰陽而歸太極，混合性情而返真元。故曰凝神爲靈，聚炁爲寶。神即性也，炁即命也。蓋空洞降靈，太虛生神，空炁金胎，真中之真，故藏神炁於三田五藏之中，取在夫三光五行之炁，直不過攝情還性，攝性歸根，水火既濟，性命之道備矣。是以道取自身之日月，法取水火之法象。以己陽明之性，覺彼陰靈之魄。假九霄九陽之炁，煉質蕩形，乘上帝之慈光，開九泉之幽暗，然後罪滅神全而化生矣。夫東三之木，合南二之火，是龍反生於火也。西四之金，合北一之水，虎反生於水也。戊己乃中意之土，三五合一之妙，正所謂坎離既濟悉歸中，到此方知三五功。其於符篆簡呪、科範儀文，則法門之品格，所以爲入道之梯航，求真之徑路而已。苟不求諸己，其能以度己之功度人也哉。稽之至理，未始不一。夫五雷君得三一之道，乃二斗之妙用，即河圖之數。故三一無殊於九五，蓋樞陰機陽，雷善霆惡，陽雷陰霆，總攝雷霆七十二司。故魁罡爲檄雷召霆之司。以雷霆者得天地之中炁，甲庚爲雷霆之號令，即九五之用，壬爲雷霆之局，丙爲雷霆之會，子爲雷霆之宗。故子爲雷局，卯爲雷門，戊癸爲雷火之司，所以雷霆之威榮枯萬物，生滅四時，皆由合乎九五之妙也。由火師汪真君、待宸王真君，得雷姥之傳而盡泄矣。人禀一靈，並天地而爲三才，一身之造化陰陽，與天地並行而不違也。我之一點靈明暉天朗地，亘古亘今，了無人識。儒曰虛靈不昧，釋曰妙净明心，直下悟取，非心非法，非道非禪，覿面相逢，煞機在我。經曰：天發煞機，龍蛇起陸；人發煞機，天地反覆；天人合發，萬變定基。其所謂天人合發者，豈非樞陰機陽也哉。人之合乎天者冲炁爲和，鬼神者二炁之良能，以我縱閉之機役之，則此感彼應。始乎大梵冲漠，混洞赤文之先，然後五篇敷落，萬範開張，則五文開廓，普植神靈。故無文不度，無文不生也。大可以保鎮國祚，證道成真，小可以保己寧家，濟人利物。皆一氣之往來，五行之生剋。以我曠劫之元神，役虛無之神，神靈氣合，氣至將靈。故不離當處常湛然，覓則知君不可見。其爲法門之設曰神霄者，若掌心之包裹陰陽，斬勘之發號施令，使者之斗激天河，雷門之交運水火，洞玄之開合陰陽，社令之策役神祇，箭煞之冲激星曜，下而酆岳之文，一炁一訣，皆出身中妙用，非徒紙上之文。故曰萬法一法也，萬神一神也。蓋道乃法之體，法乃道之用。故法行先天大道，將用自己元神，充之則彌滿六虛，斂之則不盈一握，豈不一神動而萬神隨哉。仙師曰：法法皆心法，心通法亦通。能通乎心，則知乎收爲胎息用爲竅，此是法中真要妙。故參學者，必須先究夫玄關妙用，水火真源，歸根復命之妙，則可會萬於一，百慮而一致矣。苟不内明性天道法、心地雷霆，其能静則金丹，動則霹靂乎？然必戒行爲之志節，精勤爲之蹊闌。師曰：真中有神，誠外無法。是以存誠養氣之爲體，洞妙握機之爲用。果能抱元守一，御炁凝神，六識净消，一真獨露，我即雷霆大法王，尚何符呪罡訣云乎哉。雖上賓三境，超出萬幻，亦不難矣。其爲濟利之功，泥丸蓑草，皆可寓炁栖神，是故談笑風霆，特吾餘事耳。然而授受之奥，符文之秘，皆雲篆天書，金科玉册，必自盟天而傳，庶無始勤終怠之患。是以天真妙寶，按劫以傳，實天真元降科條，盟誓至重。今壇下弟子千生慶幸，獲陟仙階，今者上聞高厚，依科付度，是用宣演靈詮使知源舍流，求本棄末，則反求諸己，有餘師矣。必無致輕泄漏慢，有違禁條。惟宜精修戒行，探究玄微，久而進工不息，物我俱忘，神明合一，得不躡景登真，與太虛同體矣。畢竟天地未分之前，從何下筆，萬法歸一，一歸何處爾。各勉旃佩受無忽。

道家識語

　　清微之謂道中之法也，以其非後天神霄、酆嶽者比焉。而非功行圓融、心法貫妙者，其於元降先天之機、會萬於一之理，信能造也乎？或冒其名、託其說，以高出衆妙以自誇，以驅惑流俗以自蔽，而世之盲聾幻妄者，因倚和而鼓倡之，亦豈不深可哀歎哉？苟知夫先天不假有爲、不事符咒，而彼感此應，若叩孚鼓以全己之天也，豈彼碌碌之足語哉？然世稱傳自雷淵黃公者皆然，學者尚必審其真僞，則於道得矣。嗣天師無爲識。

卷十一

論 説

卷十一　　論説

太素説

子列子之言曰："有太易，有太初，有太始，有太素"。太易，未見氣；太初，氣之始；太始，形之始；太素，質之始。氣形質具而未相離，故曰渾淪。渾淪者，萬物相渾淪而未相離也。夫氣，形質之始，陰陽未分而體渾淪，分則竅鑿而混沌死，渾淪者離矣。然三者常包括終始、環互栖伏，外若離而須臾不違於消息間者，去渾淪未嘗遠也。

蓋氣行乎天地者，爲風雨霜露、山川谿谷；具乎人與物，爲四體百骸。雖飛潛動植，一本萬殊，皆囿於形質者也。未見氣之始，固莫得而測。其備於質者，可得而窮焉。天之蒼蒼，太虚澄徹，其正色也。而晦冥變化起於倏忽，蒼蒼之色遂翳然，非晦冥變化，不能盡其在天者矣。人禀氣質之正，其情熾欲濫，則剛[柔]①善惡著，是漓其淳，雜其粹，涅其潔，若質之素則駸駸乎混矣。然非剛柔善惡，亦不能盡其在人者矣。物皆然。動静往復均不齋焉。故物之質者，非文飾不華。味之真者，非鹽蘗不調。音之澹者，非律吕不和。此物性之必然也。人之所以必懲欲復初，

---

① 據下文此處補"柔"字。

而後淳者不漓，粹者不雜，潔者不涅，其清明之體昭昭焉具矣。是足以見吾剛柔善惡，猶天之晦冥倏忽，其本質之素未始有動靜者焉。雖然，世或持其說以自脩，特養素而未能遊乎太素，非遊乎太素，其能見質之始乎？抑質者常，華者弊；質者汨人，華者悅人。志夫道者，必去華以返質。能返乎質，則慮精神明，表裏貞白，萬物渾淪而不離。是非見其始哉！君州武當山五龍宮高士練太素，學博而行端，居吾山二十餘年，持踐克篤，常靜處一室，不與世接。昔先君常禮之。及予襲教，凡吾道家言多所資究焉。是豈不能遊乎太素，而獨若然哉！今秋欲還，余固留不可，因謂曰："古今名山川，必仙真所居，皆所栖息，亦何限乎是歸也。然予聞是山奇秀冠天下，豈無若安期、羨門者，潛逸其間。太素其將徵會焉，以廓其渾淪，而返乎溟涬之初，外乎形氣之囿，尚何求乎質之始歟！於其行並合其說"。練喜，請書以識別。

純一子說

盱江張彥宏氏，家世著，德望。余去春謁西山、華蓋，道盱而還，始識之。愛其姿純篤，因語焉，知求吾道，言尤切，嘗以純一子自號。值還，未暇論也。今春來遊吾山，余同弟彥璣與之遊龍井、觀塵湖、琵琶、雲臺、藐姑諸峰之秀。濯狂瀾，坐磐石，若與天遊，莫知其人間世也。彥宏因請曰："嘗告以純一子之號，今獲侍茲遊，敢請發其義"。余指水而與之言曰："水，靜物也，深源窮壑，泓澄一掬。及發其窟怒騰躍，百折下走不知其幾千百里，大而江海，小而溪谷，觸石則怒，激風則鳴。雖遇棘而塞，遭穢而濁，魚龍宅其深，林木翳其幽，風雨晦其潤，無能禦滯之。晝夜不息，須臾莫可遏者，其勢之所遇然也。於其體之淨明，非棘能塞，非穢能濁，無不容而無不燭者，元氣行之。道之所謂法者，本諸氣。水行天地間，猶氣行乎身。動靜往來，一呼吸之頃，盈虛消息具焉。

人心制乎氣，本净且明，其虛靈昭昭，若泓澄焉。惟其徇欲而蔽，感物而動，稍不加持治之功，其役於外者，顛僕交錯，猶水之窟怒騰躍，勢不可禦。其氣散而爲思慮情欲，若塞而濁者宜矣。是故聖賢訓之防閑其心，正以覺其誤，復其流，使求猶水之所遭者使然。其净明未嘗涸焉，而昭昭者存，而謂之道行，而謂之法。則周流六虛，與天地並行而不違者，發而爲風雨雷霆，若固有之。何哉？蓋河洛二五之數，與雷霆三五之道，萬有生息，一是本焉。是以養之爲至和，施之爲至神，孚以盪磨，通以誠慤，則妙用之契，若返掌矣。特有幽冥鬼神之異，彼所鮮言，吾兼用之也。夫是必純而後能一，一則性命之道備矣，尚何法云哉！故觀物之性，則知己之性，能盡己之性，則知天矣。知夫天，則在我之天即彼天也。感通之道，孰得而二焉。故内脩之士，多佯狂使酒，談笑怒罵，皆可役風致雷，顧豈苟然哉！彦宏既備究法奧純一之功，熟習而嘗驗者也，尚何言乎？且余聞其上世有聞道而超脱者，其好尚之篤，豈非宿習也哉。彦宏勉之。盰爲侍辰王真君之邑里，尚振其遺傳以啟將來，是所望焉。"因請志之，遂筆於礩上。

志學説

學之大本，存乎性命道德而已矣。夫心統性情，而性禀天命之所賦也。四時五行、庶類萬化，莫不出乎命。四端五典、萬物萬事，莫不具乎性。然而萬殊一本，其理未嘗不一焉。是以率之之謂道，脩之之謂教，而必學而後知也。其始乎孝悌忠信，成乎升降酬酢，無時而不學也。

經之謂學，肇於説命，曰：學於古訓乃有獲，念終始典於學，此聖人之學也。聖賢知全乎天理之公，則清明純粹之體具。愚不肖，惟溺乎人欲之私，晦濁邪僻之偏。固學之者，求去其蔽，而復乎本有之善而已耳。故必究夫盡性致命、明善誠身之道焉。是以禮義爲之品節防範，以言行爲之涵養省察，然必隆師親友而後得，則持敬以居之，由義以行之，久之入乎耳，著乎心，無入而不自得焉。

今夫造父善御，羿善射，師曠之律，倕之弓，奚仲之車，杜之乘，雖工伎之小，且猶志彀而後中焉。效學也，聖賢之事乎。夫子既聖矣，而不自聖，猶曰："吾十有五而志於學。當是時，以及千萬世，豈有過聖矣乎？而猶志乎學哉！"其設也，在唐虞曰成均，殷曰太學，又曰瞽宗。周之太學爲東郊，小學爲虞庠，此漢唐所以發之也。而唐虞之君皆聖矣，亦未始不師焉。若堯學於君疇，舜學於務成昭，禹學於西王國，湯學於成子伯，文王學於時子思，武王學於郭叔，此性之身之亦有發焉。夫子亦嘗問禮於老氏，訪樂於萇弘，問氏於剡子。而孟軻學於子思之門，荀卿學於鄒衍，此儒之所相傳也。但之爲董韓，繼之爲濂洛，卒求乎中正仁義之歸，而確乎其返身之謂也。得乎六經之膏腴者，粹中閎外，足以參贊發育，而形諸至和者，著而爲之文，經緯錯綜，託以載夫道焉。是故衡璜琚瑀之儀，彝鼎簠簋之制，有不待飾而知其爲清廟之器也。豈徒若懷竊鼓鑄之流，誇浮文僞，惟雕蟲刻鏤以爭妍取憐之是效也。苟不能達乎正大高明之域，徒競於喬宇嵬頊之趨，若之何而謂之學哉！必造其指而底於成也。視向之得夫師友者，不啻言之檃括，陶之於埏埴，不勞力而有矣。蓋得諸己者，道之精微，學之淵密，充實光輝而日益。其視錦繡纂組，不足謂之華，茵鼎圭綬，不足謂之榮。是雖絲縷菽粟之薄，蕭藋杯水之陋，不改其樂也乎。抑亦一毫不足累其中而然哉。然而騏驥一躍，不能十步，駑馬十駕，功在不舍。然其所至雖有疾徐之異，在乎息與不息哉！斯其聖人志而不厭也歟！余猶子某，純敏嗜學，嘗以伯氏某，扁其進脩之所曰志學，請一言申其義。余之於學也，探蹊而未入於閫者也，其能有以啟之乎。某尚勉之，使其習之至、行之著，余將見其所成立詎可量哉！是爲說以俟。

沖道

　　至虛之中，块圠無垠，而萬有實之。實居於虛之中，寥漠無際，一氣虛之。非虛則物不能變化周流，若無所容以神其機，而實者有詘信聚散存焉；非實則氣之絪縕闔闢，若無所馮以藏其用，而虛者有升降消長繫焉。夫天地之大，以太虛爲體，而萬物生生化化於兩間而不息者，一陰一陽、動靜往來而已矣。凡寒暑之變，晝夜之殊，天之運而不息者，昭而日星，威而雷霆，潤而風雨霜露；地之運而不息者，峙而山嶽，流而江海，蕃而草木鳥獸。若洪纖高下之衆，肖翹蠕動之微，一皆囿於至虛之中，而不可測其幽微神妙者，所謂道也，理也。非道之大，理之精，其能宰乎至神至妙之機也乎。是所以範圍天地，發育萬物，以盡夫參贊之道者焉。故知道者，不觀於物而觀乎心也。蓋心統性情，而理具於心，氣囿於形，皆天命流行而賦焉。曰虛靈、曰太極、曰中、曰一，皆心之本然也，是曰心爲太極也。物物皆具是性焉。凡物之形色紛錯，音聲鏗戛，皆有無混融之不齊。而品物流行者，特氣之糟粕煨燼也。人與萬物同居於虛者也。然以方寸之微，而能充乎宇宙之大，萬物之衆，與天地並行而不違者，心虛則萬有皆備於是矣。何喜怒欣戚、哀樂得喪足以窒吾之虛、塞吾之通哉。庶乎虛則其用不勤矣。吾《老子》曰：道沖而用之或不盈，淵乎似萬物之宗。沖，猶虛也。《莊子》曰：惟道集虛。《列子》曰：虛也得其居矣，惟虛足以容也。道集則神凝，神凝則氣化，氣化則與太虛同體，天地同流，而二氣五行周流六虛，往來不息者，倐擾交馳同其用矣。苟虛心淨慮，守之以一，則中虛而不盈，外徹而不溷，若淵之深，若鑑之瑩，則吾固有之性與天德同符，豈不爲萬物之宗哉。是故養其體也，去芬華，忘物我，絕氛垢，以盡致虛守靜之工，則復命歸根也，深根固蒂也，滌除玄覽也，抱一守中也；則谷神長存，思净欲寡，虛極靜篤，復歸無極。則虛寂明通，物不吾役而物吾役矣。充其用也，墮肢體，黜聰明，以本爲精，以物爲粗，以深爲根，以約爲紀，則未有以見。夫天地之先，氣形質之始，曰太初、太始、太素者，混沌之昆侖也。及判清濁分，精出耀布，度物施生，精曰三光，曜曰五行，行生情，情生汁中，汁中生神明，神明生道德，道德生文章。陽不動無以生其教，陰不靜無以成其化。以之治國，以之愛民，託於天下，而天下清静而正也。是皆以清静無爲爲宗，以謙約不争爲本，其所謂内聖外王之道也歟。然塞乎無形無極之間者，皆天道之用乎。是有相盪相生，相傾相形，相倚相伏之不可齊，不可測也。其神之無方，易之無體者乎。而天地之機，事物之數，可以前知，可以祕藏。由虛則靈，而神運其中，發其知也。雖有萬變萬化，由斯出焉。惟以誠事天，以和養生，以慈利物，則上天之載，感通無間矣。非有甚高難行之事，非常可喜之論也。尚何譎誕神怪之謂也哉，特冲氣以和，順物自然而已矣。昔之用而驗者，廣成之授軒轅，曹參之舍蓋公，黄石之訓留侯，漢以清静而治是也。或謂竊是以濟其術，而自利不知有害夫義也。殆亦過歟！而史稱黄老刑名，處士横議，雖雜老莊於管晏，以申、韓、田、慎、騶、孫、商、吕、黽、淳、尸、吁之徒出於是焉。流而爲蘇、張、甘、蔡縱横之術，因以其爲害慘矣。固不惟以虚無寂滅病之，蓋由魏晋劉、阮、王、何，高談妄肆，倫理顛喪，而韓愈氏謂甚於楊墨，而以老莊亡者也。奈何學之之徒，溺於偏而失於放，卒所以致傾敗之患亦宜幾何。其不取世之舩排訾斥也哉。殆有甚於刑名横議者矣！雖然必審之精，求之約也，然後知老莊之道大且博焉。噫，道一也，微妙玄通之體，神應幾微之妙，豈岐而二哉。且窈冥有精，惚恍有象，吾中黄之扁，内虚外融，暢於四體，合乎百靈，則五氣凝布，而與天地健順之德合矣乎。其要也，一其性，養其氣，遊乎萬物之所始終，而得夫純氣之守焉耳矣。抑司馬公曰：

萬物皆祖於虛，生於氣，氣以成體，體以受性，性以辨名，名以立行，行以俟命。故虛者，物之府也，彼之謂虛也。虛之爲行，始於五行，一六置後，二七置前，三八置左，四九置右，通以五十五行，所謂虛以惟玄也。是亦術數之一端歟。惟虛其中，則窮神知化，原始返終之道得矣。若夫制鍊形魄，排空御氣，乘天地之正，御六氣之辨，神遊八極，後天而終，以盡返復無窮之世變，而遊心於澹，合氣於漠，以超乎胚腪馮翼之初，溟涬鴻濛之表。洞視萬古猶一息也，死生猶旦暮也。若蟬之蛻，若息之吹。前乎天地之始，後乎天地之終，皆吾虛之運乎。又豈徇生執有、物而不化者比焉。苟徒竊名徼譽於時，其蔽於詖、陷於淫，孳孳汲汲，與塵垢粃糠者殆何異焉。其亦尸名盜誇之徒也．嗚呼！知致虛則明，明則净，净則通，通則神，神則不疾而速，不行而至，無不應，無不達矣。否是，則豈善學吾老氏哉，其可與語至虛也乎？

慎本

學必有本焉，經世出世之謂也。故學非所當務，則不足志矣。其所當務者，經世之學，則聖賢之道焉。聖賢之道者何？道德、性命、仁義之謂也。三代之始，道在唐虞。後之言道者，必曰是焉。蓋道明者三皇，德著者五帝，法備者三王。以堯、舜、禹、湯、文、武之爲君，盡君道也。皋、陶、伊、傅、周召之爲臣，盡臣道也。孔子、顏、曾、思、孟之爲師，盡師道也。千萬世之所法者，未之有改也。聖賢遠矣，而其道具在者六經焉。夫《易》以著陰陽，推造化之變通也；《詩》以道性情，別風雅之正變也；《書》以紀政事，序號令之因革也；《春秋》以示賞罰、明尊王抑霸之統也；《禮》以謹節文，明上下等役之分也；《樂》以致氣運，達天地之和也。凡聖賢傳心授道之要於是乎具，蔑有加矣。然六經之精微幽妙悉具，夫吾心昭晰明著，何莫由夫是哉。自堯舜相傳，惟曰執中持敬，宅心而已耳。孔子之謂仁，子思之謂誠，《大學》之謂敬，孟子之謂心，《中庸》之謂中，其歸一也。能造乎天人一致之工，則致中和，存誠明，窮事物之理，盡人物之性，然後位天地，育萬物，裁成天地之道，輔相天地之宜。是以智周乎萬物，而道濟乎天下也。此君子之道，本諸身，徵諸庶民，考諸三王，建諸天地，質諸鬼神，百世以俟聖人而不惑。大而爲天地立極，生民立命，維持綱常，扶持世教，孳孳焉，矻矻焉。守之爲大經，行之爲大法，明則有禮樂，幽則有鬼神，故不可一日而廢焉，須臾而離也。必致戒謹恐懼之工於慎獨之頃、操舍之際，而後體立而用行矣。始則止而後定，定而後靜，靜而後安，安而後慮，慮而後得。久則曲能有誠、誠則形，形則著，著則明，明則動，動則變，變則化，莫不得諸己者。其惟盡性致命矣乎，居仁由義矣乎。斂之則退藏於密，施之則小而爲天下國家用，大而用天下國家者也。下建荀、楊、董、韓、周、程、邵、張、朱、呂之言，皆所以載道，足以羽翼夫經者歟。左氏、屈、賈、班、馬、李、柳、歐、蘇、曾、王之文，皆屬辭言道而作，非載夫道，雖工無取焉。是故蘊之爲德行，發而爲文章，皆得夫道之正也。抑自秦漢以下，有記誦之學，詞章之學，智術之學，於是有別焉，舉無以逮夫聖賢之學也。其立言將以澤萬世，垂不泯也。窮天地之大，不知其至焉；合陰陽之和，不知其信焉；極鬼神之幽，不知其祕焉。又豈徒藻繪雕琢、剽獵緣飾，以驚世衒俗之爲足哉。苟不求夫真知實踐，則何出處語默惟義之從哉？此孔孟間關列國，將以行其道焉。道不行則退而獨善，以全其進退於用舍之間而已矣。故高舉遠引之士，將欲超脫幻化，淩厲氛垢，必求夫出世之道焉。則吾老莊之謂是也。老子始爲周柱下史，已而遷藏室史，其著《道德》上下篇，所謂內聖外王之道也。其同老子者，鬻子之授文王，關尹之爲令，亢倉之居畏壘，莊子之居漆園，列子之居鄭圃；猶巢由之高，夷齊之潔，商皓之隱，皆持節不屈。其視名者實之賓，乃寧處污瀆而恥爲文犧也。日抱甕荷篠以自得，誠貴富貧賤，欣戚得喪，一毫不足累其中焉。斯其一志心齋以得乎環中，而應無窮也乎。是能官天地，府萬物，以天地爲大爐，造化爲大冶，宇宙不足喻其廣，風霆不足喻其神，江海不足喻其深，山嶽不足喻其高，鬼神不足喻其幽，乃蟞蠆爲仁，踶跂爲義，澶漫爲樂，摘僻爲禮，以一死生，齊物我，違窮達，獨立特①行而不改者也。由是三才以之一也，萬物以之齊也，物理以之制也，形器以之寓也，治天下猶土苴也。無爲也，則用天下而有餘。有爲也，則爲天下用而不足者焉。故以生爲附贅縣疣，死爲決疣潰癰，外生外物而同於無欲者耶。則固多寓言雄論，放誕不羈，而宏且博焉。然而靜則聖、動則王，靜而與陰同德，動而與陽同波。其動也天，其靜也地，則命物之化而守其宗。凡囿乎形氣之内者，一不能介其中，罥其外也。同乎天和，合乎天樂，休以天均，和以天倪，而委順萬化，獨遊乎天也，是其天守全乎。非體盡無窮而遊無朕，與天爲徒而能若是哉！其視膠轕攖寧於軒輊之途，聲利之域，亦復何預焉。是非矜僞以惑世，軻行以迷衆，欲爲矯傲怪誕之資也。其道固若是乎？後之學者不求道德之歸，性命之本，而欲以卑陋謬妄之習，而將窺夫太初混芒之始，吾見其不可得矣。矧有聞者，食藜藿，栖蓬翟，戚其容，薄其養，饑餓其體膚，壞爛其裳衣，使人視之殆有不堪者焉；所居也樵牧鹿豕，所樂也煙霞魚鳥，其心固若死灰，形固若槁木；其自處也高，其自視也遠，其自待也重，豈外物紛華毫髮之可動哉。是雖結駟懷金不能至焉，苟强至之，倏忽去來，不礙其迹，不滯其形，道合則留，道離則去，惟安其素有者焉。又豈華美之奉，雕繪之居，權勢之位，足以羈罥縻束之哉。此所謂高世之士也，其接輿、荷篠之徒也歟。或假是要世者則不然，其退也妄，其進也銳，是將吊名幸譽於時。

---

① 《正統道藏》本爲"持"，據文義改。

一旦起於草萊之間，歘然遭遇，即移所守，淫所習，華其服，甘其食，驕其氣，誇其辭，充斥其驪御，侈美其居處，所與遊也穹赫顯貴，左右奔走，趍爲儔侶，睢盱嘽咺，更相號於衆。曰：彼道也，德也，學之精也，術之神也，孰得而不尊且大焉。求其所以奔走競逐者，勢也，利也，尚何道德之云哉。噫，假名以飾實者若之，何不取世之觝排攘斥也耶？是欲欺世悦時而作也。孰知縱駭一時之惑，卒無辨之者，其能信夫天下後世哉。此固有道者所不爲也。吾懼夫頹風陋俗①，流而不返，挽而不止，日益滋熾，皆不知慎夫本而然也。抑亦君子之於出處語默，一失於義、乖於道，何謬且戾之甚乎，可不慎歟。知慎所本則會道於一矣，捨是則吾未知其謂學也已矣。

玄問

或問曰："道家者流，其謂玄者，何也？"曰："玄，天也。即道之大，原出於天也"。曰："其亦始乎老子玄之又玄之謂乎？"曰："然。吾聞諸史氏曰：'道家者流，使人精神專一，動合無形，贍②足萬物。其爲術也，因陰陽之大順，采儒墨之善，撮名法之要，與時遷徙，應物變化，立俗施事，無所不宜，指約而易操，事少而功多。至於大道之要，去健羨，黜聰明。釋此而任術，則無所取焉'"。

又曰："道家無爲而無不爲，其實易行，其辭難知，其術以虛無爲本，以因循爲用，無成勢，無常形，故能究萬物之情。不爲物先後，能爲萬物主"。此太史氏之先黃老而後六經者也。

老子生周末，嘗爲柱下史，周衰，述上下經而隱。其徒則關

---

① 《正統道藏》本爲"谷"，據文義改。
② 《正統道藏》本爲"澹"，據原文改。

尹、亢倉、莊、列是也，其言一本於修道德、全性命而已。內而修之，抱一守中，所以全生也。外而施之，不爭無爲，所以利物也。惟處乎大順，動合自然，慎内閉①外，而純粹不雜，靜一不變，澹然無極，動以天行，乃合乎天德者也。雖用於世，以慈儉謙約爲用，不過固守退藏，不爲物忤，一返乎虛無平易、清静無爲、柔弱素樸。是以天下之物，本以謙則無累，含以虛則無礙，行以易則無難，變以權則無窒，使民自化②、自樸、自正焉耳矣。蓋將全物之本然，而復乎一初也乎。故不拘乎仁義、忠信、政教、俗化之絲紛棋布也，非以是爲不可周於世也③。矧周衰俗薄，亦將拯弊救危，以還乎純古者焉。

其采儒墨之善也，孔子嘗問禮焉。其言曰："聰明深察而近於死者，好譏議人者也；博辨閎遠而危其身，好發人之惡者也"。此孔子之謂博古知今④，而聞諸老聃云。楊子之兼愛，遇老子而舍者爭席；墨子之尚同明鬼，殆若類焉。而莊、列之書且雜其說。名家者⑤，則治國用兵，尚賢愛民近之。縱衡家者，則翕張強弱與奪似之。而傳世之久，爲道之宗，莫過精神專一，澹足萬物，去健羨，黜聰明爲要，是以虛無爲本也。若無欲而樸，不言而信，其挫銳解紛，和光同塵，後其身而先焉，外其身而存焉。故曲全枉直，知盈守窪，知新守弊。則明而若昧，進而若退，辯⑥而若訥，巧而若拙，直而若屈。不割其方，不穢其廉，雖直而不肆，雖光而不耀，以全其用也。若其操以誠，行以簡，待以恕，應以默，蓋以事物爲粗迹，以空虛爲妙用。故儒以其寓言放說，皆荒唐謬

---

① 《正統道藏》本爲"間"。《四庫全書》本爲"閑"。據文義改。
② 清婁近垣本《龍虎山志》"民"作"名"。
③ 清婁近垣本《龍虎山志》"周"作"用"。
④ 清婁近垣本《龍虎山志》"孔子"作"孔氏"。
⑤ 清婁近垣本《龍虎山志》"刑名家者"。
⑥ 《正統道藏》和《四庫全書》皆爲"辨"，據文義改。

悠之辭，不切於世用。雖然，抑亦不出乎通三才之理，序萬物之性，達死生之常，外事物之迹而爲言也。固有以見夫六合之外①，天地之先，斂萬有於一息，散一息於萬有者歟！

是曰凝寂，曰邃深②，曰澄徹，曰空同，曰晦冥。信所以渾乎洋乎，遊太初乎③。且天地之運，輕清上浮者，積氣也；重濁下沉者，積塊也。周流六虛，往來無窮，而詘伸消長，剛柔進退，通乎晝夜，代乎四時。其風霆流形，庶品露生，自生自化，自形自色，自消自息，萬物相渾侖而未離，其兆形質具，皆天地含精而化生，是故常生常化之不已。其晦明禪續，無一息之異也。所以外天地，遺萬物，庶出乎理氣之囿，而造化無極無朕之先，非聲臭之可測，象數之可求也。溟涬芒昧，超乎萬物而爲萬物根本，豈不至玄至微也哉！

楊雄之謂玄也，以數準易，設方州部家踦贏之用，其亦曆著之一端歟，非吾所謂玄也。史遷曰："世之學老子者則絀儒，學儒學亦絀老子，亦何互相譏議之甚哉"。然而虛玄之長也，後之宗之者，舛誕偏謬而至也。豈皆老莊之失使然哉！善學者故必求夫虛無之本也，是之謂玄。

或問："子之言玄也若本諸實，而經籍之謂皆先天地而卑宇宙，陋霸夷而尊王道。其所貴者，返求諸身，修己以厚生，超形以遺幻，然後神化莫測，後天而終，與夫老莊之言，何若異哉？"曰："道一而已，豈有無虛實之殊也哉！予稽諸載籍，信不誣也。特老子之傳以《道德》上下篇爲本。後之人不失之雜，則失之誕。其謂內聖外王之説也，非無君人南面之術焉，特用之不同耳。其於修鍊則曰谷神玄牝，致虛守靜，守中抱一，守一處和而已。後

---

① 清婁近垣本《龍虎山志》"固"作"因"。
② 清婁近垣本《龍虎山志》"邃深"作"深邃"。
③ 清婁近垣本《龍虎山志》"太初"作"太虛"。

之倡其説者，則有真偽邪正之辨焉。若《陰符》之言兼修身治世，則與《道德》合矣。若《龍虎上經》之文，則與石壁《參同》合矣。然學老子者，舍仙道尚何從焉？其曰内丹，莫不以神炁爲本。外丹莫不以鉛汞爲宗。金液與天地造化同途，蓋神室爲丹之樞紐，日魂月魄爲真鉛汞也。陽升陰降，不離子午之方；日往月來，必居卯酉二位。陽火自子而升，至巳爲陽極，而陰生於午也。陰符自午而降，至亥爲陰極，而陽復生於子也。神室中虛逕寸，圓高中起，以混三才，即吾中扃也。出陰入陽以生真汞，内鍊玄精，則火自坎生，水自離降。是以坎離以南北爲經，砂汞乃其異名。惟水火爲乾坤之用，即金土二用也。

其曰："三五與一，天地至精，順三一而得其理，則三五相守，金火乃相運持。丹砂生於真鉛之中，金火即真鉛也"。故經曰："鉛者金精，水者道樞也"。《參同》亦曰："乾坤位乎上下，而坎離升降於中"。坎戊月精，離己日光，五行爲經，以坎雄金精、離雌火光也，皆居中宫。土德自震而起，至乾而滿，歷巽而消，至坤而盡。抑有無相制。白者，金精也。黑者，水基也。金爲水母，母隱子胎。水爲金子，子藏母腹。金歸性初，乃水金還性也。蓋丹砂乃木之精，得金乃並。金水既合，則木火爲侣。金木相縈，水土相配而成丹矣。

其曰：藥物也，乾陽生坤，坤陰包乾。乾金生坤土，象乾之中爻，居坤之内。是乃金水同宗。象坤之中爻，居乾之内，乃木火同位。乾坤寄體坎離之中，而坎離乃爲乾坤之用。火之成數七，返居東震，爲七返。金之成數九，返居北坎，爲九還。故火鍊於土，金入爲水，包裹飛凝，開闔靈户也。然必得火鍊鉛而成丹也。

其曰：火候也，斗樞鐘律之運，本九一之數，合二六、三九之數。終必復始①，含元抱真，播精於子，寅申爲陰陽之極。策數

---

① 清婁近垣《龍虎山志》"必"作"則"。

之法，蓋月以十二卦分之，卦得二日有半，各以本卦之爻，行本卦之策。自八月觀卦以後，至正月泰卦，陽用少二十八策，陰用老二十四策。自四月大壯以後至七月否卦，陽用老三十六策，陰用少二十二策。十二卦周即爲一月之功，十二月周即爲一歲之運。返復循環，無有餘欠。此與邵子《先天圖》周始具同，皆伏羲易象位次也。是故天根月窟之妙，陽始於復，極於乾；陰生於姤，極於坤。循環六十四卦，無毫髮異焉。此其陶冶萬類，終始無形，合乎大通，混冥也乎。故深閎廣大不可爲外，析毫剖芒不可爲內，抑亦弗畔於道矣。

其納甲之說，乾納甲壬，坤納乙癸，震納庚，巽納辛，艮納丙，兌納丁，皆定位也。而坎納戊，離納己，初無定位也。且六卦之陰陽，即坎離中爻之周流升降也。朱子謂"姑借此以寓其進退之候"，是也。則《火記》之作，其有本哉。後之人因砂汞假喻之說，遂有內外丹砂之別，各託文以詫世，然以人靈於物，又豈全假草木金石，而後能造神化之機也哉？《參同》所謂託號諸石，覆冒衆文，是矣。然雖諸子之所罕言，而即性命神炁之謂耳。若夫窮陰陽之至理，奪造化之至神，丹道其盡矣乎。敎丹之喻特假像耳，又何爐鼎、火藥、鉛汞、龍虎、嬰姹、牝牡之謂也。若《關尹》有曰嬰兒藥女、金樓絳宮、青蛟白虎、寶鼎紅爐、誦尼土偶之類，老子之時無之。或謂僞書者，此也。苟執象泥文，舍源求流，姑好爲神怪譎誕，以誇世眩俗，皆方伎怪迂之言。少君、欒大、文成、五利、公孫之流是也。若《抱樸子》黃白變化之事類之，務以左道惑衆，僥倖一時，其肆妄稔惡，烏有不敗亡者哉！

噫嘻！善言仙者，止曰無視無聽，抱神以靜。是以忘形以養氣，忘氣以養神，忘神以養虛而已矣。故執道者德全，德全者形全，形全者氣全，我未之能易也。抑虛極則靈明，靈明則神化，乃與天爲徒，遊物之初矣。輕清之氣上浮，則至陽之質與之俱升。或曰：聖人不師仙，是豈來誑世也耶？而求之道，其惟守中乎！

卷十一　論説　261

或問：丹之守中而已矣①。何教之設衆法異術之紛紜乎？是果亦守中之可盡乎，而必外資術數而然哉？曰：道豈岐而二乎。天也者，積氣也。上帝則天之主宰也。由溟涬未判之初，三炁化生，即梵清景、玄元始也。妙無者，性之始。妙有者，炁之始。由三炁而生九炁，即九霄也。虚無之界無窮，輕清之炁無體，而宰製之神亦無方也。以宰之有所隸焉②，是降經籙以訓之，符法以闡之，以是法立焉。而其傳尤著者：漢天師、茅真君、許旌陽、葛仙翁、丘真君也。

曰：三洞四輔、清微、靈寶、神霄、酆岳者，洞輔之品，經籙是也。清微始於元始，而宗主真元闡之。次而南岳魏君、陵郡祖君，祖宏四派之緒。倡其宗者：朱洞元、李少微、南畢道、黃雷淵、李虛極，而張、許、葉、熊而下，派益衍矣。

靈寶始於玉宸，本之《度人經》法，而玄一三真人闡之。次而太極徐君③、朱陽鄭君、簡寂陸君。倡其宗者：田紫極、寧洞微、杜達真、項德謙、王清簡、金允中、高紫元、杜光庭、寇謙之、鎦沖靖，而趙、林、白、陳而下，派亦衍矣。是有東華、南昌之異焉。

神霄則雷霆諸派，始於玉清真王，而火師汪真君闡之，次而侍辰王君、虛静真君、西河薩君、伏魔李君、樞相許君。倡其宗者：林靈素、徐神翁、劉混康、雷默菴、萬五雷、方貧樂、鄧鐵崖，而上官、徐、譚、楊、陳、唐、莫而下，派亦衍矣。

酆岳則朱熙明、鄭知微、盧養浩、葉法善，倡其宗者：左、鄭、潘、李，而派益衍矣。然究其要也，俱不出乎三炁五行之妙焉。經曰："三五與一，天地至精"，即河圖三五之數也。是以雷

---

① 清婁近垣《龍虎山志》"之"作"者"。
② 清婁近垣《龍虎山志》"隸"作"祕"。
③ 清婁近垣《龍虎山志》"極"作"虛"。

霆合九一之數，陽雷陰霆，雷生霆煞，樞陰機陽，雷善霆惡，皆藏乎太極之中。求諸身則中扄雷垣也，五炁五雷也。心爲靈府，五官之主宰也。以己之靈，合三炁五行之妙，可以燭幽破暗者，以至陽而鍊至陰，以至明而燭至暗也。南斗陶魂，六水數也。北斗鑄魄，七火數也。以鍊己之工鍊魂，聚其昏散之氣，超其沉著之念，而化生陽明之界，以脫陰晦之境矣。可以縱閉陰陽者，會二五之精，凝九一之氣。養之內曰丹，施之外曰法。以五炁激剝而成聲，雨暘之用備於呼吸之頃。以己之神役彼之神，則寂然之中，此感彼應矣。所以發天地之煞機，合陰陽之制化，皆己之靈與之合德通神者也。若驅劾邪魅，禦除灾癘，則猶末事耳。且古者籲天禴祭之設，流而爲禱祠禜禬者，自漢武以來有之。傳曰："薦之上帝，齋戒沐浴，以祀上帝，皆所以達其誠也。雖蘋蘩澗沚之微，亦可事也，特寓其誠焉"。故曰：鬼神無常享，享於克誠；黍稷非馨，明德惟馨，務修德音，以享鬼神。苟誠怠德虧，惟假外飾文繡篆經，綴華繪綺，縱衡交錯，務極耳目之衒，以誇世駭俗，厥所事也，果鐘鼓玉帛云乎哉！矧道之設象，皆則夫天真地祇，昭布森列之儀，是有科範儀典之制焉。皆致敬竭誠之端耳，使瞻禮之皈斯有格也。後之人則不然，惟聲利是趨，藻繢是尚，皆棄本逐末，舍真競僞，又何異夫巫祝貪佞之徒，以僥口體貨財之爲計哉！且高其閫奧，異其蹊徑，神其機緘以惑衆鼓類，使嗣之者習爲儔侶，不究諸內，惟眩諸外，豈不去道遠矣，尚何冀感通之謂也哉！

　　噫！雖授之之異而殊途同歸，無二道也。善嗣之者，必博參而約守，以辨疑解惑而已，非徒號多驚異之謂至也。法不云乎①真中有神，誠外無法。由是觀之，果符咒罡訣之云哉！抑古之謂師德者，草而衣，木而食，饑餓其體膚，摧礪其身心，澡滌其氣慮，

---

① 清婁近垣《龍虎山志》"云"作"去"。

物欲情垢無一毫足以溷其中，制其外也，則混乎天人一致之工，神明與居①，心與天一，吾心即天也。故以天合天，不可彼天此非天，彼玄此非玄也。則感應之機，其致一也，豈有一髮之間哉！

所謂純素之道，惟神是守，守而勿失，與神爲一。一之精通，合於天倫，不亦宜乎。舍是而汩於塵垢，流於聲耀，蔽於紛華，而更相師友，若蟻慕蜂聚，而曰我仙也，我靈也，非邪則妄矣。豈莊子之謂大宗師者哉！

嗟夫！經所述也，微彭、魏則幾淪於方伎矣；法所秘也，微王、白則流於巫祝矣。然觀天地，府萬物②，與鬼神合其吉凶，尚於予言廓而求之，所謂致命通玄也，將可默識矣！

太極釋

太極者，道之全體也。渾然無所偏倚，廓然無得形似也，其性命之本歟！性禀於命，理具於性，心統之，之謂道。道之體曰極，五居九疇之中，曰皇極。《易》曰"會其有極"，《詩》曰"莫匪爾極"。以是求之，即心也，道也，中也。周子曰："中焉止矣"。程子曰："太極者，道也"。邵子曰："心爲太極"。朱子曰："太極者，理也"。陸子曰："中者，天下之大本，即極也。理一而已，合而言之，道也"。

夫五行陰陽，陰陽太極，五殊二實，二本則一。二實者，天以陽生萬物，地以陰成萬物。動而陽，静而陰，陽變陰合而生五氣，由五氣而生萬物，故曰五殊也。五殊本於陰陽，互爲其根也。兩儀生於陽，交於陰，陰交於陽而生四象，四象分而生八卦，八卦錯而萬物生焉。是曰一動一静，天地之至妙也歟。是以五氣布，

---

① 清婁近垣《龍虎山志》"居"作"俱"。
② 清婁近垣《龍虎山志》"府"作"俯"。

四時行，萬物生生而無窮，五行一陰陽也，陰陽一太極也。太極散而爲萬物，則萬物各一其性，各具一太極，渾然全體，而静者常爲主焉。兼有無，存體用①，涵動静，爲萬化之源，萬有之本者，妙合二五之精焉。朱子謂太極，理也；動静，氣也。太極乃本然之妙，動静乃所乘之機，機動則氣行而陰陽運焉，理有不著者乎。蓋氣負理生，理由氣形，性爲之主，而陰陽五行，經緯錯綜。合言之，萬物統體一太極也；分言之，一物各具一太極也。且鴻濛溟涬之初，則元氣爲萬物根本。其體謂之理，其陰陽流行不息者，氣也。是故未分之前，道爲太極。已形之後，皆具是理，則心爲太極，沖漠無朕，萬理畢具。陰陽既形，則理氣分矣。太極判而始生一奇一耦，由奇耦而生生無窮，則一分爲二，二分爲四，四分爲八，八分爲十六，十六分爲三十二，三十二分爲六十四是也②。[是非]聖人無以發之③。伏羲始畫，以一象乾，一象坤，體吾心之太極也。一奇一耦，以象變。重之而爲卦，拆之而爲爻，皆一陰一陽、至著至明之幾也。是畫也，至廣至幽，至精至微，非氣質形似之可見，非聲色狀貌之可求。昭昭焉，熙熙焉，虛而靈，明而妙，散之爲萬殊，斂之爲一本。無須臾之間，毫髮之異，循環無端，浩渺無窮。若天地之運行④，風雨之潤，雷霆之威，霜雪之肅，山川之流峙，草木之榮悴，飛潛之微，動植之眾，舉不違乎天命之流行，而同所賦受也。所謂有極以理言，無極以形言也。

抑理之至極本無形似而言無，則不能爲萬化根本矣。邵子之曰無極，曰有象。有則言其本之實體，無即無聲無臭，形而上者是也。其見夫道體者，固不可以無加於有矣。若老子之謂無極者，

---

① 清婁近垣《龍虎山志》"存"作"窮"字。
② 清婁近垣《龍虎山志》無"也"字。
③ 清婁近垣《龍虎山志》有"是非"二字，今據補。
④ 清婁近垣《龍虎山志》作"若夫"。

無形無窮也；莊子之謂道在太極之先是也。若河洛之數，先天之象，雖有詘信進退、盈虛消息行乎其中，皆以虛中爲極也。能虛其中，則太極本然之妙得矣，尚何晦明通塞之異哉！故《易》曰："心學萬事萬化皆本諸心。心所具者，天地萬物不違之至理也"。程子謂有理而後有象，有象而後有數。人道之始於陽，成於陰，本於静，流於動，與萬物同也。然陽復本於陰，静復根於動，一動一静，皆天地同流。惟主乎静則性立，性立則中正仁義定矣。是以體用一源，顯微無間矣。

是圖，朱子謂周子得之穆伯長，穆得之於種放，種得之於陳摶。以陳摶學老氏，故陸氏闢朱子以無極出於老氏也，而《易》曰有極，未嘗言無，周子通書亦止言陰陽太極，明矣。然朱子以無形訓之，亦弗畔於道矣。且考之潘誌，以爲周子自作無疑。或又謂周子與胡宿、邵古，同事潤州一浮屠而傳焉，然其說豈浮屠所知也。且先儒以周、邵之學，《先天》《太極》二圖其理一也，其傳未必二焉。其體至大而無不包，其用至神而無不存也。故曰：自天地幽明，至於昆蟲草木，微細無不合也。將以順性命之理，盡變化之道焉。萬古聖賢之心同也，非返求諸己，有以見夫遠而六合之外，近而一身之中。暫於瞬息，微於動静，豈言辭口耳之足知天也哉。必致夫會歸之工，探索之奧，則吾靈明静虛之體，充乎六虛，宰乎萬變。久則誠精故明，神應故妙，幾微故幽。其立象畫意，剖析精微，無不備於是焉。

性命之道，死生之說，原始返終，於是盡矣。其銖視軒冕，塵視金玉，亦孰得而易之，敢爲疑者釋焉。

先天圖論

《先天圖》，伏羲作也。其卦爻次位，皆本之始畫，非文王後天次位比也。夫易有太極，是生兩儀，兩儀生四象，四象生八卦。

乃陽上交於陰，陰下交於陽，生天之四象。剛交於柔，柔交於剛，生地之四象。八卦相錯，而萬物生焉。其數①則乾一、兌二、離三、震四、巽五、坎六、艮七、坤八。四象交而成十六事，八卦相盪爲六十四卦，此先天之象也。邵子所謂一分爲二，二分爲四，四分爲八。自乾至坤，皆得未生之卦；若逆推，四時也。《傳》曰易逆數，是也。其位則乾南、坤北、離東、坎西、震東北、兌東南、巽西南、艮西北。自震至乾爲順，自巽至坤爲逆。陰爲陽之母，陽爲陰之父。母孕長男而爲復，父生長女而爲姤。是以陽始於復，陰始於姤也。《傳》曰：天地定位，山澤通氣，雷風相薄，水火不相射，八卦相錯，數往者順，知來者逆。明交相錯而爲六十四也。數往者順，左旋皆已生之卦；知來者逆，右轉皆未生之卦也。其六十四卦之序，即八卦成列，因而重之也。故下三畫，即前圖之八卦，上三畫，則各以其序重之，而下卦因亦各衍而爲八也②。若逐爻相生，則邵子所謂八分爲十六，十六分爲三十二，三十二分爲六十四者，皆法象自然之妙也。此則四圖所謂先天之學也。

　　陽之類圓，成形則方；陰之類方，成象則圓。圓布者，乾盡午中，坤盡子中，離盡卯中，坎盡酉中。陽生於子中，極於午中；陰生於午中，極於子中。其陽在南，其陰在北。方布者，乾始於西北，坤盡於東南。其陽在北，其陰在南。此二者，陰陽對待之數。

　　自坤之息，歷艮兌而極於乾；自乾而消，歷巽艮而極於坤。震始交陰而陽生，乃震坤之接；巽始消陽而陰生，乃巽乾之接。圓圖陰陽消長次第：震一陽，離兌二陽，乾三陽；巽一陰，坎艮二陰，坤三陰，皆自然之理。其數自一而二，自二而四，自四而八，以爲八卦。圓於外者爲陽，方於中者爲陰。圓者動而爲天，

---

① 清婁近垣《龍虎山志》"數"作"位"。
② 清婁近垣《龍虎山志》"數"作"一"，"亦各"作"下名"。

方者静而爲地。方圓之象雖異，而其布卦次序，皆四圖所同也。故曰始自伏羲，非邵子所作也。藉令邵子自作，亦本諸伏羲而成也乎。且先天之謂，即先天而天不違也，餘則文王、周孔之所不言也。

或曰：先天即《河圖》也。《河圖》之數，天一、地二、天三、地四、天五、地六、天七、地八、天九、地十。天數五，地數五，五位相得，而各有合。天數二十有五，地數三十，凡天地之數五十有五，聖人則之而畫卦。

或曰：八卦即《河圖》，非也。況先天之卦與《河圖》次序，同異相半也哉。且《河圖》乾坤縱而六子橫，爲數之祖。先天不可以數言也，其次位皆八卦之生數也。陽一而陰二，故陽之生陰，二而六之爲十二。陰之生陽，三而十之爲三十。是以乾始於一，而兌爲十二，離則十二而三十爲三百六十，震則十二而爲四千三百二十。自巽而坤①，皆奇耦之生數也，蠱之爲六十四卦，則以所生之數而乘之，此總數也。其自子中至午中爲陽，初四爻爲陽，中前二爻皆陰，後二爻皆陽，上一爻爲陰，二爻爲陽。自午中至子中爲陰②，初四爻皆陰，中前二爻爲陽，後二爻爲陰，上一爻爲陽，二爻爲陰，三爻爲陽，四爻爲陰。在陽中上二爻，則先陰而後陽，陽生於陰也。在陰中上二爻，則先陽而後陰，陰生於陽也。其序始震終坤者，以陰陽消息爲數也。此蔡氏之謂皇極經世者，皆本先天也。蓋數皆起於一，其周旋六十四卦，相生之數，若日月、星辰、水火、土石、暑寒、晝夜、飛走、草木，分隸於八卦，得生生之數。是以感而變者之善，暑寒、晝夜、性情、形體、走飛、草木、色聲、氣味也；應而化者之善，雨風、露雷、走飛、草木、性情、形體、目耳、鼻口，皆先天之數也。在《經世》，則

---

① 清婁近垣《龍虎山志》作"自巽乾坤"。
② 《正統道藏》《四庫全書》無"陰"字，據文義改。

天有陰陽，曰太陽、太陰、少陽、少陰也；地有柔剛，曰少剛、少柔、太剛、太柔。《易》所謂八卦也。是故陰陽盡而四時成焉，剛柔盡而四維成焉。天奇地耦之畫，陽九陰六之數，皆起於四數。朱子所謂視萬物爲四片也。則日月星辰之類，皆由八卦之變也。天地之變有元會運世，人事之變有皇帝王霸。元會運世有春夏秋冬，爲生長收藏；皇帝王霸有《易》《詩》《書》《春秋》，爲道德功力。各相因而爲十六。十六者，四象相因之數也。凡天地之變化，萬物之感應，古今之因革損益，皆不出乎十六。十六而天地之道畢矣。邵子所謂一動一靜之間，天地人之至妙者歟！

是曰先天之學心，後天之學迹也。是以圖皆自中起，萬化萬事生乎心也。

又曰《先天圖》者，環中也。圖雖無文，吾終日言未嘗離乎是。蓋天地萬物之理盡在其中矣。且圓者河圖之數，方者洛書之文也。弄丸者以先天之圓象言也，皆順陰陽消長之往來而已矣。冬至居子之半，陽之始於復也。月窟乃乾遇巽也，即自復至乾陽也①。天根乃坤逢震也，②即自姤至坤陰也③。陽主人，陰主物。然乾至巽五卦也即姤，爲月窟；坤至震五卦也即復，爲天根。而其三十六宮者，積乾一至坤八之數，天根於時爲冬至，爲夜半，所謂天地心也。左方自震之初爲冬至，離兑之中爲春分，乾末爲夏至；右方自巽之初爲夏至，坎艮之中爲秋分，至坤之末交冬至。循環無窮，所謂一月一日一時，靡不有是理焉。其循環不息者，自姤至坤，陰含陽也；自復至乾，陽分陰也。坤、復之間乃無極；自坤返姤，則無極之前也；自乾接復，則有象之後也。乾坤交而爲泰，坎離交而爲既濟。乾生於子，坤生於午，坎終於寅，離終

---

① 清婁近垣《龍虎山志》本無此句。
② 清婁近垣《龍虎山志》本前有"即自復至乾陽也"句。
③ 清婁近垣《龍虎山志》本前無"即"字。

於申，以應天時。其陰陽生於兩傍，中虛即太極也。自冬至至夏至爲順，自夏至至冬至爲逆，和炁周流於一環之中，則皆春矣。

朱子謂：易中二十八卦，翻覆成五十六卦，惟乾、坤、坎、離、大過、頤、小過、中孚八卦，反覆止本卦。以二十八卦湊八卦，是曰三十六宫也。此皆天根月窟，來往循環之妙焉。是以《先天》乃伏羲本圖，雖不假言辭而所該甚廣，凡易中一字一義，無不出於是者。論其格局，則《太極》不若《先天》大而詳；論其義理，則《先天》不若《太極》精而約，而《太極》終在《先天》範圍之内，而物理本同，象數無二致也。自初未畫説至六畫滿者①，所謂先天之學也。

卦成之後，各因一義推説，所謂後天之學也。邵子之謂先天者，伏羲所畫之《易》也；後天者，文王所演之《易》也。伏羲之《易》初無文，止一圖，以寓其象數，而天地萬物之理，陰陽始終之變具焉。文王八卦之序，離南、坎北、震東、兑西、乾西南、坤西北、艮東南、巽東北②，乃入用之位，後天之學也。孔子雖因文王之《易》而作《傳》，而十《翼》之中，如八卦成列，因而重之；太極、兩儀、四象、八卦；而天、地、山、澤、雷、風、水、火之類，皆本伏羲畫卦之意，不以文王所演之《易》，即爲伏羲始畫之《易》也。

或謂是圖，邵子得之李挺之，李得之穆伯長，穆得之陳摶者，故與丹道同也。若曰自復至乾爲陽，自姤至坤爲陰，即乾坤定上下之位，離坎列左右之門，天地之所闔闢，日月之所出入。冬至之後爲呼，夏至之後爲吸，此天地一歲之呼吸也。冬至之月所行如夏至之日，夏至之月所行如冬至之日，春夏子至辰巳，秋冬午訖戌亥。其四正者，乾、坤、坎、離也。《參同》曰：牝牡四卦，

---

① 清婁近垣《龍虎山志》本"未"作"一"字。
② 清婁近垣《龍虎山志》本作"乾西北、坤西南、艮東北、巽東南"。

以爲槖籥。坎離之數一二，以南北爲經道，以坎離爲真水火，爲六卦之主，而六卦爲坎離之用是也。陰陽二氣，皆從子午爲發生之終始。坎藏六戊，爲月之精，居於北，象水中生金虎也；離藏六己，爲日之光，居於南，象火中生汞龍也。自震而起，至乾而滿，歷巽而消，至坤而盡。象乾之中爻者，居坤之內，乃金水同宗。象坤之中爻者，居乾之內，乃木火同位。以乾生三女而居東，上巽中離下兌，兩陽生一陰也。坤生三男而居西，上震中坎下艮，兩陰生一陽①。坎胎居於午，離胎居於子，西假金之元，東假木之祖。乾退位寄居於坎，坤退位寄居於離。納甲之法，乾爲望，坤爲晦，坎離升降於中。即乾納甲壬，坤納乙癸，離納己，坎納戊，巽納辛，震納庚，兌納丁，艮納丙，皆與之合也。坤初變爲震②，爲生明，月出於庚，再變爲兌，爲上絃，月出於丁。乾初變爲巽，爲生魄，月現於辛；再損成艮，爲下絃，其曰晦。至朔旦則震受符，復卦建始，震受庚於西方，其象如震卦之納庚也③，八日則兌卦納丁，十五則乾體純陽，而乾卦納甲；十六則巽卦納辛；二十三日④則艮卦納丙；三十日則坤卦納乙。是以壬癸配甲乙，乾坤括始終也，此與火候同也。而朱子則以先天八卦爲一節，不論月炁先後，且與納甲相應，謂天地定位，否泰相類者是也。故謂伯陽《參同》恐希夷之學，出其源流。蓋其卦位布置，皆與《參同》默符。其陽始於復，極於乾；陰始於姤，極於坤。則十二月、一月三十日、一日十二時，各行一周天。而六十四卦、三百八十四爻，爲一周天之數，以一爻直一日，俱與《易》準。世以《參同》仿《易》而作，孰知陰陽之妙，不求合而默合也。

或以《先天》《太極圖》同時而出，周、邵二子不相聞，則

---

① 清婁近垣《龍虎山志》本句末有"也"字。
② 清婁近垣《龍虎山志》本無"爲"字。
③ 清婁近垣《龍虎山志》本無"之"字。
④ 清婁近垣《龍虎山志》本無"日"字。

二圖亦不相通。其曰："大而天地之始終，小而人物之生死，遠而古今之世變，皆不外乎消息盈虛之理也"，此邵子之獨見乎？恍惚氤氲，變化迴旋之始，朱子所謂向上根源者也。且謂但當日諸儒，既失其傳，而方外之流，陰相付受以爲丹竈之術。至希夷、康節，乃返於《易》，其説始明，信不誣矣。則其尊信是圖，豈小補哉！然是信非若楊子雲《太玄》，儗《易》方州部家，皆自三數推之；關子明《洞極》列二十七家，司馬温公《潛虛》用五之數，五十五行。皆補湊成書而已，非得夫道之全者也。善探陰陽之迹①，造化之機者，自太極觀天地，則天地亦物也。是知天地作於《易》，而《易》非出於天地也。人能盡太極之妙，先天之用，則範圍天地，曲成萬物，而造化在我矣，則先天一且亦無，尚何容言哉！

河圖原

《易》曰：河出圖，洛出書，聖人則之。即《易·繫》曰：天一、地二、天三、地四、天五、地六、天七、地八、天九、地十；天數五，地數五，五位相得而各有合，天數二十有五，地數三十，凡天地之數五十有五。此孔子以河圖之數，而言所以成變化、行鬼神也。即天一生水，地六成之；地二生火，天七成之；天三生木，地八成之；地四生金，天九成之；天五生土，地十成之之數也。《顧命》曰：河圖在東序。河圖八卦，伏羲氏王天下，龍馬出河，遂則其文，以畫八卦。《禮記》曰：河出馬圖，龍馬負圖而出也。《論語》曰：河不出圖。孔云：河圖，八卦是也。則伏羲之則圖以畫易明矣。豈得詎曰妄哉。是圖蓋出於書契未形之先，天地自然之理也。包括造化之妙無窮，萬事萬物象數之源也。鄭康成曰：河以通乾，出天苞；洛以流坤，吐地符。河圖九篇，洛

---

① 清婁近垣《龍虎山志》本作"賾"。

書六篇。劉歆曰：伏羲氏繼天而王，受河圖，則而畫之，八卦是也。河圖洛書相爲經緯，八卦九章相爲表裏。王肅曰：河圖，八卦也。王充亦曰：河圖從河水中出，易卦是也。關子明曰：河圖之文，七前六後，八左九右。劉牧曰：河圖數四十五，陳四象而不言五行。《大戴記》曰：二九四、七五三、六一八。《傳》云：九寳，法龜文。又曰：秦以前文也。歐陽脩曰：圖者，八卦之文也，神馬負之自河而出，以授伏羲，八卦非人所爲，天所降也。然則八卦者，人之所爲，河圖不與焉。若河圖之説，信乎生於神馬負八卦，出於水中，乃天地自然之文爾，何假伏羲氏始作之也。王安石曰：圖以示天道，書以示人道也。蓋通於天者以象言也，中於地者以法言也。蔡沉曰：自孔安國、劉向父子、班固，皆以河圖授羲，洛書錫禹；關子明、邵康節，皆以十爲河圖，九爲洛書；惟劉牧意見，以九爲河圖，十爲洛書，託言出於希夷，與諸儒之説不合。又曰：伏羲但據河圖以作《易》，則不必預見洛書而已逆與之合矣；大禹但據洛書以作《範》，則亦不必追考河圖而已與之符矣。而河圖數偶，偶者静，静以動爲用，故河圖之行合皆奇，一合六，二合七，三合八，四合九，五合十。河圖體圓而用方，聖人以之而畫卦。程子曰：聖人見河圖、洛書而畫八卦，古之聖人只取神物之至著者爾。如畫八卦因見河圖、洛書，果無圖書，八卦亦須作。河圖、洛書之中數皆五，衍之而各極其數以至於十，則合於五十矣。河圖積數五十五，其五十者，皆因五而後得，獨五爲五十所因，而自無所因，故虚之則但爲五十。又五十五，五中其曰十者，分爲陰陽老少之數，而其五十者無所爲，則又以五乘十，以十乘五，而亦皆爲五十矣。邵子曰：圓者星也，曆紀之數其兆於此乎；方者土也，畫州井地之法其仿於此乎。蓋圓者河圖之數，方者洛書之文，故羲、文同之以造《易》，禹、箕序之而作《範》也。朱子曰：河圖與《易》之天一至地十者合，而載天地五十有五之數，則皆《易》之所自出。天地之間，陰陽之氣，雖各有象，初未嘗有數也。至於河洛之初，然後五十有五之數，奇耦生成，粲然可見。河圖之位，一與六同宗而居北，二與七爲朋而居南，三與八同道而居東，四與九爲友而居西，五與十相守而居中，不過一陰一陽，一奇一耦，兩其五行而已。河圖以五生數，統五成數，而同處其方，蓋揭其全以示人，而道其常數之體也。河圖以生數爲主，而十數者因五得數，以附於生數。積五奇而爲二十五，積五耦而爲三十，合是二者而爲五十有五。河圖主全，故極於十，而奇耦之位均。河圖之虛五與十者，太極也；奇數二十，偶數二十者，兩儀也；以一二三四爲六七八九者，四象也。吳澄曰：河圖者，羲皇畫卦之前，河有龍馬，背毛有此數也。其數後一六，前二七，左三八，右四九，中五十，五奇五偶相配。羲皇觀於天地人物，無非陽奇陰偶，兩相對待，見河圖之數而有契焉，於是作一奇畫以象陽，作一偶畫以象陰，加而倍之以成八卦，又倍而加之以成六十四卦，所謂伏羲因河圖而畫八卦者此也。河圖之數亦五位，合於天星五宮之圓，一六居北，二七居南，三八居東，四九居西，五十居中。河圖之位五，每位各有一奇一偶，數雖十而位止五。周之時，河圖與天球、寶玉，同藏於玉府。陳埴曰：二圖五爲正變，主河圖而言，則河圖爲正，洛書爲變；主洛書而言，則洛書爲正，而河圖爲變。二圖雖縱衡變動，皆參互呈見，此所謂相爲經緯也。翁泳曰：河圖陰陽之位，生數爲主，而成數配之。東北陽方，則主之以奇，而與合者偶；西南陰方，則主之以偶，而與合者奇也。胡嫒曰：河圖以生成分陰陽，以五生數之陽，統五成數之陰，而同處其方。陽內陰外，生成相合，交泰之義也。河圖數十七者，對待以立其體，故爲常。胡一桂曰：書之中，視河圖惟有五而無十，然一九、二八、三七、四六之合，環而向之，未嘗無十焉。此先儒深究陰陽造化之理，探幽索微，已極河圖之妙矣。然而同異之辨，不能無焉。劉牧曰：一六居北，二七居南，三八居左，四九居右，五十居中，洛書也。

戴九履一，左三右七，二四爲肩，六八爲足者，河圖也。是以九爲河圖，十爲洛書。張文饒精於邵學，亦以九爲圖，十爲書，而邵子止言圓方，而不言數之九、十，亦以十爲河圖，九爲洛書，與夫子、箕子之言合。或謂邵傳於穆修，劉傳於種放，皆得之陳搏。朱子謂陳搏以《先天圖》授種放，放授穆修，修授李之才，之才授邵子；放又以河圖、洛書授李漑，漑授許堅，堅授範諤昌，諤昌授劉牧；穆脩以《太極圖》傳周敦頤，敦頤授程顥。程亦本劉氏及朱子，力詆其非，此萬世不易之論也。魏氏復詆朱子，謂始以九圖十書爲劉長民作，託之陳搏。靖士蔣山復以先天爲河圖，五行生成數爲洛書，戴九爲太一下行數。羅端良嘗謂：受河圖於蔡季通，得於蜀隱者。其象如車輪，白黑交錯，而八分之，以爲八卦。白者純陽象乾，黑者純陰象坤，黑白以漸殺之，而爲餘卦。謝方謂：嘗傳河圖於異人，其狀仿八卦爲體，坎離中書而相交，類於丹道坎離之術。張平子《乾鑿度》中九宮數，即太乙圖，劉牧以爲河圖。或曰九、十二圖，皆河圖也。又豈紛紜至若是之殽雜也哉。朱子謂：以河圖、洛書爲不足信，自歐陽公以來有是説。然《顧命》《繫辭》《論語》皆有之，諸儒所傳二圖之數，雖有交互而無乖戾，順數逆推，縱橫曲直，皆有明法，其説至矣。歐陽公惟不見本圖，特承用註説，直以圖、書爲無，並疑《繫辭》非孔子作，何不思之甚哉。圖、書所具，皆包括萬物造化之機，孰有違乎是者。且聖人實因圖以畫卦，可即謂河圖爲八卦乎，而其所與洛書合也。洛書與《洪範》之初一至次九者，合而具九疇之數。固出於《洪範》，而洛書以五奇數統四偶數，是以奇數爲主，二、四、六、八各因其類，以附於一、三、七、九之側。洛書之縱橫十五，而七、八、九亦迭爲消長，虛五分十，而一含九，二含八，三含七，四含六，參伍錯綜，無不默合，此變化無窮之妙矣。是故河圖、洛書之數，皆五衍之以至於十，則合於五十矣。洛書積數四十五，散布於外，而分陰陽老少，惟五居中，則亦自含五數，而並爲五十矣。洛書主變，故極於九，而其位與實，皆奇贏而偶乏，陰陽之數均於二十。雖陰陽之數異，然五居中，太陽得五成六，少陰得五成七，少陽得五成八，太陰得五成九，則與河圖陰陽相錯，而爲生成之數無異也。洛書之奇偶相對，即河圖之散數未合；河圖之生成相配，即洛書之數合而有屬也。故先儒以河圖、洛書相爲經緯，八卦、九章相爲表裏者，此也。若大衍之數五十者，亦五數衍而成之，各極其十，則合爲五十，亦不異焉。且河圖、洛書皆虛其中，即太極也；奇偶各居二十，即兩儀也；縱橫十五，而互爲七、八、九、六，即四象也；以乾、坤、坎、離爲四正，以震、兌、巽、艮爲四偏，即八卦也。《先天圖》之圓布者，乾盡午中，坤盡子中，離盡卯中，坎盡酉中。陽生於子中，極於午中。陰生於午中，極於子中。其陽在南，其陰在北。方布者，乾始於西北，坤盡於東南，其陽在北，其陰在南，未始不與河圖奇偶錯綜同也。此先天之爲丹道之祖也。而河圖者，陽之生數五，五行之本也；陰之成數十，萬化之根也。一、九、四、六各合爲十，金水同宗；二、八、三、七各合爲十，木火同體。總爲五十有五，分爲五方。一、六居北，二、七居南，四、九居西，三、八居東，五、十居中。以生數除之，五方各除本數，乃五行之源也。又以成數除五方之本數，乃五行之本也。除外五方，各剩五數，共二十有五，爲五行之根。象戊土之體，復除五行之本，則北一、南二、東三、西四、中五，則北剩四數，象金。金本生水，而金反自水而生，如鉛自銀而有，即金虎也。金產水中，乃虎向水生也。而南剩三數，象木。木本生火，木反自火而有，如汞感鉛而結，即木龍也。木生火中，即龍從火出也。東剩二數，象火。火生於木，砂中抽汞，乃木汞藏於離，母隱子胎，曰七返也。西剩一數，象水。水生於金，一氣還元，乃金鉛藏乎坎，子歸母腹，曰九還也。虛中以象太極，四象相合而成十，乃真陰己土之妙理。是皆天地陰陽顛倒生化之機，至神莫測之妙用存焉。

又豈太一曆緯星數，方伎之所竊取，可同日語哉。然或謂傳自希夷者，圖書皆作圈，故謂三代以後，圖、書隱晦千有餘年，幸方伎家藏之，至宋復出。而方伎之所取用，不過以其數之多寡，以奇偶消長，配之刑德生殺，此特曆緯術數所本而已。先儒以《參同》爲不足道，殆亦過歟。嗚呼，《傳》有之：河出圖，聖人則之。是仿之以畫八卦也，故不可以八卦即河圖也。且河圖出於伏羲之世，其間群聖人未嘗言，至孔子固嘗言矣，而不明言其圖。孔子而下，自關氏、劉氏以來，又紛紜各持其見，而卒無所指歸焉。然朱子之以十爲圖，九爲書，足以盡之。其或以《先天》爲河圖，或謂如車輪白黑交錯，或依仿八卦以爲體，或以九、十二圖皆河圖也。是皆無一定之見，使後世將孰從之。而《繫辭》之本文，自天一至地十，其中五爲衍母，次十爲衍子，自一至十五皆本文自然之定位也。十五點之如星象，故謂之圖也，亦何涉於怪妄也歟，亦復何疑焉。噫，程子之言曰：有理而後有象，象而後有數，得其義則象數在其中矣。自圖、書始止於畫上見義，其中反復往來，上下消息，自天地幽明，飛潛動植，微細無不該合，則《易》之順性命之理，盡變化之道，皆託象以明理而已矣。或溺於象數，而謂專爲卜筮，設不推義以求理，去道遠矣，所謂郭璞、管輅之學者也。其所謂極其數以定天下之象，著其象以定天下之吉凶者，得之於精神之運，心術之動，特其一端耳。卒本是以求易文，又豈能盡夫體用一源，顯微無間，以造死生之説，幽明之故，而彌綸天地之大也哉。以是而欲求諸聖人之端緒，固余之所未之信焉。

廣原性

性命之道一也，學者求道而已。苟求諸道於性命之源，其有弗見者焉，蓋求之未力，則見者鮮矣。韓愈氏之原夫性也，發乎未見以繼聖。然理有未明，將以廣之。古今之言性者多矣，得其本者復幾人焉。若夫堯、舜性之，湯、武身之，得性之本然也。故其命舜曰道心惟微是也，足以發王道之本焉。周衰，孔子生，足以繼矣。其曰性與天道，成之者性也，各正性命，知性則知天矣。道之源，莫切著於是哉。子思之謂天命之謂性，天之命於人者爲性，知率其性則謂之道。孟子之謂性善是也。人心統乎性情，本無不善，所謂天命之性也。其具仁、義、禮、智，不假爲而能也，即繼之者善也。蓋天之命於物爲性善，所固有其惡也，所謂氣質之性也，即性相近也。由乃感於物，動於欲，蔽於習而然，是有上智下愚之分焉。則其善也，猶鑑之垢水之昏，直不過太空之浮翳也。若垢淨而明固存，昏澄而清固徹，其本有之善，孰得而易。故於聖賢不能加，於愚不肖不能損焉。惟能盡其性，則物不能感，欲不能動，習不能蔽，則其至虛而靈，至清而明者，猶太空之昭昭也，又豈善惡可得而混焉。是以靜專而動直，誠立而明通，明睿生矣。是爲五官之統宰，百體之所從令，四端之所備，七情之所制。其大無外，性命之正，死生之理，幽明之故具焉；其小無內，洪纖之體，含類之情，形色之質係焉。充之爲周、孔，悖之爲桀、跖，行之爲伊、傅，潔之爲夷、齊，安之爲顏、閔，皆特立於明善之效也。其澤夫一世，垂之無窮也。和之爲禮樂，治之爲法制，率之爲綱常，繩之爲典則。凡得乎天秩、天序者，非天理之公用哉。且夫楊子之謂善惡混，特情習氣質之偏而已，豈天之正命也。告子以生之謂性，是情之所欲所爲，皆性也。荀子之謂性惡，以其善者僞也。又情習氣質之固於性之正，則相去遠矣。韓子謂之品三，其爲性者，五情之品有三，而其所以爲情者七，則天之所命與者，何紛紛之多也，將奚自而立焉。凡出乎性者，皆情也。又豈三品之拘，而又加五性焉，是蓋皆氣質之偏耳。後之論者，特以其秦漢以來鮮言之，而愈獨發之也。歐陽子謂性非學者之所急，而聖人之所罕言也，又何大本之未明哉。董子曰：命者天之令也，性者生之質也，情者人之欲也，道者所由適於治之路也，仁義禮樂皆其具也。王子曰：性者，五常之太極，而五常不可謂之性，庶幾若近道焉。而或有別於孟氏之言，而以荀、韓爲似是，何謬妄也哉。其亦未之辨焉耳。獨周子曰：性焉安焉之謂聖。程子曰：天所賦爲命，物所受爲性，性即理也。可謂著明矣。是足以繼孟氏者，周程而已矣。其度越諸子，槩可見矣。然而老、釋之謂異者何？老曰：性即神也，元初不壞之靈也。釋曰：性即覺也，全其本來之虛靈也。必絕事物、去嗜欲，庶幾無所染奪，以澈其澄，以立其勁，則靈明之積神化著焉。是則以天地萬物，凡有形氣者，皆虛空幻妄也。故虛無空寂而失理氣之實也歟。若其究夫死生獨善者，又豈與申、韓、楊異之徒共轍哉。抑亦天人之道一，故道之至精至粹，理之至幽至微，人之不能與天地並行而不違者，不能辨夫天理人欲之一間耳。是以不能盡聖賢之心也，能盡其心，則盡性致命之道得矣。

問神

或問曰："道家流以鬼神爲務，是果有乎？"曰："孰謂之無有也，特辨之不精而或疑焉。"夫天積氣也，地亦氣之厚者，形而上者是也。氤行形之內，即天命之流行也。以其流行不息，必有宰之者焉。程子曰："主宰謂之帝，妙用謂之鬼神。"又曰："鬼神者，造化之迹，二氣之良能"。蓋陰陽之運，迹不可見，而理可推焉。理之顯微有不可窺測，而神居焉。故雖聖人未始言其無也，特不專言之而已。若孔子曰："禱爾於上下神祇；鬼神之道，敬而遠之"；鬼神之爲德其至矣乎！非果無有也，特子不語怪、力、亂、神，恐溺於誕焉耳。《易》曰："陰陽不測之謂神，"與鬼神合其吉凶是也。夫心存則道明而理著焉，其爲陰陽之機，出入往來，非外乎吾心也。其吉凶故與鬼神同。鬼神非是①，則不能存，又何吉凶之云哉！惟顯道神德行者，有以合之，以通神明之德。則大而化之之謂聖，聖而不可知之謂神，所謂妙萬物而爲神也。窮神知化②之道，於斯盡矣。此聖人體乎天地之妙用，合天人一致之極功，然後不知其神而所以神也。故曰："事天明，事地察，惟誠其心以感天，天感則發乎其機也，以不可見不可知者，則曰神存其間也。雖上天之載無聲無臭，而感於此、應於彼，未嘗間也。是以雖有惡人齋戒沐浴可以事上帝鬼神，享於克誠，惟知誠其心則足以事天矣。其祀之禮，燔燎羶薌③，焄以蕭光以報炁也；黍稷肝肺，加以鬱鬯④，以報魄也。是皆炁感而至焉。若明之爲神也，鼓以雷霆，潤以風雨，滋以霜露，其晦明變化倏忽萬狀，是非至神，其孰能哉！幽之爲鬼也，不可得而迹求之。然焄蒿⑤悽愴之集，或聲或狀，或炁感，或慮至，高而無形，卑而有物，其滯而不化，屈而不伸者是也。所謂精氣爲物，遊魂爲變，乃囿於陰陽屈伸而然也。此陽精陰魄所以爲鬼神之情狀也。惟觀夫造化之迹，則見其有無之端矣"。問者曰："有之理信矣。或見世之疾患者，輒曰某鬼神之害也，必血食禱之則免。禱之應，則爭相告曰神驗矣。或不應，一旦有夭壽之變，則怨忿而謂曰某鬼之侵，神爲之助矣。求其禱則果，非天地社稷所宜祀之神，而皆淫祀⑥者有焉，謂之神且不足稱焉，又豈能助夫鬼以賊人之天命乎？是豈非至愚也哉！"曰："是非一朝夕而然也。蓋井巷之習，庸夫愚婦惑於流

---

① 非，通"誹"，責難之義。
② 窮神知化，追究陰陽變化之規律爲"窮神"，深通陰陽變化之事理爲"知化"。
③ 燔指祭祀用的炙肉，燎指用柴火燒烤，羶同膻，羶薌，祭祀專用之牛羊的膏脂。
④ 祭祀用的酒。
⑤ 《禮記·祭義》："焄蒿悽愴，此百物之精也。"鄭玄注："焄謂香臭也。蒿謂氣蒸出貌也。"
⑥ 指不合禮制的祭祀。

俗之言，以驚世駭俗，因而成風矣。苟知乎生者氣之神，死者氣之屈，伸者爲神，屈者爲鬼，魂氣本乎天，體魄本乎地，則豈淫僻之足惑哉！能存吾心精誠靈粹，與天地合其用者，若魯陽返戈止日①，烈婦哭而降霜，韓子②之開衡山之雲，驅鱷魚之暴可見矣③。"先儒亦曰："有其誠則有其神，無其誠則神何存焉！"道之曰"役諸鬼神者，發吾之靈明精一之神，合天地變化之神而已。"董子之謂縱諸陽，閉諸陰者是也。侍宸不曰："先天之氣，真皇正法也；吾心之神，雷吏岳伯也。"殆是之謂歟！或未之詳而病④其爲方外之說，是豈果知神化之機，鬼神之變者哉！

觀植

芒芴子行山澤間，見木之喬者偃蹇，低者蕃茂，曲者拳揉，直者森鬱，大者數尺圍，而小者不盈一指。豐暢薈鬱乎山崖澗谷間，雲煙與之上下，禽鳥托之和鳴。子顧而笑曰：吾嘗愛物之藹然，生意津津者，莫植物若也。彼翼而飛，鱗而潛，足而走者，非不皆賦物之性，而植之理最可見而可喜也乎。若四時之代謝，一華一草，或紅或紫，或白或黃，不違其時，不奪其色，而寒暑應節，萌蘖兆焉。若其眩彩競妍，綺繡粉黛所不能狀，而春者不得而使其華於冬，夏者不得而使其茂於秋，節之踰者不可促其急，時之未者不可強其緩。雖居之堂室，培之盆甕，曲其枝體以取容，和其性質以就養；雖若不能順其天，害其性，亦莫知其傷於曲且

---

① 語出《淮南子·覽冥訓》："魯陽公與韓構難，戰酣日暮，援戈而之，日爲之反三舍。"後以"魯陽揮戈"或"魯陽回日"來比喻力挽危局。

② 指韓愈。

③ 語出宋蘇軾所著的《潮州韓文公廟碑》，文曰"公之精誠，能開衡山之雲，而不得回憲宗之惑；能馴鱷魚之暴，而不能弭皇甫鎛、李逢吉之謗；能信於南海之民，廟食百世，而不能使其身一日安於朝廷之上。"

④ 病，動詞，意指嫌棄、擔憂、憂慮。

隘，而不能遂其自然之質。卒死矣，亦伺時循節，而華且茂焉。是果孰使之然哉？此其宰造化者之工也。至微至妙者於是可見焉，而物各賦物而各一其性，所謂物物各具一太極者乎。然而資於培養者，或時之所至而使然也。故不耗其實，不抑其長，理有不足怪焉。今夫山澤間也，糞壤之所不及，灌漑之所不至。若雨露之所濡，霜雪之所淩，燥濕不時，寒暑不均，無美惡薰蕕之異，一資於風雨之潤，土石之固而已耳。而其高者低者、曲者直者、大者小者，各遂其自然之性，而蕃衍碩茂，無所不至也。其得乎賦物之性之全者，雖山葩野卉，争芬並秀，亦不讓盆甕間者，又非一花一草之比也。故松柏槭楠足以爲棟樑，柟樟檜梓足以爲榱角。其明者可以爲膏爲漆，其槁者可以爲器爲薪。實之甘者可食，本之佳者可藥，烝之瑞者可紀，且各適其材，而未始以其無所可用，而產於深山穹林以全其本也。其各一其性，得天者全，皆誠之不可揜也，如斯之廣且神哉。道之在天下，猶水行乎地中，無所往而不至焉。豈草木可謂之無情無知，而能若然哉。余乃今知夫萬殊一本之理，古今之所同然。塞乎宇宙而不可易也，不知其樂之極矣。有笑於後者曰：子何樂乎是觀也？曰：非爾所知也。吾觀乎植物之性，足以盡吾之性，故不知其樂歟。笑者曰：子之所觀者，特子之所遊息而目歷者也。尚孰知乎木之豐暢薈蔚者，閱歷盛衰，與時消息，豈一日而然哉。使非居乎山陵之險僻，一旦争取群盜之罹斧斤之禍，無老弱、曲直、堅脆、大小之擇，摧風霜，殞冰雪，不舍晝夜而攊之，剡而爲舟，揉而爲耨，琢而爲廬，斵而爲車，摧而爲薪，不可勝紀。皆明之爲害，質之爲仇也。則木之性毀矣，尚何生意之足觀也。直不過莊子所謂：山木之支離擁腫，足以全其天年者或存焉；若所謂櫟與椿之久且大也，則吾未之見矣。子不懌而去，乃顧之曰孟子之謂：牛山之木常美矣。奈何旦旦而伐之，木之性傷猶己之性伐，而不知存者也。豈特木之謂歟。矧邵子常達夫數也，雖木石瓦礫，各有一定之理存焉。余復何悲，抑亦賦物之性，固不得而傷也。其所適於用則有幸，不幸者係焉。是則其有定在者也。若才之美者，宜爲琴瑟簠簋，則薦之清廟；質之勁者，宜爲盤盂几席，則處之堂室，下者置之卑陋，朽者棄之埃壤。各信所遭者何如耳，於其本之全乎天者，孰得而毁絶之也哉。此之謂盡性。笑者曰然。

讀觀物篇

　　孔孟之書出，而其道明。逮其道晦，則王化弊。非書之不傳，言道者之不明也。列國而下，漢唐之盛，稱知行者寡矣。宋興而道著，周子暢太極未明之藴於前，邵子發先天無窮之理於後。由是而羲、文、周、孔之旨，繼絶學者莫若是也。聖人之道本乎心，《易》心學也。邵子之言曰：心爲太極，爲學養心。先天之學心也，其言心至矣，其論理明矣，暨圖方圓，以盡《易》之妙。雖天地之大，陰陽之微，鬼神之幽，象數之奥，有無之變，物之至廣，理之至神，皆出乎太極，復歸於太極者，斂之於一心而已。充而宇宙，散而毫忽，其潔净精微，淵深幽眇，可謂詳矣密矣。此其所謂觀之以心，而觀之以理。又曰：不以心觀物，不以我觀物，不以物觀物也。若堯、舜、禹、湯之禪，有德功放殺之異；周、秦、漢、楚運祚之修短，擇乎善惡而已。是知治亂由義利之所尚，邪正由言行之所致，凡三皇五帝、三王五伯之事，若水鑑之燭，毫髪不能隱。則其反觀者，所謂聖人能一萬物之情哉。是爲窮理盡性至命之道也。大而化之，則天地陰陽之數，以無體之一以況自然，不用之一以況道也。用之者三，以況天地人也。故曰：無極之前，陰含陽也；有象之後，陽分陰也。則天根月窟之往來，存乎無極之間矣。與周子之言豈不合歟。自有《易》以來，後之疏議者千百其人，而造聖人之旨者，幾何能達夫未畫之先乎。然世之慕者，徒求幽閑逸樂之餘，於其道則未知有聞焉。韓子讀荀，取其近孔子者，復以雄亦聖人之徒歟。若《太玄》之於《易》方之，邵子之謂先天之學，心也；後天之學，迹也；出入有無死生者，道也。若用智數由逕而求之，是屈天理而徇人欲也。其見豈不相去遠矣。是足以知其見至廣，其聞至遠，其論至高，其樂至大，能爲至廣、至遠、至高、至大之事，而中無一焉。豈非至神至聖者乎，其亦信不誣矣。孰得善養心者，與之言心學也乎。嗚呼，或曰六合之外聖人存而不論，若邵子者可謂窮神知化矣。復有謂之聖人所不論者歟！

讀董仲舒傳

予觀三代之下，周衰而王道息，秦承戰國之習，氣漓志悖，火詩書於灰燼，道之傳遂竟泯泯無聞矣。漢興而天下大治，而其腐儒曲士猶循故習，不能彰先王之教於既絕之餘者皆然。文帝號稱賢主，有一賈生而不能用，千載之下讀其言，尤有悲憤者焉。況有非賈生比者哉。若董仲舒下帷講誦，三年不窺園，進退容止非禮不行，學士皆師尊之。武帝舉賢良文學，而仲舒對策焉。當是時，君臣遇會，又豈秦所敢望哉。其言足以發周衰之弊，得王道之正者，仁義禮樂爲之本也。性命情質之辨著，陰陽刑德之論切。由是觀之，天人相與之際，禮節修於身，善惡感乎天，堯、舜、禹、湯之相傳不已者，守一道而無究弊之政也，是豈秦漢庸庸之徒所能至哉。以武帝之英果，卒三策而不能略行之，乃出爲江都相，亦豈不爲當時惜哉。有如公孫弘希世用事，以治經得侯，乃嫉正論而遷之膠西。仲舒雖不獲倡其道，正身以率下，兩事驕王而皆尊禮之，卒以修學著書終於家，是非能全乎進退之道也哉。其言曰：正其議不謀其利，明其道不計其功。逮宋，二程子出，而後述明之，始足爲後世法。蓋當是時，已非班、賈、劉、楊之足倫儗，況其後也哉。太史公以爲：劉向稱仲舒之才，伊、吕無以加，管、晏殆不及也，爲之過是向子歆之言誤矣。使仲舒遇其君、行其道，亦豈不伊、呂之效哉，又何管、晏之足方歟。何也？以管、晏特霸者之佐，所能行者霸者之事也，又豈王道之大者若乎？且以其師友淵源所漸，猶未及乎遊夏。則周元公繼絕學於不傳，倡道於宋，至今學者皆宗之，道未始亡也。又豈淵源之爲戾哉。使太史公其見乃爾，矧後之不足知仲舒者乎。而或知其槩者，欲禮之於廟，配祀孔子，以不忘乎推明孔氏，抑出百家之明而卒莫之行，豈不惜哉。然以仲舒之道之言，故不係乎祀否也，抑亦何其遇知之難也。歷百代而同焉。夫以漢武之智，尤舍而弗用，矧下乎是者哉，其亦不足感也矣。

書文章正宗後

三光五岳之氣發而爲文，文所以載道也。文著而後道明，而必本諸氣焉。元氣行乎天地，而道所以立矣。古之有德者必有言，蓋其和順積中，英華發乎外也。非道充義明，其能見於言哉。是以真文忠公集《文章正宗》，以得源流之正者，曰正宗也。其編次之目凡四，其體本乎古，其指原乎經，否是，辭雖工，不錄也。首曰辭命，次曰議論，次曰敘事，次曰詩賦。惟虞夏、列國、西漢，及唐初之文，本於《左氏》；繼而可則者班、馬、韓、柳，續以歐、蘇、曾、王首焉，餘所不載。其立法辨制嚴矣，蓋以道德爲之基，理義爲主，而發乎詞章者必得性情之正，而後合乎是也。由是觀之，則雖古人之言，允合者亦幾希矣。矧後之未達乎此，而妄謂之文，欲求名家合轍者，其可得乎。然亦惟道未之著，氣未之充焉耳。夫學也，所以窮理以致用，必本乎道，養乎氣。知所養，則氣充而道立，文有不工者乎。余志於文凡二十餘年，間探其要。六經而下，若漢唐諸家盡味之，將上泝三代之言，以究與經爲之表裏者焉。所愧學力駑怠，未之博洽貫通，深所自懼。

及究是編，而後明徹廓達，而信之益篤，得之益大矣。或所適未正，所養未至，而不足預是者，亦瞭然可辨矣。嗟夫，世之鮮知此者，惟藻繪雕飾、纖碎委靡，視此不啻千里之遠，萬仞之危，孰知其行之未至，亦必由其方而後達也哉。其或知探源流之緒於菁華抹截者，求之無數，其於文忠之餘意，孰無所得哉。且獲忝繼其末者，得不自幸歟。

辨荀子

《荀子》書三十三篇，其始於《勸學》《修身》，本諸仲尼而言。《儒效》《君道》《臣道》《王霸》《禮樂》次之，似知王道之端矣，而富國強兵之辨雜焉。乃明言性惡之不可治，皆得之本然。而僞堯舜，闢思孟，是所以成李斯之亡秦，戰國縱衡之習可得而逃哉。斯師於卿，斯之亡，卿之道可見矣。當是時，孟軻與之時上下，曾不聞萬章之徒，所記軻之言，果何如哉？使軻之言性善，首對梁惠王曰：亦有仁義而已矣。其或不足法之當時，以及千萬世，則卿之言，其患去楊墨豈遠哉。韓愈氏以爲倡道於不傳之餘，乃曰語焉而不詳。是果不暇辨夫性惡之悮，而亦有未明者焉。其必以卿視軻之言，未必曰非特信有未及乎。抑齊襄時，卿以老師大儒見重，豈無一人能與論王霸之異，而皆宗師之。是非以哀公堯問之説，以誇誘之乎。蓋以營巫祝、信機祥之術然哉。此其後世惟知其言之善，而鮮辨矣。

辨陰符經

史稱黃老者，以黃老之道同也，而黃帝之言未之見焉。若子列子之謂黃帝書曰者，大率與老同。而世傳惟《陰符》一經，爲黃帝書，其文質而雅，深而要，非有道者其能是乎。昔唐李荃得之嵩山，云魏大武中寇謙之所藏。荃之言曰：百言演道，百言演法，百言演術；道者神仙抱一，法者富國安民，術者強兵戰勝。而其句義，三者未嘗不備。邵子以爲戰國時書，程子以爲非商末則周末，終秦之先有是文也。蓋以其先王之時，聖道既明，人不敢爲異説，及周衰道晦，才智之士鮮知所趨，故各以私智窺測而立言。又曰：正言者或駁不純，此獨用反言，而合於正，其必有取。夫大要以至無爲宗，以天地文理爲數，謂天下之故，皆自無而生有，人能自有以返無，則善矣。而朱子謂或曰此書即荃之所爲也，又於荃本非深於道者也，則荃之不能至也，必矣。程、邵以其必商、周之文，非秦之先則唐固所不逮矣。豈非儒者諱言仙，而必以其非黃帝作也。然朱子之疏，正以其詞支而晦，吾恐人見其支而不見其一也。且夫觀天之道，執天之行，能若是者，與天地同體，則道在我矣。此爲一經之本。天性人心其理一，而見乎機者二焉。立天之道以定其機，過動者變化反覆存焉，則天人合發矣。惟能立道以定之，則萬化定基矣，動靜自得其常矣。雖修煉之道，亦可知矣。若五賊、九竅、三要、生殺、克制，皆盜夫機者使然，其盜既宜，則三才安矣。惟君子則知固窮，而不敢妄作，小人則輕命而致患矣。蓋其莫能見、莫能知，其非不知不神之所以神哉。故聖功由是而生，神明由是而出矣。是以三返晝夜，以復其初也。絕利以守其源，則通晝夜一死生矣。以其瞽善聽、聾善視，則其心專一而用師十倍矣。故天之大恩生於無恩，至公其存於至私，生死恩害，道無不然，皆理之自然也。惟至樂至靜者，能合三返之道，可以動靜而復見矣。其所見者，天地之文理。人見其爲聖也，而我之時物文理，未嘗不同乎天地，所以謂之哲也。此愚人之所以以愚虞聖，以奇其聖，而我獨以不愚虞聖，以不奇其聖也。是以自然之道靜，而天地萬物生；天地之道浸，故陰陽勝，則相推而變化順矣。且天地以至靜生萬物，其道浸漸而長，則剛柔勝，而陰陽相推，變化無窮矣。此其至靜之中，自然之道。萬物生生之不息，以天地乃奇器也。雖律曆卦爻所不能測，故神機鬼藏也。八卦甲子，即邵子納甲之説，皆陰陽相勝之術，是可以造乎卦象者也。其始末文理，未始不貫通也。然世傳楮氏、蔡氏本，皆止於時物文理哲，而下有二十一句，乃朱子所深取者。則楮氏、張氏本爲正也，推是而言之，三章之分雖曰各具一事，然明體達用，以至體立而用行，其非明乎動静之機、死生之説者，所能至哉。非黄帝之書，亦必商周隱君子所作也，信矣。孰可偏於道，偏於法術語也哉。

卷十二

題跋

卷十二　題跋

《潘默成先生書》跋

宋稱道學最明，凡業儒者，皆有踐履之實，雖片言一字，使後世歆慕不已，而良知或有警發者，豈泛然也哉！今觀默成先生潘公遺新州太守手帖，首戒廉謹不苟，爲上俯仰無愧怍，正自可樂；末及澹然無欲之心，爲至大至剛之炁。躬行之外，又以告之後學，誠古君子之用心也已。豈不使貪夫庸士有所感愧而興起耶！

然讀其言而不能身踐之，視仕而每墮是者，爲何如哉！宜考亭朱夫子、文獻黃公、待制柳公皆推仰若此，其非嘉言善行，有足爲千載模範而至是也夫！惜世之知之者鮮矣！予留京獲觀，喜而敬題於後。

《應化錄》跋

右三十代祖虛靖真君①《應化錄》，止堂易真人所述，天樂柯講師論讚者也。真君生有異徵，長而敏悟。以髫齔襲教，而遭際徽廟崇道之至。若治蛟解水、鹹祟内庭，暨禱禳呵禁之神，已非

---

① 虛靖真君，即第三十代天師張繼先。

有道者所不能。而其忠君愛國之實，且累形於辭，數驗於兆，使徽廟具造道之見，度禍於未萌，亦豈不於宋朝運祚，有所裨益者乎！而乃使耳聞面覿之言，卒成虛遇，豈不深可感哉！然真君之道行，卓卓垂之後世不泯，非國之存亡可得而繫焉。況世運既否，一旦示化，若脫懸解。久之，復顯幻川蜀間，或謂仙之説虛誕，是可謂之誣哉！此吾道之盛，由真君而特著也。凡《世家》所載，率或遺略，惟是書爲詳，抑止堂非有見聞，苟失譔次，遂亦缺墜；而天樂富於問學，不加贊述，以傳之久，永復何稽焉。然歲久罕存，某忝膺宗緒，仰止無補，因校遺文，壽梓以廣其傳，非足以盡報於其先也。而四方知識者，願聞之若即所見，則真君之神功妙行，亦庶幾不泯也乎！

《檜堂奏槀》跋

古今國之賢良、鄉閭之才士、山林之英傑，皆乘一代運興而生，自非氣質庸下力學所能至也。吾家自漢相傳，迄今二千載，凡國運更立主教者，必有過人之資。山中翼副之士，皆器識魁特，舉措必異於常，故玄德克修，家聲無墜，蓋有自矣。元初，高祖簡齋天師赴召時，君臣遭際，皆英偉卓絕；而相成者，又多通道能文，其顯赫一時，光耀前後，宜矣。

崇禧院檜堂黃尊師時侍行，凡箋表供醮之文，皆所撰述。辭意溫雅，志行純篤。非惟姑存典實，以備後日觀覽，讀其言，亦足見當時寵遇尊隆之至，使後之人知所祖述者也。如愚張公暇日出以示焉，獲睹先世之盛烈，豈不有興發者乎。然山林凋悴日甚，觀此尤重感惜而已。元逮今已百載，其遺宗故老若蘭雪如愚，皆篤實有文，故能珍襲彌久。視彼文獻，故家多片墨不保存者，爲何如哉！後之繼者，尚無墜其志，庶副所託焉。

王達善先生《梅花詩》跋

　　右錫山名儒王君達善和中峯禪師所賡馮翰林《梅花詩》百首，予趨京道，過其地，出求予言。
　　夫詩之賦情詠景，各由所得而成。如馮居苑闥，遭時貴顯，乃獨意於梅，或其處家山故林，興味有所不忘而感發然也。中峯融造禪妙，才氣縱逸，走筆成賦，故不難矣。二公相去今百年間，罕續其後。達善以學業之富，必有契夫孤高迥絕者。宜其詩思，有不能自已而韻度清贍，宜成章之麗也。然古今尚梅者衆矣，必求夫操行之潔，有所自同，則不徒嗜其清標而已矣。予亦愛梅者，遂爲之題。

何滄洲《竹譜》跋

　　予嘗稽諸畫法，竹之始於唐及五代，皆鉤扐設色法也。故崔趙輩雜以花鳥擅名，特不過殘坡野渚間，風枝雨葉，曲盡妍態而已。求之高林奇芳，老嫩晴雨之狀，交錯互映，而汀煙水霧，幽思畢具。大而怪崖顛壑，清洌怒號，層見迭出，使俯仰屋壁，若行其間者，絕未之見也。唐末李頗始作墨竹，至南唐後主李煜爲盛。逮宋文同倡其神悟，而蘇黃繼之墨竹之大成集矣。善學者代不一二間，惟得渾濁之氣、纖媚之姿，自成壯弱之筆者皆然。逮金，惟黃華父子頗飄逸出群。元初，高房山、趙松雪、李息齋、柯丹丘一時競出，各擅所長，其名耀一代，豈偶然哉！
　　《息齋竹譜》傳世已備刻本，學者必由而入。先師壺公天挺奇資，寫竹尤工。其高弟何君伯度，少與予同門師焉。克造三昧，善繼絕學者也。暇日，爲仲氏湛碧圖是譜，雖枝葉幹節皆同《息齋》，尤稍增益之，而雄逸過焉。所謂高林奇芳，怪崖顛壑者，舉備諸體，使吾湛碧穎敏之資力進，而擴充之有不惟是而已哉！裝池就，索題其末，而先師之學獲家承而人習之，豈不私自喜快焉。遂爲識。

《李氏族譜》跋

予嘗觀古今士人之家盛衰存亡，固系乎德積而善著之若何哉！而文獻之後，乃多淪弭無聞，豈必德善有不足焉。然其秀鍾粹發頓長，則驟息理不可測者，抑近世，雖通都大邑趨馳凡千百里，求故家大姓之足徵者，不徒叩其風俗之美，子孫之盛，而於學行之歸，亦甚鮮矣。此非氣習有使然哉！

番陽李氏，爲饒之著姓。吾山李君仲治敦厚而文於族爲長，急於究其氏姓之源，嘗示徽、饒會譜之略，按其始唐德宗建中間，因盜叛乃南遷於新安。逮僖宗廣明間，黃巢叛，故避地黃迕。有諱仲皋者，則肅宗時李衛公靖後也。仲皋生三子，初遷徽之新門，嘗卜以從田爲吉，故一居新門之敷田，一居浮梁之界田，一居婺源之嚴田，皆代至顯宦，在宋元爲尤盛，而詩禮之風，藹然可尚者，今且猶然。

其諱仕言者，宋嘉定間，自浮梁遷番陽，爲萬源始祖。仲冶，其十一代孫也。觀其源流之衍，不啻宗家望戚之盛，其非有德善之素而然哉！予雖不及盡識，而仲冶篤於求本，惟恐有所顛墜。其志之賢，可概知矣！豈不使嗣之者有所興勉焉。因其請，遂感而爲書其末。

定武《蘭亭》跋

予觀晉永嘉、義熙之末，時距一二載，興衰相續，朝同而夕異，皆一時乖於禮度，誼烈之風，習於狂放。其視國之重器，身之大節，猶空浮土苴。故移其廟廊宇社之心，一置諸嘉山美流，而弗之顧。豈時之不可爲，而遂勿爲也哉！故傳之久，因有賴於標韻者宜矣。

王右軍禊帖爲書法本傳之著而愈重，雖視王、陶、溫、謝，勳迹有殊，而於書之久亦過於泯然堙腐者焉。世傳數體，有梅花、定武諸辨，而求之逮古者，絕所少見。若時遷代異，多唐、宋摸搨於石者，故各相淆雜，雖豐瘠逸伏，亦始離而間，合代之蓄者非善辨不能也。

予友吳君志德，博雅嗜書，購此本於姻生王氏家。王仕于元，凡翰墨多所藏襲，宜爲搨之佳者以予，尤嗜之篤。裝池畢，屬識其故。校予所藏奎章虞公所跋本則甚類矣。使志德之書既善，尤潛味於此，其所得之不已，尚予所可及哉。幸世珍之。

趙文敏真書《千文》跋

魏國文敏公爲宋宗裔，以書擅於元。雖時之相去，上下世莫不本之。予嘗讀公狀銘，其得肆志於翰墨，凡晉唐諸名迹每臨摹不下千百次，是使其故王孫宗室餘神末度傳之不泯者，亦豈非元之寬平隆盛，有以養其氣習者然哉。凡目所歷，或家藏而人襲者，真書爲最少見，而其可刻石者尤爲書之最難。

予友吳君志德藏此有年，體畫楷細，毫髮無不至，是所以人之爭愛而垂之宜久也。然或謂公書始法李邕，雖後力入鍾、王，而終有類邕者，間亦糸之邕書，公大有過焉。抑善學者，由是而入之《黃庭》《方朔》間，若履階而升，必達於閫奧，豈可若恃盈肆者，一併之庸腐而不暇論哉！此厭常嗜古之士，不得不辨焉。志德既習之久，善充其所造詣者矣。因示之，遂爲識其末。

宋拓《黄庭經》跋①

右《黄庭經》一帖，嘗聞之前輩，在元盛時吾山所藏迨八十餘本，於中此本最爲精善，或傳爲松雪齋本也。而兵後並皆散逸，惟此本方壺翁獨能寶之，未嘗示人。先父沖虛公用力求之，數載方得，將以爲家寶。今觀其筆勢神化，誠非它帖可比，恐後來者不知所自，暇日因識之。

歲洪武己未仲夏，嗣四十三代天師無爲書於方廉齋。

書《劉真空傳》後

吾道之傳，多晦於誕逸。史以老莊流於申韓，代稱黄老刑名，百氏之書則混曰方術者有之。於道之實凜然有不可撥者，其高節苦行，雖縉紳之辨、介胄之勇所不能逮，而卒無所紀焉，豈不慨哉？

夫内蓄者真，外固者術，積於己而德於人，故不可以概言之。自秦漢而下，以道行名者，其養形命以自全，必資於術，，而卓立固守於窮岩峻谷間，汲汲以了死生自期，尚可以術欺之也歟？丹之説有二，其謂内、外者，體一而用二，故有不資於術者，惟内修性命之真焉。而名山川或有鼎竈遺迹，是資於所養而因可德於世也，是以吾道操識之士，不志乎是不能無責焉。

吾山真空劉公有道行，以丹世其業，其愈世祖之疾而所問對，非有道者不能。且出人禁闥，寵以寶玉，一毫不足累其心，此世之謂尤難能矣。及獲歸，結八卦庵，修煉而終，宋太史爲之傳。若真空行術之備，託史氏傳之永久，可謂幸矣。然予嘗即其菴之

---

① 輯自宇野雪村舊藏宋拓《黄庭經》

故址，久益蕪廢，而荒煙野水，猶可想見乎斯人也，故樂有是託，而悼彼不紀於世者，因並致焉。其徒黃君集虛亦以丹稱，年八十餘，純謹有先輩風，豈不得於是傳也乎？而爲厥後者，猶宜無墜也，是爲識。

九龍卷跋

①……以丹砂名，其於火龍，水虎之説，所得者又豈特此而已哉！其徒郭仲亨氏持以請言，若翰林危公識諸題述之備，不俟予贊矣。爲其後昆者尚善寶之，則不徒傳永也。觀是圖，以求集虛之德望，宜有足啟焉。是爲題其後。

李霽峰先生墓誌銘跋

右霽峰李先生墓誌及文集序各一通，皆黃文獻公所譔也。予嘗讀公集至先生墓誌、文序，深加景慕，恨生晚不獲趨下風，以瞻餘光焉。而尤欲求之文憲，將遍觀其文章，意尤親其人也。嗚呼！斯文日就凋落，而②

《草堂八詠》卷跋

右《草堂八詠》，先師柏承夏先生所蓄當時賢俊題詠之作也。先生少從鄉先生長者遊，皆一時知名者，是以其問學淵粹，文行端純，有非他所可同日語也。其先英公遺裔始家番陽，後遷安仁。元季兵興，復遷吾里因家焉。《草堂》作於乙巳歲，先生受知先君

---

① （此处書板錯簡，文。缺）
② 以下書板錯簡，文不可讀。

子沖虛公，予伯仲皆從之遊，凡道德詞章之學，莫不切聞而篤訓也。惜予駑下，無似不足以副其琢礪，未足見其有成也。而其銘心盛德，豈能少忘也哉！無何，先生以壽終，塚子亦繼徃，此予深抱無窮之悲也，其於始終道義得不有愧感者焉。孫護嘗請字於予，予雖欲撫而成之，使其克立，以昌大其後，未知異日何如也。暇日因識此卷，不能不重予之悲焉。因念兒時侍先生之側，凡優於詞翰者，畢具於此。及予長，或師或友之，豈不私切自幸焉。今相去不二十年，十無一存者，是尤增予之悲也。護也尚珍藏之，凡一展玩其手澤，乃心祖訓，以志顯揚，則予之望於先生之後者可竢矣。故識於卷末。

《張長史帖》跋

右張長史旭草書十七字，乃唐人硬黃搨本也。世稱顛素爲草聖，蓋其筆勢翩翩，險怪莫測。霆皷電馳，蛟騰豹躍之勢，非心手融放，所不能至也。信不誣矣！或者不求風神變化之妙，而特以飄逸之過爲嫌，又豈真知書者哉！

予學書三十餘年，嘗臨摹千文墨刻，愧不能造其三昧，雖間探其遺意雄度，尚何足以名家傳遠也哉！因觀是書，並識其感，夫世鮮知者而愧已學之弗逮也。彥益素嗜博雅，不妄示人，其亦知書者乎，宜珍之至矣！

姚少師書《蘇文忠公書》跋

右蘇文忠公遺寶覺、佛印二禪師書，少師姚公書以贈金山適中禪伯者也。文忠公以文翰雄一時，數百載之下，猶仰之若岳峻川奔。其垂之不泯也，亦宜效於禪悅法喜之好尤深，當是時，禪林巨擘有若寶覺、佛印者，豈不與之默識心通也哉！而我少師公今以雄才博學，光際皇上龍飛之日，寵眷彌厚。又以元勳宿德，贊輔青宮。其穹爵令望，又豈彼二禪師者可比儗哉！使獲與文忠公罄同堂共席之論，其歆豔禮敬，尚當何如也。且少師公書札精妙，與文忠公之辭珠聯璧合，照耀先後，其以遺適中也，猶足以見其下賢導後之篤，固非以貴富自重者，豈能若是耶！

予也山林踈朽，嘗辱知於公。獲一披玩，敬羨無已。適中其世珍之，豈不爲禪門之一盛典也哉！是識於左方。

俞紫芝草書《千文》跋

予齒及冠而少三齡時，嘗侍先子遊。錢塘紫芝先生俞公，趙魏公高弟也，於晉唐諸書體悉通，凡所臨贗去古人毫髮無異，遂名浙右。予獲執筆，從公遊，時年將八旬而康健，其風度標格玉堂，餘韻藹如也。凡書法之玅，幸盡究之，而得公之書居多，久稍逸去。未幾，公捐館矣。數年往來京師，或見一二，令人愛不釋手。草書《千文》一卷，其里褚文煥氏所藏，尤爲佳者。雖臨仿之工而出入諸體中，若鸞停鳳翥之粹，風馳電躍之神，靡不備矣。昔人謂如淮陰出師多多益善者，此也。考公書時，去予從遊特四載耳，轉盼之頃，凡二十餘年矣，而錢塘凋謝，故友殆盡。撫卷不勝悲慨。公不可作矣，文煥尚善珍之。因爲書之右，而並致予之感焉。

《楊氏族譜》跋

予嘗讀史，觀《三代世表》《十二諸侯年表》，皆厯譜牒，而後詳焉。自殷以前，諸侯不可得而譜，周以來，乃始可著。孔子因史文，治《春秋》，序《尚書》，則紀元年集《世紀》。五帝三代以來，終始五德之傳，尤可考也。及讀蘇子古史，則譏太史公之失，亦不少矣。蓋代遂事湮，有不完焉。故譜牒之制，而後帝王世序乃明，春秋之後，興壞不常。至漢，法古之制尤存。凡學士大夫家，乃人各爲譜，而官設局以掌者，廢益久矣。以是大宗故姓，莫知有考者多矣。

華陽楊氏，在漢亦泉矣，喜太尉震始見傳記，楊氏之顯者率宗焉。歷唐尤盛，遂分華陰、蜀、浙、閩四派，皆世顯宦。由華陰而居醴陵，仕唐宰於高安，除臨江刺史，遂居新淦者，六樓翁也。三子俱仕，仲子諱正，唐景雲元年，來守撫州。開元初，寓臨川小邾里。宋開禧丁卯，六世孫浩復遷金溪之印山，由是分爲上下派，莫善於印山也。譜皆可考證焉。

予少讀顯民詩，知楊氏世以儒名，及交孟項，其家學源委從可知矣。近世稱著姓者，子孫弗克繼其業，使故家遺俗一旦顛墜不舉者，常有矣。如楊氏以弩爵令望著於代，其後又克大之，豈苟然哉！宜當世之士具有稱述者，因爲題其後，以勉諸來者。

《邵典籍詩文》跋

國子典籍邵公原性，瑰琦偉特士也。曩遊吾山，挹其言論，味其詞章，卓然以氣節自尚。恨見之晚，於是定交焉。辱公不鄙，而公適間關道途，而顛倒之戚恬，不形於辭色。相去凡八九載，每惜江海舊遊，求如公者，絕未之見也。前秋，忽會於京，文益奇而氣益壯，相與抵掌旅邸，歡如平生，已而幸會之數，而麗澤之益有焉。間秩其詩文若干篇示焉，伏而讀之，若夫蛟騰豹躍之氣，霆奔川遡之音，珠明玉瑩之質，鑒鎔炳煥，照耀文林間，不可得而形似者，淵泓浩蕩，動千萬言，皆足以植世教、翼經史者也。其非發乎悲憤，感慕而然哉！宜乎一時元夫碩士莫不推許之，而每以剛介，不偶於時，迨晚，方受知明主。此故縉紳縫掖之士所深惜，而公亦遽無介焉。昔韓子謂"非三代兩漢之書不觀"，故蘇文忠公以爲文起八代之衰，韓子法於千萬世，直欲方駕孟、荀，而董、賈未足多也。而公氣識雄深，使其才驅氣駕，亦將繼武者耶！斯其一以古學自任，而舉世少所契許也哉！

予也山林荒落，何足以知之。辱公雅厚，能無言乎。然世不求揖介蹇愕之士則已如，苟求之，非公而誰歟？是書以歸之。

書《俞烈婦傳》後

予嘗觀劉向傳列女遺事，深足扶綱厚俗爲百世法。而於節行峻卓者，讀之使人髮立神悚。果豈易得哉！蓋爲女婦之持節也，於貧賤顛沛者爲難，而遭時喪亂、冒兵刃無辱者尤難。以資力自全者，固不足取矣！矧以貴富而乃失持者哉！抑由天質之素，剛勁不折者有之。而或歸於世家大姓，聞詩書之化能省立者有之。及其以一婦人，凜凜然，有烈丈夫志，與清冰烈日比潔，並明傳之不泯，豈不偉哉！

嚴陵烈婦，俞童士淵妻也。値元季兵亂，顛連奔竄間，官軍剽掠，以身翼姑與子，且累逼污之，雖折肱皮面，義不辱身。繼以無辱告其夫，而卒其不媿所天者，果何如哉！此古之爲難也，況世降俗薄，而能自持不屈如是哉，是必由天質之素，而又蒙俞氏詩書之化。孝姑事夫，已見之平時，而一旦從容就義，視不難矣。然詩書之教，惟行義是先。若俞氏世以文學相授受，而有是烈婦，適足以彰其學業之實，於俞之光，有不惟是而已矣。宜流馨史册於無窮也。其子英才來試，邑弋陽，爲吾郡之有聲者。嘗以《徐太史傳》請題，予誦之敬歎者再，能無一言哉！是所以爲不泯者慶焉。

卷十三

傳記

卷十三　傳記

紫虛元君傳

元君姓魏氏，諱華存，字賢安，任城人。晉司徒舒之女也，魏齊王嘉平三年辛未生。天質卓異，少讀老莊言，即慕道，嗜閑居獨處。年二十有四，父母強適南陽劉文，字幼彥。生二子璞、遐。幼彥爲汲郡脩武令。二子粗立，乃齋心別栖，絕飲食，反脩初服。太康九年戊申十二月十又六日夜半，感太極真人、青童道君、扶桑暘谷神王、景林真人、清虛真人來降。謂元君曰："聞子密緯真氣，太帝君勑我授子神真之道"。遂出太上寶文《八素隱書》《大洞真經》《高仙羽玄》等書三十一卷，授元君曰："是書昔授之西城總真君，今以付子。"且語以存思、指歸之訣乃去。元君時年三十有七。

咸和九年甲午，清虛、青童君復降，與藥二劑，使旋服之，剋期會洛陽宮。是月七日夜半，太乙遣飇車來迎，元君用藏景之道，託形神劍而化，享年八十有三。遂往陽洛山。明日青童君、太極四真人、清虛王君再降，會元君於隱洞雲臺。衆真各標至訓，三日而去。元君積誦玉書，顏如少女。於是西王母、南極元君來迎，晨詣上清宮玉闕，玉宸大道君、太微天帝、金闕後聖君，各致命授以玉札金文，位爲紫虛元君，領南嶽上真司命，秩比仙公，使治天臺、大霍山洞臺之中，主下教學仙者。次司命神仙，請隸屬南嶽。諸眞乃與元君俱詣天台、大霍山洞臺。道過句曲金壇，茅君叔申燕會二日夕，乃共適霍山矣。

興定二年乙丑六月二十三日，元君與衆眞降句曲金壇楊羲家，華陽之傳始此，是爲上清第一代宗師。宋元祐間，進封高元宸照紫虛至道元君云。

金野菴傳

金蓬頭，永嘉人也。名志陽，號野菴，因蓬首中作一髻，世呼蓬頭云。生故姓家，鄉井德之。幼果敢有大志，不羈。甫長，知慕道棄世慮，遂師全眞李月溪。月溪，白紫清徒也。一見器之，命遊燕、趙、齊、楚，求正焉。及參先德李眞常，益有省。行經袁州，遇守城校尉顚軍子，狀貌偉素，曰不與世接，夜宿神祠間，蓬頭異而師之。既久，語益有得。時紫山鄒廷佐慕道，建長春觀禮之。未幾，命其徒劉志玄典觀事，乃遊武夷、龍虎二山。時龍虎主先天觀者傅師正，館於蓬萊庵，庵據徵君、聖井、貌姑諸峰之會。蓬頭攀陟崖壑，侶鹿豕、藉雲霧，視以爲常。間夜坐磐石，蛇虎值於前，輒愕而遁去。因得夷曠地，命其徒李全正、趙眞純，築天瑞菴於峰頂。時四方聞其道著，無遠近，有疾患輒叩之，以所供果服之，無不驗，由是禮者日集。嘗天旱叩龍井，召龍出語，龍出聽，踰時漸小，躍入袖中，乃警以偈，龍騰奮入水，未頃天雨。

元統癸酉，復隱武夷山，居紫清之止止菴。浙東元帥李太平聞而禮之，謂曰："命嚴則君治，心清則慮寡"。李益敬歎。及叛賊李志甫寇漳州，國朝以其地同知吳公知寇道，命爲先鋒，平之。其子仲良願師事之，不許。隨果夷滅。衆神服或倦請謁者衆，謀藥死之，即預知，命徒鑿竅地中，果服出之，今名吐丹井云。

至元正月一日，同輩桂心淵，世稱桂風子，坐解於廬山，旋聞之。於四月十日，命徒書偈，坐逝。越十三日，面頰若栗，肢體溫軟猶生。其徒瘞於菴側之古梅下。

生前至元丙子五月四日，高弟則勞衍素、郭處常、李西來、殷破納、方方壺，皆以道法聞世云。芒芴子曰："古之烈夫義士，必苦行潔身，以成其志。故其視裂肌膚，摧筋力，若所固然，是以其卓絕特立，足以垂示千載。若金蓬頭是也。然欲立名於世，且必是而後可，况其超脱幻化者哉！求能若此，而於道無成焉，未有也。惜能是者，代亦幾人哉！

趙原陽傳

趙原陽，名宜真，吉之安福人也。其先家浚儀，宋燕王德昭十三世孫某，仕元爲安福令，因家焉。

原陽幼穎敏，知讀書，即善習誦，博通經史百家言。長習進士業。未幾，試於京，以病不果赴。久不愈，夜夢神人曰："汝吾道人，何望世貴"。父遂命從道，已而篤嗜恬淡。學益進。初師郡之有道者曰曾廬外，嗣諸法要。間有缺文，必考述盡詳。復師吉之泰宇觀張天全，別號鍊玄張，師龍虎山金野菴，得金液内外丹訣。後復師南昌李玄一，玄一薦之師蒲衣馮先生，馮亦師野菴。云嘗遊白鶴山永興觀，乃西晉匡仙故迹，遂居焉。間以所授致雷雨、度精爽，皆有異感，聞者越千里走從之。會壬辰兵興，挾弟子西遊吳蜀。暨還，遊武當，謁龍虎，訪漢天師遺迹。時天師沖虛公深嘉禮之，欲留不可，宫之學者多師焉。還至贛之雩都紫陽觀，因居焉。凡道門旨奧，皆綴輯成書。或爲詩詞以自警，猶以醫濟人，且絕交處，寡言笑，聞者願禮不獲。其高行偉操，爲時所推慕，從遊者益衆。

歲壬戌正月朔，謝衆曰："吾將逝矣，自今日始，鑰静關，慎無有干"。迨五月三日夏至，啟關，祝弟子善自立。漱浴更衣趺坐。適縣導詔至樂鳴，即書偈，擲筆而化，雷電驟作，白晝晦冥。明日，官庶瞻敬者群至，門人哀，德淵輩請以棺殮，肢體若生。既畢，汗出周浹。越三日，瘞觀後之鳳岡。久之草净，鳥不巢。其徒則曹希鳴、劉若淵，猶入室焉。有詩詞若干篇已行世，凡奥密言論，則見諸法要云。贊曰：

　　玄門之書千萬言，内聖外王之道既備，其神仙長生語，特曰：虛静恬淡，寂寞無爲，可謂易知易行矣。故代之出世拔俗者，必苦行峻節以自持，信非志見卓異所不能造，又孰可一以眇漠病之也乎。若原陽，言足範世，道足啟後，曷可無以紀歟！然其昭昭不可泯者，亦何俟信乎是耶！

卷十四

銘文

卷十四　銘文

書室銘 並序

余年未冠，知嗜學，有志儒先君子之言。凡《詩》《書》六藝之文，悉嘗記誦之。甫長，自揆於文章家未之盡究，凡通都大邑，以學行著於時，謂之先生長者，又從之遊。於是經史子氏之書，逮老、釋之文，庋置日衆，然後會其指歸，反身而誠，乃知皆備於我也。於道德性命之説，自孔、孟而下，周、程、張、邵失吕焉。文辭篇章之習，左氏而下，班、馬、韓、柳、歐、蘇焉。越周、程諸子而言學，則不足謂之學。違班、馬諸儒而言文，則不足謂之文。是以非載道之文，雖工不取焉。古之謂學也爲己，豈岐而二哉。由是而充之，上泝墳典經傳不遠矣。其不探本索源，而足謂之學哉！豈徒篆組葩藻之習，以爲取利禄之具而已耳。所以克己誠身，乃希聖希賢之大端也。矧養諸中者，必修諸外也。和大而天地位、萬物育，幽足以承變化而行鬼神，明足以修禮樂而贊化育。豈惟致君澤民者哉！所謂經綸大經者也。然而出世之道，必資於老、關、莊、列之言。又豈申韓刑名、處士横議者，可同途共轍哉！若釋氏之特立獨行，明心見性，抑亦出世之一助也。其邪説戾行，則有不能無可訾斥者焉，烏可一以虚無空寂病之哉！下逮術數機祥之文，則不暇究也。所愧質性駑劣，不足善繼其志。嘗闢室以儲藏之，因銘於屋壁以自警。且貽諸將來，以勗厥志其無忽。銘曰：

緊自書契，稽於典墳。彝倫由序，道義之門。惟帝降衷，皇建有極。天命流行，必順其則。純粹誠明，是復厥初。形役物化，孰潛吾虛。惟聖惟賢，昭示謨訓。慎思篤行，滌淬融蘊。體立用行，動靜克持。含英咀華，發見乎辭。心統性情，百慮一致。廣秩崇篇，大音醇味。燭妄返真，探微造玄。氛垢洞釋，不違乎天。聚辨而居，孰貴圭組。永言珍之，尚友千古。

古琴銘 並序

蘇塊生家藏古琴一，或謂雷氏所斲也。生嗜琴尤切，嘗告芒芴生曰："予生也後，道不能窺聖賢之域，志無聞達之期，其託迹於丘林者，惟鼓太古之音，與林風石泉相酬答。若之何而非羲農間人也？余雖非伯牙之善鼓也，而子之善聽，豈獨非子期之所謂高山流水者哉，是宜爲我銘。"銘曰：

質潤而清兮，以發吾鳴；體圓而方兮，以持吾莊。

恭默齋銘 並序

芒芴子短褐弊裘，遊於鳳臺之顚。客有笑而告曰："子學夫蒙莊氏者也，其所知惟淵默之道乎？其亦知夫吾儒之謂恭默也乎？"芒芴子避而趨客曰："子何懼歟？是果不願乎其外也耶？。吾王賢而愛士，自胙土於安，非道德仁義之說未嘗入乎耳，存乎中也。是以力學篤行而不怠，揭恭默二字於坐隅，蓋將以自警。且遇子厚，豈無一言以進之哉！"辭不獲，因作而告曰："夫道之於物也，雖天地之大，萬彙之衆，無古今之殊，晝夜之異。極其微妙，窮其精粗，盡其消長詘信，通其往來變化，舉不違乎寸心之微。可以配天地之至大，萬有之至衆。陰陽動靜，循乎無始無端者，雖萬殊之紛紜，而實具乎一本而已耳。操之要，執之固，則無存捨之失，而融會乎天理本然之實也。苟怠乎操，弛乎執，則人欲之蔽，何狂瀾逸驥，頃刻千里之不若也哉！然操執之工，其惟恭默之謂乎？恭近於禮也。允恭以成其德，靖恭以守其位，克恭以致其節，是以禮盡乎恭而後安也。默近於道也，守之以慎默，思之以恭默，養之以淵默，而後極乎道之工也。若默識、默容、默契，不假力而至矣。雖然，其亦必有以致乎其中也，庶無過而不及者哉！故行不過乎恭，默不逮乎隱。則其恭也，盡乎禮之不可不恭；其默也，存乎心之不能不默也。則其動靜語默，皆主乎一矣，非外欲之足汩吾中也。設宜恭而失乎殆，宜默而失乎操，是不足以盡隱微之至也矣。所以恭則無息，默則無欲，無息則一，無欲則靜，一則足以制紛，靜則足以御動。若是也，雖極夫存心養性，以全己之天，亦莫是過也。其遊乎沖漠之初乎，又豈雷聲之轟乎，幽默者獨何異哉。今賢王之有國社，即知考德問業，虔恭慎靖，孳孳焉以藩輔帝室爲心。其問業之端，厥有源委，上際聖明在位，友愛彌篤，猗歟盛哉，敢系以銘。銘曰：

於昭上帝，降衷在茲。凡厥懿質，斯具秉彝。卓哉賢王，允矣自持。

克一克存，罔敢忽隳。於莊於敬，曰志緝熙。既恭既默，曷或殆違。

穹齋言言，令訓巍巍。不邇華靡，高明是資。守之勿斁，執之足熹。

益佐藩屏，益廣德基。世際厥美，皇眷赫曦。茂翼千祀，永昭鴻釐。

九光丹室銘 並序[①]

京口侯公勉氏，學道馬迹山。世傳太上嘗降焉，遺馬迹而升，居福地之一也。性敦厚，嗜岐黃，書以求養生焉。洪武初，以選侍祠竹宫者有年，法術亦著於時，扁其所居曰：九光丹室。走書黄箬山中，徵予銘。銘曰：

乾坤爲樞闢虚室，泰宇發光注金液。
神丹九芒兆無質，火龍飛奔水虎逸。
坎離媾精凝太乙，有夫峨冠珮鏘𪗾。
寶書垂輝耀星日，風行雲馳駕軿軼。

古硯銘 並序

蘇塊生少嗜書，藏古硯一，紫質而白章。或謂端溪歙者，疑若是矣。間請銘於石，以示諸將來云。銘曰：

質之澤因，以静爲德。章之素因，以默而固。惟其容斯，以書不窮。

養性齋銘

虚靈湛然，淵澄鑑净。毫髮滴漓，狂瀾垢鏡。
秋宇涵空，寒江月瑩。孰持氶機，静而後定。

[①] 此爲《正統道藏》版本，比《四庫全書》本簡略。

晦息齋銘

　　萬有一源，洞然至理。操存以誠，端本克己。汨昏蔽妄，念慮紛起。

　　動靜交養，復斯敬止。勖哉士徒，聖言是啟。向晦而息，惟仁吾體。

　　凜焉廣居，慎求厥履。

卷十五

墓志　祭文

卷十五　墓志　祭文

墓志

故上清宫提点乐丘王公墓志

予友王君乐丘卒之二月，其犹子无逸状君事行，泣以请铭。予辱知君厚，义不辞。

君讳某，字亦显。福州长乐人也，王氏世为闽衣冠家。君自儿时，无凡俗志。年十九，以兄足事亲，请从道，父命择师龙虎山，遂礼崇禧院李公见山。性敦厚警敏，公甚器之。暨公营繁禧观于溪濒未完而殁，毕工而增大者君力也。时予先大父太玄公①遭际元盛任，才慎许可，以君淳谨，命为侍职。若吴大宗师②之门南野毛真人、盘中李真人，皆声耀特著，俱勉进之。晚谒翰林虞文靖公③、揭文安④公于临川，皆美以诗文。无何，运移兵兴。壬辰闻四方汹扰，以君善保持，观赖以存。

洪武初，以租赋繁剧，累以颠困。尝倾私帑，力扶树之。尤汲汲以葺衰废、度嗣人为志。故殿庑益拯，徒不下数人，他所莫

---

① 太玄公，即第三十九代天师张嗣成，号太玄子。
② 即吴全节玄教大宗师。
③ 即虞集，谥虞文靖。
④ 即揭傒斯，谥文安。

及。先君沖虛公①嘗嘉其善，欲擢用之。君以宮才能讓，一志閑曠間，徜徉溪南廛湖、琵琶諸峰。間得勝地，編茅爲舍，引泉爲池、植竹樹，闢田圃，日陶寫自得，素不妄與人交。鄉先生張公孟循、周公白士，獨相契善。間過之，必樂飲，而告曰："樂哉斯丘，真子所居也。"有詩若干篇，因名其居並自號焉。

十四年春，予舉爲宮住持，公謹不少怠，以修治爲己任。僅二年，辭老，肆意山谷。延名師訓育子弟，營蛻藏於庵北。暮齒雖貧寠，接賓客，濟貧困，聞義樂，爲其敦厚每若此。少通經史大義，尤以古賢德性行爲慕。或爲古詩以自見，蓋嘗從山之有道者金公野庵、何公心月遊，時有聞焉。晚則倪君子正、周君孟啟，皆雅相厚。

二十二年春，予蒙上眷，許新上清宮，以苾事非君不可。是年冬，致書千餘言，強起之，君倡義復出。今年春，有以觀役誣之者，如京事明，以疾卒於朝天宮，九月某日，享年七十有五。無逸扶柩還。訃聞，悲悼不能已已。或謂舊塋不宜遷兆於其左，以是年十月某日堃焉。

嗚呼！予齒齠齓，知君爲温厚君子。及辱交垂十年，出輔教樞，端謹自居。處憂患進退，猶一日也。矧受知予家已三世，其所推重，宜有在焉。惜乎既逸而出，未久遽止，竟以是而弗終於家乎！然得其壽，有其善，是固不足撝也。已其潛德信不可泯，況有請焉。遂不辭而銘曰：

世遠道晦言益墜，美質温粹篤操礪。夙躋盛隆沐先惠，克昌厥猶慎終衛。

晚蹈林泉絕氛翳，玄樞振綱肅浮逝。邈焉天遊廓無際，刻銘幽宮昭百世。

---

① 沖虛公，即張宇初之父，第四十二代天師張正常，號沖虛子。

故上清宫提點朋山張公墓志

有篤厚君子曰張公如愚，諱迪哲。福州長樂邑三溪里人也。其先叔祖見獨公，爲教門講師，會元盛輔翼居多。公夙質慕道，年十六，以親命入龍虎山，師事山外孫公於崇禧院。越數年，孫歿，哭盡哀，治祠墓。且其時院徒尤衆，公以廉謹稱，有命俾董院事。不踰年，蓄廩有加，衆悅服。歲壬辰，兵興，上清宫災院亦毀，時各散處，公歎曰："人生若夢泡，父生師訓，曷能忘耶？"請還省親墓，且悲不能舍去。雖奔走間，未嘗棄書。其里有觀曰朝元，公先世所塋，祠張氏。系時兵勢浸隔，因葺舊構，廣門廡。樹墉植木，闢巖洞，得深谷曰歸愚洞，釣鼇石，汲古泉，日與文士觴詠其間。時清碧杜公、泰甫貢公來閩，交益厚。適歲旱，邑請禱，公嘿坐一室兩三日，官庶神之。居六年，乃還。先宫之推名者玄卿薛公、蘭雪周公、客翰林勞石揭公、詩士均瑞黃公，公因師禮之。由是詩文篆隸書俱精，尤究儒釋家言。若丹旨法奧、秘篆洞文，亦極探討。至正間，山之有道者埜庵金公、心月何公，嘗糸叩之，故其平素涵泳自得。處得喪，未嘗改容，而學且不輟。

洪武十七年，予擢爲宫住持。僅四年，請疾，居榆原庵，常瓢笠杖屨，曠意林壑間。雖樵豎值之，皆疑爲仙。間尋流而入，得僻奧地，樂之，結茅其麓，以與朋共。曰朋山庵，室曰蚊睫窩，因以終焉。

廿二年春，予蒙上眷，許募力新上清宫。及還，以公端厚，宜謁顯貴者。秋八月，如京，寓朝天宫。請命有次，辭翰尤動一時，上嘗優問焉。久之，謂弟子董仲璣曰："吾志報公家，恐日衰不能見宫新。汝宜促還。"翌日就途，及抵山不踰日，寢疾。予往視之，語對如平常。越二日，疾且愈。言別，側卧而化，閏月某日也。生延祐乙卯，享年七十有六。以是年十二月某日奉柩埜於外石埃。其弟子上官某等，録其實告曰："知公辱素厚之，其學行不可以不銘，顧有請。"予愴其辭且感焉，閩世爲詩書之邦，公生世冑，溫厚博學，予辱交有年，不惟克輔敎樞，而講習居多。惟其德操之純，無賢愚皆慨悼之。可不彰其潛曜也哉！是爲銘曰：

張氏著姓，族蕃於閩。公稟天質，學優行純。被譱際盛，佐弼溫文。

發用玄造，雨布霆奔。師古克粹，譽顯志敦。出勤報功，問下明君。

適還而逝，厥真常存。遐佩靈躅，歸神峽原。銘石斯立，庶貽後昆。

故後軍府經歷周公墓志

洪武十四年七月某日，後軍都督府經歷周公孟啟卒於官，予適留京，爲經紀其襄事，命其甥某負柩還。越四月，其昆弟將入塋，甥蔡孺敏狀其實，泣以請銘。予辱交厚，誼不辭。且其歿，嘗告焉。予悲不勝，尙忍銘哉！

按：公諱某，字某，姓周氏。世爲閩大族。自祖某，由三山分處信之貴溪，遂家焉。大父某，以信行，鄉稱長者。父某，隱德有文。母倪氏，某書院山長某女。

公幼穎敏，年十二三，通書史，能屬文，有聲於鄉里。讀書夜至漏盡，祖母愛止之，亦不怠。時縣之北鄉聶先生義方以進士業授徒於家，往師焉，業成。元季兵興，弗利，乃止鄉先生彭君孟悅明陸氏學，爲時所宗，公師之久，之於性理有得，先生益竒之。某年，盜掠鄉邑，伯齡遇寇，死野曠，罕人跡。公冒鋒刃，遍求得屍，慟哭日夕，哀不已，聞者悲之。倪氏先幾年卒，繼倪氏，有男某，甫五歲，罹兵荒貲產喪盡，乃敎授鄉里，給衣食養母撫弟，鄉里賢之。居無幾，皇朝混一海宇郡邑，累已才聘獲辭。洪武十三年，上遣冑監生持勅符求士，縣以公薦，入試內廷，以文學授太常司贊禮郎。公恭謹嚴祀，事侍天子，親祀引贊，升降必盡敬。及祀陵廟亦然，處官舍甘澹泊，罕與人接。雖尊官顯人，欲交卒辭。十五年壬戌，以父喪未塋請歸，得給驛還，太常博士薛公爲銘其墓。暨入朝，上命建湘府社稷壇壝，其府衛官，以朝使務盛饌以禮公，公止不納，惟掄材木、善陶冶，以勸懲之，衆皆悅服。工畢，還朝，御史驗裝於道，惟書衾服。陛見間，上嘉其廉謹，賜衣一襲。十八年乙丑，仍代祀皇陵。居太常凡八年，寮屬皆以敬慎推。二十年丁卯，蜀王守中都奉命佐王祀皇陵者再，王嘉其誠篤，命譔詩文進。乃制詩以寵其還。二十一年戊辰，丁母憂，營塋哀盡，禮服除入朝。未幾，授後軍都督府經歷，秩奉訓大夫，階五品。居官竭忠盡慮，朝夕無少怠。常懼耳瞶多忘，恐失職。二十四年二月，弟某、甥某偕往省某，歸勉留侍。七月二十日，奏給某官糧誤批，上旨復奏，改正近侍，紿以坐侵欺。公歎曰："吾耳瞶誤聽，何侵欺耶？"及夜，食浴就寐。凡夜必戒僕隸報更漏，五皷則入朝，率爲常。是夜，隸報四皷，弗對，駭呼勉，急明燈視，乃自縊。死遺文置几上，別同佐。及旦，都督木公以聞，上憫悼之，命具棺以塋。九月，柩抵家權厝。享年五十有七，以十二月庚申塋某所。

子二人皆夭死，以弟某之子爲嗣。女一人，適劉。娶吴氏。其詩文若干，在朝曰《容臺稾》，曰《詠菜稾》。有軒曰：詠菜素庵，蘇公實記之，故皆尊稱曰：詠菜先生。

公少嘗從遊鄉之張先生孟循、夏先生柏承學古詩文，以才見稱。及仕，受知博士薛公文舉、僉事謝公原功、儒士戴公叔能，皆雄於文，故學亦贍。予及樂丘王公、子正倪公交最厚，嘗圖林泉，結託素庵，題其意云。

嗚呼！公生詩書家，少貧篤學。晚際明主，歷職清要，日承寵光，榮亦至矣。蓋其性度淵雅，於文辭精麗不苟，雖夢寐有得，必起燈以書。兩還鄉里，遂論友好，所益多矣。惜再任將幕，雖抱忠篤，不克顯用，而竟以懼終聞者，莫不愴慨。矧予託交之久者乎！强爲之銘，亦以致無窮之悲焉。銘曰：

維學也篤，以昭其身。維仕也愼，以竭其淳。維歸也誠，以潔其屯。

遺德有輝，聲業斯振。孰啟嗣人，銘示弗泯。

故上清宮提舉矩庵胡公墓志

世生大有爲之君，其承運而際者，多出類拔萃之才；故協贊其成者，亦必雄鳴潛躍之士，豈非時符氣合而然哉！

先君沖虛天師①國初受知皇上，凡宮之稱才者，皆佐以行，而佑聖院胡公叔直披艱竭智之功居多。暨予襲教，尤協傳有年。此天之所以啟玄教之隆而產是人以輝大之也。代固不乏其人，而豈不足方之其先者哉！

洪武二十六年冬，以疾卒於京。明年冬，將營塋。其諸孫李某狀其實，以請銘。嗚呼！予若先君皆公輔成焉，先君既往，賴公以夙勳元舊，足以傳焉。方喜其康健，豈遽衰者未幾竟逝矣，惟哀之無窮，尚忍銘哉！

按：公姓胡氏，諱某，字某，號矩庵。始祖諱某，自南唐從歙避地饒之樂平梅浦因家焉。世業儒，爲昔衣冠家。暨宋擢進士第者相望，高宗賜里曰梅府。淳祐間，昆弟四人同登甲科，是建聯登書舍，鄉里榮之，因以訓礪其族人。公十五世孫也。曾祖某、祖某，皆隱德弗仕。父某，元皇慶間，歷宣徽院使。公仲子也。幼穎敏嗜學，即有出塵志。年十五，辭親入龍虎山上清宮佑聖院，禮煥文朱公爲師。年十八，度爲道士。弱冠，卓立有譽，尤究儒玄百氏之言。善歌詩駢麗，爲時所稱。若先輩李先生仲公、前博士胡公士恭、前翰林危公太樸、鄉先生張公孟循、盧公伯良、夏公柏承；宮之能文者董君蘭深、柯君天樂、張君鐵礦，皆所師友焉。

---

① 張宇初之父，第四十二代天師張正常，號沖虛子。

歲己亥，先君始襲教，公披草昧，每身任之無難色。凡道家經籙科典，皆綴飾之。因命掌焉。洪武元年戊申，詔先君入覲，公侍行。越踰年，又召，凡禱祠祭檜問鬼神之事，皆贊翼之。禮部給符，任教門掌書。謹靜有謀，先君深契厚之。十二年新本院，十三年，予蒙召，首相行，承寵錫如舊典。十四年，升玄貞文肅淵静法師、教門贊教、法籙局都提點。十六年，皇太后崩，有召予及道録建黃籙國醮於京之紫金山，公職監齋，糾劾有文，衆咸傳伏。十七年，教疏升上清宮提舉。其柔退謙畏，常度越人。二十三年。予入覲，又侍行。奏建上清宮，上嘉納之。二十四年，道籙司承旨召赴闕清理道教，公復相焉。奏護符籙、賜銅印、示六品，命公掌之。廿五年秋，以宮事如京。十月十又三日，示微疾終於寓舍。生延佑己未九月二十四日，享年七十有四。其孫朱某侍側負柩還。

公職教幕幾三十餘年，侍行幾十餘覲。及新宮宇，其協謀宣畫，靡不致力焉。若《天師世家族氏譜系》及宮之仙籍，皆考訂詳盡。其里之聯登書舍，經兵盡毀，出己帑新之，擇族之良子祀焉，又求當世名士大夫文以志之。予數擢以本宮提點，力讓未遑。詩文若干篇，名某集。以廿六年癸酉十二月十又三日，奉冠劍瘞里之壽春觀祖隴之次。

嗚呼！予觀古之人身達而業舉，足以託不泯也，豈虛玄之教，獨不然哉！若公之遭歷前後，於吾世有勳勞，而文彩尤足著其緒餘，此豈世之多得者哉！是次其實而爲之銘曰：

維胡之宗，文德是基。公挺玄胄，克贊明時。被榮際耀，實天人師。

嗣爵既襲，曰傳曰持。金科寶訣，鵠斾鸞儀。領袖名山，溫言淑姿。

誣吝孰翳，遊神天倪。空歌靈音，雲霞與馳。潛德弗泯，昭於銘辭。

故原宗傅先生墓志

　　撫之金溪在宋季已稱士鄉，予友傅君原宗生故姓家，與予有文章交，相聞十餘年。凡兩接談，必極傾倒。文成，必命從子橐以示焉。方惜同輩凋落，賴君未衰，冀有以麗澤焉。間爲序予橐，恨不盡以正其可否，而有召赴闕。未幾，歿於京。訃聞，哀且慟。何天奪斯文之甚耶！越二年，冬，將窆，其從子某以狀請銘。予知君爲深，義弗辭，然豈忍銘哉！

　　按：君諱匯，字原宗。永和白膳里人也。曾太父某、太父某、父某，世業儒，皆隱德不仕。傅氏之先，自五常侍公某由上幕鎮之五岡徙居是焉，實唐文宗太和四年也。以學顯者五百餘年，而尤著於宋建炎間。天下靡寧，有諱安潛者，集鄉丁仗義，與里之鄧氏團結保障，衆賴以寧。五世祖字子雲，號琴山，爲象山陸文安公高弟。某年登進士第，授從仕郎，建寧府甌寧縣主簿。學者皆師事之，尊稱曰：琴山先生云。

　　君溫厚明敏。七歲入小學，舉動異群兒。長習進士業，從鄉先生葛公元哲遊。先生目其文首曰："簡潔不雜，諸生莫傅若也。"學成，值兵興，然研幾析微，未嘗少輟。元至正丙辰，與從弟元藻同中江西鄉試。時南北道梗，不獲赴廷選，乃止。自是杜門，克志古學，從遊者益衆。講說五經，論辨昭晰。時其里朱公元會師授吳文正公以文稱於時，君獲卒業焉，是以文鳴。洪武初，天朝一海宇，首崇學校，有司舉爲儒學司訓。居七年，琢礪有成，歲無虛。凡自撫之選者，必曰傅先生徒也。以是鄉試，必禮君總之，學者得一言，皆矜式焉。遂邇推重，每若此。廿七年夏，有旨翰林召儒士校《書經》《孟子》，君預舉列。七月，朝臣馳驛起之，即日赴京師，燕諭者再退，而注釋經傳，凡客二旬餘，君力居多。某月某日以疾終於官舍，執政者聞於朝，上嗟悼久之。賜衣冠以襚，復御制文，勑禮部遣官吊祭。有司命下，孫某載柩還，朝之士人聞者靡不羨歎之。

君生元至治癸亥，享年七十有一。自號西堂小隱。初娶劉，繼室倪，俱先卒。男二人：長某、次某。先十九年卒。女二人：長某，亦先卒。次某，適黃某。孫男一人某。經義詩文凡五十卷。以十月某日葬里之南山。

嗚呼！古今以文鳴代者不一二人，非學之者寡焉。其在乎踐之之力，授受之明也歟。君以經行修明，措之言辭，視不難矣。然居庠序，樂育才儁，足以充時之用。晚節操慕，有以副朝廷之眷。其終也，上寵悼之以文，君爲不死矣。其潛德幽光，可無以發之乎！銘曰：

維古之學兮，粹乎聖經。斯吾造之兮，既裕而明。有是而施兮，足以訓後。

宜達於朝兮，蔚乎已榮。卓彼南山兮，林谷茂清，啟茲後人兮，昭於厥銘。

故上清宮提點了庵李公墓志

有學道而文之士曰李公仲冶，諱弘範，號了庵。其先世居成紀。唐爲著姓，李衛公靖之後也。建中兵亂，上世南遷新安。有諱某者，避黃巢於黃迁。仲子諱德鸞，因遷婺源之嚴田。南唐散騎常侍之後，諱仕言，宋嘉祐間，復遷番陽之萬源，遂隸番江書院儒戶十一代孫也。曾祖諱夢科，咸淳貢元。祖諱又新，元縣教諭。父諱雷啟，隱德不仕。

公少穎敏，年十三請於親，從外兄金君蘭石學道於上清宮之紫微院，受業史公隱居。至元乙亥①，得部牒，度爲道士。會鄉先生祝直清父創陸文安公祠於里之象山，因從之遊。仲丁與舍菜禮，以是遍究儒道家言。其秋，偕宮之方壺方君、叔祚吳君，拜金公

---

① 至元乙亥，爲後至元元年，西元1335年。

野庵於聖井山，復從蘧先生西州遊於鬼谷山，請益朱公覺庵。戊寅冬①，謁李先生仲公父跋板橋阡表，因命萬源祖祠曰：思堂。是師事之，吳待制養浩實記之。己卯②春，覺庵授玄學，嘗遊金溪之祈仙觀，會黃先生殷士，偕儒彥講學半山池上。公極談陸氏本心之說，或異之，指曰："此小鵝湖也。"至正辛巳③，奔祖母喪。適母疾，且亟公奉湯藥惟謹，未幾，母卒，喪祭如禮。庚寅④，太乙天師張公⑤命掌符籙。辛卯⑥，上清宮災公奉祖命新其院，立紫微西院法派。其秋，歸塟父於板橋。壬辰⑦，兵興，建策宮之耆儁，舉義保障。丙申⑧，避兵於閩，蒙副都元帥吳按台不花咨聞，東華天師⑨保充延平路玄妙觀主領。壬寅⑩，族議以元中仲子爲公嗣。甲辰⑪，以師命買田若干，立儒道二書院。時先公沖虛天師⑫命掌宮之文籍。丁未⑬，遷安山舊居於院之故址。洪武戊申⑭，復買田，附祀宗遂。乙卯⑮，升副知宮事。屬院有出祖隴者，公爭於有司。逾明年，復入於宮。丙辰⑯，作肇堂於琵琶山陽，翼以文潤齋以祀親。丁巳⑰，易鄰院基以新舊構，並建玄潤齋於西，承旨宋

---

① 即後至元四年，西元 1338 年。
② 即後至元五年，西元 1339 年。
③ 至正元年，西元 1341 年。
④ 至正十年，西元 1350 年。
⑤ 四十代天師張嗣德（1305 — 1352），號太乙，又號青黎散人。
⑥ 至正十一年，西元 1351 年。
⑦ 至正十二年，西元 1352 年。
⑧ 至正十六年，西元 1356 年。
⑨ 四十一代天師張正言（1325 — 1359），字仲詢，號東華。
⑩ 至正二十二年，西元 1362 年。
⑪ 至正二十四年，西元 1364 年。
⑫ 四十二代天師張正常（1335 — 1377），字仲紀，號沖虛子。
⑬ 至正二十七年，西元 1367 年。
⑭ 洪武元年，西元 1368 年。
⑮ 洪武八年，西元 1375 年。
⑯ 洪武九年，西元 1376 年。
⑰ 洪武十年，西元 1377 年。

學士濂實記之,詒善亭則予記也。戊午,預卜兆成,復以白金搆水田,市屋入宮以祀木主。癸亥,嘗嘉號玄文真士。甲子,譜序成,攜孫侄拜萬源祖墓,會族而還。辛未,陞宮之住持提點,時朝廷以清理給印視六品護宮,公掌之。越三年,以疾辭。乙亥十二月某日,公無疾,適自外還,徒且出,既還,笑曰:"吾待久矣,爾還,斯往矣。"遂端卧而逝。生延祐丙辰,享年八十。

惟公少有大志,有文尚義,累從名師考德問業,而端厚篤實,爲時推慕,故於出處不易其操。予雅交厚,非忠謹之言不相告也。其匡贊之益不少矣。丁丑六月某日塟里之山田,諸孫狀其實請銘焉。予知公爲深,義不辭。是宜銘曰:

李盛於唐,番爲令族。公質純明,問學惟篤。早味玄言,嘉訓彌敦。

莅職公敏,拯毀復存。廣業勤本,以紹以茸。克大儀刑,耆耇罔及。

默探道腴,不疾而遺。允式後裔,永昭銘辭。

故紹庵龔先生墓志

予友龔君諱繼祖,字克紹。信之貴溪治南裏源人也。君之學行修於身,聞於鄉里,信於士君子益久矣。家世業儒,唐宋多顯宦。而君温厚篤實,有古隱君子風。凡士之知言者,皆推其性行純潔。其上世受業予家君,是踵之,因獲託交焉。若其言論造詣,愈叩而不竭,而似不能言。嗚呼!可謂成德篤行君子也。

曾祖霆松,諱某。元漢陽府教授,博學能文,嘗輯朱陸二氏書爲會同,爲時所推重,及受知曾大父留公。割地若干,築室鑿池以居之,遂遷吾里。若道門玄典增輯之,故漢陽勅皆留公力焉。今藏於家。世稱艮所先生,其自號也。祖某,某州學錄。父某,隱德弗仕。

君少端謹嗜學,甫長,從鄉先生彭公孟悦究陸文安公本心之學。盡通經傳大旨，涵泳精粹，而尤切於躬行力踐也。元季兵興，遁迹山谷，抱遺經蓁莽間，謂誦自得。潔身無事，於時人亦莫知也。少孤，鞠於祖母，克孝。既歿，每言必涕下。尤篤於友弟，一門敦睦，非他姓所及。家素貧，常教授里中。洪武庚午，始賓予家。其訓育務篤愨。間爲古詩文，蔄而嚴。無何，予以誣咎趨京，君日禱之。既還，憂乃釋。質素多疾，丙子正月甲子以疾卒，享年六十有六。其疾亟也，予往視之，泣以別。歿則偕諸弟吊哭賻紀其喪。妻張氏，先某年卒。繼周氏，皆里故姓。子一人某，孫二人紹、武。是年某月某日蓳里之城門，學者尊稱曰紹庵，而余與友生私諡曰：純德先生。

惟君之善學也，去華反實，視古今之言學夫聖賢者，惟爭妍競麗之務，而戾於行義之實也。其賢亦遠矣。故其隱顯出處，志操不易，舉不違乎本心之明也哉！是以君子不哀其貧窶，而樂道其德業之固也。夫友之輔仁不慎乎擇而能爲身之益哉！君於予世契而交篤，所謂仁輔而益友也，能不思以盡夫道乎！其仲氏克誠請銘於墓，予方悲夫失輔也，尚忍銘哉！銘曰：

道逾晦經，弗殞履囏。貞克純謹，志韜藏德。彌隱銘于，宮昭不泯。

故道録司演法朝天宮提點曹公墓志

道録司右演法曹公以洪武三十年十一月十五日卒於京，其徒吳某奔訃與柩還。明年十二月某日將蓳焉，乃狀其實，請銘於予。予於公雅相善義，弗辭。且公之持安扶危，友誼最篤。吾道日就凋落，方賴公有克匡輔者焉。曩予免朝，還期必再會。遽爾遐棄，遂不一面。寧不深抱無窮之戚，尚忍銘哉！

按：公諱某，字希鳴，號沖陽子，別號光岳道人。世爲番之餘干人。大父巨川，元以儒學授本州學正。父慶善，隱德弗耀。家世業儒，爲鄱之右族，尤明陰陽家言。

公幼穎，特不偶塵習。貌奇古不常，父異之。命學道龍虎山，師事仙隱院太虛薛公。凡道家仙經、洞籙玄奧，靡不精究。初鄉先生孟循張公、伯成夏公皆師友之。尤善詩歌，時贛之紫陽觀元陽趙公以道行聞，公事之謹，盡究諸法品，益名於時。洪武十年秋，上有祀於岳瀆、北岳，遣公代之。明年復代焉，皆有異徵。十五年設道錄司，命下掄材赴選，上目之，知爲純謹者，授司之右演法。踰年，正一員缺，公掌司事，並授朝天宮提點。公性素純篤，尤慎於焚誦，雖寒暑不少怠，衆遵服之，故於祭檜之頃無不應，上益嘉之。二十五年，公以宮之玉皇殿弗如製，請於上，勅官新之。未幾，復廣三清殿、廊廡、三門畢具。二十七年春，賜洪鐘一。二十八年，賜壽星像凡若干軸。其年大祀，命分獻天下神祇。廿九年，分獻南岳。三十年，分獻歷代帝王，歲如式。是年春，宮中有初育兒夜輟啼，勅內侍索符，夜即止。上嘉其應，每譽於朝。廿八年，以科典試天下道士，悉度以文。未習者，命再至，人皆德之。居職凡十五年，世累一不繫，其中凡道家內文秘授若《太上實錄》《玄史》，皆捐貲廣其傳，四方聞者尤歆慕焉。蓋日潛心虛寂，處己斂約，有高視遂引之志云，故於易晝動靜，亦善知來也。多寢疾，自視若常。卒之前三日，會賓僚酌酒，極歡語，若有違世意，衆異之。未幾，示微疾終。十六日，左至靈吳葆和聞於朝，上嗟悼久之，即御製文，遣禮官祭於宮，遂殯焉。執紼者以千數，時人榮之。是年冬，吳某達京至靈亦聞之，上悼之如初，賜楮若干，爲道里費。生元辛未十有一月十八日，享年六十有七，蕣里之通真橋某山。

　　嗚呼！公生詩書家，是於玄學之有聞也。洎官於朝，遭際寵榮，雖一時之穹赫者之所弗至，而王公貴卿皆以敦厚禮之。其終始暉耀若此，亦宜矣。及柩還，而上眷不已，賫以內金。當是時，能蒙眷渥之厚迨此，復幾何人哉！吾道孰不光焉。是宜銘。銘曰：

　　有文之裔，克志虛玄。洞篆天章，志純學淵。夙被殊渥，昭祀名岳。

　旋佐道樞，益範先覺。於皇聖神，寵錫駢臻。繢衣紃綱，嘉譽如綸。

　奧論宏旨，廣探密啟。霓蓋雲珂，式降繁祉。巍巍貝宮，厥迹孔隆。

　帝曰俞哉，鎮以金鏞。榮煥其逝，神應斯契。刻銘幽扃，永昭百世。

故岳州學正倪公墓志

吾里大姓，世稱倪氏爲右族，其紆朱曳紫者，蟬聯櫛比，他所莫及也。非徒簪組之誇，詩書之澤，亦不怠焉。故於予家爲稠戚，而先輩儀型猶於默庵公見焉。

公諱日新，字晉明，號默庵。其先真定藁城人。唐尚書右丞若水之曾孫康民避兵南徙，保歙之祁門，官兵部尚書，贈魏國公。子匡義爲常之無錫令。子亞，昭宗時，爲信之雄石鎮鎮遏使。鎮，今爲貴溪縣。累官至銀青光禄大夫、御史中丞，贈奉化郡王。家鎮西之仙源鄉，即龍虎山也。歿葬其地。久之，族大以蕃，以是名倪王里。迨公十七世高祖應雲，宋沿海制置司叅議。曾祖南杰，得朱陸會同之說，元授徽州路紫陽書院山長。祖以忠舉遺逸，徵弗就。父志文，善易學。授饒州路初庵書院山長，擢鎮江路儒學教授。母張氏，黄岩知州張公與韶女也。

公幼穎敏，始就學不伍庸兒，即岐嶷如成人。徵士公每鍾愛之。建家塾曰：溪山書塾，延鄉貢進士祝先生蕃遠，甫修明理學，公從之遊，日益有得。作堂於後，以奉親學，且有聲。湖廣叅政蘇公伯修舉以茂材異等，授岳州路儒學正，以養親辭。未幾，祖若父俱歿，始有仕志。值壬辰盜起，衆推公招義保障，鄉賴以安。雖奔竄山谷，凡先世手澤必負與俱。甲午歲大歉，周貧困以粟。丙申秋，江淛行省以偉迹聞，授武略將軍、浙東宣慰司僉都元帥、同知慶元路總管府事。檄下，公曰："天已厭元，用是奚爲"，遂不赴。皇明有海宇，公年日益高，乃屏迹弗耀，即所居之東植花竹，闢園池。顏燕息之所曰：慎獨。列古書名畫彝鼎之類。風日和美，每徜徉自得。尤善博雅，素不妄接人。若井巷浮薄者，妄慢之，終不屈。翰林危公素、鄉先生張公率、盧公貞、夏公衍，皆師友之。賓至清談，竟日一言不及，世慮皆尊稱曰：默庵先生云。

洪武二十八年乙亥十一月二十又二日，寢疾終。生宋延祐辛亥九月二十又三日，享年八十有五。娶金溪周氏，先公四十年卒。子男五人：長易，以賢良舉授高州府茂名縣丞，調湖州府知事，階將仕郎。幼厚，授夔州府達縣尹階承事郎，皆有能聲。次時屬、昱、必，皆先公卒。女一人，適劉素。孫男七人，昂旦、昂景、愷晁、隆昂，爲縣庠生，俊敏有學。孫女七人，曾孫男五人：政、理、信、憲、德。曾孫女一人。以戊寅冬十二月庚申塋里之長湖山先塋之側。持其族叔祖彥敬所狀，請銘於予。予於公辱知厚義，弗辭。曩公嘗告曰："吾老且病，異日吾墓，非子誰爲銘。"予謹諾。矧諸孫之有請焉，而里閈凋謝莫斯爲甚，求公之孤風遠操，他莫之倫，九原不可作矣。誠可悲也夫。是銘曰：

繄倪受姓郳武子，槀城儒宗蕃左史。柝圭儋爵曜珩玘，維公淵靜而山峙，

披艱摧凶保閭里，夷猶卉木誓弗起。麗眉鶴軀安足止，子裕孫謀才櫃杞。

清白爾模慎無弛，碻懷雅操慨流駛。刻銘幽宮著千禩。

故神樂觀仙官傅公墓志

龍虎之稱福地也，爲道家之奧區，凡學道者皆名宗美質，斯足以翊輔教樞者焉。神樂觀提點住持傅公，諱某，字若霖，號同虛子。撫之金谿人。傅氏五季爲縣著姓。大父文，二元學錄。父

艮齋，廣東路教授。

公幼穎敏，有出塵志。甫九歲，艮齋命入山之崇玄院，師仁齋馮公習道業。既長，通經史，尤嗜符法。凡玄科眞典，靡不該究。年十五，嗣洞玄法於性安吳公，事之敬謹，盡授其要。元辛卯①，旱，公默坐間，若有神命。其出，乃登雷壇，召役天雨，已而有禱，輒應。復嗣天章靈寶法於復齋戴公。公以夢號爲驗，徐得之久。復得黃發二字，復齋異其符，遂悉授之。是年，職宮之玄壇書記。凡科典訛謬者，咸正之。丙申冬②，本院災。公之祖與齡祝公寓居東山，家益貧，公養之盡志。既祝歿，公以高道留京，聞訃，還塋，祭盡禮。庚子夏③，復旱，禱亦應。教掖授教門掌書記、法籙局書記，兼靖通庵焚修。乙巳秋④，捐己資新本院。錄諸徒相先君沖虛公入覲⑤，燕賚皆預之。洪武五年壬子，先君入覲，有旨選高道侍祠，以張鐵礦、黃象南留京。六年癸丑，公亦應是選，居朝天宮。數召對，錫燕者再。嘗應制賦詩，講《道德經》，修較道門齋科，行於世。教掖且授教門講師。禱雨雪復應。凡侍祠八年，寵眷有加。十三年庚申冬，請老還。十五年壬戌，詔設道錄司，復召赴闕，以老辭。是秋孝慈皇后崩，召予建黃籙大醮於紫金山，皆公贊協之。十七年甲子，教疏授洞玄文素貞靖法師，教門高士，龍虎山太上清正一萬壽宮提舉、知宮。十八年乙丑，有旨於龍虎、三茅、閤皂三山選道行之士，充神樂觀提點。僉推公，應召赴京。上悅，授格神郎、五音都提點、正一仙官，領神樂觀事。勅禮部鑄印如六品，命掌之。仍依階給俸。公固辭，乃已。十九年丙寅正月三日，大祀南郊，公導駕趨前，上顧曰："卿

---

① 即元至正十一年（西元1351年）。
② 即元至正十六年（西元1356年）。
③ 即元至正二十年（西元1360年）。
④ 即元至正二十五年（西元1365年）。
⑤ 沖虛公即第四十二代天師張正常，號沖虛子。張宇初之父。

年幾何？"公對曰："臣年六十有五。"又曰："卿出家年幾何？"曰："時甫年十一。"上笑曰："誠老山人也。"每歲乘輿大祀，輒道拜於前。上必呼曰："老仙官"。及還，目送者久之。是夏六月，有旨免朝。二十六年癸酉，教疏陞充本宮住持提點。二十八年乙亥，上致齋別宮趣召，仆地上，憫其老，賜還。越五日，頒誥獎之。暨辭闕，上眷餞之，居神樂者凡十年，蒙眷如一。八月，及山，始任本宮提點。逾年，謝退恬養自適，捐己帑，新鐘臺樓，作歸來軒於院南。已卯夏六月，公遍謁謝，語諸徒曰："爾等善自立，吾將返吾真矣。"未幾，示微疾，端坐而逝，七月二十有一日也。生元至治壬戌閏五月八日①，享年七十有八。嘗於石硤原築藏蛻所，建祠曰：老山人。庵前翰林編修蘇公伯衡實記之。故凡當世名卿碩儒若翰林宋公濂、中書朱公孟辨皆相善，咸美以詩文。

公能詩鼓琴，有《觀光》等集若干卷。其徒李唐真以明年某月某日塋焉。狀其實請銘於予。唐真厚善繼其志。

嗚呼！若公也贊輔我先君，暨予二世矣。其嘉猷善迹居多，敢不諾而銘。諸抑公遭際寵榮，發揚道典，始終之眷弗替。及以老而歸夷，猶泉石樂天而終，豈世之所多見也。惜公之逝，予方臥疾，不能問弔之，豈不慊然而悲乎！銘曰：

撫在五季，傳爲令宗。公生盛元，道器是充。早受玄旨，揮叱暘雨。

克紳教模，累祠皇坻。宸眷益曦，秘宮鬱巍。啟奧演範，樂音禮儀。

匪曰優耄，殊恩彌造。言旋故丘，鸞躍鶴導。再宏祖庭，金奏孔鳴。

高逝悠邈，永昭斯銘。

---

① 即元至治二年，西元1322年。

祭文

先祖妣胡氏元君遷塋祭文①

惟川嶽之英毓秀，令門物必有所歸賴焉。嗚呼！天錫淑姿，生風憲之後，配我神明家。其處躬柔惠，莅衆寬和。母儀婦則，持踐克篤。遭元盛教，興爵位穹。赫飾華耀，綺他莫與。倫而內則，相助教樞。協承寵渥，樹植鄉衆。凡廿又八年，內外戴之。其若舉弊益齎，濟困扶傾，一時皆德之至。於嗣生晚罍，食德之報，實陰有自焉。無何，罹變位移，撫鞠弱孤。匡家畢塋，時群黨爭銳，危甚一髮，卒以和順，將成保時。固本仁愛，結心嚴介。立節遂歸者復衆。晚值兵興，且募義保障，遂邇賴寧。不數載，位返教崇，先君光際天朝，均被顯榮，安享耆壽。於甲第已，而綸言薦降榮者，朝野非德博智明，足以回天寬璧。尚克是哉。比遷居三載，而壽告終。福備德全，足慰後人之心，啟當時之羨，斯亦至矣。不謂前兆弗宜厝柩壽藏之側。不逾數年，而先君仲父繼逝。若婦若孫，仰藉祖宗休靈，襲武無墜。矧以多故，不獲隨構佳城，愧罪曷省。茲卜地南山，先隴相望，幽宅信吉。靈輿將以舉道，哀不自勝。追思遺德厚恩，言孰能喻謹。陳觴以告。惟至神昭赫，埀鑒於茲，尚相我後人。嗚呼！尚享！

祭周經歷文②

維某年某月某朔日，友人張某，謹以清酌之奠，致祭於亡友後軍都督府經歷周公之靈，而言曰：

惟公之生，同里而學同門。予在未冠，其相切磋也猶馳於駿

---

① 《正統道藏》本《峴泉集》未著錄。
② 《正統道藏》本《峴泉集》未著錄。

奔。及以薦辟而仕，雖始不忍別，復遂會以究論，嘗兩告歸以憂省，實喜溢於誨諄果慰平生者，研泳古道於斯文。故出入班馬韓歐，浸灌陶謝韋陳。豈非以其所長，又厭沃於縉紳。蓋當世之凋謝若我同輩，猶晨星之麗秋旻宜。其志趣之合，非籤帙之間，則雲水之濱。況即其所踐者廓然，並見乎寸心。其居職也，能溫篤自持，以格於聖神。而莅事之謹，又能不屈於移渝，繼不勝於旅擢也。實繁夥之必親，雖恐慮之莫計，意必籌練於熟循。豈謂終乃長遊，值予會以具陳。予之處朋友之分，而情親義篤，寧不力勉於自新。曷期二旬之聚，忽死生之要，一付其屈伸。世雖謂或不得其正，而公自視者，足以守道而全身。然遂邇知識，皆惜公才學之懿。以若用之弗宜，是曠視於歸真。愧予不足以盡其託，而忍銘之以文。惟抱耿耿乎中者，徒愴慨於塵氛。期彰公之宏文麗藻，足示永以弗湮。茲乃封窆以訣別，其永違於九原，惟靈昭昭之弗昧千載，曷泯於斯言。此慟予之嗟感，惟吾道之孰存。是潔誠於一觴，其來鑒乎吾聞。尚享！

祭紹庵龔先生文

嗚呼！先生竟遂已乎！其生也，育質名冑，授業良模。在昔平盛，方駕坦途。問學該貫，味道之腴。允紹遺光，世賓我塾。於昔先猷，貞純淵穆。是晝是持，維矜維愚。克廣玄休，實禆化育。人惟求舊，足副厥資。醇篤其訓，溫粹其辭。凡我女侄，令善由基。方期久齡，豈曰遽衰。雖苦疾疢，或作或愈。伊此別懷，傾我中緒。繼茲壽康，適欣且慰。旋聞困痾，驚惻罔喻。亟趨以奔，湯液具陳。日企夕望，莫療其源。既以面訣，尤懷必存。終殞斯疾，魄義靡敦。曙星麗天，曷翳其明。芳蘭在谷，曷撝其馨。斯文凋謝，甚若支傾。矧復云亡，傷哉斯情。世豈無友，孰厚且仁，再更晨昏。靈旐茲舉，惟我伯仲，曷忘素誼。酹此一觴，泣涕如雨。清明孔昭，來格其至。嗚呼！先生哀慟何已。嗚呼！尚享！

祭曹道錄文

惟公篤生令宗，才識純裕。儒玄具師，探索淵邃。恢度益閎，辭華豐銳。從襐帝庭，衡嶽穹峙。玄教聿興，百司佐隸。宏鈔闡微，誠感神至。矧贊以文，猶啟冥戾。克大琳宮，珠輝玉麗。百工告成，金奏旋備。廣錄宣儀，幽遠咸類。帝曰爾誠，優眷彌譽。雖其寅寮，寵渥靡預。予忝襲宗，匪翊實美。篤厚友情，淳誠道義。被囍際榮，忻躍恐懼。凡厥巨微，忠深愛屢。世謂膠漆，炎涼莫諭。違別五載，馳情益累。詞札徃還，疇滌懷睎。且期晤言，疎晦是傅。曷云歲阻，驚聞哀訃。摧動寢興，形神罔顧。吾道何萎，遽失儀羽。不亡者存，千齡非駐。皇詞天漿，寵際特御。山林被光，度越前世。柰此凋謝，孰庸陶鑄。仙靈孔昭，千里歸祔。祖道郁歔，悲感交注。再瞻神容，明德沖豫。永埀休聲，以綿胤祚。嗚呼！哀哉！

祭胡贊教文[1]

嗚呼！代之輔吾教者，必才能卓立，足以翼贊其成也。惟公生於名冑，挺秀玄門。早輔我先君克成教爵，其遭際天朝，而陳綱振紀，凡經錄科典，靡不竭力相衛焉。歷職玄幕，累遷再擢。故其元勳茂迹，在一時同輩，未可倫儗。暨先君示化，予即襲教，其力於協持，視徃弗怠。故予事之猶邦家之元老，未嘗一有慢易，而衆益加尊信焉。曩貳丈席，溫静不苟。未幾，朝廷精異符籙，護以銅章，首命掌之。豈非其恭默有以至焉！及累升首席，力讓未遑，而亡何誣搆橫至，竟殞於行。是豈天之吝全其終耶？而生化之機，囿於運數而然耶？

嗚呼！使予聞訃，顛沛摧慟，哀無所容。何奪之太速，而禍

---

[1]《正統道藏》本《峴泉集》未著錄。

之遽甚也哉！然公夙探玄奧，超曠之言，其無累乎中。視生滅乃反真之遊，又豈足傷其明哉！矧其佳言麗藻，宜與冥鴻遼鶴，騰神廓寥之境，是乃不死者存，尚何悲歟？茲歸神幽宮，永隔千載。是一觴決別，以致其哀。惟靈其鑒之。

祭傅仙官文①

嗚呼！外方之學，超逸是尚。翊教之得，才必名宗而貞亮。當前元之運否，慨山林之凋喪。我先子之聿興，值皇明之大暢。首推慕於玄風，競雲從而川向。際真主之龍興，密清光於天仗。敷辭藻於文林，著靈蹤於四望。早侍祠以顯庸，校玄科而綢刱。暨予襲乎教樞，力匡持而協相。煥黃籙之標儀，振瓊音於簹鲎。累遭際以錫還，澹夷猶於峯嶂。主丈席以儀刑，屹耆英之足仰。敞宏構之清輝，鬱仙壇之穹壯。俄微疾以愆和，候返真乎鯨上。甚名山之頹靡，空撫感而悒怏。茲靈輀之介道，陳一觴以別餉。神其鑒之，情辭益愴！

---

① 《正統道藏》本《峴泉集》未著錄。

卷十六

青詞　齋意　上梁文

卷十六　青詞　齋意　上梁文

青詞

己巳年酬醮宿啓青詞

伏以天壽趨朝，仰效國恩之報；教宗負任，惟依帝造之宏。況奏陳懷預患之憂，而禍咎有横貽之變。夙攄醮禱，允藉終全。潔芹藻之一誠，會聖真之鴻澤。俯膺中惕，密徹丹忱。伏願聰鑒昭明，睿慈溥博。釋愆瑕於既往，咸錫陶鎔；集安裕於邇來，悉埀含①育。冀歆言之上格，資靈貺以潛敷。教脉延禧，協春和而日茂；皇圖介福，回陽候以時雍。

張氏明薦父青詞②

自天降質，情有禱於玄穹；由父生身，恩敢忘於幽攘[壤]③。攄忱請命，惕過陳詞。伏念先考某，生際時昌，没④逢家難。襁懷綺綉，早罹失怙之哀。步陟荆榛，粗遂賁園之託。屈誕之辰適近，云亡之日乃先。親違終養之嗟，而弟有溺淵之恨。累

---

① 《四庫全書·峴泉集》"含"作"涵"。
② 《四庫全書·峴泉集》作"張宇明薦父青詞"。
③ 《四庫全書·峴泉集》"攘"作"壤"。
④ 《四庫全書·峴泉集》"没"作"殁"。

欲陳於醮拔，竟連阻於塵鞿。爰致薦修，俾諧超悟。伏願丹書釋罪，青簡垂慈。性地朗明，悉洗無涯之沉滯；泉扃洞照，普資已徃之迷淪。凡屬含靈，均齊解脫。

酬醮早朝青詞

乾道統天，爲凡世民彝之主宰。皇中建極，啟玄科請禱之梯航。秉叩夙符，陳情昭謝。伏念臣某，傳宗未冠，襲職孔艱。灾非鼎沸之屢貽，繼嗣淵臨之數見。志實乖於修滌，躬有賴於祈禳。時歷因循，圓寶臺之萬遍；恩垂罔極，答①睿澤於一誠。仰懷高厚之慈，尤冀迴旋之造。朝儀曉肅，盟欵是酬②。伏願釋宥無方，矜容有在仙曹。錄命早育秀於春陽，玄教增暉，日齊明於景曜。洪禧誕布，巨澤咸濡。

正醮青詞

乾坤覆載，時倏屈於誕辰；科範昭宣，齋並酬③於素欵。仰希靈貺，恭致謝言。伏念臣某，嗣職年踰，撫躬夕惕。驅④馳非訟，幸身衆之復安；昭事宗祧，感繼承之未遂。晨夕之懷憂甚切，省修之勵已維新。葳醮禱於沖科，竭忠誠於宸鑒。伏願皇猷鼎固，敎脉珍符。曰壽曰康，介萱席春暉之永；宜家宜室，開蘭闈晝日之長。是慶衍於仙基，至恩臨於悃愊。年齡茂益⑤，鬐稚咸寧。

本宮大殿慶成，正醮謝恩青詞

伏以易昭大壯，是宮室之由興。道煥重離，喜殿廷之遂構。

---

① 《四庫全書·崐泉集》"答"作"畣"。
② 《四庫全書·崐泉集》"酬"作"酧"。
③ 《四庫全書·崐泉集》"酬"作"酧"。
④ 《四庫全書·崐泉集》"驅"作"駈"。
⑤ 《四庫全書·崐泉集》"茂益"作"益茂"。

仰依覆造，恭致謝忱。伏念臣某嗣職有年，省躬無補。上承帝渥，幸錫賚之寵頒；周率衆誠，賴施金之咸集。歲月之稽縻良久，斧斤之經始惟艱。獲棟宇於落成，罄衷盟於醮悃。伏願皇圖天廣，教範春暉。宜民宜人，介萬姓壽康之祉；爰清爰静，安一山寧謐之基。及慶衍於宗傳，至恩罩於鼎固。百靈拱衛，五福攸同。

懺紫微臺青詞

伏以北極拱辰，宰乾坤之生育；中天御政，司人世之權衡。恭叩真科，敬陳衷悃。伏念臣[1]某忝承宗緒，仰拜綸恩。千里趨朝，國社適逢於繼統；一心祀帝，醮修有命於薦先。矧川途驅役之艱，多星運遲留之慮。是歆寶臺之虔禱，幸符金籙之圓成。庸致懺忱，並伸酬謝。伏願紫微昭焕，潛回吉曜之暉；黄道開明，茂衍遐齡之慶。教模增顯，眷序咸寧。

懺臺早朝青詞

伏以[2]維皇上帝，總司主宰之機；欽若昊天，式重權衡之任。懼災衰之罔測，嘗懇禱以預禳。禮誥周圓，攄誠懺謝。伏念臣某，嗣承越歲，乏歷多艱。顧罪業之彌深，致憂虞[3]之疊見。照臨有赫，庸敷首過之祈；降鑒無違，是罄朝元之典。馳忱綠奏，答[4]歆玄穹。伏願皇極昭回，帝心簡在。教範光而家道泰，壽考益寧；萱闈永以眷緣昌，宗祧協慶。愆尤冰釋，福祉春融。

甲申普度酬醮滿散青詞

伏以維皇建極，幸歷事於三朝；上帝降衷，愧未修於一德。

---

[1] 《四庫全書·峴泉集》脱"臣"字。
[2] 《四庫全書·峴泉集》無"伏以"二字。
[3] 《四庫全書·峴泉集》"虞"作"危"。
[4] 《四庫全書·峴泉集》"答"作"會"。

攄誠答欸，首過陳情。伏念臣①某，早嗣仙宗，累逢昌運。愆尤山積，致貽災否之屯；疾疢日深，難保室家之好②。請禱之忱兩叩，安寧之喜再生。符闢雎正始之期，協中饋承祧之望③。庸敬酬於素欸，並追拔於先靈。爰潔蘋羞，上祈藻鑒。伏願帝臨有赫，天聽孔昭。丹簡標名，回禎祥於否曜；玉符度命，起沉滯於幽扃。教範安隆，眷緣寧逸。

普度早朝薦拔青詞

天高地厚，惟德澤之難忘；日往月來，倏古今之代謝。攄誠請命，竭己陳情。伏念臣某，襲爵懷慚，省躬悔過。追報幸資於遠邇，傷悼彌深；超遷仰及於幽冥，謝酬④敢後。所懼愆尤之莫首，必祈懺滌以均消。爰潔清朝，並周素欸。伏願九幽拔罪，五苦停酸。保命生根，咸證逍遙之果；登真樂界，全回發育之春。教範光亨，眷緣協吉。

齋意

己巳酬醮齋意

宿慶幸基，早嗣宗傳之爵；國恩是荷，歲趨聖壽之朝。慮接對之孔艱，念風濤之涉遠。仰祈醮禱，已沐玄庥。昨陳外累之除，實藉終全之祐。忽罹橫撓，旋遂安還。嘗殫禳叩之皈，並答資扶之造。伏願帝臨在上，靈降有嚴。鑒人欲之衷誠，宥積愆之瑕垢。皇圖鼎盛，日增教統之光；家祉春融，克協宗風之振。門庭彌永，寧謐咸孚。

---

① 《四庫全書·峴泉集》無"臣"字。
② 《四庫全書·峴泉集》作"猶切室家之難"。
③ 《四庫全書·峴泉集》作"協中饋閑家之望"。
④ 《四庫全書·峴泉集》"酬"作"酹"

本府年經齋意

歲曆云周，幸叨安於四序；教樞是荷，惟昭答①於一誠。況云爲多積於悔尤，而修進常疏於惕勵。若灾非土木之干，並人事疾病②之患。每陳皈叩，屢沐保全。庸遵餞臘之規，敬致酬恩之悃。伏念某均依祖澤，仰戴國恩。缺温清於晨昏，念憂勞於寒暑。匪資懺釋，曷遂首禳。伏願忱懇上通，康寧薦錫。聖域咸春，至化克揚於宗教；福基開泰，祥符允協於家庭。凡冀未來之祐，悉希大造之仁。壽永萱③華，榮齊棠萼④。

圓臺酬醮齋意

洪武二十五年降香華蓋山。

帝命寵臨，爲儲君而請福；微躬疾困，賴慈母以祈安。況官非誣横之干，有遠涉風波之慮。省己宜於恐懼，希恩必以祈禳。神祐默扶，醮盟是踐。伏願天錫洪庥，星暉景緯。家慶日增於遠大，仁壽同躋；邦基時協於隆平，睿謨⑤克廣。萱闈椿永，棠萼⑥蘭馨。

建溥度齋意⑦

伏念某早嗣仙宗，累承帝渥。祖宗功德，愧未報於初心；言

---

① 《四庫全書・峴泉集》"答"作"會"。
② 《四庫全書・峴泉集》"病"作"痾"。
③ 《四庫全書・峴泉集》"萱"作"馥"。
④ 《四庫全書・峴泉集》"萼"作"棣"。
⑤ 《四庫全書・峴泉集》"謨"作"慈"。
⑥ 《四庫全書・峴泉集》"棠萼"作"棣鄂"。
⑦ 《四庫全書・峴泉集》"溥"作"普"。

行愆尤，慨莫伸[1]於寸善。各從傾逝，罔測昇沉。兼酬[2]祈懇之誠，益重勛勞之念。庸資薦拔，並遂首禳。惟大德之好生，實不言而善應。伏願東極垂慈，南炎受煉。玉符金簡，即開五户之明；丹界朱陵，洞焕九幽之燭。恩覃有造，澤被無窮。

甲申普度酬醮齋意

伏念某忝承仙緒，叨歷聖朝。極慚罪業之深，莫遂愆瑕之滌。顧病痾之久困，致家室之靡寧。叩兩歊以攄誠，幸百靈之有格。恭陳菲醮，上答宸庥。伏願聖造昭回，帝心簡在。悔尤蠲釋，旋否癘之亨通；幽壤開明，運慈悲而超悟。教風鞏固，家慶蕃昌。凡在甄陶，均祈生育。

圓臺建醮誠意

日照月臨，皆機衡之所囿；陽消陰長，恐憂患之靡寧。仰期潛回，厄運之屯。敬致上籲，昊天之禱。禮誥懼稽於四載；始生特達於一誠。報歊愆期，酬恩俟命，伏願皇覽昭明，帝慈溥博。教統永隆於山嶽，五福咸臻；宗風益茂於蘅薇，百祥駢集。灾非冰釋，嘉慶春融。

上梁文

三清殿上梁文

伏以三境神洲，珠黍現虛無之上界；五陵福地，宗壇開龍虎之名山。昨逢塵劫之推移，復睹奂輪[3]之壯觀。帝恩罔極，道化無

---

① 《四庫全書·峴泉集》"伸"作"修"。
② 《四庫全書·峴泉集》"酬"作"酧"。
③ 《四庫全書·峴泉集》"奂輪"作"龍虎"。

方，欽惟皇帝陛下，乾坤同大，日月並明。經綸正始於萬方，文軌會歸於四海。豐功盛德，大成至治之基；聖子神孫，益廣皇猷之永。玄門推重，華構維新。仰惟三清三境天尊，虛無至真上帝。位三界之元尊，爲萬天之主宰。玄元始成文而有象，梵清景結炁於無窮。紫檢丹書，闡十極九霄之內典；金科玉律，衍七經八緯之靈章①。是龍文鳳篆之彰，致虎衛鸞驂之會。象貝闕琳宮之遐仰，聳旋臺蘂閣之雄瞻。不日而成，於斯爲盛。再惟神樂觀仙官，本宮住持傅提點②，蓬閬仙姿，煙霞儀表，振青瑣紫宸之步，領雲門大濩之音③。多貴達之經營，實山林之柱石。再惟道錄司主領提點，左演法曹尊師。黼黻文章，宰玄綱之樞轄；噓呼風雨，握秘笈之機衡。日承寵錫之繁，深竭謀維之力。又惟住山提舉李尊師，玉韞山輝，珠藏淵潤。探玄科於法海，輔教席於清都。暨總務之群才，及施金之多士。佳聲俊望，嘗光霽於明時；美譽芳馨，共清揚於化日。斯神道之設教，而風霆以流形。煥然繡柱雕甍，凌空耀日；偉矣彩楹綺戶，擁霧迴風。高明合景於始青，空洞混真於大赤。奇峯靈岫，儼蛟騰鳳騫之儀；疊轂高幢，聳霞繞雲蒸之勢。宜萬靈之環拱，實千載之宏規。爰舉修梁，敬陳善頌：

　　梁之東　五雲瑞氣靄空濛，日華烜耀金銀闕，山嶽交輝萬壽崇。

　　梁之南　千峯萬岫翠堆藍，霓旌羽節浮空下，一黍高懸北面參。

　　梁之西　瓊林瑤草白雲齊，靈巖列秀青城表，萬劫丹光接太微。

　　梁之北　象籙圓高天一色，漢壇玉局萬靈尊，福著皇鼇朝

---

① 《四庫全書·峴泉集》"靈章"作"文章"。
② 《四庫全書·峴泉集》"傅提點"作"提點傅"。
③ 《四庫全書·峴泉集》"濩"作"護"。

萬國。

梁之上　霧輦霞車鸞鵠仗，玉京縹緲太清家，神明區奧非無象。

梁之下　洞訣神經遵妙化，虛皇壇上月華明，靈璇四擁真仙駕。

伏願上梁之後，皇圖益廣，玄教增輝。四宇八荒，均被涵濡之澤，群黎萬姓，咸資清靜之風。道域無窮，仙宗有永。

勅建祖師殿上梁文

伏以炎漢教興，龍虎乃神仙之官府；留侯系出，圭璋爲世胄之典儀。夙崇天闕之皈①，寧拒劫塵之換。人謀注久，帝力維新。欽惟皇帝陛下，九五開圖，一元正統。宏模巨智，立皇極以建中；盛德豐功，總天官而授曆。湯武之鴻基益振，漢唐之茂績斯張②。懷禹貢以來廷，集虞韶而制禮。而儲器正元良之望，兼親王隆國社之安。宜華夷咸樂於雍熙，而道域特沾於殊渥。謀猷日廣，柱石天開。恭惟祖師正一沖玄神化靜應顯祐真君，道尊玄省，教闡清都。神炁風霆，實冠冕三山之重；簪裾劍佩，著源流奕世之宗。累斂福於邦民，是培芳於嗣胤。矧際天朝之優眷，頓宏神宇之雄瞻。千載洪規，一時壯觀。再惟將相良才，閫垣英質，及四方之碩德，同一代之休光。斯道其有在焉，至神而無方也。六合天經而地緯，五城日烜以雲從。嘗驅龍吏以運偉材，旋捧鶴書而求碧瓦。奇木既成於月府，南金時至於雲庭。紫府十二天，幻成蓬閬；瑤京三萬戶，移自方瀛。宛然貝闕丹臺，廓矣蕊階瓊殿。鳳麟洲渚，春融三島而迴；鸞鵠旌幢，樂徹九清而下。駢虹駕霧，耀電

---

① 《四庫全書·峴泉集》"皈"作"歸"。
② 《四庫全書·峴泉集》"張"作"彰"。

摩霄。非山川壯麗，無以表師相之尊；由地位高明，是①足冠人天之仰。故靈祇拱衛，風雷長挾於仙都；而珠璧鮮張，星漢上通於帝所。瓊書琳札，惟許葛之可方；璧薤金莖，或茅丘之足擬。當披承四十三傳，復建立千五百世。雖神運之有孚，亦地靈之所至。因時而就，不日而成。六偉敬陳，雙梁用舉。

梁之東　炁分光嶽道猶龍，春回曆象朝暾麗，盡在和風②長養中。

梁之西③仙臺巖岫與雲齊，碧池瓊樹煙霞表，時有天書降紫泥。

梁之南　塵湖高與華衡枀，雲旌霧節排空翠④，日護長生白玉函。

梁之北　道祖飛神超莫測，絳衣魚鬣儼層霄，漢家自古神仙⑤宅。

梁之上　列帝高居千仞廣，靈璈時謁太清遊，玉府樞機傳世掌。

梁之下　虎衛龍翔羅鳳駕，玉書光照五雲中，億劫空同非晝夜。

伏願上梁之後，聖壽天長，皇圖鼎盛，輔東儲之光大，濟寰宇之謐寧。勳名期將相於蕭、曹，家業冀士民於楊、郭。福瀰川海，玄風克振於丕基；德著璠璵，教脉益隆於震器。宗壇有永，道化無方。

---

① 《四庫全書·峴泉集》無"是"字。
② 《四庫全書·峴泉集》"和風"作"春風"。
③ 《四庫全書·峴泉集》"梁之南""梁之西"位置互倒。
④ 《四庫全書·峴泉集》作"雲旌霧節非才空翠"，是"排"誤作"非才"所致。
⑤ 《四庫全書·峴泉集》"神仙"作"神明"。

三門上梁文

　　伏以龍虎名山，著清虛之福地；鳳麟別島，開廣大之法門。昨經離焰之灾，是復鼎新之建。道模①克顯，神化用昭。仰惟三境高尊，十方列聖，祖師正一沖玄神化靜應顯祐真君，啟正一之宗風，闡玄元之妙化。得山峙川流之形勝，弘天經地緯之矩繩。寶訣瓊文，衍千五百年之仙胄；珠宮貝闕，崇二十四治之神功。門通日月之往來，戶象乾坤之闔闢。奐輪斯美，陟降是臨。再惟神樂觀仙官，住持傅提點②，北闕歸來，領煙霞之舊席；東山燕息，衣雨露之殊恩。嘉焕號之顯榮，實玄門之儀表。再惟住山提舉尊師，玉質金聲，上謁龍章之黼黻；明珠完璧，儼居鶴署之經綸。其贊畫於大成，尚謀猷而有永。再惟道錄提點，左演法曹尊師③，文史清標④，風霆偉度。寵錫金鏞之重，恩覃寶閣之尊。尤匡贊於山林，是相成於棟宇。暨神寶之職司，及良工之才轄。豊功偉迹，宜光輔於玄樞；美擢佳聲，共大膺於清選。惟人有物而有則，蓋神無體以無方。赫然綺閣雕楹，排雲擁霧；倏爾璇題壁繪，飛電騰空。琅璈協駕於霓旌，閣道降靈於羽節。琳峯琪樹，藹龍翔豹躍之姿；雲佩霞裾，儼鶴佇鸞趨之步。斯百靈之拱衛，乃萬姓之瞻依。快舉雙虹，特陳六偉⑤。

　　梁之東　日華朝聳海暾紅，靈壇儼有風雷護，紫氣浮關曙彩中。

　　梁之南　丹輿絳節下鸞驂，明庭遠錫天香降，帝闕綸音耀寶緘。

---

① 《四庫全書·峴泉集》"模"作"摸"。
② 《四庫全書·峴泉集》作"住持提點神樂觀仙官傅"。
③ 《四庫全書·峴泉集》作"又惟道錄提點尊師左演法曹"。
④ 《四庫全書·峴泉集》"標"作"襟"。
⑤ 《四庫全書·峴泉集》"偉"作"律"。

梁之西①瓊林爽氣藹巖霏，瑤壇夜燭丹光徹，金井靈泉噀紫微。

梁之北　蕊殿朱楹開瑞色，虛皇真境聳中天，琅函遍度群靈格。

梁之上　雲漢昭回來彩仗，玉京縹緲五雲浮，邦國鴻釐符有象。

梁之下　羽佩朝珂須並駕，玄風四海啟民瞻，五福咸歌均聖化。

伏願上梁之後，皇圖②天廣，玄德春暉。百福千祥，均戴陶鎔之澤；五風十雨，悉皈③覆育之中。道化丕彰，真風益振。

正堂上梁文 ④

伏以周穆建草樓，仙品位尊於上爵。漢高賜大第，邑封顯著於列侯。由大教之始彰，得茲山之最勝。代思偉觀，繼作維新。耆山高士，早振玄綱。冹蒙天眷，演濟世神明之化襲，傳家靜謐之宗紫。禁楓宸累，際天顏之優渥；瓊函蕊笈，嘗披秘典之精微。宿志有符，高風足挹，脫穎謂出群之驥，處錐猶履薄於冰。念報國之在躬職勤頌禱，顧匡家之是任意必恢弘。涵泳滄溟，究性命本源之學；菑畬淵海，探古今子史之言。千燈無處，非禪一塵忘言。是道煉已得，丹中符火，康時猶掌上風霆。悅古多金石之文詞，資學每縉紳之言論，丹青特胸中丘壑，毫墨乃筆下虬龍。居客盈門，家藏充棟。因悚王侯之愛敬，莫辭朝野之聲華。詞林錯比於鄭虔，冊府敢追於張烈。富貴蓋源流相續，謀謨在胃宇所鍾。得失與時而盈虛，剛柔視易之終始。此非曠視於高明，是乃怡情

---

① 《正統道藏》本無"梁之北""梁之上"句。
② 《四庫全書·峴泉集》"圖"作"獻"，
③ 《四庫全書·峴泉集》"皈"作"歸"，
④ 《正統道藏》本無此文。

於閑雅。言葺其宇寧無穹，簷廣廈之足居。有悅乎心，別愛翠水丹崖之可鞠。信可樂也，其有待焉。況爲留國之故基，永賴川靈之默相。幸成輪奐，喜就謀謨。仰惟聖主洪恩，王庭大德，內緘之寵錫歲承。再惟玄門上宰，烈祖休光殊澤之滋腴日至。惟廛湖峯若帝座，尊其華，山麓如雲屏秀，孰匪千生之慶允，祈百世之昌。清恬有契於輞川，錦繡何慚於金谷。遊巖歸隱，寧期高帝之招於頓山。居不吝戴符之價，汀梅雪霽，覽重洲遠渚之衡湘，簪桂秋高對絕巘層巒之嵩華。月露清華，雲煙吞吐，總是詩情文思；波瀾起伏，水木蒼森，都存道味天機。送飛鴻，招黃鵠，寫懷聊適於冰絲；鏘羽佩，度瑤笙，洗耳間聞於靈籟。曷儗追周柱下史，敢自謂羲皇上人。孰不云賢配之助多，其勿訝後昆之託晚。山川用回佳運，歲月允協良辰。且美且完，爰居爰處，必效《南華經》肆奇言，而道大須如《鶡冠子》栖深谷以書成。嘉猷遠播於流芳，先範有光於前席，且桓榮藉稽古之力，故陸贄有克家之稱。爲我嗣焉，必吾志也。今則立柱，迎霄舉梁，耀日衆陳，六偉之章。敢布一言自述，助爲巴唱，以發郢歡。

　　梁之東　象山積翠日華中，此心瑩徹如淵鑒，千古無傳妙理同。

　　梁之南　塵湖高聳碧堆藍，翠峯萬疊爭朝拱，奕世簪纓與並叅。

　　梁之西　圖書萬卷照青藜，方瀛只許仙家住，一曲川流即剡溪。

　　梁之北　上界星河繞樞極，爐熏朝夕耿丹心，百代清芬戴君德。

　　梁之上　幻出仙都非罔象，雲宮天闕望非遙，吾道虛空與同量。

　　梁之下　絃誦雍熙美朝夜，紫芝瑤艸遍崆峒，琴書自足娛清暇。

伏願上梁之後，皇圖鼎盛，萱壽春榮。慶衍宗祧福祉，所綏之有永壽。綿家室禎祥，戀集之天來瑤華，茂蘭玉之芳神構。冠宇寰之仰，束書雲塢。其樂只於，玄珠授訓。雪庭尚資，崇於文憲。道隆川嶽，德著璠璵。

後堂樓上梁文①

伏以地位清高，留國著仙家之第宅；天基廣厚，漢壇開道統之謀謨。偶崇樓閣之瞻，適壯山川之觀。皇恩罔極，祖澤彌深。耆山逸士，師友淵源。琴書興味，風霆氖脉。抱一極於黃中，海嶽矜情。擅一丘於方内，許、葛之玄蹤。莫繼班、楊之儒雅，益勤懷帝握於寬閑。仰先猷於静謐，爰輯奐輪之美構，式符燕處之良辰。馬周市宅，來棟宇於瀛洲；徐鉉盡貨，易林丘於玄圃。訓子尚容於晚節，館甥允協於明時。言優片玉，何招議於郗超；義重千金，曷足慚於裵楷。松柏色輝於璧府，椵楠焕彩於丹丘。宛然芝館薇垣，宜此雀屏鴈幣。花臨綺席，陽回鶴圃之春；菊綻瑤階，雨霽鵝池之月。飛雲擁霧，麗日幹霄。非溪山勝概，無以盡登覽之雄。由圖籍駢繁，是足極探研之用。故衣翩鶴氅，招楊、許於三神；而曲度鸞笙，候佺期於八表。無偏無黨，庶王道之可遵；有德有言，其斯文之是重。高興豈倫於庾亮，宏襟尚美於陳蕃。多懿範之匡維，亦忠誠之贊畫。遂吾託矣，不日成之。快舉雙虹，用陳六偉。

梁之東　日華烜彩五雲中，春回川嶽和風動，佳氣從今長鬱葱。

梁之南　溪山列秀翠於藍，地靈拱衛雄今古，鳳翥蛟騰降斾驂。

梁之西　蓬島瑤華接太微，天禄圖書開璧府，神光五夜照

---

① 《正統道藏》本無此文。

青藜。

　　梁之北　山聳薔薇戴留國，琪花瓊樹四時春，氣勢何須並秋色。

　　梁之上　烈祖休光垂上相，雲霞星漢接空冥，孫枝世世居蓬閬。

　　梁之下　奎璧文章光照夜，繼承端在振家聲，清白應殊珠玉價。

　　伏願上梁之後，睿算天齊，萱齡日永。家室遂燕安之樂，宗枝蕃嘉慶之祥。真風益振於熙朝，盛業遂垂於名代。箕裘奕世，福祉千春。

附録一 《峴泉集》版本述略

張宇初（1361—1410），字子璿，江西貴溪人。龍虎山正一道天師第四十三代傳人。洪武十年（1378）襲掌道教。永樂八年（1410）卒。著有《峴泉集》（原作《峴泉亭集》又作《峴泉文集，》）。最早著録《峴泉集》的，是明初天師張正常（張宇初之父）撰，萬曆年間張國祥刊《續補漢天師世家》一書，其卷三云："著成《峴泉文集》二十卷"，遼王〈朱植〉盛嘉之，永樂五年（1407）爲書作序並梓刻。遼王《峴泉集》序云："真人學行淵邃，資識超穎，貫綜三氏，融爲一塗。旁及諸子百家之言，靡不暢曉。故其發爲文辭論議，雄邁偉傑，讀之令人擊節不已。"又云："其文如行空之雲，昭回絢煥，變化莫測，頃刻萬狀。曄乎其成章也，又如入秋之水，膏停黛蓄，微風興波，萬頃一碧，湛乎其泓澄也。詞賦詩歌，又各極其婉麗清新，得天趣自然之妙，可謂兼勝具美矣。"今序文存而刻本已不可見。

萬曆年間，編著《道藏》，道界學者整理修葺，裁爲十二卷，刻入正統《道藏》，視爲官修正刻的《道藏》本。

崇禎元年（1628）五十一代天師張顯庸（一作顯祖）重校刻，改爲六卷。視爲崇禎本。崇禎本，今存北京大學圖書館，《明別集叢刊》引爲底本，另一本存南京圖書館。

乾隆十九年（1754），五十五代天師張昭麟又重刻，其例言曰："清康熙初，書板燬於兵，書亦少存者。惟從伯元遠僅藏一部，後……又失去一帙"，是知明末清初。張元遠藏有一崇禎殘本。

明有著録可循者《明詩綜》《明史·藝文志》作二十卷。《天一閣書目》著録有二十卷，鈔本。《千頃堂書目》作二十四卷，《江西通志》著録亦二十四卷，嘉靖晁瑮《寶文堂書目》著録四卷。

乾隆十九年（1754），五十五代天師張昭麟又重刻，張昭麟曰："從伯元遠僅藏一部，後……又失去一帙，遍覓數年乃得，……從借抄補，今得而繕寫付梓。"

張昭麟重刻本是崇禎殘本的抄補本，後歸張學齡。

版式爲每頁十行，行二十字，白口，左右雙邊，版心上鐫書名。

卷端題："明四十三代孫天師張宇初著"。後有永樂五年（1407）程通《峴泉集序》、崇禎戊辰元年（1628）鄒鳳梧《峴泉集序》、崇禎四年（1631）文震孟《峴泉集序》。乾隆十九年刊本存武漢大學圖書館、江西省圖書館、上海圖書館、復旦大學圖書館、中國社會科學院文學研究所圖書館。

乾隆四十三年，朝廷編譔《四庫全書》，天師府爲江西巡府新編，審慎地僅以所作雜文爲主，補入墓誌、頌、題跋、祭文、上樑文、騷幾章節，掇拾成四卷。《峴泉集》詩文遺韻，二十卷之舊已不復存。

綜上所觀，峴泉集起始爲二十卷，後遞減爲十二卷、六卷、四卷、存今之本，只有崇禎本是足本，崇禎本爲坊間私刻，雕板油墨欠佳，況歷世久遠，頁面澷瀝，字迹多有模糊，甚者書中間有錯版竄行的現象，致文不能讀。因此，我們選用官修正刻的《道藏》爲底本，參以《四庫》《崇禎》本，及有關史志、文集、碑銘文獻等，按現今文集體例，重新分類，彙編成二十七類十七卷，並附以張宇初譔《元始無量度人上品妙經通義》和《道門十規》，唯于他的大量詩作（崇禎本收錄約九百首），考其內容，包括山居述懷、風物題詠、朋輩賀贈、師友題跋，我們僅依《道藏》《明詩綜》《明詩評選》《列朝詩集》《石倉歷代詩選》《龍虎山志》等有關文獻所甄選的較爲精萃的詩篇近五百餘首收錄之，以期窺一斑而知全豹也。

道藏本與四庫本對照表

道藏本	四庫本
全　無	目錄 目錄 書序
同四庫本 未署名 同四庫本	金華王紳 遼王 程通
卷一：雜著 同四庫本	卷一：雜著
卷二：記序 缺十四篇：《資深堂記》《倪氏東園記》《安素齋記》《頤萱堂記》《歲寒亭記》《孝節堂記》《澄清堂記》《尚義堂記》《三峰堂記》《端本堂記》《易書齋記》《杏林軒記》《存有齋記》《思植軒記》。《順慶堂記》	卷二：記序
卷三： 墓誌　此類全無。 説　　同四庫本 傳　　同四庫本	

续表

道藏本	四庫本
書　　缺十篇：《通彭先生書》《通蘇編修書》《通徐教授書》《通吳待制書》《通程訓導書》《通倪教諭書》《通王博士書》《㑹張司業書》《回吳文正公宅求親書》《回吳宅定聘書》。	
頌　　缺：《華陽吳先生七十壽頌》《黍珠龕頌》（《全集》）。	
銘：同四庫本	
贊：同四庫本	
題跋：全無	
卷四：	
祭文　全無	
青詞　多《懺紫微臺青詞》，餘同四庫本	
齋意　同四庫本	
上梁文　少《正堂上梁文》《後堂樓上梁文》	卷三：墓誌、説、傳、書、頌、銘、箴、贊
普説　同四庫本	
疏　　缺七篇：《本山上清寺修路疏》《上清市五通廟題緣疏》《臨川寶應寺題緣修造疏》《南唐虎溪東林寺題緣疏》《神霄雷閣長明燈疏》《南城縣南山圓名寺佛殿像堂疏》《資國寺題緣修造疏》。	
賦　　缺《求志賦》。	
騷　　全無	
操　　同四庫本	
詩	
歌行　缺三十二首，同三首，《橐龠子歌》，《方壺真人奇峰雪霽圖》。	
《孝節行爲黃貞婦賦》，	
	卷四：

续表

道藏本	四庫本
	卷四：
	祭文
	青詞
	齋意
	上樑文
	普説
	疏
	賦
	騷
	操
	詩　缺全部五言古詩一零五首
	歌行
	缺全部五言律詩
	缺五排一首
	缺七言律詩
	缺七言絕句
	詞
詞	
同四庫本	

2013年，黃山書社出版3沈乃文主編的《明別集叢刊》，第一輯中收録《峴泉集》六黨。標《崇禎本》。

附錄二　元始無量度人上品妙經通義[①]

明四十三代天師張宇初撰。四卷。收藏於《正統道藏》洞真部玉訣類。

元始無量度人上品妙經通義卷之一

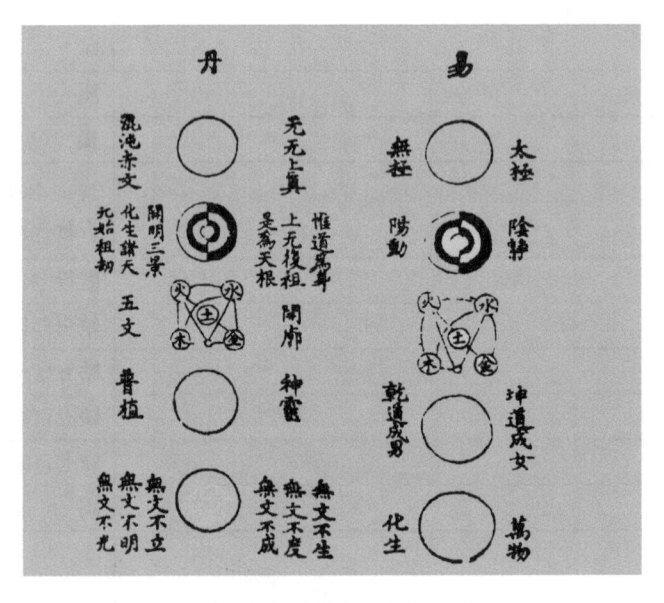

太極妙化神靈混洞赤文之圖

---

① 《元始無量度人上品妙經通義》見錄於《正統道藏》洞真部玉訣類，是少見的張宇初解經之作，學界也少有人注意，故附錄於此。

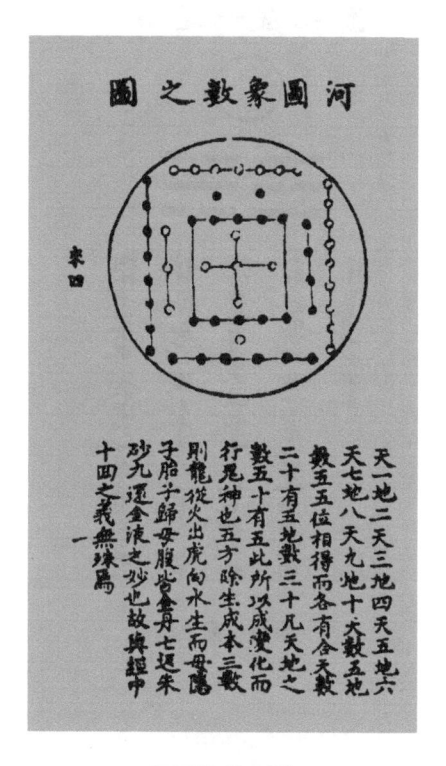

河圖象數之圖

天一地二，天三地四，天五地六，天七地八，天九地十，天數五地數五，五位相得而各有合。天數二十有五，地數三十。凡天地之數，五十有五，此所以成變化而行鬼神也。五方除生成本三數，則龍從火出，虎向水生，而母隱子胎，子歸母腹。皆金丹七返朱砂、九還金液之妙也。故與經中十四之義無殊焉。

《抱樸子》曰：玄牝一家者，非心、腎、鼻、口、肝、肺、谷道、膀胱、泥丸。知此一竅，則冬至火候，藥物沐浴，脫胎結胎，皆在此矣。此竅即雷霆之竅，得之則雷霆樞機，不必外求也。至人沖舉，所用在此。道法感通，特餘事耳。

雷爲天之樞，其性善，其主生，其體陽，其象陰，故甲丙庚壬爲陽雷。

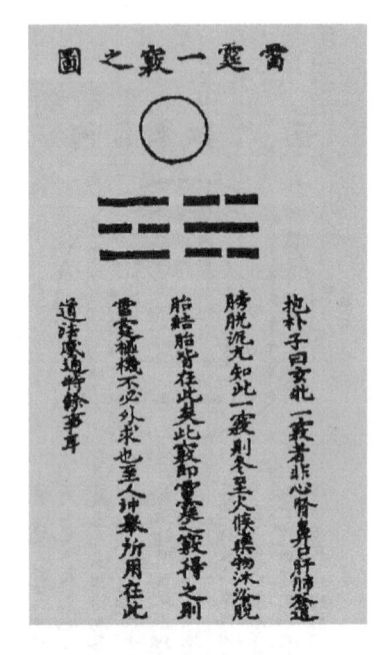

雷霆一竅之圖

抱朴子曰玄牝一竅者非心腎鼻口肝肺還
脬膀胱泥丸知此一竅則冬至火候藥物沐浴
脫結胎背在此矣此竅節當雷霆一竅得之則
雷霆樞機不必外求也至人神氣所用在此
道法感通特餘事耳

雷霆一竅之圖

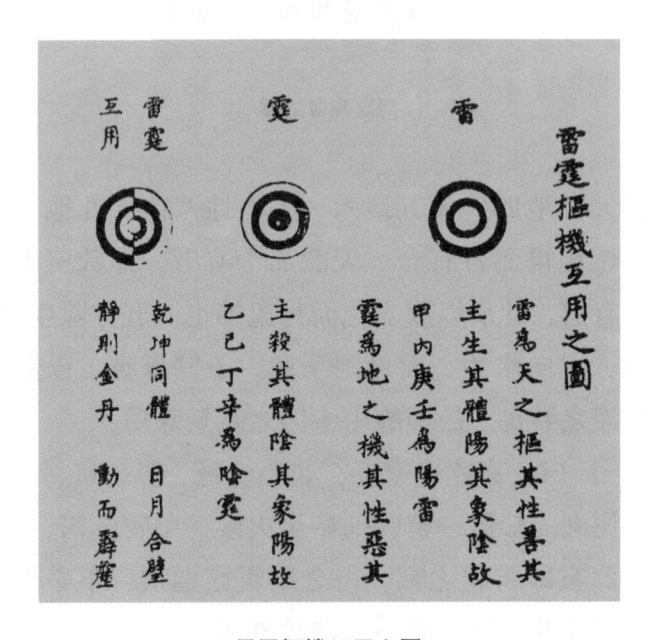

雷霆樞機互用之圖

雷爲天之樞其性善其
主生其體陽其象陰故
甲丙庚壬爲陽雷
霆爲地之機其性惡其
主殺其體陰其象陽故
乙己丁辛爲陰霆
乾坤同體 日月合璧
靜則金丹 動而霹靂

雷霆樞機互用之圖

霆爲地之機，其性惡，其主殺，其體陰，其象陽，故乙己丁辛爲陰霆。

雷霆互用

乾坤同體，日月合璧。静則金丹，動而霹靂。

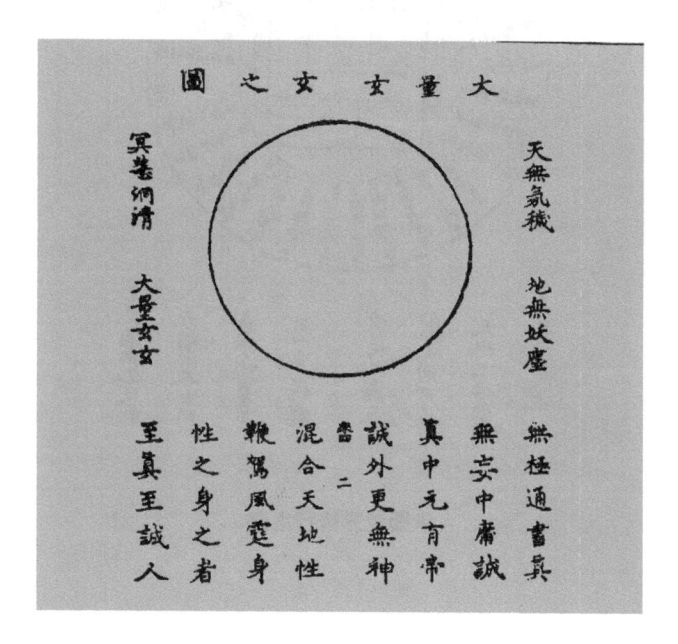

大量玄玄之圖

天無氛穢 地無妖塵

冥慧洞清 大量玄玄

無極通書真，無妄中庸誠。真中元有帝，誠外更無神。混合天地性，鞭駕風霆身。性之身之者，至真至誠人。

此圖與先天卦方圓圖合，中間每眼是靈書中局一字，併與前彼二圖互觀之，則可見天地之妙，圖不盡意也。

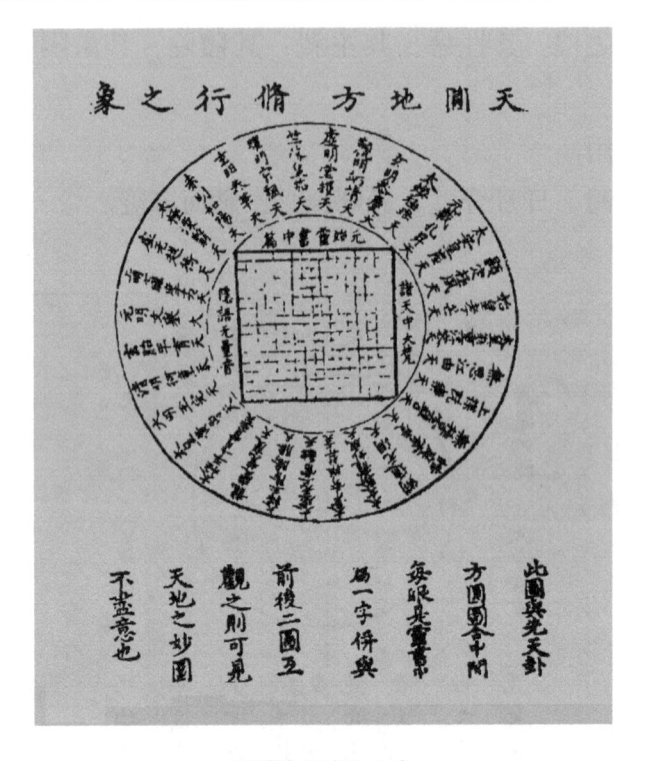

天圓地方脩行之象

太上洞玄靈寶無量度人上品妙經

　　正一嗣教道合無爲闡祖光範真人領道教事四十三代天師張宇初註

　　太者，大也。上者，尊也。無上之上，是爲極尊。洞玄者，品秩之稱。經有三洞：洞真，元始主之；洞玄，靈寶主之；洞神，道德主之。此經本元始所宣，而道君紀錄，故標"洞玄靈寶"，而正經止云"元始無量度人上品妙經"，所以別前、後序。道言，乃道君之言也。合而命曰"太上洞玄靈寶"，以由道君承元始之旨。"無量度人"，即一卷之目。三洞之中三十六部，此經爲首，故曰上品。妙者，至精至微，玄奧難極也。經者，徑也，日用修真共由之道也。内而修之曰丹，即先天真一之祖炁也。上無復祖，惟道至尊。洞者，空洞明徹；玄者，湛寂幽微。靈乃真性長存，寶乃元命流行。能修之於身，則能度人，所度無窮，非可限量也。夫證上乘之道，不離乎自心。此心即道即經，是以虛靈無礙，而度人無量矣。

道言：昔於始青天中碧落空歌大浮黎土，受元始度人無量上品。

道言者，太上玉晨道君之言也。此前序之題，乃道君述昔受經始末，紀載成篇之因。始青者，東方九炁青天也。乃神霄九天之一。此天梵炁所凝，碧霞廓落，故曰碧落。碧霞之炁，凝爲瓊林瑤樹，靈風鼓蕩，自成空洞之歌，是曰空歌。大浮黎土即東極國名。道君謂我昔於始青天浮黎土，受元始天尊妙經，廣度天人，是爲無量上品。夫土，中宮也，玄關也。其數居五，爲天地萬物之祖，故百昌生乎土，終乎土。此吾玄關，即寶珠也。元神，即元始也。萬有生化無窮，皆由乎是也。始青，木之象也。火，龍也。震數三，乾初索而生長男，猶春居四序之首，萬物以之而發生也。然一初生水，水生木；二乃生火，火由木生，此五行循環，生生無窮之理，可謂著矣。

元始天尊當説是經，周迴十過，以召十方，始當詣座。

元猶乾元、坤元也。先乎天地而天地由之以生，是爲萬化之始，萬彙之祖，乃虛皇天尊之應號，是爲諸天之尊也。當是時，演説度人經教，周行十過，以召十方上聖高尊，大會黍珠之中，敷揚妙蘊，始乃就座而説經。夫元始即法身之祖炁也，元神也；所謂不壞真空，本來自性也。當説是經，即祖炁爲丹之體，元神不昧則天命流行而不息，周流六虛，動靜無端，往來不已，是乃周迴十過。十過者，生數五，成數五，十乃天地之成數也。修丹以十月而後成功。十方者，乃一三五七九，陽也；二四六八十，陰也。此爲還丹之妙用。而玄關之中，真陰、真陽之炁既濟，則一身百脉輻湊川流，猶十方真聖不召而集矣。

天真大神、上聖高真、妙行真人、無鞅數衆，乘空而來，飛雲丹霄，綠輿瓊輪，羽蓋垂蔭，流精玉光，五色鬱勃，洞煥太空。

凡無鞅數衆之真仙，乃五億諸天日月星宿、天真地祇、天地水府、三界十方仙真聖衆，不可以數度之。一時皆乘空而來，御空躡梵，不行而至。飛雲丹霄，駕三素之雲，乘絳霞之炁，輪輿羽蓋，皆真聖一時之神化，百態萬狀，靈變莫測。流精玉光，五色鬱勃，流晶三光之輝，交映玉光，仙真之圓象洞明，是以五彩交烜於太空，煥明洞徹。內而修之，金母既返神室，則以神攝炁，以炁鍊神，鉛汞擒制，陰陽攢簇，是即千真萬聖之來會也。須臾，金火交輝於神室，內外朗徹，流精炫彩，五色煥爛於太空矣。

七日七夜，諸天日月星宿、璇璣玉衡，一時停輪。神風靜默，山海藏雲。天無浮翳，四炁朗清。一國地土，山川林木，緬平一等，無復高下。上皆作碧玉，無有異色。

七乃火數，即七返之義也。《易》曰：七日來復。凡數遇七必復。先儒曰：陽生於子，陰生於午。自午至子，七而必復；乾坤消息之理也。以一日言之，自午時至夜半，復子時。以一年言之，自五月一陰生，至十一月復子月。以一月言之，自午日凡七日，復遇子日。此天道運行之定數也。諸天，即三十二天也。日月星宿、璇璣玉衡者，周天星辰與中斗七星也。一時停輪者，天體渾淪，運轉周流，無一刻之息。至是時乃停輪息轉，即復歸其根，中行獨復也。以其靜而來復，息不出入，是以神風靜默，情慮頓消，氣無上下，猶山川之大雲霧俱藏，天之浮翳亦除，則四炁朗徹。一國地土，即浮黎土也。山川林木、緬平一等，無復高下，當說經之際，神凝目定，脉住心停，性復情冥，萬機俱泯，則皆緬平一等。自性如玉之瑩，了無異色矣。學者能忘形絕慮，萬有皆空，體性湛然，一真獨露，則一身之景象，百脉皆停，真鉛現彩。是謂土皆作碧玉矣。玄師曰：此乃大定，神光湛然，見玉清之境是也。

衆真侍座，元始尊玄坐空浮五色獅子之上。

元始者，元神也。玄坐者，神室也。故空浮去地五丈，不著於物相也。五色者，妙化之炁也。獅子者，心知也。衆真侍座左右，元始法身玄坐空浮，五炁朝於絳宮。五色朗明，即元神居於神室，冥心攝炁，三界混融，心知明妙，洞朗太無，則五方之色交映中黃之宮矣。

說經一遍，諸天大聖，同時稱善，是時一國男女聾病，耳皆開聰。說經二遍，盲者目明。說經三遍，瘖者能言。說經四遍，跛痾積逮，皆能起行。說經五遍，久病瘤疾，一時復形。說經六遍，髮白返黑，齒落更生。說經七遍，老者返壯，少者皆強。說經八遍，婦人懷妊，鳥獸含胎，已生未生，皆得生成。說經九遍，地藏發泄，金玉露形。說經十遍，枯骨更生，皆起成人。是時，一國是男是女，莫不傾心，皆受護度，咸得長生。

金丹九轉之功，以十月爲胎圓神化。河圖生成之數，自一至十而生生無窮。洛書變用，除十縱橫，一五一十，此蓋天地五行不易之定數也。萬物萬事，豈能違哉。故說經一遍者，天一生水也。水孕於乾金，故子居母腹，是曰空炁金胎也。天地萬物皆由是而生，蓋水爲數之始。諸天大聖同時稱善者，諸天皆欣讚也。能使一炁周流，百神俱暢矣。一國男女者，猶一身陰陽之炁也。其炁既舒，聵者自聰。且坎爲耳，一數既周，聾者自疏通矣。說經二遍者，地二生火也。火孕於巽木，故母隱子胎，是曰木火同位。且離爲目，二數既周，離明洞煥，目無不明矣。說經三遍者，天三生木也。震木孕於艮水，且音屬金，金本剋木而反寄胎金鄉，是木絕於申，而胎於酉，此蓋木中藏金之象也。金木受制則必鳴，是以瘖亦能言也。說經四遍者，地四生金也，兌金孕於坤土，故土能生金。足本屬木，而四遍乃跛痾起行。金絕於寅而胎於卯，是金嘗寄胎於木，此明金中有木之象也。說經五遍者，天五生土也。戊土孕炁於離火，得天地之正，流戊就己，則二土成圭，是以坎戊月精、離己日光，日月皆合璧矣。人能知修鍊，懲忿窒慾，存心養性，致鍊己之功而不息，則太一含真，玄珠成象，與乾坤同體，長生久視，爲不難矣。尚何久病痼疾之爲患哉。人之困於疾厄者，由不知返還之妙也。說經六遍者，地六成之也。天一生水，坎位於北，陽中而有真陰，是以乾金生坎水而成真鉛。鉛乃金之母，鉛黑而金白，故謂髮白反黑，齒落更生；皆返本之應也。說經七遍者，天七成之也。地二生火，離位於南，陰中而有真陽，是以巽木生離火而成真汞，即七返也。離汞爲金鉛所制，則金火煅鍊。乾金，老陽也。離火，少陰也。是乃老者返壯，少者皆強矣。說經八遍者，地八成之也。天三生木，震位於東，艮震合而成水，汞感鉛炁而結爲砂，砂含汞質以象懷胎，皆先天真一之炁，凝合於規中，發生萬彙，晝夜循環，長養聖胎，非後天陰滓之炁所能育，故曰婦人懷姙，鳥獸含胎，已生未生，皆得生成也。說經九遍者，天九成之也。地四生金，兌位於西，兌金合於坤土，坎水隱於母胎，即九還也。故汞歸土釜而成寶，乃一炁還源矣。始由空炁金胎而生，未見金質，至此則金居性初，還中宮而爲丹體。中即土也。土爲地，是以地藏發泄，金玉露形。金母內居中宮也。說經十遍者，地十成之也。天五生土，土位於中，土乃萬物生成之本。天五之土，陽土也；地十之土，陰土也。兩土重而爲圭，故還丹謂之刀圭也。金居其中，是乾金反制離火於坤土之中，所謂五行顛倒術也。人能修之，則返老還童，超凡入聖，故能起死回生，若太上之治徐甲是也。故曰枯骨更生，皆起成人。是時一國是男是女，莫不傾心。一國之中男女等衆，一聞經教，咸受護度而證長生之道矣。國，猶身也。男女即陰陽二炁也。傾心者，陰陽以類相投也。陰陽之炁，沖和則太乙歸真，生身受度，死魂受鍊，是謂長生矣。

道言：是時元始天尊説經一遍，東方無極無量品至真大神、無鞅之衆浮空而至。説經二遍，南方無極無量品至真大神、無鞅之衆浮空而至。説經三遍，西方無極無量品至真大神、無鞅之衆浮空而至。説經四遍，北方無極無量品至真大神、無鞅之衆浮空而至。説經五遍，東北無極無量品至真大神、無鞅之衆浮空而至。説經六遍，東南無極無量品至真大神、無鞅之衆浮空而至。説經七遍，西南無極無量品至真大神、無鞅之衆浮空而至。説經八遍，西北無極無量品至真大神、無鞅之衆浮空而至。説經九遍。上方無極無量品至真大神、無鞅之衆浮空而至。説經十遍，下方無極無量品至真大神、無鞅之衆，浮空而至。

此道君序授經之始末也。十回度人，十轉回靈，此經與序之本旨也。天尊説經，感召十方無極衆真、無鞅之衆，皆浮空而至。東方梵監須延天等震宮卯位，爲無鞅之衆。南方鬱單無量天等離宮午位，爲無鞅之衆。西方靈化梵輔天等兑宮酉位，爲無鞅之衆。北方洞元化應聲天等坎宮子位，爲無鞅之衆。東北高虛清明天等艮宮寅位，爲無鞅之衆。東南波羅尼密不驕樂天等巽宮巳位，爲無鞅之衆。西南寂然兜術天等坤宮申位，爲無鞅之衆。西北上上禪善無量壽天等乾宮亥位，爲無鞅之衆。上方九霄上清玉真三十六天等爲無鞅之衆。下方無色界、色界、欲界三十二天等，以至三元九地無鞅之衆，俱會始青天中浮黎土内，聞經聽法。内而修之，真鉛爲藥，祖玄關爲丹基，即元始説經也。土居中宫，自成十數，中即玄關也。十遍者，乃天地生成之數。十方者，五行配合，一、三、五、七、九，天數，二十有五，陽精也。二、四、六、八、十，地數，陰華也。陽之生數五，五行之本也。陰之成數十，萬化之根也。一九，四六，合而爲十，乃金水同宗，二八，三七，合而爲十，乃木火同體。總之爲五十有五，分隸五方。五行顛倒，則龍從火出，虎向水生，火生於木，則砂中抽汞，乃七返，朱砂返本。水自金生，則銀内制鉛，乃九還，金液還真。

《易》曰：天地絪緼，萬物媾醇，是乃無量無極至真大神皆至也。故丹基法象，分三百八十四爻，循環火侯，内運五星，二十八宿環列，鼎内促三千六百之正炁，回七十二候之要津，驅六十四卦之陰符，鼓二十四炁之陽火，則三魂衛形，七魄歸體。身中萬二千神，一時聽命，此所謂十轉回靈，萬炁齊仙也。

十遍周竟，十方無極天真大神一時同至。一國男女傾心皈仰，來者有如細雨密霧，無鞅之衆，迮國一半，土皆遍陷，非可禁止。

說經至十遍周竟，十方天真大神一時皆會。至男女無不皈仰，是若細雨密霧之衆也。迮國一半，充滿國内之半，而天尊威德崇重，地不能載，至乃偏陷，而終莫能禁止之。人身十轉之功既備，乃念息神凝，性還命復，則真鉛歸室矣。一身陰陽之炁混融，薰蒸四體，有如雨霧之潤澤，周流六虚，上下無常，往來不息，即無鞅之衆充滿盈塞，雖至國迮土陷，不可止也。

於是，元始懸一寶珠，大如黍米，在空玄之中，去地五丈。

辛君曰：元始，己之元神也。寶珠，即心也。儒曰太極，釋曰圓覺，蓋一理也。道亦曰玄珠、心珠、黍珠，即是物也。寶者，至精至真之義，即靈寶之謂也。大如黍米，以其大包宇宙，細入毫芒，所謂其大無外，其小無内，變化莫測，是以在空玄之中，不可以迹求也。去地五丈者，五乃土數，得五行之中也。猶五行生成之數，虚中以象太極，心虚則元神居之，是爲空玄之中矣。豈非空炁金胎之謂乎？故玄師曰：此乃玉清寶珠，神化仙胎之道。按蕭觀復曰：元始懸珠者，神與道俱也。向來說經獅子之上者，乃神凝室中，從無求有也。今此懸珠空玄之中者，乃超神物外，出有入無也是矣。此皆天尊顯示妙化之機，以明其至精至微之中，而有至妙之道存焉。

元始登引天真大神、上聖高尊、妙行真人十方無極至真大神，無鞅數衆，俱入寶珠之中。天人仰看，惟見勃勃從珠口中入，既入珠口，不知所在。國人廓散，地還平正，無復歆陷。

天尊懸寶珠在空玄之中，登引三元九聖、五老九真、天真大神、無鞅之衆，俱入珠中。其天人仰看，皆在空玄之中，五明之内，百億光中。惟見勃勃從珠口中入，即不見其爲空玄之境也。故不知所在。國人亦皆廓散，寂然不動，則地亦平正，不復欹陷矣。其非天真上聖，不能同入空玄之妙，祇仰看而已。其曰十方無極至真大神、無鞅數衆者，俱入矣。豈非天人乎！蓋己之心珠朗徹，炁合神冥，欻萬歸一，即無鞅之衆，皆入吾珠口矣。則六根静寂，一真獨露，又何欹陷之不平正也哉。

元始即於寶珠之内，説經都竟，衆真監度，以授於我。當此之時，喜慶難言。法事粗悉，諸天復位，倏欻之間，寂無遺響。

元始於寶珠之内，説經既畢，衆真監侍，乃授度於道君。是時，道君喜慶難言，非可名喻。無鞅之衆法事亦悉，則諸天真皆還所治，一國之内，倏然恬静，寂然無遺響矣。内而元神中居，一炁混融，九竅洞明，金母攝制砂汞，歸於鼎内。行功至是，欣悅難以言喻。一刻之工已竟，萬神還元。惚恍冥寂，寶珠之象，亦無復歸於無極矣。

是時天人遇值經法，普得濟度，全其本年，無有中傷。傾土歸仰，咸行善心，不殺不害，不嫉不妒，不淫不盗，不貪不欲，不憎不姤。言無華綺，口無惡聲，齊同慈愛，異骨成親。國安民豐，欣樂太平。

天尊説經既竟，諸天復位之後，一聞經法，普得濟度，皆全其天年，而終無復中道夭傷矣。且皆傾土歸仰經教，頓行善心，凡殺害、嫉妒、淫盗、貪欲、憎姤、華綺、惡聲，俱已浄盡；是乃慈愛一體，異骨成親，則國亦安，民亦豐，惟欣樂太平之象而已。蓋人性無不善，其不善也，皆蔽於物欲，溺於習氣而然。故放僻邪侈，流而忘返，必至傷其天年矣。惟務縱其殺害、嫉妒、淫盗、貪欲之心，豈知民吾同胞，物吾同氣，而以慈愛接之，焉能致國安民豐，而樂太平也哉。此固修養之士，猶所當戒。既聞經法，即斂心凝神，以鍊己度人爲本。久之，歸根復命，情冥性寂，則可冀長生久視矣。加以懲忿窒慾，致虛守静，損之又損，動静語默，無往不善，則必能不殺不害，不淫不盜矣。又何華綺惡聲之戾哉！至此，則凡蠢動飛潛，皆所慈愛，初無親疏之間。國猶身也，能沖炁爲和，萬物皆育，雖參贊化育，陰翊皇祚，皆由乎中也。是所以致太平於國安民豐之域矣。

經始出，教一國，以道預有，至心宗奉禮敬，皆得度世。

此言天尊之始説經也。一國之人，皆遵道而行，教之由是立也。心乃曠劫以來之靈明也，雖經教未出之先，此心已具，是曰預有也。特沉著幻妄，迷惑蔽固，則舍而亡矣。今由經法濟度之後，頓悟頓釋，性歸命復，一旦遵道而行，萬妄歸真矣。宗奉者，宗猶本源也。若水之宗海，皆歸其源也。禮敬者，敬信之篤也。故皆獲度世矣。苟忘本而逐末，舍源而求流，其能度世乎？經爲道之徑，心爲道之宗，能依經歛心，則得經之妙矣。

道言：元始天尊説經中所言，並是諸天上帝內名隱韻之音，亦是魔王內諱，百靈之隱名也，非世之常辭。

諸天上帝內名，即三十二天名。帝諱，天帝玉字內音也。隱韻即經中所謂諸天隱韻，天中之音自然靈章也。魔王內諱，即五天魔王諱巴元醜伯也。百靈隱名，即無英、白元、桃康、合延也。並是天尊所宣説，道君承教而述，非世之凡俗所能知也。內而求之，如丹經所謂日魂月魄、庚虎甲龍、水銀朱砂、紅鉛黑錫、黃芽白雪、姹女嬰兒、黃婆金公、陽火陰符、玄關土釜、爐鼎卦象之類。雖異名別號之衆，不過先天真一之炁，爲之丹祖也。非因師指，豈凡愚所能知也。

上聖已成真人，通玄究微，能悉其章。誦之十過，諸天遥唱，萬帝設禮。河海静默，山嶽藏雲。日月停景，璇璣不行。群魔束形，鬼精滅爽。迴尸起死，白骨成人。

此言真人修誦之功效也。上聖已成，如天帝高真宿修妙行，聖功已成，不假修習也。真人由精心苦行，鍊神養炁而後體合自然，不滯有無，永脫生滅，是皆洞究玄微，悟徹幽密，故能悉盡其奧章，即混洞赤文敷落五篇之類是也。悉能詳盡，則誦之十過，諸天降臨，萬帝鑒觀，皆遙唱玉音，設禮內諱，靡不尊經之旨，讚經之功也。於是河海停波，山嶽斂霧，日月停輪，星斗止曜，群魔局迹，鬼妖伏藏，皆修誦之效，致此大應。猶能回尸起死，白骨成人，雖亡魂沉魄，皆乘經功而更生矣。十過之效，在丹道則十月胎圓而神化矣。諸天者，即真鉛內融，萬神和暢；河海山嶽，即愛河慾海也。苟能一真獨露，萬幻皆空，則愛河浪止，苦海波澄矣。日月璇璣，即大定神光，洞照八識，則外魔伏、內魔滅矣。至此則生身受度，死魂受鍊，豈無回骸起死之功哉！

至學之士誦之十過，則五帝侍衛，三界稽首，魔精喪眼，鬼妖滅爽，濟度垂死，絕而得生。

此言至學之士修誦之功效也。至學，乃篤至修學之士也。仙師曰：至學之士，心堅如鐵石，操烈於水火，天地不能逾，鬼神不能惑，行人所不能行，莫非力行之確也。故誦經至十過，則五炁之神侍衛，聽命三界，魔王亦稽首保舉矣。此皆至學之士，行積功立，制魔則魔精懾伏，不敢正視，故喪眼也。魔王既已保舉，鬼妖皆束形滅爽矣。以之濟度垂死已絕者，度之復生。內而求之，五帝，五臟之神也。三界三尸，六賊也。魔精鬼妖，七情六慾也。人能遣慾澄心，少思寡欲，然後心靜神清，精全氣固，則五臟安寧，三尸削滅，六根清淨，萬念俱空。內魔既息，則外魔自除矣。以我鍊己之功，濟度垂死之疾，真炁所至，雖絕者可生，此皆身中十過，丹基漸成之應也。

所以爾者，學士穢氣未消，體未洞真，召制十方，威未制天政，德可伏御地祇，束縛魔靈。但卻死而已，不能更生。

此言常學之士，修誦之功未至也。天政，日月五星，在天謂之七政。地祇，嶽瀆山川祠廟，社稷之神。常學之士，不能寡欲澄心，至乃穢氣未除，性理猶昧，故體性未能洞真也。所以爾者，謂其不能若至學之士修誦功效之至也。若乃召制十方之神，其威未能制動天政，其德厪可伏御地祇之神，攝伏魔靈，但足以卻死延年，未能冀長生之道也。蓋以神昏氣濁，質穢念迷，雖若護薄蝕、禳五緯、斬妖星、拯旱沸、誅蛟蜃、降雨雪、退潮汐之類，凡干於天政者，亦莫能制其應也。地祇之神，皆未能證其天品，故其功德厪能伏御之。苟學士修誦之篤，一念不生，萬緣頓息，直造寶珠之境，豈非洞真也！

輕誦此章，身則被殃。供養尊禮，門戶興隆，世世昌熾，與善因緣，萬灾不干，神明護門。

此警常流下學之功罪也。輕誦此章，蓋經三天梵炁所結，雲篆龍章，非世常辭，若苟且輕誦，其褻慢之咎，豈不被殃？雖三洞經典，必當攝心會神，持誦勿怠，況是經乎。故薛幽棲曰：不整形軀，不按科儀，行立坐外，聊爾誦念，是爲不敬。若誦而不敬，不若不誦而敬也。辛君垂訓曰：念經之初，當攝萬念歸一，即元始召十方也。正念誦經，即元始說經也。情念識神不妄走，即十方聽經也。萬妄歸真，即天人受度也。此說可謂至矣。下學之士，能修持篤確，供養尊禮，必恭盡敬，外則宅舍興盛，內則身心安寧，以至世世生生昌熾不息；積善之至，動與吉會，灾禍不侵，凶惡退避，必感神明之護衛矣。

斯經尊妙，獨步玉京。度人無量，爲萬道之宗。巍巍大範，德難可勝。（音升）。

辛君曰：大哉《靈寶度人經》，不是文章譔得成；諸經劫壞應須壞，惟有斯文在玉京。又曰：自古及今，上聖仙佛成道，未有不奉《度人經》法者。諸經中，《元始度人》爲上品經也。蓋自元始祖劫化生諸天之始，其混洞赤文，空洞靈章，所以開明三景，周迴十方，五文開廓，萬範開張。生天地、育萬物，皆由是而爲天地根也。以至能召億萬天真，無鞅數衆，皆入一黍之內，是爲萬道之宗，是謂無量，普度無窮，故至尊至妙，而獨爲玉京之上品也。其巍巍之功德，不可勝載矣。是經也，千眞萬聖由此而修，萬法千門由此而出，是以亘古今而不壞，先天地以長存。縱之則彌滿六虛，斂之則不盈一握。釋氏所謂盡河沙界，百千妙義，盡於一二毫端具者是也。此無他，曠劫以前，本來之眞性也。豈不至尊妙哉。故乃無量無窮，其大範至德，不可以限量勝載之。苟能修之，豈不獨步玉京哉！辛君曰：經以心傳，經以心悟，學者自宜具眼究竟矣。

道言：凡誦是經十過，諸天齊到，億曾萬祖，幽魂苦爽，皆即受度，上昇朱宮。格皆九年，受化更生，得爲貴人。而好學至經，功滿德就，皆得神仙，飛昇金闕，遊宴玉京也。

此言不限人品高下，誦持十過，可以資其祖玄幽爽受度之功效也。億曾萬祖，謂元始以來捨身受身億世父母，億劫種親也。幽魂苦爽，皆幽冥長夜未度魂爽也。朱宮，即南昌上宮。朱陵，火府也。格者，鍊度之格有三：上學三年受度，中智九年，下學二十四年。凡脩誦之功，不限人之品量賢愚，但能攝念持心，誦詠十過，經功所至，則感諸天下臨，萬神齊到。己之億曾萬祖、外之幽魂苦爽，皆獲受度，上昇朱宮，頓乘經功而化生矣。皆從中等之格受化更生，而得爲貴人矣。是生於貴族，不至淪墜也。既獲更生，其宿稟靈悟，仍假薰脩，復積功德而後方證仙道，則登神三境矣。是以仍好學至經，脩誦勤篤之至，日積月累，功滿德就，則玉符保神，金液鍊形；久之形神俱妙，則臣事金闕玉京矣。

上學之士，脩誦是經，皆即受度，飛昇南宮。

太上曰：上士聞道，勤而行之。蓋上學之士宿植善根，其脩行持誦，終始弗怠，故精進不已，功德深重，則生身受度，保命生根，不拘品格，徑上南宮。幽樓曰：魂魄升仙，則火鍊鬼質；生身受度，則火鍊垢穢，故勤行之士，名註仙籍，皆飛神南宮，然後登真，信不難矣。

世人受誦，則延壽長年，後皆得作尸解之道；魂神暫滅，不經地獄，即得返形，遊行太空。

此言常流之人，受誦之功效也。世之常流，積誦之久，默悟經旨，則可駐景延年。及身謝之後，亦得尸解之道。雖其魂神暫滅，然善因克至，亦不經地獄之苦，即返形太空，神魂亦度朱陵矣。是皆以宿慶善根獲生，人道雖能精心受誦，未明修鍊之旨，止可得考終遐筭而已。天數既盡，終歸生滅，形獲尸解，則神無輪轉，非冥曹陰境之所能拘，其脫形蛻迹，亦可返真性於陰炁之中，神超空漠，則遊行太空之境矣。

此經微妙，普度無窮，一切天人，莫不受慶。無量之福，生死蒙惠。

前言尊妙，此重讚以微妙。道君示人慈懇之至，是所以有普度無窮之功也。故修持之篤，經功所至，天人莫不受慶，以至祖玄幽爽，亦皆受度。其無量之福，不可以限量。視之生身既受度矣，而死魂亦皆受鍊，是乃生死俱蒙天尊之惠矣。然經之微妙，人皆具足，非脩之於身，證十回鍊己之功，又豈能普度無窮也哉！如能心悟經法，克臻金液之微妙，久之十轉回靈，以召十方，則先亡遠識咸蒙解脫，色身亦躋神化，豈不生死蒙惠哉。

上天所寶，不傳下世。至士齎金寶效心，盟天而傳。輕泄漏慢，殃及九祖，長役鬼官。

觀道君禁戒之嚴，則知是經之寶祕於上天也。蕭觀復曰：三洞真經，列於金格，玄都所秘，萬劫一開。在昔劫運塞屯，世途否塞，西臺龜母請於玉京，由是玉宸道君付於玄一真人；玄一真人付於太極徐真人；太極真人付於葛仙公，傳行於世。則上天之所寶秘不傳，豈下士所能知也。至士，乃至學之士，必齎金寶效心，盟天而傳。天之所寶者，皆內名隱諱，赤文洞章。至士齎金寶以破其慳吝之心，增其珍惜之念，使視經猶愛重金寶也。苟或輕泄漏慢，豈不殃及祖玄而受考於鬼官也。仙師曰：輕，謂授之非人；泄，謂行之不密；漏，謂守之不固；慢，謂奉之不虔。四者有一，身則受殃矣。鬼官，天徒爲驅雷役電官，地徒擔沙負石官，水徒漣汲溟波官，是死魂受責於鬼官也。

侍經五帝，玉童玉女，各二十四人，營衛神文，保護受經者身。

此言修誦之士，感上帝仙靈之衛護也。少微曰：五帝，五老上帝也。五帝侍經，飛天下觀，命玉童玉女合百二十人，營衛經文，保護佩誦者之身。凡修真之士，多爲外魔所障，易生退轉，故中道而懈怠者衆矣。

道君既言泄慢之報，戒之嚴重，復付授神靈；令其營衛神文，保護受經之人，所以消魔禦患也。天尊之慈憫可謂周至矣。修學之士，可不體其訓，信受奉持，無致泄慢之咎哉。

道言：正月長齋，誦詠是經，爲上世亡魂斷地逮役，度上南宮。七月長齋，誦詠是經，身得神仙，諸天書名，黃籙白簡，削死上生。十月長齋，誦詠是經，爲國王帝主、君臣父子，安鎮國祚，保天長存。世世不絕，長爲人君。安鎮其方，民稱太平。

此言學人當於三元、八節、本命之日，修誦之功用也。正月上元，大慶之月，四始之首，建寅，爲鬼道；故當誦詠，以度上世亡魂，斷地司之拘，逮鬼官之役而度品南宮矣。七月中元，大慶之月，建申，爲人道；故當誦詠，以度己身，諸天紀名，上生落死，名標於黃籙白簡之上。少微曰：即紀仙之籍也。十月下元，大慶之月，建亥，爲天門。則當上爲國王帝主、君臣父子保佑國土清平，運祚長遠，世世長爲人君，四方安鎮，物無疵癘，生民皆稱太平之治矣。蓋三元所統宰，三宮九府百二十曹，考校罪福，皆所隸焉。故上爲國祚，次爲宗先，次爲己身，皆當於是月長齋誦經，祈福開度，必天人受慶，生死蒙惠，獲福無量矣。

八節之日，誦詠是經，得爲九宮真人。本命之日，誦詠是經，

魂神澄正，萬炁長存，不經苦惱，身有光明。三界侍衛，五帝伺迎，萬神朝禮，名書上天，功滿德就，飛昇上清。

八節之日，四立爲四季之首，二分二至爲陰陽之交，故三界之考校罪福繫焉。仙經曰：元始天尊於是日分遣天帝、天君、天神、真仙、兵馬神祇，教化人間，開度群品。北斗南曹、四司五帝，亦復下降，條錄罪福。含炁之流，每至是日，各有變化；飛走蠕動，水陸飛沉，隨緣感應，改故易新，輕或更重，重或更輕，善惡回換，氣象之運，自然而然。上學之士當於此日存誠祈謝，因變行化，入正去邪，鍊僞成真，開度群品，生成萬彙，故當誦持禮敬，務以習吉除凶，進善屏惡，趨明棄暗，勵志思真，內積真功，外修實行，則可無罪福之報矣。八節與八卦九宮相表裏，故八節誦經，得爲九宮真人。本命之日，即每歲六度降日也。三魂藏於肝，屬木，其數三，故曰三魂。七魄藏於肺，屬金，其數七，故曰七魄。人身之三魂，一魂居直本宿宮，一魂居地府，一魂居形內。七魄常去而不散也。遇本命之日，魂神降體就尸，合同循環，歸降不絕，則人生安穩，灾病不生。若其日清净身心，絕酒色、衣新潔、焚香習善，更於其日，眠睡少時，即魂與魄合，陰與陽平，道炁內隆，命根堅固。若嗜酒色，昏亂形體，則魂歸時，去身三步之遠，取合不能，穢氣充身，魂復再往，三度昏亂。不合魄者，則陽衰陰旺，魂與陰鬼交通，致使夢遊衆惡，躭睡迷亂，灾病俱生。人能於本命之日修齋誦經，則有如上感應，功滿德就，三界侍衛，五帝司迎，而候昇舉矣。青元曰：人作諸不善，則魂怒而神靈去體，知其同入惡道故也。作一切善，則魂喜而百神集，知其同入正道故也。修學之士，可不慎歟。

道言：行道之日，皆當香湯沐浴，齋戒入室，東向叩齒三十二通，上聞三十二天，心拜三十二過。閉目靜思，身坐青、黃、白三色雲炁之中，内外藹冥，有青龍白虎、朱雀玄武、獅子白鶴，羅列左右，日月照明，洞煥室內，頂生圓象，光暎十方，如此分明。

　　凡誦經之日，先披服盥漱，净心滌慮，入室東向正坐，持誦注心歷目，微聲誦詠，務令神魂和暢，氣定息調，然後叩齒，令響内以集神，外以徹天心。拜三十二天，閉目潛思，身坐玄元始三炁之中。内外洞焕，存肝中青炁自目出，化爲青龍，居左；存肺中白炁自鼻出，化爲白虎，居右；存心中赤炁自口出，化爲朱雀，居前；存腎中黑炁自耳出，化爲玄武，居後，皆羅列左右。左目合太陽，右目合太陰，日月之光朗徹室内。項中圓象，九色垂芒，光暎十方之上。密咒曰：密者，低聲也。咒者，祝也。默菴曰：自下文無上玄元起，至至尊几前一段，即低聲禱祝之言，不必別誦咒。其貪羅鬱羅，乃後人加，豈宜誦之。且毋使太速，苟貪遍數，氣濁聲喧，返成褻慢矣。

　　無上玄元太上道君，召出臣身中三五功曹、左右官使者、侍香金童、傳言玉女、五帝直符、直日香官，各三十二人出，關啟所言，今日吉慶長齋，清堂修行至經，無量度人。臣及甲乙轉經受生，願所啟上徹，徑御無上三十二天元始上帝至尊几前。（畢，引炁三十二過，東向誦經。）

　　無上玄元，三境之總稱。誦持當奏元始，故先啟道君，存於己身之首泥丸宫中。身中三五功曹等神，存自身中出，森列左右，前後每一人詣一天，各三十二人並出，關啟所言，具位默奏，事意當隨所禱，至誠述事。今日吉慶長齋，今日者，某日吉慶，如不長齋，止言持齋。清堂修行至經，若不明三洞中盟之道，平時不曾修行，則但言清堂誦經。無量度人爲十方幽顯言，或爲一事，則只言爲某事誦經。臣及甲乙，爲己不言，及爲人不言。臣徑御無上三十二天元始上帝至尊几前，乃三十二天帝並元始上帝几前。引炁三十二過，亦每天引一炁也。東向者，以其生炁之始也。内外三炁洞明，依法持誦。

　　元始無量度人上品妙經通義卷之一

元始無量度人上品妙經通義卷之二

正一嗣教道合無爲闡祖光範真人領道教事四十三代天師張宇初註

元始無量度人上品妙經

此正經之題也。正經乃元始所說，故止題曰《元始無量度人上品妙經》。此乃道君標經首。曰元始，以明此經爲元始天尊所說。無量度人，總一經之本旨。此經居品秩之首，故曰上品妙經也。

元始洞玄，靈寶本章

元始，一炁之元，萬化之始，是爲虛皇天尊應化之號。本章冠以元始二字，明皆元始天尊之言也。洞玄，居三洞之一，經品之名也。靈寶，乃道君之號。道君名經寶，以諸經皆由道君演說也。道寶、經寶、師寶，在天地之先，皆由玄元始三炁化生，故是經亦由梵清景三炁結爲雲篆天章，然後天真皇人按筆乃書而成經文。元始居於空洞虛玄之中，說此經，是爲靈寶諸經之本，居諸經之首，故曰本章。內而修之，即金液大丹之異名也。凝神爲靈，聚炁爲寶，則根塵洞徹，我之元神亙古今而不壞，是爲先天真一之本也。

上品妙首，十迴度人，百魔隱韻，離合自然。

默菴曰：此正經之小序也。上品妙首，經品之上，衆妙之首。十迴度人，十乃五行生成之數，萬物皆具此理，度人度鬼，必周迴十過，終而復始，而後十轉回靈也。百魔隱韻，少微曰：魔非妖魔、魔鬼之魔。如五帝大魔、南極長生度世司馬等神是也。故靈寶咒中，真王、朱陵、青華，皆與五天大魔並列也。隱韻即隱名、隱諱之類也。離合自然，以隱韻之音，一離一合，自然而然，而無常迹也。蓋先天一炁化生萬彙，一本而萬殊，合也；萬殊而一本，離也；周回無窮，循環無端，不能窺造化之迹也。丹道以十月胎圓而後神化，與天地同途，造化同機，莫不以十爲全數。

人之脩鍊，所難者，身中六根八識，三魂七魄，三部八景之神，動爲魔試，汨亂心君，其離合紛擾，不能少息。既知脩鍊十回之功，則百魔受制，而歸於自然矣。

混洞赤文，無無上真，元始祖劫，化生諸天，開明三景，是爲天根。上無復祖，惟道爲身。

少微曰：自然以前是道君小序，混洞以後是天尊本章。混者，混然未分；洞者，空而無質。即混沌未分之先，一炁胚渾於空洞之中也。赤文者，《赤書真文經》曰：洞陽炁赤，故號赤書是也。皆先天之炁、至陽之精，兆而成象也。五老上帝云：元始洞玄靈寶赤書，生於元始之先，空洞之中，幽幽冥冥，無祖無宗，結炁浮空，乘機應會者，此也。無無上真，一炁肇於太無之始。經曰：無無亦無，是也。無上之最上，真中之至真，所謂先天地生也。祖，祖炁也。劫者，天地一成一敗爲一劫，祖劫乃天地世界初生之始，未經敗壞也。玄元始炁爲萬物之祖，造化五億諸天，皆由祖炁化生而有。經曰：道爲萬物母，是也。蕭觀復曰：自一炁而立三境，由三境而生九天。三境之下，各生三天，合有三十六天。次下四種民天，次分三界二十八天，次八梵天，以至化生五億諸天，皆由祖炁爲之本根也。開明三景，三境者，清微、禹餘、大赤三天也。三景，又曰：日、月、星三光也。天、地、人三極、三才、三界也。太上曰：道生一，即一炁也。一生二，即兩儀也。三生萬物，即三景也。三炁合生爲九炁，三炁乃天地之宗，萬物之根，皆由祖劫化生，而後開明天地，由之以生，是爲天根也。上無復祖，惟道爲身，道以虛無爲宗，不可以象求，是曰強名，故無形無名，無聲無臭，大包天地，囊括宇宙。其上它無所祖者，道也。儒曰無極，釋曰真空，道曰太虛，其理一也。人之修鍊，采祖炁於先天之初，結爲金母，周流六虛，皆二炁絪縕，開闔而不息。久之，追二炁於黄道，會三性於元宮，則二五之精妙合而凝，生生無窮而成法身，即元始之天根也。

五文開廓，普植神靈。無文不光，無文不明，無文不立，無文不成，無文不度，無文不生。是爲大梵天中之天。

五文者，五篇真文也。即五篇敷落之文。生天立地，飛潛動植，蠢動含靈，凡有形氣之物，皆由之以生化，故自陰陽分判以來，其文開廓，普植萬類。五文在天爲五星，在地爲五嶽，在人爲五行，在物爲五炁。至大至微之物，莫不囿於其中。故一無是文，則不光不明，不立不成，不度不生，而天地萬物皆無所運於造化之機矣。人身一小天地，其靈於萬物也。先天一炁，爲之丹基，五行布列於鼎器之中；金木交並，水火合妬，二土爲圭，於中顛倒陰陽。既濟之後，情歸性則汞投於鉛，藥得火則砂產於銀，莫非金母爲根，流戊就己，見土而成丹。丹成則其神靈妙化，不可窺測，皆五行之全體也。其光明猶日月之明，其立猶天地之成立，能度能生者，即元始也。是爲大梵天中之天，結前經文之旨，故曰是爲也。大梵即大行梵炁也。天中之天，三十二天中之天，莫非梵炁流行，周回不息，猶身之一炁循環，皆天命流行，百脉九竅，無往不復，即梵炁之周布也。

鬱羅蕭臺，玉山上京，上極無上，大羅玉清，渺渺劫仞，若亡若存。

大羅天之上有玉京山，以玉爲京，故曰玉山上京。鬱羅之臺，又居玉京之上，窮高極遠，無上之上也。是爲大羅之天。玉清金闕居於其中，其大無際，包羅萬界，故渺渺劫仞，不可窮極。而梵炁結空，本非色象可求，是曰若亡若存。凡天地一成一壞爲一劫。大羅之境，兆於曠劫之先，歷劫而不壞。仞者，不可以限量測也。其渺漠恍惚，與太虛同體，無形無名，非可以迹求也。鬱羅蕭臺在身，則腦際也。玉山上京者，泥丸也。泥丸爲天門，乃萬神之府，是爲大羅之景，玉清居其中，渺渺劫仞，若亡若存。己之真性，渺漠無朕，恍惚中之有物，歷浩劫以長存，所謂不壞之元神，故居於三界之上矣。

三華離便，大有妙庭，金闕玉房，森羅淨泓，大行梵炁，周迴十方。

幽棲曰：三華，玉清三元宮也。上元玉華，中元金華，下元九華。三元上皇道君居之，乃玉清之離宮便殿。大有，即高上大有玉清宮天尊所御，故曰妙庭。三者，南方之火數，屬離，即泥丸腦際也。金闕玉房，即黃庭絳宮也。森羅者，周天星宿也。淨泓者，二池之瑩徹，即身中之坎離也。大行梵炁，周迴十方者，大羅玉清之景，梵炁流行，周布十方無極之界，萬彙皆沾，元始一炁，化生無窮矣。丹經曰：三宮混合，會三性於元宮。身之神炁精，即三華也。元神居於靈臺之中，即大有妙庭也。我之金樓玉室，即天之金闕玉房也。五星列宿，森羅煥耀於淨泓池水之中，即周天火侯，列宿衆星，環繞於坎離水火昇降之内。乾坤鼎器，既濟之間，則九還金液之道成矣。先天真一之炁，晝夜循環，周而復始，皆禀坎戊月精、離己日光，符火進退，交姤溫養，而成金胎，循歷六十四卦既周，則百脉歸元，九竅洞明，豈非梵炁周流，十方俱遍，皆爲淨泓之景矣。

中有度人不死之神，中有南極長生之君，中有度世司馬大神，中有好生韓君丈人，中有南上司命司錄、延壽益筭、度厄尊神，迴骸起死，無量度人。今日校錄，諸天臨軒。

默菴曰：此言諸天齊集，考校學士功過，世人罪福。仙師曰：梵炁周迴於十方之域，而十方之中有神主司度世不死之事，非言神不死也。南極長生君，即南極長生大君，主治生錄也。又曰：即朱陵大帝、度世司馬大神，即南宮有司馬大神，主司度世。好生韓君丈人治南昌上宮，監長生之籍。南上司命司錄、延壽益筭、度厄尊神，南上，有洞陽宮之別名，又曰即南昌上宮、朱陵火府尊神，即南斗六司真君，自中有度人。至南極諸真，雖各隸一司，皆能迴骸起死，劫劫度人。是以度世無量也。身中之神，各居絳宮、玄關、泥丸之内，故曰中有。所謂南極，南昌，皆心也。經曰：無量大神，皆由我身是也。脩真之士，金液鍊形，而後形神俱妙，周迴十方，皆可度世度厄、迴骸起死矣。今日校錄，今日者，赤明劫初在大浮黎土開圖校錄之日，乃校量罪福，紀錄功過，而諸天神王大聖皆臨軒而會，以聽天尊宣演受度也。

東方無極飛天神王長生大聖無量度人　　總

南方無極飛天神王長生大聖無量度人　　飛

西方無極飛天神王長生大聖無量度人　　雲

北方無極飛天神王長生大聖無量度人　　無鏡

東北無極飛天神王長生大聖無量度人　　梵

東南無極飛天神王長生大聖無量度人　　那育

西南無極飛天神王長生大聖無量度人　　度仙

西北元極飛天神王長生大聖元量度人　　钁無

上方無極飛天神王長生大聖無量度人　　瑛

下方無極飛天神王長生大聖無量度人　　落

十方飛天大聖，皆元始道界分形化炁。冰湖薛秀昭曰：十方長生大聖，即十方救苦天尊，自開圖校錄，奉元始命，掌十方三界校錄功德，開度無量，總括生死，陶鑄學人。《道藏》云：八方諸天，皆有無極大千世界。東方無極諸天安大堂鄉大千納善世界，南方無極諸天宛黎城境大千棄賢世界，西方無極諸天福堂洲大千咸行世界，北方無極諸天鬱單野大千清净世界，東北無極諸天福集都大千長安世界，東南無極諸天元福田大千用賢世界，西南無極諸天延福鄉大千仁静世界，西北無極諸天福德野大千延賢世界，上方上清玉真三十六天玄都無極世界，下方黃曾三十二天八圓無極世界。又曰五嶽五帝、洞陰清靈、北都羅酆諸官府之衆，此十方無極飛天神王，皆主長生度世之職，故曰長生大聖，從劫至劫，度人得道成真，無有限量，是曰無量度人。

十方至真飛天神王、長生度世無量大神，並乘飛雲，丹輿綠輦，羽蓋瓊輪，驂駕朱鳳，五色玄龍，建九色之節，十絕靈旛。

前嘯九鳳齊唱，後吹八鸞同鳴，獅子白鶴，嘯歌邕邕。

此總前十方飛天神王、無量大神，皆天至真也。青元曰：輿、輦、輪、蓋，皆陽精之炁所成；鳳、龍、獅、鶴，乃陰精之炁所化。上聖具真常之道，呼吸合散，隨意現前。陰陽之炁調和，成歌成曲，皆炁所爲，並非外物也。凡脩還丹功成，陰魔亦化陽神，元炁一呼，萬神咸聽；五臟神靈，各隨方色自現。輿輦儀衛來迎，百骸衆神前導後從，昇舉朝元，與天真大聖之會無異也。

五老啟途，群仙翼轅，億乘萬騎，浮空而來。傾光迴駕，監真度生。

十方大聖，道位尊隆，乃感五帝前導，群仙驂乘，是以億乘萬騎浮空駕景而至矣。五老者，東方青靈始老，姓關，諱開，字靈威仰；南方丹靈真老，姓洞浮，諱極炎，字赤熛弩；中央元靈元老，姓通班，諱元氐，字含樞紐；西方皓靈皇老，姓上金，諱昌開，字耀魄寶；北方五靈玄老，姓黑節，諱靈會，字隱侯局。五帝皆天真自然之神，由祖炁妙化而爲五行，即五炁也。故曰元始五老，非積學而成真者，自受命降符，各鎮一方，大劫交周，其位乃易。故東方屬木，主春，令生萬物；南方屬火，主夏，令長萬物；中央屬土，旺於四季，和萬物；西方屬金，主秋，令成萬物；北方屬水，主冬，令藏萬物。所謂五炁順布也。五行乃法身之正炁，火龍水虎，顛倒流布於鼎器之中。萬神攢簇於九宮，則五炁朝元，百靈衛體，是猶千乘萬騎，浮空而來也。傾光者，流精玉光也。迴駕者，飛雲丹霄也。十方大聖朝集帝所，輪轂迴旋，天尊之法座，以監領衆真，校度群品也。在內則迴己之真光，洞照靈府，則坎離既濟，鉛汞相投，神不外馳，六彎俱息。而後陽光下傾，陰滓上瑩，真神化生，自能監真度生，周迴十方矣。

諸天丞相、南昌上宮、韓司主錄、監生大神，執籙把籍，齊到帝前。隨所應度，嚴校諸天。

默菴曰：此言諸天齊集，考校學士功過，世人罪福。諸天丞相，即大羅無極神公。南昌上宫，即朱陵火府，在赤明和陽天也。韓司者，即可韓丈人，主鍊度文籍之事。監生大神，主度魂受生之職。錄籍者，紀學士世人功過罪福也。各司掌隸之神，齋持錄籍，齊會天尊之前，校功量福，普度人天。校其應受度者，或宿名玄圖，骨相合仙；或脩齋奉戒，功德積感；或敬奉三寶，善功徹天；或供養師寶，爲三官所稱。紀名諸天者，嚴校錄籍，據功量品，隨其高下，應受昇度矣。觀復曰：此以上正文，玉晨道君序述。

普造三界，無極神鄉、泉曲之府、北都羅酆、三官九署、十二河源。

三界者，欲界、色界、無色界也。無極神鄉者，十方無極世界也。泉曲之府，九幽長夜之府也。北都羅酆者，下元正北有一大海，穢氣惡腥，莫測邊際，中有一山，上參碧落，下入風泉，皆黑鬱之氣盤結而成，名曰北都羅酆山。有大洞曰陰景天宮。中有三十六獄，太陰天君主之。內有六洞，六天大魔王，各主一司。其一曰紂絕陰天宮，其二曰泰殺諒事宗天宮，其三曰明晨耐犯武城天宮，其四曰恬照罪氣天宮，其五曰宗靈七非天宮，其六曰敢司連宛屢天宮。人能持此六洞之名，常生敬畏，則魔王保舉，削落罪名，生死受賴，獲福無窮矣。三官九署者，天、地、水三官治三元考校之司。上元天官隸玉清境，設三宫九府三十六曹；中元地官隸上清境，設三宮九府四十二曹；下元水官隸太清境，設三宮九府四十二曹。其中元、下元官僚，皆死而有功德之魂，受度得任，各依年限，功滿進昇天府。功未滿者，還生人中。九署者，又曰乃九壘土皇九令之司。十二河源者，月爲太陰之精，諸水之母；東井爲天河之源，衆水所會。太陰一月一周天，故十二月皆過東井，沃黄華之甘露，以濯鍊之死魂，亦資此蕩形，而後度品南宮矣。人身心爲南昌，即朱陵府也。經曰：靈寶無量光，洞照炎池煩。心虛則神光洞照。腎部之下，皆爲幽陰泉曲之府，即北都羅酆也。以我真光朗徹，明燭幽暗，運太陰之真水於東井蕩滌幽魂，而後濟以太陽南離之真火，以煅鍊之。雖無極神鄉之魂爽，皆普告而度矣。

上解祖考，億劫種親，疾除罪簿，落滅惡根，不得拘留，逼合鬼群。

人之祖考，凡子孫不能脩善積德，必殃及九祖，皆至淪墜，無有出期。能知脩崇經教，遷善布福，然後上解祖考之罪障，以及種親之遠，亦皆獲度矣。觀復曰：每三官校錄，子孫有大功，玉帝敕命即超度九玄七祖。一身受度，則九祖蒙恩。故今疾除罪簿，而惡根亦隨落滅矣。惡根者，惡念根性。罪簿者，冥司所錄，輕重罪籍。蒙慈恩開度，大宥其業，則惡根盡滅，名籍除落，雖冥曹亦不得拘留，逼合鬼群。凡億劫之親，皆乘普度矣。能知脩鍊之士，不為華競所撓，嗜慾所昏，體性湛然，圓通明妙，則三屍六賊不能汨亂穢濁。修鍊久之，萬炁朝生門，百神守死戶，不致沉滯苦趣，億曾萬祖，咸遂昇遷矣。

元始符命，時刻升遷。北都寒池，部衛形魂，制魔保舉，度品南宮。死魂受鍊，仙化成人。生身受度，劫劫長存。隨劫輪轉，與天齊年，永度三途，五苦八難，超淩三界，逍遥上清。

默菴曰：此言學士祖考受鍊，自身受度也。元始符命，若靈寶法中之生天寶籙，救苦九龍符命，諸真符簡，皆元始天尊降敕，頒命九霄九司，敕下三界十方而行，是以時刻即可升遷。北都寒池即羅酆泉曲也。部衛形魂者，人死則形離魂散，北帝承敕部衛亡魂，不致散亂。制誥魔王保舉，則度品朱陵南宮。受鍊死魂，處於幽暗極陰之府，承天尊慈光一燭，真陽內鍊，則幽暗睹明而陰淨陽純，仙化成人矣。其能脩經教，滌鍊形神，則生身受度，劫劫不失人身，而真性長存矣。隨劫輪轉，與天齊年者，劫數終有敗壞，凡囿於形氣者，厥有輪轉；惟得仙之士，一靈妙本，曠劫不壞，與天地齊其長久。永度三途、五苦、八難者，三途，第一色慾門，上尸道天塗界；第二愛慾門，中尸道人塗界；第三貪慾門，下尸道地塗界。又名三惡，善遏人學仙之路。五苦者，色累苦心，愛累苦神，貪累苦形，華競苦精，身累苦魂。五苦、三途，故曰八難也。人能知歸根復命之道，攝情還性，舍妄歸真，則三業六根俱已净絶，一真獨露，萬幻皆空，運元始祖炁於坎離既濟之中，陶魂鑄魄，斬地根而證天根，是以死魂受鍊，生身受度，三界不能拘攝，頓超無漏，逍遥上清之境矣。

上清之天，天帝玉真，無色之境梵行。

幽棲曰：上清之天，其三十六天帝最尊極也。道齊元始，位列玉清，故曰玉真。即上清以下三十六天，不同三十二天也。有景無色，故曰梵行。梵行者，道中之道，天中之天，出入無間，真空無礙也。又《龍蹻經》云：上清十二天，九真所居，天帝玉真，天中之帝，體涵瑩玉，氣御至真，以其脩鍊純粹，故曰玉真。蓋上文言逍遥上清，此特釋上清之天，天帝居於無色之境之上，精脩梵行，以證道成真也。

東方八天：

默菴曰：此三十二天之序，引俗本，於此添元始靈書上篇，道君撰九字，不可從。自黃曾天至七曜天，元始積九陽梵炁以成六天，為欲界二天，為色界天。欲界有六天，即下界也。此天之人有形有欲，觸物染著，六欲根净，即登色界。

太皇黃曾天，帝鬱繿玉明。

正音開玄攝明，天帝内諱鬱繿，帝魔隱音玉明。

太明玉完天，帝須阿那田。

正音保玄道靈，天王内文須阿，隱音那田。

清明何童天，帝元育齊京。

正音明生九真，天王隱諱元育真人，内文齊京。

玄胎平育天，帝劉度内鮮。

正音飄翰默然，天帝隱名劉度内鮮。

元明文舉天，帝醜法輪。

正音開生舒，天帝內文醜，異號法輪。

上明七曜摩夷天，帝恬憎延。

正音延虛明，天帝內音恬憎，隱號延。

虛無越衡天，帝正定光。

正音鏡無翹，天帝內文正定光。

太極濛翳天，帝曲育九昌。

正音阿難淨明，天王隱號曲育，總文九昌。

南方八天：

元始積三陽梵炁以成八天，屬色界四天，爲粗塵四天，爲細塵。

赤明和陽天，帝理禁上真。

正音治安保仙，天王隱號理禁上真。

玄明恭華天，帝空謠醜音。

正音飛音洞靈，天帝內文空謠醜音。

曜明宗飄天，帝重光明。

正音翹真英，天帝總號重光明。

竺落皇笳天，帝摩夷妙辯。

正音難玄明，天帝隱諱摩夷，內音妙辯。

虛明堂耀天，帝阿加婁生。

正音彌綸玄明，天帝隱音阿加，梵號婁生。

觀明端靖天，帝鬱密羅千。

正音朗觀耀明，天帝隱文鬱密，內號羅千。

玄明恭慶天，帝龍羅菩提。

正音威清道玄，飛天內音龍羅，帝君隱號菩提。

太煥極瑤天，帝宛黎無延。

正音洞真永觀，天王內文宛黎無延。

西方八天：

自越衡天至曇誓天，元始積七陽梵炁以成二天，爲色界，六細塵、六輕塵。色界有十八天，即中界也。此天之人，有形無欲，而有六色十八塵，六塵俱净，昇入無色界。

元載孔昇天，帝開真定光。

正音開光竟真，帝君内音開隱，諱真定光。

太安皇崖天，帝婆婁阿貪。

正音腪莫阿魂，天君隱音婆婁，帝魔内諱阿貪。

顯定極風天，帝招真童。

正音回翹威，天君祕號招真童。

始皇孝芒天，帝薩羅婁王。

正音君華大權，玉真隱文薩羅婁王。

太皇翁重浮容天，帝閔巴狂。

正音惠威光，帝君内文閔巴狂。

無思江由天，帝明梵光。

正音朗明法元，帝君内號明梵光。

上揲阮樂天，帝勃勃監。

正音鬱元真星，天帝内文勃勃，内號監。

無極曇誓天，帝飄弩穹隆。

正音飛天虛英，天魔内文飄弩，天君隱諱穹隆。

北方八天：

自皓庭天至秀樂天，元始積五陽梵炁以成四天，爲無色界。四天爲種民，即上界也。至真無情，人民化生，色欲俱空，脩至此天。

皓庭霄度天，帝慧覺昏。

正音元清明，帝君内音慧覺昏。

淵通元洞天，帝梵行觀生。

正音法權道光，天君内音梵行，隱諱觀生。

太文翰寵妙成天，帝那育醜音。

正音靈熏惠光，帝魔內文那育醜音。

太素秀樂禁上天，帝龍羅覺長。

正音陽威耀清，天帝內文龍羅覺長。

太虛無上常融天，帝總監鬼神。

正音攝靈真，天帝攝魔，內音總監鬼神。

太釋玉隆騰勝天，帝眇眇行元。

正音空微道明，帝君隱號眇眇行元。

龍變梵度天，帝運上玄玄。

正音掬靈妙光，天王內文運上玉真，總音玄玄。

太極平育賈奕天，帝大擇法門。

正音永玄久生，天王總文大擇法門。

已上正文皆元始天尊所説。觀復曰：此諸天玉諱玉音，皆以赤晶之玉，碧字刻之，祕於上清天中。自皇曾天至禁上天，是爲三界，即欲界、色界、無色界。欲界六天，自皇曾天至七曜天，此天之人有形有欲，觸物染著。初上二天，以身爲欲，其二天接手爲欲，其五天以口説爲欲，其六天以眼視爲欲，以有色欲，交接陰陽，故名欲界。因其欲樂，易至衰敗，壽命終盡，復淪諸趣。能知修習，六欲根净則登色界，即中界也。色界十八天，自越衡天至曇誓天，此天之人，有六色十八塵，曰六粗塵、六細塵、六輕塵。一塵净，升一天，十八塵净，升無色界，即上界也。無色界四天，自皓庭天至秀樂天也。《太乙真科》曰：無色界中，至真無情，不交陰陽，人之化生，但噉真炁，無復形質。脩至第一天，惟存心識以入炁觀，若心識除，次第而升；若結習俱忘，不著有無，洞入自然，升種民天。如大劫交，水火不到，惟風浩蕩。孝芒天至霄度六天，爲風所壞。元洞天至秀樂天，元炁散而復合，更無劫數。自常融天至平育天爲四種民天，洞入真道。故《本際經》云：結習已盡，超種民天位。《太乙真科》曰：上升四天，洞入道境，隨炁升降，灾所不及。薛幽棲曰：四方之天，三十二者，四梵天也。天帝高真，形相宛然。雖有真相，猶如虛空出入無間矣。蓋四方各八天，皆積梵炁而成，各天帝尊内名隱諱，亦皆梵炁結空而有象，天尊宣説以度世。此所以設經教之無窮，而生死受賴矣。

三十二天，三十二帝，諸天隱諱，諸天隱名。天中空洞，自然靈章，諸天隱韻，天中之音，天中之尊，天中之神，天中大魔，天中之靈。九和十合，變化上清，無量之奥，深不可詳。敷落神真，普度天人。

默菴曰：此言天帝名諱，乃天中空洞之炁，自然結成之妙也。三十二天中，則有三十二帝，諸天之隱諱、隱名、隱韻，皆梵炁結空而成，即《生神章》所謂混合空洞炁也，故曰自然靈章。天中之音，即隱韻之遺響也。天中之尊，即三十二帝也。天中之神靈，則皆梵炁之功用，神妙莫測也。大魔則五天魔王也。九和十合者，九者，陽數之成；十者，陰數之終。此陰陽之功用也。以其全陰陽之妙用，是以變化無窮，而徑達上清之境矣。上清者，輕清之炁，屬乎天象，乾爲六陽之極，九和也。坤爲六陰之極，十合也。大丹火符之妙，盡於是矣。無量之奥，深不可詳，此皆隱諱、隱韻之不可得而盡述也。敷落神真者，即五篇敷落之義也。神真者，所謂天中之神也。靈章奥範，敷闡廓落於空洞之中，是以普度天人，生死蒙惠矣。或以此爲玉晨道君序，述元始所説，此皆正經之要目，豈乃中斷而復續也。

今日欣慶受度，歷關諸天，請滅三惡，斬絶地根，飛度五户，名列太玄，魔王監舉，無拘天門。

今日者，謂元始以經付道君之日也。道君乃欣慶受度，歷關諸天。天尊於説經之日，諸天齊臨，是乃關告諸天，使爲愛度天人、滅三惡、斬地根、度五户，而後名列太玄矣。三惡者，即三塗也。地根者，即地獄中之根性也。五户者，即五苦也。天人受度經法之後，三惡五户皆已削滅，則地獄之根性亦皆斬絶矣。是以名列於玄都玉京之上，三界大魔王皆爲保舉，上升天門，無復有拘制矣。人能知脩經教，内明十回大丹之道，三業六根俱已清净，則苦輪罪蒂皆一空寂。金母既萌，聖胎圓就，真炁流行於諸天之内，陽神脱體，三界混融，雖大勛魔王亦皆舉手讚奉，上升天門，無有拘束，又何地根之未絶也。此非積功累行之至，則不能至。動爲外魔所障，地根且不能絶，況能超入天門也哉。學者可不慎歟。

東斗主筭，西斗記名，北斗落死，南斗上生，中斗大魁，總監衆靈。

東斗五星，西斗四星，北斗七星，南斗六星，中斗三星。或以東南西北七宿爲四方之斗，以北斗爲中斗。蓋《天官書》曰：斗爲帝車，運於中央，臨制四方，以察妖祥。又《真一口訣》云：斗中自有五斗，陽明爲東斗，陰精爲西斗，丹元爲南斗，北極爲北斗，天關爲中斗。法中謂天以斗爲心，故曰天罡所指，晝夜常輪。中斗大魁，即魁星也。則北斗謂之天樞，宜居中也。爲萬靈之主宰，是以總監衆靈也。人以心爲斗，心之七竅，象斗數也。心居一身之中，爲五官之主宰，神明之宅舍也。天人學士受度之後，則四斗爲之註筭記名，落死上生；中斗則總統於中，萬靈護體。脩丹之士，周天火符，皆由天罡内運，循歷二十八宿，七十二候，陽火陰符既濟，而後丹成道備矣。

青帝護魂，白帝侍魄，赤帝養氣，黑帝通血，黄帝中主，萬神無越。

默菴曰：此言對待之體，其應河圖。蓋三五之妙，生成之體也。五帝在天爲五行，在地爲五嶽，在人爲五臟之神。青帝姓常，諱精明，護魂治肝。白帝姓混，諱蕚收，侍魄治肺。赤帝姓炎，諱洞丹，養氣治心。黑帝姓玄，諱明萌，通血治腎。黄帝姓麻，諱忠慎，中主黄宫，制御萬神。《大洞五帝籙》云：五帝與天地同存，陰陽始判，化生五行靈寶法中，紅杏磨針，襪臘墨黑，靈寶爲五帝也。肝護魂，拘三魂也；肺侍魄，制七魄也。心主養氣，腎主藏精，水火相資，則二炁交姤。得度之士則受鍊更生，五帝降氣，化生五臟，以成五行而後度品南宮，即五臟結胎嬰也。脩丹之士，得攢簇五行，顛倒之術，一炁周流於中黃之宮，萬神混合於九竅之內。五帝降神而鍊金液，降炁以結胎嬰。久之五炁朝元，擒鉛制汞，歸於真土而丹成。仙師曰：精神魂魄意，化作紫金霜是也。

青天魔王，巴元醜伯。赤天魔王，負天擔石。白天魔王，反山六目。黑天魔王，監醜朗馥。黃天魔王，橫天擔力。五帝大魔，萬神之宗。飛行鼓從，總領鬼兵。麾幢鼓節，遊觀太空。自號赫奕，諸天齊功。上天度人，嚴攝北酆。神公受命，普掃不祥。八威吐毒，猛馬四張。天丁前驅，大帥仗旛。擲火萬里，流鈴八衝。敢有干試，拒遏上真。金鉞前戮，巨天後刑。屠割鬼爽，風火無停。千千截首，萬萬剪形。魔無干犯，鬼無妖精。三官北酆，明檢鬼營，不得容隱，金馬驛程。普告無窮，萬神咸聽。三界五帝，列言上清。

默菴曰：此言流行之用，其應洛書九一之數。五天魔王上四言位號，中二言諱，下二言字。又青天魔王姓斌，諱齒成。赤天魔王姓佛，名由肅。白天魔王姓赤，名張市。黑天魔王姓徐，名直事。黃天魔王姓天門，名波狂。皆主人貪欲，耗搖神氣，障敗道緣，故曰魔王。五帝大魔即五天之下魔王也。居萬神之首，是曰宗也。即人身五官也。《玉清隱書》云：五帝魔王領官屬，與天同生，常惱亂學道之士，不欲成功。又自矜於諸天上帝，齊其聖功。後因龍漢開圖，乃服元始之化。故《步虛頌》曰：魔王敬受事，故能朝諸天。此言魔王作歌，以敗亂學者。自服元始之化而後專職魔試而已，飛行鼓從，總領鬼兵，言其飛行三界，鼓率部領鬼兵侍從也。麾幢鼓節，自號赫奕。言其麾揚旛幢，鼓舞旌節，遊觀乎太空之上，自號赫奕之功，與諸天齊也。上天度人，嚴攝北酆者，即北都羅酆也。上天開度人之功，先嚴戒北酆鬼官，不得遏筭絕命，承天尊開度順化而行，敕攝鬼帝，普告冥關，宣約示禁，則無輒肆害於末學矣。神公受命，普掃不祥者，幽棲曰：神公者，大羅無極神公也。神公受敕命，五帝大魔掃除不祥，護衛學者。大魔承命以八威神龍吐毒而收邪，猛馬駕車而四布，天丁秉命前驅，大帥仗旛後從，火鈴大將擲火萬里，火燄八衝。敢有干試，拒遏上真者，敢有拒遏上帝之敕命者也。前則金鉞行戮，後則巨天之斧施刑，屠割鬼精，妖爽之干試，如風火之疾，不暫停也。神威所至，千千截首，萬萬剪形，皆不留蹤矣。以至魔試無所干犯，鬼魂滅其妖精，學者至是則功圓道備，內外一如。三官北酆，明檢鬼營，不得容隱，金馬驛程，三官九府、北都羅酆，皆考校世人幽明罪福善惡之司，明檢鬼營罪錄黑籍，應有學士宿業重，殃先亡祖禰，未蒙原宥者，不得容隱停滯，咸與蠲除，驛馬呈上而逍遥上清矣。普告無窮，萬神咸聽，遍告十方三界，咸使知聞，悉遵天尊命令。三界五帝、諸天大魔列言保舉，馳奏上清矣。默菴曰：此言受度之人，天門不得拘阻，魔鬼不得干試是也。

元始無量度人上品妙經通義卷之二

元始無量度人上品妙經通義卷之三
<small>正一嗣教道合無爲闡祖光範真人領道教事四十三代天師張宇初註</small>
元洞玉曆，龍漢延康，眇眇億劫，混沌之中。
少微曰：此論劫運成壞，故有龍漢延康之旨。《龜山玄錄》云：元洞，上皇炁也。天尊結元洞之炁，爲玉曆之書，以龍漢劫爲初劫，開圖曰赤明，劫終曰延康。劫循環無窮，終而復始，劫終之後，三界空壞，萬物精爽，長在太空，故曰延康，爲壞劫之稱。赤明爲開圖之始。《九品經》曰：昔混元溟涬，諸天未分，元

始肇形，五劫初化，乃命梵元祖晨道君，肇錄天元，運乘五劫。故元洞者，以成祖炁；玉曆者，以紀天元。自一炁化分，三因成九，若龍若蜒，蟠曲九道，漠漠無極，總九陽祖炁之元，太上乃運梵合炁，開始青天元祖炁。故東方得九炁以分天境，劫號龍漢；南方得三炁以分天境，劫號赤明；中央得十二炁以分天境，劫號上皇；西方得七炁以分天境，劫號延康；北方得五炁以分天境，劫號開皇。五劫既周，昊天成象，一炁混道，八景流光，八帝示形，九霄分化，結元洞五陽之炁爲玉曆，乃命天真皇人以玉曆紀元洞之初，劫運流復之本，天真天民學仙功績，升退之道。夫元洞者，元始大洞之祖炁也。由祖炁結而成玉曆。天真皇人按筆以紀劫運之數，始於龍漢，終於延康，歷劫之久，成壞非一，聚散不常，散而復聚，仍歸於混沌之中。不知其幾千萬億，眇眇而不可窮也。

上無復色，下無復淵。風澤洞虛，金剛乘天。天上天下，無幽無冥，無形無影，無極無窮，溟涬大梵，寥廓無光。

默菴曰：此引龍漢祖劫之事，以啟赤明第二劫開圖之旨也。龍漢之劫，既壞天地，上下皆非色象可見也。嚴東曰：每劫運終，三光晦冥，天地混沌，上有何色，下有何淵是矣。薛幽棲曰：風澤者，道之炁。金剛者，精之炁。道炁至柔則洞洽於虛，精炁至剛則運乘於天。蕭觀復曰：風者，有炁無形。澤者，有形無質。乃虛無自然之理，所謂道之炁是矣。金者，亙古今不變；剛者，堅貞不壞，是純真至妙之精，所謂精之炁是矣。幽冥者，陰境也。窮極者，邊際也。溟涬者，天地未分之初也。劫運既終，天地雖大，皆形氣所有，亦隨劫遷革，是以上下不可以色淵求矣。惟風澤之炁，空洞虛無，金剛不壞，天地之炁乘之以運行，猶天行健也。乾剛內運，陰翳漸除，是以天上天下，混沌一炁，亦無幽冥，亦無形影，運行不息，亦無窮極矣。溟溟涬涬，若天地未分之先；胚腪磅礴，皆大梵之炁周流。寥廓者，八極之表，不可名狀，故曰無光。其光内蘊而未明也。脩錬之士，視身如漚泡，終有生滅，采先天真一之炁，於父母未生之前，猶天地溟涬初判，再禀乾金至剛之炁，以成金胎，是爲一靈妙有，歷劫長存。雖劫運變遷，三界消壞，萬有俱空，而此性居洞虚之妙，獨立而不改，周行而不殆是也。則其自彊不息，宜無有窮極矣。大梵之炁内結而爲丹基，寥廓無際，含光不曜，乃陰陽之初判，陰盡而後陽純矣。

赤明開圖，運度自然。元始安鎮，敷落五篇。赤書玉字，八威龍文。保制劫運，使天長存。

默菴曰：外四篇，前四天是也；中一篇，後四天是也。赤明者，劫名也。青元曰：至赤明之初，大運啓圖，玉曆定紀，天地再開，於是天地、日月、星辰、山川物象，一時分判，晝夜寒暑，四時推遷，罔有差忒。故曰：運度自然。元始安鎮者，祖炁復肇，安天鎮地。五篇者，元始出梵炁，結形成雲篆天章，載妙元神真道五者，故曰五篇。赤書玉字者，默菴曰：外篇鎮外，赤書者，陽施朱，象日；中篇鎮中，玉字者，陰施白，象月。又混洞赤文也，開圖之後，赤文乃復宣佈，刻玉爲書，以安鎮也。八威龍文者，默菴曰：外四天、内四天共八方，皆龍文。又八龍之籙，能禦伏妖異、策役鬼神，是以其功用可保制劫運之變更，而與天齊永矣。人之有身，性命之道一焉。然命有終盡，而性無淪壞，是以脩持定慧者，深究死生之説，幽明之故，以至能盡性致命而後性根不滅命蒂長存，直證七返九還之妙，縱經億劫，其苦輪既滅，是爲長生久視，後天而終矣。

梵炁彌羅，萬範開張。元綱流演，三十二天。輪轉無色，周迴十方。旋斗歷箕，回度五常。

默菴曰：此言第二劫赤文再立，天地之功用也。赤文再立，天地復位，萬物復育，元始祖劫之梵炁，彌滿包羅諸天之上。含生品彙，由是一炁化生，開張顯露，而後萬物始備，梵炁流布，發而成文，是爲典謨訓誥，經藏文録，垂範無窮。雖百千萬條之廣，皆梵炁之發育也。由萬範一張，綱紀遂立。元綱者，若網之有綱也。範模既張，綱紀流演而不息，是以遍週三十二天，輪轉至於無色之界，周迴一匝，十方皆至，終而復始，無一息之間斷，無不周遍矣。旋斗歷箕者，斗，中斗也，即心也。箕，屬東方艮寅之位，每歲立春則杓昏建於寅初，與天左旋，歷始於箕，居其中而順建十二辰。五常者，五星也，不曰五行五星，而曰五常，斗運於中，五行各盡其功用，乃天地之常道也。一歲十二辰周而復始，旋歷斗箕之始，日月五星逆行周回三百六十五度。斗柄指地，先天之真炁亦隨斗柄內運，從九地發生萬物矣。人身一日之間，有一年之節炁，循歷二十八宿、二十四炁、七十二候、六十四卦，以成周天之火候也。以人身而測天度，陽生於子，至寅爲三陽，象泰，由下田而上也。漸歷斗箕而周流六虛，皆己真一之炁，周回十方，循度五行之常道也。以心中虛運行不息，無不輪轉而至矣。所謂動靜無端，陰陽無始者是也。

三十五分，總炁上元。八景冥合，炁入玄玄。玄中太皇，上帝高真。汎景太霞，嘯詠洞章。

默菴曰：元者，首之上。八景，即八節也。四時四方，各有八景，所以合成八八六十四卦。觀復曰：三十五分，陰陽五行、二十八宿也。考之都分尺部，亦曰測日月五星之行，分二十八宿之度，故曰三十五分。以日月合璧，五星連珠，攢簇二十八宿，是曰總炁。分之則爲三十五，總之則一炁也。上元者，曆法以上古十一月朔、夜半冬至，日月五星會於子，謂之上元。八景者，即生神中三部八景也。玄中太皇者，玄元始三炁中之三寶君，是爲上帝高真太霞之景，梵清景三炁之上。洞章即下文金真朗鬱、嘯詠而歌也。脩之於內，日月合璧，則水火既濟；五炁朝元，則鉛汞擒制，乃奪天地之造化，攢簇爐鼎之中，循歷二十八宿，行周天之火候，采藥於冬至之首，奪一年之節炁於一陽初動之始，是爲總炁上元，故曰元者，首之上也。一炁上升於泥丸，八節之氣候皆冥合矣。是以直入玄玄之中，恍惚杳冥中之有精也。而我元神祖炁會於太淵之頂，即上帝高真之汎景於三炁之上矣。若太霞流彩，空洞成音，而嘯詠欣悦，有自然之感也。

金真朗郁，流響雲營。玉音攝炁，靈風聚煙。紫虛鬱秀，輔翼萬仙。千和萬合，自然成真。

默菴曰：自此句以下，至各有生門，乃高真之洞章也。金真者，金精也。乃天地之靈根，陰陽之祖炁，先天真一之精，至陽之炁。玉音者，龍吟虎嘯之聲也。紫虛者，中黃之宮也。金母既歸神室，丹基已兆，金胎已萌，真神明耀，晃如金精之朗徹，龍虎二弦之炁出火生水之時，玉音流響，靈風內鼓，則炁歸神室，養成鄞鄂。中黃土釜之中，紫光紅彩，攝炁聚煙而後秀結成真，鬱勃內外，萬炁歸真，若水朝宗，若車輻湊，神暢炁和。千神和爲一神，萬炁合爲一炁，莫非自然之理，內合成真，此皆還丹至妙至神之機，非假有爲而成也。經曰：迴風混合，百日功成。《契》曰：經營養鄞鄂，凝神以成軀是也。

真中有神，長生大君，無英公子，白元尊神，太乙司命，桃康合延，執符把籙，保命生根。

真中有神者，即元神爲性之本，以其曩劫不壞，是曰長生大君。恍惚中之有物，杳冥中之有精，其精甚真，其中有信是也。無英，肝神；白元，肺神；太乙乃百神之主，司命，心神；桃康，合延，二腎之神。古愚曰：總舉四神而言者，謂金木不間隔，水火不相尅也。五神不言脾神，謂非中意，不能和合四象，則神在其中矣。是以太乙居中，以象五行，全籍於土。丹道中則坎納戊土，離納己土，是曰坎戊月精，離己日光。水火之交姤，鉛汞之投合，金木之合併，皆中意媒合之也。脩鍊之工，至妙至神之機，不越乎五行順逆之理而已。人能合日用之順境，以究顛倒之妙，四象和合，五行攢簇，則命蒂愈固，性根長生矣。是爲至真中之有至神也。觀復曰：真神保其性命，靈炁護其生根是也。符籙者，以有象言之，則元始符命也。內求無象，皆己之真炁也。能執持不息，則可保固元命，而死魂受度，復生根矣。

上遊上清，出入華房，八冥之內，細微之中。下鎮人身，泥丸絳宮，中理五炁，混合百神，十轉回靈，萬炁齊仙。

默菴曰：此言學士脩鍊成真之由。上清者，泥丸宮也。華房者，三境華房也。八冥者，八極也。泥丸者，腦頂也。絳宮者，心也。五炁者，五行也。百神者，身中之神也。此蓋脩鍊成真之驗。真中之神，靈妙已具，是以升降周流而不息，上則遊於天門上清華房之間，周行八極之內，雖細微毫芒，亦無不至。下則鎮人身，復還本身之中，自泥丸下絳宮，而歸中宮玄關也。中者，一身之中也。曰執中、守中、規中、環中、一中、黃中，皆一理也。苟真息內定，中虛外明，而炁自調理矣。五炁者，精神魂魄意也。調息至於無息，則心淨神凝，五炁內理，百神內合，周而復始，流行不息，周回至於十轉，真中之神靈妙莫測，身中之萬炁，皆齊入仙道矣。此乃內丹十月功圓道備之應也。所謂追二炁於黃道，會三性於元宮，攝情還性，歸根復命之妙，盡於十轉之功矣。

仙道貴生，無量度人。上開八門，飛天法輪。罪福禁戒，宿命因緣。普受開度，死魂生身。身得受生，上聞諸天。諸天之上，各有生門。

默菴曰：此言世人罪福報應，而終可普受開度之恩也。仙道長生之謂也。故太上惟好生，初無限量之拘，是以普度無窮。八門者，八方法輪之門。人世罪福善惡，皆由心造，是有天堂地獄之分。人之溺於貪嗔之蔽，不知禁戒，或宿世今生，結習纏染而成，故有輪轉之報。今蒙天尊大慈，普受開度，上開八方之門，轉動法輪，使靈光慧燭如飛天之疾，下徹幽扃，則死魂受度而生身矣。既得受生，必假元始符命遍告諸天，然後諸天隨其善功禀賦，受生生身，則有仙階高下之品。死魂則隨果受生之門，而各受開度之恩也。生門即生神所謂生門死戶也。諸天之上，各有所隸焉。

中有空洞，謠歌之章，魔王靈篇，辭參高真。

默菴曰：此魔王歌章之序，引元始褎取其篇以其參合高真洞章之辭。空洞者，即前所謂天中空洞也。謠歌者，魔王歌章也。此三界魔王歌章之序，引元始以其辭語與洞章糸合，故取以糸之高真之中，是曰靈篇。經法云：洞章者，乃龜山丹黄，飛玄紫文，非魔王所作也。太上布此三章於世，令人開悟，超出三界。昔天尊降魔，魔王悉皆稽首受事，勑魔王統治三界，各歌謠章，變化飛空，警戒天人，屏絕欲鬼，令人聞此飛空之音，轉色欲苦，歸清净門。上文曰：諸天之上，各有生門，繼之曰中有空洞謠歌之章，則諸天之中，自有空洞之章也。其魔王所作，飛空歌音，義在敬戒，理契天真，是足以糸於高真也。

第一欲界飛空之音：

默菴曰：欲界者，天人之際，在人身即心腎界也。超鬼道則爲人，入仙道則飛空。古愚曰：魔王諱鬱默。道經云：凡人口業净，有十善功以上，生欲界六天。《靈寶經法》云：自黄曾至摩夷，爲欲界；六欲俱净，則升色界。

人道眇眇，仙道莽莽；鬼道樂兮，當人生門。天道貴生，鬼道貴終。仙道常自吉，鬼道常自凶。高上清靈爽，悲歌朗太空。惟願仙道成，不欲人道窮。北都泉曲府，中有萬鬼群。但欲遏人筭，斷絕人命門。阿人歌洞章，以攝北羅酆。束送妖魔精，斬馘六鬼鋒。諸天炁蕩蕩，我道日興隆。

默菴曰：此言吾身之北都泉曲府，即北都羅酆也。萬鬼群，即妖魔精、六鬼鋒也。我能攝伏之、束送之、斬馘之，則天炁日長於我，而仙道日成於我矣。眇眇者，輕眇也。莽莽者，高遠也。生門者，生死關也。靈爽者，鬼趣也。泉曲府，身中之北陰也。命門，即命蒂也。人道眇邈，微而難盡；仙道高遠，幽而難明。

是以人自有形，即貪著染縛，目之於色，耳之於聲，鼻之於臭，口之於味，皆三毒六欲之根，是有三途五苦之報也。以人不能修仙道，故鬼道快樂，當人生死之門，務欲人之死絕也。故天道好生，而鬼則貴終矣。然則趨於仙道者，務欲崇德積善，其自召者，靡不吉。淪於鬼道者，務欲賊德害善，其自求者，靡不凶矣。高上清靈爽，魔王言其所居之高廣，非靈爽所能侵也。朗然悲歌，飛遊太空，蓋憫人之去仙道遠也。惟願學者仙道之成，不欲人道之窮極也。北都泉曲府，即北都羅酆也。冥關岱嶽所治，職掌罪罰，校錄愆過，三界四司、嶽瀆隍社，凡遇三元八節、五臘三會，考校功過，毫髮無私。若能持善脩福，則延壽長年；為惡致禍，則滅筭除年，錄送酆都泉曲矣。其羅酆之府，有萬鬼群本欲過絕人之壽筭，以斷人之命根，不欲仙道之成也。北都羅酆在人身，即愛河慾海也。不能窒慾養心，則妄念紛飛，皆為妖魔精矣。阿人歌詠空洞之章，以攝制羅酆之鬼趣，束送之、斬馘之，使妖魔六鬼之鋒刃，頓爾泯息。內功外行既積，萬善日備，則諸天之正炁蕩蕩，我道由此而興隆矣。

第二色界魔王之章：

默菴曰：色界者，中天之天，在人即心目界也。無染著，則能變化飛昇矣。少微曰：魔王諱摩羅。道經云：身業淨，有三百善功，生色界。自越行天至曇誓天，共一十八天，為色界。此天之人有形無欲，分粗、細、輕一十八塵，塵染俱淨，升無色界。

落落高張，明炁四騫。梵行諸天，周回十方。無量大神，皆由我身。我有洞章，萬遍成仙。仙道貴度，鬼道相連。天地眇莽，穢氣氛氛。三界樂兮，過之長存。身度我界，體入自然。此時樂兮，薄由我恩。龍漢蕩蕩，何能別真。我界難度，故作洞文。變化飛空，以試爾身。成敗懈退，度者幾人。笑爾不度，故為歌音。

落落者，天體之廓落也。明炁者，梵炁明潔，四方周布，流行於諸天十方，周匝俱遍矣。無量大神，魔王言其變化無量，皆其身中之神也。洞章即前所謂乃龜山丹黄，飛玄紫文，具載靈寶法中，非魔王歌也。萬遍者，必真積力久，然後力到功圓而成仙矣。非惟誦之多也。仙道所貴者，長生度世也。鬼道所牽連者，人不能自脩，身歿炁散，魂神被考，累貽祖玄矣。天地之廣大，眇莽難窮，而穢濁之氣紛紜交結於其中。三界之内，惟過度者可以長存，而獲至樂。我界，乃魔王自謂也。能過度此界，則體合自然，結習俱忘，升入無形矣。至此，則六根俱净，八識俱空，湛然一真，其樂無際，雖由功滿德就而然，亦自魔王保舉而仙。故曰薄由我恩也。龍漢者，元始初劫之名，蕩蕩廣漠無際也。當祖劫之初，大樸未散，渾然本性之真，豈有精粗純雜之别。自人欲既萌，情識交蔽，則本然之性遂有區别，業識流轉無已，至乃我界難度矣。是作此洞文，以訓勵之，欲人證道成真，以度此界也。洞文即歌章也。變化飛空，魔王言其神化無方，以試學道之心；或試以所欲，或試以所畏，或試以所不欲不畏；日久月深，心如鐵石，終無退怠，則道功成矣。然而成敗懈退，不爲魔所沮棄，而竟度三界者，復幾人哉！或中道而廢，致貽魔王之笑，其不度也。設爲歌音，良有所勉迪焉。此其脩鍊之士，必平素積功累行，有以通於神明，則内魔不生，外魔自息，道功乃就，而可度世矣。

第三無色界魔王歌曰：

默菴曰：無色界在天爲天頂，在人則爲泥丸頂也。少微曰：魔王諱韶。道經云：心業净，有六百善行，生無色界四天。自皓庭天至秀樂四天，爲無色界。《本際經》曰：煩惱爲結，學業爲習，結習已盡，超種民位，洞入道境，隨炁升降，灾所不及也。

三界之上，眇眇大羅。上無色根，雲層峩峩。唯有元始，浩劫之家。部制我界，統承玄都。有過我界，身入玉虚。我位上王，匡御衆魔。空中萬變，穢氣紛葩。保真者少，迷惑者多。仙道難固，鬼道易邪。人道者心，諒不由他。仙道貴實，人道貴華。爾

不樂仙道，三界那得過。其欲轉五道，我當復奈何。

　　默菴曰：眇眇大羅，指三十二天之頂也。天以北極部制諸天，上無色根，指三百六十骨節之頂也。人以百會部制一身。觀復曰：三界之上，即種民四天之上，即大羅天也。大羅天上有玉京山，層雲所覆。元始天尊自浩劫以來，宅居其中，部制三界，統治玄都大羅玉清之境。我界，即無色界也。玉虛，乃虛無玉京也。脩鍊之士，得度無色界，入四種民天，則身入玉虛之境矣。我位上王，魔王自謂其功品居諸魔王之上，是以眾魔皆由其匡御也。下視虛空之中，色塵業垢，起滅萬變，穢濁之氣紛葩交繞，是以能保固本真者甚少，而迷惑昏妄者愈多。仙道則不得堅固，而惟入於鬼道之邪妄矣。人道者，心收之則萬殊一本，放之則一本萬殊。物物各具一太極，莫非此心也。人心、道心、存心、養心、正心、脩心、觀心、澄心、照心，三教同一心法也。豈有它哉！仙道貴實者，誠實無妄也。人道則樂於華競矣。苟不好樂仙道，思自脩之，豈能過三界之上也。故必轉五道之苦輪，我亦將如之奈何。此蓋魔王訓勵之切也。五道者，神、人、禽獸、餓鬼、地獄也。

此三界之上，飛空之中，魔王歌音，音參洞章。誦之百遍，名度南宮。誦之千遍，魔王保迎。萬遍道備，飛昇太空，過度三界，位登仙公。

　　此總讚前歌章也。魔王在三界之上，飛行太空之中，作為歌音，可參合洞章之微妙，使學者日進於道。自欲界而色界，至無色界，誦詠其音，至百而千而萬遍，莫非恐人有懈退之心，而欲其念念歸真也。此所以身道之難成，非志堅行篤所不能至也。必至萬遍而後，道備乃可飛昇太空，過度三界之上，而位證仙公矣。仙公者，太極仙品之至高也。況萬遍非徒口誦也，必內功外行，深積厚培之力，而後方能上昇太空，位登仙品也。故天尊取以續於正經，讚之曰：靈篇靈音，其所感召，可謂至重矣。是以其辭參高真，音參洞章也。

有聞靈音，魔王敬形。敕制地祇，侍衛送迎。拔出地戶，五苦八難，七祖升遷，永離鬼官。魂度朱陵，受鍊更生。是謂無量，普度無窮，有秘上天文，諸天共所崇。泄慢墮地獄，禍及七祖翁。

默菴曰：此言魔章普度之功，學士泄慢之報。元始説經之言止此。靈音，讚重魔王之歌音也。有能聞是音而脩之不怠者，魔王敬奉其形神矣。故觀復曰：聞非耳聞也，必心與經通，行與經合是也。念念不忘，常存敬懼，外遣諸緣，內脩定力。久之功深行滿，上帝敕命地祇祀典之神，侍衛其居處，送迎其出入，雖道未備，不能度三界，位仙公，亦必拔出地戶，離死戶也。無復五苦八難之厄矣。其功則上及七祖，皆獲升遷，永離幽關，不屬鬼官之所考攝。魂神逕度朱陵火府，而更生樂界矣。是以生死皆蒙其無量之功，無窮之度矣。內功至此，聖胎已就，脱體神化，陰盡陽純，直超三界之上，七祖同升矣。雖然經功之效昭著，若此祕於諸天之上，共所尊崇，苟有泄慢之愆，不惟身墮地獄，則必禍延七祖，可不戒之，慎之。

道言：此二章並是諸天上帝，及至靈魔王隱祕之音，皆是大梵之言，非世上常辭。言無韻麗，曲無華宛，故謂玄奧，難可尋詳。上天所寶，祕於玄都紫微上宮，依玄科四萬劫一傳。若有至人齎金寶質心，依舊格告盟十天，然後而付焉。

默菴曰：自此至洞明至言五段，是道君再序經文玄妙之功用，乃正經之後序也。此二章靈寶後序，指言此二章者，即前上一章元始洞玄靈寶本章，及下一章中有空洞謠歌之章也。上天所寶，此道君再序經文玄妙，上天寶愛之意。觀復曰：此二章混洞赤文、元洞玉曆是也。一明先天之道，一明後天之道。混洞赤文章，言天帝名諱，五天號諱，其文主於超拔玄祖，受度生身，敷落普度，歷關告命之旨。元洞玉曆章，言劫運成敗，混沌開闢，元炁周流，探取修鍊，歸根復命，超凡入聖之道。故曰皆隱祕之音、大梵之言，非世之常辭所能至也。言無韻麗，謂天尊經旨之潔净精微也。

曲無華宛，謂魔王歌章之明白簡直也。然其義玄奧幽微，學者不能盡究其詳密，若夫默菴祖師之謂，自靈寶本章至謠歌之章，爲二章者，其文義亦同而赤文玉曆在其中矣。皆隱祕大梵之言，故上天之寶於玄都紫微之宮，必依玄科禁戒，經累劫而後傳。又豈敢輕泄妄受也哉。至士之欲受經者，必齋金質心，依天真條格告盟天真上聖而後付受，其可輕忽妄授，視爲常辭也乎。此皆道君諄篤之至訓也。

道言：夫天地運度，亦有否終；日月五星，亦有虧盈；至聖神人，亦有休否；末學之夫，亦有疾傷。凡有此灾，同氣皆當齊心脩齋，六時行香，十遍轉經，福德立降，消諸不祥。無量之文，普度無窮。

天地爲萬物之根本，畢竟囿於形氣，運數亦有否泰，故遇陽九百六之厄，三界消亡，壞而後復成。日月五星之衡度亦有薄蝕盈縮，至聖神人亦有通塞休否，而況末學之夫，寧無疾傷？故凡有疾厄之苦，必當甘受勿怨，以順其天也。然人與天地萬物均一炁也。是曰一本萬殊也。先儒以乾爲父，坤爲母，民吾同胞，物吾一體者，此也。故凡有是灾，同氣皆當齊心修齋，六時行香，十遍轉經，雖上消天灾，下度兆民，捍厄扶衰，無所禱而不應，是致福德立降，消諸不祥，皆十遍經之效也。可謂無量之文，普度天人於無窮矣。

道言：夫末學道淺，或仙品未充，運應滅度，身經太陰。臨過之時，同學至人，爲其行香誦經十過，以度尸形。如法，魂神徑上南宮，隨其學功，計日而得更生。轉輪不滅，便得神仙。

此專爲末學道淺者言，以其道淺，是以仙品未充，運當滅度之際，身脩仙道未備，體未純陽，必經太陰之所考掠。太陰猶北陰泉曲也。臨過之時，遇其將過盡之時。同學至人，爲其行香誦經十過。同學者，或同師同道，所學已至之人，當爲行香誦經，一遵十回之式，以度尸形。如法，假其已鍊之真陽，脩誦是經，以度其尸形之至陰，送其魂神上生南宮。尸者，魄之未化。形者，氣之未化。必資經功道力，鍊質陶魂，庶可徑上南宮也。隨其學功，計日而得更生，各隨其學業之淺深，功德之高下，而後計日之期限，隨品受生，轉輪不能滅其本性。一靈不昧，久之，玄功積習之至，亦得仙道矣。

道言：夫天地運終，亦當脩齋，行香誦經。星宿錯度，日月失昏，亦當脩齋，行香誦經。四時失度，陰陽不調，亦當脩齋，行香誦經。國主有灾，兵革四興，亦當脩齋，行香誦經。疫毒流行，兆民死傷，亦當脩齋，行香誦經。師友命過，亦當脩齋，行香誦經。夫齋戒誦經，功德甚重。上消天灾，保鎮帝王，下禳毒害，以度兆民。生死受賴，其福難勝。故曰無量，普度天人。

青元曰：道君此章，明此經非惟度己，雖天地、君臣、民物，皆當兼濟，方爲道備，乃顯度人之普也。夫天地運終，以《皇極》元會運世論之，天地亦有成壞始終，皆不能逃乎運數。《易》曰：天地毀，無以見易是也。人身與造化同徒，故可以參天地、贊化育，裁成其道，輔相其宜也。先儒不曰天人一致之功，以其心與理一而已。夫以主宰謂之帝，妙用謂之鬼神，豈非一致哉！故當運有否終，亦必脩齋誦經以禳之。星宿錯度，謂躔度乖錯，晷刻訛謬；日月失昏，謂盈虧薄蝕，此亦囿於遲留伏逆之數也。亦必脩齋誦經以禳之。四時失度，謂寒暑不常；陰陽不調，謂旱潦爲虐。皆愆於天地之至和而然也。亦必脩齋誦經以禳之。國主有灾，兵革四興，凡灾異兵革，莫非陰陽悖逆、政化乖違而致，其脩德政、省刑罰、撫黎庶、治師旅、任賢能、安社稷，皆所以消天變而息人殃也。此聖君賢臣之所首務，然苟有是灾，亦當脩齋誦經以禳禬之。蓋以請命於天，而天必弭灾以降祥也。疫毒流行，兆民死傷，疫毒者，疫癘之炁，流毒於兆民，必見死傷。亦當脩齋誦經，以禳釋之，使其炁候正，則疫炁息矣。師友命過，師，所以傳道授業；友，所以輔仁益德，居綱常之一也。當其命過之時，亦當脩齋誦經，以拔度之。既言師友，則於其親概可知所自矣。夫齋戒誦經，功德甚重，此道君重讚是經之功德也。內則虛心鍊炁，順神葆真；外則其功可以上消天災，保鎮帝王，下禳毒害，以度兆民。可謂君臣、民物，無所不被其澤，其功無量，天人普度矣。

　　道言：凡有是經，能爲天地、帝主、兆民行是功德，有灾之日，發心脩齋，燒香誦經十過，皆諸天記名，萬神侍衛。右別至人，剋得爲聖君金闕之臣。諸天記人功過，毫分無失。天中魔王，亦保舉爾身。得道者，乃當洞明至言也。

　　默菴曰：此道君再言學士脩誦之功用。此段復總前篇而言，皆道君垂訓之切也。凡遇有灾之日，能爲天地日月、帝主兆民燒香誦經，行是功德，則諸天記名於仙籍，萬神侍衛於左右，皆經功所積而至也。右別至人，學力已至之人，登證仙品，頃刻臣事三境，神遊金闕矣。諸天記人功過，毫分無失，天中魔王亦保舉爾身者，此重復告戒之至，務令學者之功勤也。諸天各有司察紀錄之官曹，功過之細微，無分毫髮必錄。有功則升仙品，有過則付罪簿，必無私失矣。能依經功脩持者，天中魔王亦保舉其身，紀名諸天矣。得道者由經而悟道，乃當洞明至真之言，以究至玄之道也。內而求之，即神居泥丸，溫養之道是也。

元始無量度人上品妙經通義卷之三

元始無量度人上品妙經通義卷之四
　　正一嗣教道合無爲闡祖光範真人領道教事四十三代天師張宇初註
諸天中大梵隱語無量音　道君撰

　　默菴曰：此即靈書中篇之序，引玉晨道君之所撰也。諸天中者，即外四天之中也。按《內旨經》云：元始天尊於赤明世界栢陵舍座，是時雲霧鬱勃，七日七夜，玄陰不解。五老上白天尊曰：今日侍座，所未曾見。天尊演教，則河海靜默，山嶽藏雲。今白日晝陰，天人惶懼，不審何故？天尊曰：今日諸天發瑞，靈應自然，玉字煥爛，障蔽天光。咸令四座瞑目。俄頃，天炁頓啟，冥暗豁消，五色光明，洞照十方。忽有靈書，字方一丈，現於空玄之上，文彩煥爛，八角垂芒，精光奪目，不可得睹。天尊普告曰：此靈書八會，字無正形，其趣宛奧，難可尋詳，可解註之。於是，天真皇人受天尊明命，註解其旨，以付道君，使教諸天應得成真，有仙名者也。觀復曰：大梵者，元始大梵之炁，離合以成音梵之言。隱語者，謂隱祕天中，世人不解。無量音者，殊方異類，普聞妙義，初無限極，凡二百六十五字，分置三十二天，一天各八字。又書於玄都宮闕，諸天樓觀，則隨人所習，乘炁各歸其處矣。以是大梵之音，遍聞無量而隱於諸天，非皇人按筆而不能傳也。或增入靈書上下篇，並龍篆正文，雷蕭之所不取，故弗及之。

元始靈書中篇

默菴曰：靈書即大梵隱語，無量之音，玉字經也。中篇即中央之篇也。元始者，以其元始天尊所説，命天真皇人註釋，以授道君。靈書中篇，則大梵隱語中央之篇也。觀復曰：先真謂此靈書合於大易六十四卦，此經在天地之先，有卦象之前。西王母云：九日導乾坤，母東覆兩卦。可見乾坤二卦始於此，繼以屯蒙，終於既濟、未濟，爲造化之綱維也。次列六十甲子於下，明炁數終始循環也。次係月建節侯十二卦者，以表一年陰陽代謝，寒署推遷也。復別朔望盈虛，以明一月也。又標十二時辰，以推一日火候水符進退也。蓋以一年節候，促於一月，以兩日半准一月，復以十二卦以應十二時，又促一月歸於一日也。以一時准兩日半，故上下卦象所用皆殊。甲子節侯，其義亦別。綜而言之，上卦甲子，經也；下卦節候時晷，緯也。志心內觀，動静消息，盈虛自然，得意忘言，幽微之理盡在是矣。則此篇之義，實與大易之妙，不期然而然。元始説經，於羲皇未畫之先，亦豈假易以明大梵之文也。蓋理一而已，是以若合符契，不待牽引附會而合矣。以是考之，則自西王母而下，默菴、少微諸師皆有象易之論，後皆以爲始於觀復之見，其説亦淺矣。今具總圖於後，庶與邵子之《先天》，魏公之《參同》，彭公之《心鏡》，皆默合焉。其於陽火陰符進退之機，庶幾乎盡矣。

東方八天

亶婁阿薈，無惒（去聲）觀（音貫）音。

八字，黃曾天内音。亶者，坦然廣遠之貌。婁者，玉京山下長樓之名，上承玄都官。阿者，玄都中阿那之神，掌樓之監，主大梵之炁。炁數交周，則阿那鳴樓都之鼓以集衆真，上朝元始。薈者，帝君遊臺之名，以其薈蔚華秀也。無者，太無也。言太無之中，自然能生真聖。惒者，日月門户之名。言天中日月會於惒門。觀者，觀覺也。是天帝之諱。音者，八字之音。能誦之者，則真人乘金輪以開冥，玉女揚華旛以披劍，觀覺主長夜之籙，四真拔九幽之苦，七祖披朗，朽骸還生。

須延明首，法攬菩曇。

八字，玉完天内音。須延者，玉完西北闕名。大劫數交，須延於是而開，玉真上聖於是而回。明首者，元始之都候。元始開運，則都候啟道，梵行諸炁，倏忽自朗。法者，法輪罪福之場；攬者，覺也。天帝君之諱，主度魂更生。菩者，菩提也，執九色之節。曇者，曇頤也，把十絶之旛。並上元真人，能常誦洞章，則法輪引籍，攬覺度魂，菩提轉輪，曇頤揚旛，天地得之以不傾，萬物得之以長存也。青元曰：法攬菩曇，即玉清四府真人也。

稼那阿奕，忽訶流吟。

八字，何童天内音。稼那者，天中主圖之號，領人間生死圖錄，總主神仙，治金華之宮。阿奕乃七寶林中樹名，彌覆四方，實上聖遊圃真人戲園也。忽者，覺也，飛天神人名。主大小劫會。訶者，訶摩也，天中呼元始天尊爲訶摩。流吟者，流布歌吟也。劫運既終，訶摩開化教法，普度天人，將來劫壞，真經隱藏，天尊已知，預爲歌音也。人能常誦洞章，則主圖先生削罪録於長夜，註生名於南宫。

華都曲麗，鮮菩育臻。

八字，平育天内音。華都者，天中太極宮青華門之别名。曲者，天中梵天神人飛行太極之上，爽靈風之炁，歌洞章之曲。麗者，太和玉女名也。鮮者，鮮雲，即慶雲也。菩者，天中樓名。育者，天中帝君隱名。臻者，至也。育帝常乘八景之輪，遊觀八極之外，回十絶之靈旛以召天魔舉度天人，常能誦此洞章，則飛天遙唱，三界司迎，七祖出離長夜，上升南宫。

答落大梵，散煙慶雲。

八字，文擧天内音。答者，天中玉闕之名。落者，宫闕落落然也。大者，大宥天尊開化運之初，皆放大赦，謂之大宥。使三惡道空，九幽罷對。梵者，梵行之炁，開龍漢之劫，運赤明之辰也。散煙者，真人散香煙於玉闕。慶雲者，五色之祥雲也。慶雲接乎紫館，飛天舞乎空輪。青元曰：元始時開大赦，答落宫庭，放釋罪魂。

飛灑玉都，明魔上門。

八字，摩夷天内音。飛者，飛天神王之號。天地改運，淪於延康，冥冥無開，飛天啟光散暉，諸天受炁。灑者，龍漢一會，倏忽而迴。玉者，玉真，主開長夜之聖號。都者，九幽酆都。人有善功，則玉真開長夜之户，酆都度八難之場。七祖返生，幽魂還光也。明者，解八字之義。魔者，魔王也。上者，上帝也。門者，直門下之人，能明識八字之義，則魔王敬伏，上帝養育於始生之門。門下有韓君司命司録，度筭於南宫，慶流九族，生死蒙恩。

無行上首，回躅流玄。

八字，越衡天内音。無者，上道也。言元始之炁開明無上之道。行者，天元之綱紀，維羅八極，梵炁彌布，流行不息也。上首者，北斗之録罪宫也。轉運天關，推會度數，數極則大劫交也。回者，轉也。蹟者，履也。劫運之初，元始則履空而輪轉，布化於十方。流者，流三晨之光，照長夜之府。玄者，空也。越衡天上玄都之景，有空峰之山，乃萬聖之所遊，生死之所歸。道未足備，身應滅度，魂升空峰，受鍊而升南宮也。

阿陁龍羅，四象吁員。

八字，蒙翳天內音。阿者，天中有九折之山，連阿相屬。陁者，山上之樓，上通玉清之炁，以望三界之鄉，帝君嘗遊阿丘之嶺，下監萬生之罪。龍者，龍山與阿陁相去九億萬里。羅者，日月之名。羅言山勢相交，日月明於峰上。四者，四極之宮。謂東華、南極、西靈、北真也。四極真人，主生死命籍。象者，象輪之車。真人常乘象輦，遊行三界，校人生死罪録，開度學人。吁者，曲育也。天帝之諱爲南宮度命君，主鍊度朽魂。員者，帝也。是日中生童，主灌精於天人。人能誦詠洞章，則玉名入於帝籙，生死度於南宮，四極給自然之羽車，七祖歡升於福堂也。

南方八天

南闍（音焰）洞浮，玉眸詵詵。

八字，和陽天內音。南闍者，南方有流火之庭，飛焰焕乎八方。洞浮者，洞陽之宮，流火之炁，炎而浮上也。玉眸者，流火之膏鍊身，體生玉光，明如眸子，故曰玉眸。南極真人主於宮內，諸學人始得道者，皆詣流火之庭，真人以火膏洗鍊，蕩除塵垢。詵詵者，眾多也。

梵形落空，九靈推前。

八字，恭華天內音。梵形者，元始天尊在龍漢時號也。赤明世，號元名君。上皇開運，號元始丈人。梵炁化形，隨劫化生，以一神而見，不受胎生。落空者，元始自空中而生。九靈者，九華真人也。治南昌上宮，主九幽宿對死魂。推前者，真人主命録算，推死魂前生功德。觀復曰：一陰始生，乃砂中抽汞，真陰下降，如月之象。復還中宮，陰歸陽室，汞來投鉛矣。

澤洛菩臺，綠羅大千。

八字，宗飄天内音。澤者，天中山名。山上有衆龍之窟，黄房之室。洛者，眞晨道君之内音，理於黄房，混大劫而不終，經龍漢而更明。菩者，飛天眞人隱號，有無數之衆。臺者，玉臺也。居澤山之陽。綠羅者，月中夫人字羅英，理治太陰度數，乘梵行之炁，運度之關，以應天元，無差忒。至大劫交，則日月俱會於玉堂之上，俟劫再開，復運化也。大千者，世界之數。以千數至千爲小千，小千數至千爲中千，中千數至千爲大千。人能誦詠洞章，則升黄房之室，遊玉臺之中，覽大千之境也。

眇莽九醜，韶謠緣邅。

八字，皇笳天内音。眇者，延康之中，天書玉字，翳而不彰，眇眇然也。莽者，龍漢開運，其文復明，莽莽然也。遇眞道，男女其運之極，又經一劫，九炁各生一獸，以害惡民。其劫既開，九獸號爲九醜之鬼。北帝上眞主生死圖錄，故立九醜以輔三官，數極九九八十一萬，度天炁之交，九醜號爲九都使者。韶者，皇笳天神霄王内名。神霄王是魔王之神主，常試學道之人正與不正，作謠歌以亂人心。心固者，王即保舉升皇笳天。緣，南斗之別名。邅，北斗之異號。人有善功，則列言於南斗，南斗即度三界之難，拔九幽之苦，告下魔王，不敢害敗之。人有惡行，則三官列言於北斗，北斗即告下魔王滅魂，付九幽之下，充長夜之役，永無出期。

雲上九都，飛生自騫。

八字，堂耀天内音。雲上者，飛天神王内諱。開龍漢劫，啟赤明運，敷自然之書，立天地之根也。九都者，三象既分，而有九層之臺，處乎玉京之上，焕乎空玄之中，飛天神人常散百和之香，流五雲之華，以觀飛天眞人。臺上有太眞玉郎，一日三回，執十絕之旛，一周則諸天上帝三朝玄臺，繞臺三匝。學士常誦洞章則飛生，爲開不死之路，流長生之炁，下鍊五魂，則八景存焉。騫者，騫林也。學士得上升玄臺，遊於騫林，身佩天書，口詠洞章，久則上朝玄都之宮也。

那育郁馥，摩羅法輪。

八字，端靖天內音。那者，天中侍郎之名。主天四時之炁，梵行虛無之綱，以正端靖天中分度。育者，天關空輪之名。郁馥者，斗中靈童名。常運育輪以召天真，天關十轉，則十方大聖上朝玉京，萬神齊到，而郁馥唱禮。摩羅者，天中大魔內諱。郁馥一唱，魔王束形。學士知四時之炁，十轉之關，則入法輪之門，駕輿升乎玉清，上朝紫微之臺也。

靈持無鏡，攬姿運容。

八字，恭慶天內音。靈者，天上都監神內名。持者，龍淵之名。眾龍蟠其中，運東井之華，以灌天真，即月中黃華之精，沃注東井之流也。無鏡者，飛天神王也。出無色之光，總生死之籍，開度學人。觀復曰：申時至於庚時，名曰水半斤，陰歸陽室，汞來投鉛，其質已消，而成白銀是也。攬姿者，三界門名也。人知此號，則魔王爲開長夜之府，拔九幽之魂，以度三界門也。運容者，玄和玉女名。人得度三界之門，運容則以朱陵之炁導之於形，太和之津灌之於神，上升福堂。

馥朗廓奕，神纓自宮。

八字，極瑤天內音。馥朗者，天中玉京玄臺別號。西靈真人常誦洞章，以遊其上。廓奕者，天中神公內名。與元始同生，爲玄炁之範，教學仙之人。能明八字之音，則神公爲開長夜之戶，入更生之門，而登玉京之臺也。神纓者，紫微靈童也。主滅度之屍，若得神纓歌無量之章，則返形於三鍊之房，受自然之炁，樂無窮之遐齡也。

西方八天

刀利禪猷，婆泥咎（音皋）通。

八字，孔昇天內音。刀利者，南方無極世界之號。禪是刀利國，亦曰禪黎。其國有洞陽之宮，流火之庭。靈文始於流火受鍊既明之後，刀利國改爲福德之堂。猷者，南上好生君內名。婆泥者，火鍊池靈童名。若人得度洞陽宮，皆詣火池受鍊，更生福德之堂。咎通者，刀利世界魔王之神，常遏人生路。人知好生君名，及詣靈童受鍊，即更生福德之鄉，則魔王之神奉焉。人能誦八字之音，則刀利世界無極靈官侍衛其身，徑造南宮，仙人伺迎，三年必能策丹霞之輪，升三炁之天。

宛藪滌色，大渺之堂。

八字，皇崖天內音。宛藪者，皇崖天帝內名。主開太漠之經，以明八字之文。滌色者，色界飛天真人名也。常乘車駕龍，出入玉清之中，開度善根之人。大渺之堂者，即化生之堂，空洞之化，結自然之章，坦然廣大，開度萬生之曆也。學人通八字之音，則飛天真人降雲車，載兆身，上升化生之堂也。

流羅梵萌，景蔚蕭嶼。

八字，極風天內音。流者，天王內名。羅者，月女之諱。主遊宴之儀，流輝極風之天，洞照九玄之真也。梵者，飛天真人名，主回九天之關。萌者，元始天神名，正梵炁，開度天人、保固極風之根。觀復曰：艮者，土也；生成之本，造化之根是也。景者，景皇也。是四極上真人也。蔚者，蔚秀景霄仙人也。並理玉京臺，歷校長夜之中，開度善根之魂。蕭者，仞也。白素元君之宮。嶼者，蕭仞之嶼，對賓之所也。人能常誦洞章，乃得駕九色之雲，上升景黃之臺也。

易邈無寂，宛首少都。

八字，孝芒天內音。易邈者，孝芒天王之號。無寂者，虛無寂寂之庭也。言此天王從龍漢而來，至赤明而出，居乎虛無之內寂寂之庭也。宛首者，太上道君內號。道君常以元始玄奧，演大法以度人。少都者，日中靈童君之名，常散日精以灌身，流飛華以拂塵。學人知八字之音，天王飛景雲之輿，降三素之軿，度身三界之上，而進入寂寂之庭也。

阿纖郁竺，華漠延由。

八字，翁重天內音。阿纖者，天王隱名。常乘景霄之輪，遊九層之臺，處玉樓之上，唱洞章以伏衆魔。郁者，郁默天中魔王隱名。竺者，欲界也。魔王郁伯常在欲界之上，誦詠空謠之章。華者，色界光華。漠者，欲界渺漠，不可尋也。延，是束鬼之庭。由，是禁鬼之房。天王登雲樓之上，詠無量之章，則天魔應響而束身，群鬼遇由而伏形，奉之者九祖開泰，脩之者灰骸更生。

九開自辯，阿那品首。

八字，江由天內音。九開者，大演之初，天地未判，輪轉三炁，開爲九分。九度既明，九位乃列。陰陽萬品於是而生，自然明辯也。阿者，阿丘天王內名，常乘龍軿登龍山之嶺，遊觀九玄之中。那者，那邪飛天神人隱名，飛行三界，歷校長夜，拔度善人之魂。有知八字之音，則天王品度兆身，入飛天之衆首，化朽骨成童子之顏矣。

無量扶蓋，浮羅合神。

八字，阮樂天內音。無量者，天中無量大神之始神也。總統飛天之神，人皆受其品量而得升遷也。扶者，更生真人內名，常校幽夜之錄，簡善惡之根。蓋，玄中福堂之號。浮者，幽夜之魂，受真人開度，謂之浮。羅者，大羅也。開大千世界，召更生之賓，上詣大羅天，定籍削死。合者，合慶也。神者，神公也，乃大羅之相。人能知八字之音，與神公合慶，受度爲更生之賓。

玉誕長桑，栢空度仙。

八字，曇誓天內音。玉誕者，曇誓天中玉都之名。長桑者，天中騫林，亦名桑林。騫林覆蔭東華之宮，葉上有大洞之章，紫書玉字，煥乎上清，神風一鼓，洞章成音。故曰柏空。度仙者，飛天神人也。簡學仙之人生死錄籍，開度九幽之魂，升入法輪之門也。

北方八天

玃無自育，九日導乾。

八字，霄度天内音。玃無者，龍漢之時，飛天之神。元始始開之炁，溟涬無色之中，玃無乘運而出，凝炁而立。九霄既立，自抗不終之劫。育者，霄度天王内名。九者，育王乘象輪之車，遊九玄之門，轉九機之度，應劫會之期。日者，天中日童導引和炁，天運之終，日童停光，拔度學者，灌以水母之精，導以太和之炁，洗鍊五神，進入朱宮。觀復曰：乾者，萬物之始，虛無自然，純精真一之炁，名曰空炁金胎。喻爲銀鑛，藏於腎中，謂之元神。因一炁化歸中宮，而爲丹母金公推運。金者，先天自然之炁，金胎也。火者，日用發生之陽炁也。返本還元，是爲銀也。

坤母東覆，形攝上玄。

八字，元洞天内音。坤母者，太陰之都候，九靈仙母也。理東海扶桑，暘谷之淵，常總地機，輪轉元炁，上應天關。天關轉，地機動，周天一度，水則湧溢三千三百度。則天地炁交，九海溟濛，一水則瀰天。東者，東海受會，制其河源也。覆者，水神也。理於崑崙山，填固巨海，遏斷東井，則地機不淪，保劫長存。觀復曰：坤者，萬物之成，受胎之後，神藏腎中，是曰坤宮。即性即鉛，運歸中宮。化機乃日用發生之陽炁，以爲丹基。藥祖收攝砂汞而爲丹質。夫造化者，從無生有，故坤因乾而立，乾因坤而成，乾坤互相生成，初無先後。譬如鉛因銀而生，銀因鉛而成也。形攝者，是定交之時，坤母形出東海之上，攝召烏母，以鳳車迎學仙之人，上崑崙之墟。烏母，乃水候之神。上者，坤母上詣帝君，申劫會之期，度學仙之人，言名於玄都也。觀復曰：一陽來復，妙化之炁，自坤宮而發生。真陽上升，如日之象，至於中宮，金母收攝，是爲砂也。砂者，木也；木者，龍也。此青龍受符也。

陀羅育邈，眇炁合雲。

八字，妙成天內音。陀者，天帝內名。與妙成天俱在雲阿之嶺。羅者，月始生之名，阿在雲嶺之上，抱月而明。育者，妙成天神王名。又：育者，生也。總召十方飛天之神。邈者，天中羽林監神名，神王常使匡御三界，簡人間生死之籍，令魔王保舉得道之人。眇者，眇眇，高遠也。人得保度，詣羽林監，受符升天，眇眇行於雲宮。炁者，雲炁也。合者，合景也。既入羽林，結雲炁以成衣，上升朱宮，遂與諸天合景而上飛也。

飛天大醜，總監上天。

八字，禁上天內音。飛天者，十方飛天神王也。天中飛玄之炁，結成空洞之經，飛天神王常誦之，以接學人。大醜者，三界之都錄，主生死圖籍。醜者，伯也。三界大魔，受事於大醜。學士能知此音，則魔王保真而身騰三清矣。總者，飛天都統之官，主攝八會之炁，以促天地之運；主領長夜之官，開度九幽之魂。人知天中之音，則魔王列言大醜，勒錄仙都，而上升禁上天也。

沙陀劫量，龍漢瑛鮮。

八字，常融天內音。沙者，天中沙蘭之宮，乃紫微之別館。陀者，陀丘山也。陀丘之衆，有巨億萬人，並是新得道受度之人，功德未備，停散其中。劫量者，至劫運一交，此陀丘之衆，計功量德，升朱陵受福而仙也。龍漢者，初劫之名。瑛者，初劫飛天神王名也。常開度幽魂，升沙蘭宮中。鮮者，南宮之童。學人得度，仙童引鍊於朱陵之上矣。

碧落浮黎，空歌保珍。

八字，玉隆天內音。碧者，玉隆天中常生碧霞之炁。落者，飛天神名。一日三時，引天中衆聖，上朝七寶宮。浮黎者，天王內名，衆聖上朝則天王稱慶。空者，天中侍宸名。歌者，洞章之曲，侍宸一嘯，靈風協奏，音成洞章，故曰空歌也。保珍者，學人知此八字之音，則升南宮，爲飛天之賓，保此不終之劫，珍其自然之文，故曰保珍也。

惡奕無品，洞妙自真。

八字，梵度天內音。惡奕者，天王內名也。當龍漢之中，諸緣並盡，過度三界，升太虛之館，受九仙之籙，登大聖之號。至赤明開運，元始錫爲梵度天王。無者，太無真人也。受天王之符，度長夜之魂。品者，品量幽魂之罪福。洞者，洞明宿對。妙者，妙化之堂，惡緣並盡，宿對既解，升入妙化之堂。自者，與也。真者，天真也。至是與諸天合真也。

元梵恢漠，幽寂度人。

八字，賈奕天內音。元梵者，元始大梵之炁，高而洞浮，懸而不落。恢漠者，浩而無窮，遠而無礙，有而若無。幽者，幽寥也。寂者，空寂也。杳冥恍惚，不可聞見。其中有真，真中有精，是以普度天人也。

默菴曰：《靈書》義極玄奧，本難尋詳。然每方各六十四字，總六十四句，其自然之數，正與大易八八六十四卦之義合。乾坤爲易之祖，故獨出乾坤二字，見天地萬物萬事之變，舉不能逃乎《易》，則天地鬼神造化之迹，亦不外乎《靈書》。蓋可以類推矣。況河出圖，羲皇畫而成易，雲篆太虛而出玉字，天真皇人書而成文，其神道設教之妙，本有不約而同者。愚按：天真皇人曰：諸天內音、自然玉字者，皆結飛玄之炁，合五方之音，其文宛奧，難可尋詳。則靈書玉字出自大梵之炁，結空而成文，皇人按筆，演而成章，是爲天地之根，萬彙之本。其與太易陰陽動靜之機默合，蓋萬有之理，莫不具夫河圖生成之數也。故內脩之以鍊己，外施之以度人，道同乎一本而已矣。

道言：此諸天中大梵隱語，無量之音，舊文字皆廣長一丈。天真皇人昔書其文，以爲正音。有知其音，能齋而誦之者，諸天皆遣飛天神王，下觀其身，書其功勤，上奏諸天。萬神朝禮，地

衹侍門，大勛魔王，保舉上仙，道備尅得，遊行三界，昇入金門。

默菴曰：舊文，玉字初出時文。今所傳天篆是也。此乃道君末序靈書之妙也。大梵者，諸天自然妙炁結而成文也。隱語者，天帝之隱諱隱名也。無量之音者，空洞自然之音、響徹諸天，功資無量也。舊文者，當元始說經之初，皇人按筆之始，皆諸天梵炁結而成文。故字皆廣長一丈，玉字金書，八角垂芒，即後所傳之天篆也。是曰舊文。昔書其文以爲正音，今之所傳，皆後世譯出而成篇章，即昔之正音也。有知音而齋誦者，其感諸天遣神王下觀，書其功勤上奏，然後萬神敬禮，地衹侍衛，雖魔王之重，亦保舉上證仙品矣。道備者，待其功圓行滿，尅得遊行三界之上，升入金門，臣事三境，日侍帝側矣。觀復曰：其中虛實相通，象數可見。以九日導乾推之，理無遺矣。夫乾始於北者，即陽生於子也。甲配乾，子爲黃鍾，故甲子始於冬至。還丹者，循環大梵而脩耳。四象五行、三元八卦、日月龍虎、砂汞鉛銀，隱語之中俱備。至於陰符陽火、溫養抽添，非依卦爻升降，甲子循環，何以取則？故乾坤坎離四卦，象天地日月，包囊萬物，爲鼎器藥物樞紐根宗。餘六十卦以應六十甲子之數。准則春秋，推移寒暑，分二十四炁，譬七十二候，以應一年十二月之節。歸於一月之內，以一月之候，促於一晝夜十二時中，定刻漏、正時晷、明子午、按陰陽、通晦朔、合斤兩，依天地之大數，叶陰陽之化機。故卦有三百八十四爻，火有三百八十四銖，以是萬物由虛而生，大梵之理，其實與大易同也。此其諸師之論默合，而丹《易》未嘗殊途也。學士能究《靈書》之微奧，則丹基《易》道得矣。

此音無所不辟，無所不禳，無所不度，無所不成。天真自然之音也。故誦之致飛天下觀，上帝遙唱，萬神朝禮，三界侍軒。群妖束首，鬼精自亡。琳琅振響，十方肅清，河海靜默，山嶽吞煙。萬靈振伏，招集群仙。天無氛穢，地無妖塵。冥慧洞清，大量玄玄也。

默菴曰：此道君申言學士脩誦之功用。此音者，即無量之音也。誦之能辟逐一切精邪，能消禳一切災害，能度脱一切生死，能成就一切天人，以其功無所往而不致，故重述曰天真自然之音也。皆諸天至真口宣自然梵炁之文，非假人世篆畫之音，是以其功莫大也。故誦之乃致飛天下觀書其功，上帝遥唱讚其善，萬神朝禮一身之神，三界侍從於軒轂。至此，則三尸伏匿，六賊退藏，群妖束首，外魔頓息，鬼精自亡，内識頓消，業識既净，垢穢皆空，惟本來之性，真一長存矣。琳琅振響者，形神俱仙，天樂自鳴。十方肅清者，寂無遺響也。河海静默者，愛河苦海，皆澄静矣。山嶽吞煙者，山嶽内固，神凝息定。萬靈振伏者，功圓道備，萬靈靡不振伏。招集群仙者，萬神朝元，不召而集。天無氛穢，地無妖塵者，性寂情冥，太虛同體。冥慧洞清者，冥者，幽寥無朕；慧者，朗徹無邊；洞者，虛明無礙；清者，澄瑩無窮。觀復所謂冥通慧照之力是也。内功至此，八方洞徹，一性混融，大包宇宙，細入毫芒，此皆至玄至微之妙，其量豈可得以津涯測哉！是曰大量玄玄也。雖天地之大，萬有之衆，蠢動蛸翹，皆含一靈之妙，本俱自有生於無，莫不兆乎太極、五行、陰陽而後具能知全乎。太極之一本，而不匿於萬殊之異，則返乎無聲無臭之初，而復歸於無極矣。天尊説經，自懸一寶珠而始演十回之妙義，其於大梵之祕，丹道之玄，無不備矣。其末也，猶恐學人墮沉空着有之偏，而卒曰：冥慧洞清，大量玄玄。則一經之要，黍珠之奥，盡在是矣。又豈有爲法象之可得而至哉。所謂契虛合無，復歸於無極也。在乎返求諸己，則虛靈不昧，天地皆備於我，而至神至妙之道得矣。

元始無量度人上品妙經通義卷之四

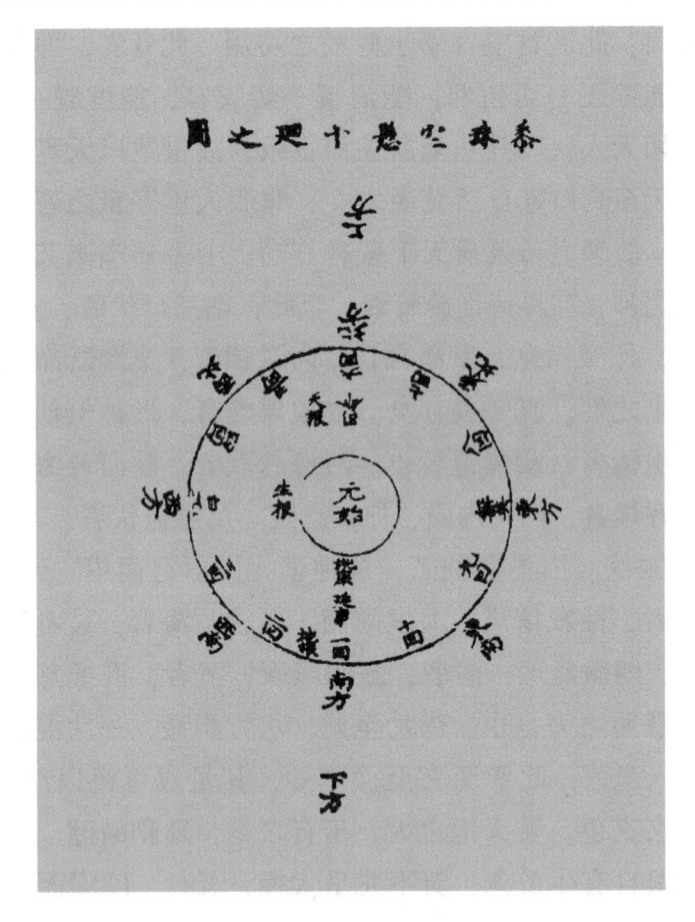

黍珠空懸十迴之圖

太極圖合元始一炁全體妙用圖說

混洞赤文，無無元上真，此所謂無極而太極也。元始祖劫，化生諸天，開明三景，是爲天根，上無復祖，惟道爲身。此所謂太極動而生陽，動極而靜；靜而生陰，靜極復動；一動一靜，互爲其根，分陰分陽，兩儀立焉。五文開廓，此所謂陽變陰合，而生水火木金土，五炁順布，四時行焉。五行一陰陽也，陰陽一太極也，太極本無極也。普植神靈，無文不光，無文不明，無文不立，無文不成，無文不度，無文不生。此所謂無極之真，二五之

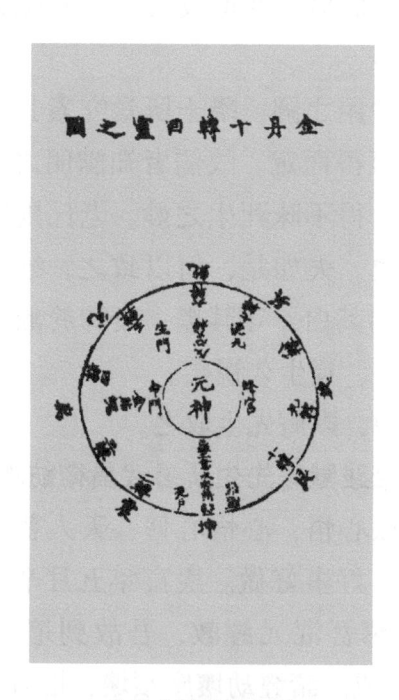

金丹十轉四靈之圖

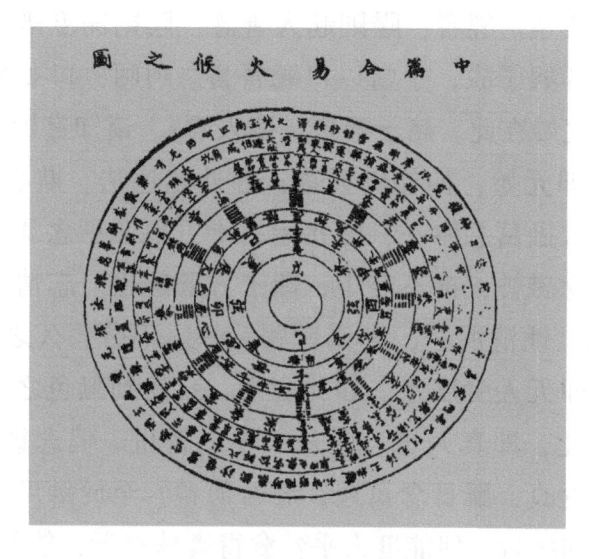

中篇合易火候之圖

精，妙合而凝，乾道成男，坤道成女，二炁交感，化生萬物，萬物生生而變化無窮焉。

元始一炁全體妙用之圖，學士所當究索其意，則先天之道不謀而契，造化之妙可得而窺。故儒者知幽明之故，周乎萬物，原始返終，窮理盡性，得不昧死生之妙。老氏則曰深根固蒂，長生久視，蓋各有所宗也。夫如是，何以致之？經曰：知其雄，守其雌，復歸於嬰兒；知其白，守其黑，復歸於無極。此金液還丹之道也。故能深根固蒂，長生久視矣。

按：此觀復之說，默庵先生取之。

青帝辛天君降筆跋默庵先生所書武昌衛鈔本

經以心傳，經以心悟，心悟心傳，天人普度，以此存心，帝其汝顧，信受奉行，好事好做。庚寅年五月辛天君降筆云：法子志專，信士誠信，感吾混元經教，吾故到壇。大哉《靈寶度人經》，不是文章撰得成。諸經劫壞應須壞，惟有斯文在玉京。夫自古及今，上聖仙佛成道，未有不奉度人經法者。諸經中，《元始度人》為上品經也。經者，陽則起人善念，陰則開度幽靈，功莫大焉。吾當以耳與子說，子當以口聽吾言。呵呵，口聽是以六根互用處，混元之妙在此。諸子等念《度人經》，還知玄妙否？人心即寶珠，元神即元始，神外無天尊，心外無道法。欺心者昧天乎？念經之初，當攝萬念歸一，即元始召十方也。正念誦經，即元始說經也。情念識神，神不妄走，即十方聽經也。忘情絕念，便是寂無遺響處。性清混一，真偽皆歸，一志不分，久之自然純熟，萬妄歸真，即天人受度也。如此會得，自然到無色之界，萬念之魔，悉歸吾化，即真人也。此是經中之旨也。但念經不知此理，不攝念、不返真，雖日念萬遍，於吾何益？至於鍊度一節，猶難言也。自不知經旨，何能度人乎？會得寶珠空懸，能斂萬念歸真，一志不動如元始，一時辰自到寂無遺響處，喜慶難言。到此，三界鬼神皆敬畏矣，一切幽靈皆受度矣。夫祭鍊幽靈，大功大德。

上古仙佛，皆是以脩自己爲功，度他人爲德，方能功行兩全。吾乃雷霆吏。吾昔於太古時，已成上道，後復身入雷司，驅風雷、致雨露、發生萬物。雷霆乃天之仗植，帝之威權，道之樞機。生殺之權，雷霆主之，造化無窮，功莫大焉。吾能生能殺者，由能行仁義故也。仁爲春官，發生萬物；義爲秋官，肅殺萬物。助天地、行四時，代上帝掌世運，吾亦脩功德不已也。成道不濟人，又何益於上帝？且如玉帝，萬劫上道，猶主世運，況吾儕乎！諸子既入吾道法中，行當體此意。諸子皆吾法中之白眉者，吾故談論至此，非泄雷機，以惑汝之衆。諸子可專心脩奉，吾在壇助汝道風。此去汝若有灾，可專一志、奉一神、念一經，以保而已。勉旃勉旃。（傍有人問奏職）批云：從宗壇保吾，何敢言職。職不必高，高而無功，又何益焉。但云奉道弟子，亦可達帝，一念真誠，金石皆透矣。五月五日五雷猛吏辛忠義書，弟子陳元亨筆錄。

附錄三　道門十規

　　正一嗣教道合無爲闡祖光範真人領道教事臣張宇初撰進
　　伏聞：聖人以神道設教，太上以虛無爲宗，其廣演宏敷，自歷劫以來，愈彰愈著。原其本也，雖有道、經、師三寶之分，而始自太上授《道德五千言》於關令尹，其所謂無爲不爭之旨始殷。三代之初，則廣成子蒙黃帝問道於崆峒。等而上之，道所由立，出乎太上，一也。修諸己而合夫內聖外王之道者，則有關、文、莊、列諸子之遺言。治諸世而驗夫清靜無爲之化者，則有蓋公、曹參二公之善政。迨我祖天師立教於東漢，葛仙公、許旌陽演派於吳、晉，曰教則有正一、全真之分，曰法則有清微、靈寶、雷霆之目。非究源以求流，必忘本以逐末。然吾道之盛，宋、元已稱，特至我朝，欽蒙太祖高皇帝御注《道德上下經》，立成道門上範，清理道教，崇獎備至。謂道教之設，中古有之，如黃帝謁廣成子於崆峒，祖天師煉丹於龍虎，役使鬼神，禦災捍患，所以歷代不磨，禱祈有應，無不周悉。永樂初元，首蒙皇上聖恩申明，眷諭彌篤，務令一遵太祖成憲。由是觀之，吾道之光赫，又豈前之所企及也哉。永樂四年夏，伏蒙聖恩，委以纂修道典，入閣通類。切念臣宇初匪材涼德，學識淺陋，忝竊是懼，徒承乏於遺宗，曷負勝於重任。然雖撫躬慊慄，詔命莫辭，兩承勅旨之頒，時蒙宣室之問。揆之駑劣，慚悚益增；稽之遭遇，喜懼交集。又念吾道自近代以來，玄綱日墜，道化莫敷，實喪名存，領衰裘委。常懷振迪之思，莫遂激揚之志。茲蓋伏遇聖明御極，神睿統天，偃武修文，成功定難。聖德合於天心，禎祥疊見；皇猷孚於華夏，道德斯昌。實道門千載一時之遇，成太平萬世不湮之典。是用旦夕搜采前代定規、群師遺則，撰成《道門十規》，志在激勵流風，昭宣聖治，永爲奕世繩規，玄門祖述。庶幾上不負朝廷崇獎之恩，下有資道流趨學之逕，其茂闡玄元之化，益宏清静之宗，陰翊邦祚，大振教謨，深有望於將來，期永規於厥後也乎。

〇**道教源派**，始自太上。三代之前，則黄帝問道廣成子，即太上也。及曰生於殷末，仕於周初，在文王時爲柱下史，迨武王時遷藏室史，其所著則《道德上下經》，其徒則有關、文、莊、列、亢倉、柏矩之流，其言則修齊治平、富國強兵、經世出世之術，互有之矣。見之太史氏曰：道家者流，精神專一，言廣易操，斯可知矣。故所謂先黄老而後六經，甚則以黄老倫於刑名，則爲過矣。其曰元始、靈寶，乃混沌之初，玄、元、始三氣化生，其本則一。後之闡化，則有祖天師、許真君、葛仙翁、茅真君諸仙之派。世降之久，不究其源，各尊派系。若祖師之曰正一，許君之曰净明，仙公之曰靈寶，茅君之曰上清，此皆設教之異名，其本皆從太上而授。凡符籙、經教、齋品、道法之傳，雖傳世之久，各尊所聞，增減去取，或有不同，而源委則一。内而修之，則有内外丹之傳。其見諸經典者，諸子未嘗言之丹砂藥術，其曰修煉，止性命神氣之説。自秦漢以來，方士競出，若文成、五利之以金石草木，徒殺身取禍，遂世稱方術矣。外而施之，則有禱檜祠祝之事，自寇、杜、葛、陸之徒，其説方盛。由後之師匠，增損誇誕，奔競聲利，而世曰異端矣。然二者，太上之初所未彰顯，後之不究其本、不探其源者，流而忘返，眩異失同，則去太上立教之本，虛無清静、無爲不言之妙日遠矣。凡習吾道者，必根據經書，探索源流，務歸於正。勿爲邪説淫辭之所汩，遂乃遞相鼓惑，深失祖風。蓋經曰：虛無自然，道所從出，真一不二，體性湛然，圓明自足，是開立教之源，以爲入道之本，所宜首務也。

　　○**道門經籙**、太上三洞諸品經典，乃元始天尊、靈寶天尊、太上道德天尊金口所宣，歷劫相傳，諸師闡化。若元始說經，當以《度人上品》爲諸經之首。靈寶說經，當以《定觀》《內觀》爲要。太上立教，當以《道德》《日用》爲規。內而修己，則《虛皇四十九章經》《洞古》《大通》《生天》《清靜》諸經最爲捷要。外而濟世度幽，則《黃帝陰符經》《玉樞》《北斗》《消災》《救苦》《五廚》《生神》諸經，《玉樞》《朝天》《九幽》諸懺，是皆入道之梯航，修真之蹊逕。是以從道之士，先當恭敬神明，焚修香火，積誦經誥，皈依大道。首宿今之業垢，召福澤之良因。故經曰：一切神仙真人，皆以無上要言，得成道果。仙師云：經以斂心，經以著念，使晨夕能焚誦不輟，消除魔障，增廣道緣，誠爲方便中第一事也。凡持誦之士，必當齋戒身心，洗心滌慮，存神默誦，誠如對越上帝，默與心神交會，心念無二，句字真正，調聲正氣，神暢氣和，庶幾有功。則玉音攝氣，靈韻交孚，自然和天安地，善俗化民，福集禍消，存亡蒙惠。苟若口誦心違，形留神往，不存誠敬，手急足揚，雖日誦千百卷，於己何益？又豈能消灾散禍也哉。若爲人持誦，猶當持敬存誠，以致齋主之敬，以通信嚮之誠，庶不致虛受齋供佈施，爲之祈福消愆，自然有感。如或語言接對，嘻笑談諧，思念不專，熏穢披誦，不徒無益於齋主，反以貽愆於己身。似此皆然，深宜規戒。兼以年代之遠，經文訛舛，多後代師德之所撰注，謬誤不無。因生輕慢，如或有疑，自信不篤，則守以一誠。慎勿鼓和輕薄浮妄之徒，擅生慢毀，自貽厥咎。其太上諸品經籙，若祖天師所受，則盟威都功；葛仙翁所受，則中盟四仙；茅真君所受，則上清大洞。其餘符籙彌多，皆所以福國裕民，寧家保己。是以歷代崇奉皈依者，皆獲感應，隨所禱叩，旋有異徵。其太上設教之驗，信不誣矣。然而代深年遠，其或字畫訛謬，句讀乖舛有之，不得一概非議毀訾。四方博識師德，善加考證詮次，申送教門改正刊行，猶爲善果之一助也。

○坐圜守靜，爲入道之本。蓋太上立教度人，正爲超脫幻化，了悟生死。若非究竟本來，了達性命，則何所謂學道之士也？經曰：積心善行，絕世所欲，不興妄想，無有染著，不滯有無，永絕生滅，是名真人。近世以禪爲性宗，道爲命宗，全真爲性命雙修，正一則惟習科教。孰知學道之本，非性命二事而何？雖科教之設，亦惟性命之學而已。若夫修己利人，濟幽度顯，非明性命根基，曷得功行全備？況自上古以來，太上歷劫化現，諸師之修煉成道，皆自靜定之工，庶得道功克就，神通自在。迨宋金之初，重陽王祖師遇鐘呂之傳，始立全真之教。蓋本經曰：養其無體，體故全真。是教則猶以坐圜守靜爲要。五祖則太上、東華、鐘、呂、海蟾也，七真則丘、劉、譚、馬、郝、王、孫也，其下綿延，暨王、苗、祁、完之輩，殆今學之者衆，皆以真功實行爲本。其初入道，先擇明師參禮，開發性地，慤守修真十戒、白祖師馮尊師堂規等文，收習身心，操持節操，究竟經典。既知入道之門，然後擇山水明秀、形全氣固之地，創立庵舍，把茅蓋頭，聊蔽風雨，風餐露宿，水迹雲蹤。次結道伴，惟務真素樸實之人，晨夕爲侶，供送飲食。草衣木食，簞食瓢飲，但獲止飢蔽寒而已。直候百日立基，十月胎圓，三年圓畢，或留圜，或出定，惟斷絕人事，情消緣滅，去來自由。其或有力之家，佈施齋糧，衣鉢隨分，自給而已。不得妄貪過取，亦不得假設誇誕之辭，驚世駭俗，務吊虛名。其補破遮寒，乞食化衣，真功苦行，槁木死灰，乃磨勵身心分內之事，庶不負四恩，殃及九祖。苟或退怠，則群魔作障矣。其供圜道伴，竭力扶持，寒暑疾厄，務盡勤勞，亦積己之功，成人之善也。不得假以禪宗棒喝，互爭人我，取世非議。所究丹經，惟《石壁記》《龍虎經》《參同契》《悟真篇》《翠虛篇》《還源篇》《指玄篇》《大道歌》《崔公入藥鏡》《金丹四百字》，並諸仙語錄，皆誘人修真入聖之梯航，所宜潛心研究，庶無差慝。其旁門左道之言，不許經目留心，悞己惑人。甚則譏謗經典，借證其非，則貽冥譴必矣。

　　○**齋法行持**，乃上古籲天檜祭之禮。自靈寶天尊受元始説經以來，爲立教之本，其目最多，其文最浩。然自太極徐真人、仙翁葛真人、朱陽鄭真人三師而下，則杜、葛、陸、寧、項、寇，又其最名世者，由是而分，則有林、田、金、白諸師，遂有東華、南昌之分。派雖不同，而其源則一。故符籙咒訣亦相去不遠，是皆後之師德，各立宗門，接引後來之一端，初無二道也。舍此數派，稱爲正宗，餘不足師者多矣。世傳《三籙内文》《金書玉鑒》《道門定制》《立成儀》等書，已有定規。凡行持之士，必廣參博究，務明性命根宗，累積真功實行。凡遇行持，必須齋明盛服，潔己清心，先煉諸己，後可度魂。必齋戒以通神明，外絶塵務，内煉形神。非符籙簡札之事，不得妄與；凡陞壇朝叩之次，務積一誠。精思默存，爲衆所模範，庶上可以感天地鬼神，下則不負幽冥之苦趣。如三籙之設，金籙惟帝王可建，玉籙惟後妃可建，黄籙則士庶可建，大小各依分數，不可僭亂定規，一遵太祖皇帝《立成儀範》，恪守爲則。凡其符籙簡札之類，亦不得增損移易。其壇儀科典，皆設像陰陽，取則經緯，一無妄建。苟不以誠敬齋莊爲本，惟務鍾鼓喧譁，簷花眩彩，語言嬉笑，舉動輕浮，何以對越上帝，通誠三界？不惟無以感召休祥，亦且反增罪業矣。傳曰：鬼神無常享，享於克誠。誠則有神，其理甚著。故潤溪沼沚之毛，蘋蘩蕰藻之菜，皆可羞之鬼神，薦之上帝也。此所以爲高功煉師者，必擇同道端潔諳通之士，同壇共事，庶無貽咎於己，亦爲齋主消愆而致福。其所用雲樂之外，其餘鐃、鈸、鈴、鐸之類，不得雜用，甚爲褻瀆。至若趙歸真、林靈素之徒，偶爲世主之所崇尚敬禮，即爲富貴所驕，有失君臣之分，過設誇誕之辭，不以慈儉自守，亦取議當時後世多矣，是切爲後戒。

○**道法傳緒**，清微始於元始天尊，神霄始於玉清真王。自歷代傳緒以來，清微自魏、祖二師而下，則有朱、李、南、黃諸師，傳衍猶盛，凡符章、經道、齋法、雷法之文，率多黃師所衍。神霄自汪、王二師而下，則有張、李、白、薩、潘、楊、唐、莫諸師，恢弘猶至。凡天雷、酆嶽之文，各相師授，或一將而數派不同，或一派而符呪亦異，以是訛舛失真，隱真出僞者多，因而互生謗惑。

凡行持之士，必有戒行爲先，次以參究爲務，先求巖谷明師、草衣木食之士，開發萬法根宗，精勵香火，止佩一法、一籙、一職，苟能晨夕煉神養氣，修持不怠，與神明交格，言行無慊，何患法之不靈，將之不佑？雖職小，法專亦驗。苟惟務虛名，奔逐聲利，必求參當世顯達爲師，誇名眩世，不修香火，荒怠修持，佩法縱多，徒若商賈之負販。籙職貴於高大，出處務於誇眩，耽肆酒食，矜伐怨欲，不異井巷巫覡之徒。未嘗留念神明，輒誇符呪之驗，呼儔誘類，第相鼓惑，甚則假以謝師犒將，徼索酒食，誠有誤於叩祈，且深乖於教範。又輒妄爲人師，以盲引瞽，內無功行，外結是非，深爲大戒。果爲高行之士，惟務致虛守靜，一念不生，萬緣俱寂，性天道法，心地雷霆，不落萬緣之窠臼，惟究向上之真宗，斯爲上士也。又等圓光、附體、降將、附箕、扶鸞、照水諸項邪說，行持正法之士，所不宜道。亦不得蔽惑邪言，誘衆害道。凡行符水之士，務以利濟存心，以丹砂藥術兼濟，不得妄受資財，反與鬼神構怨，以至法術不驗。亦不得濫授道法，輕泄玄機。雖入道之人、崇教之士，言行不莊、慢忽香火者，亦宜寶秘，慎勿妄傳。而況市井屠釣之徒，苟利眩名，輒納爲徒，浮談誑語，自貽律譴，罪所不原。

○**住持領袖**。凡名山福地、靖廬治化、叢林宮觀住持之士，或甲乙往還，或本山推舉，必得高年耆德、剛方正直之士，言行端莊，問學明博，足爲叢林之師表、福地之依皈者爲之，庶足儀刑後進，準則前修。其居是者，務必慈仁儉約，德量含弘，規矩公正。先開接引之方，導愚畜衆；次謹焚修之職，請福消愆。裕國祝釐，莫大於報本；尊經闡教，莫大於推誠。其畜衆之方，先嚴戒行規矩爲要，警以罪福因果之報。田糧委庫職管紹，賦稅任砧基應充，飲食修造，各謹司存。晨昏以神明爲謹，修葺爲心。五湖四海，高人羽士，或掛搭安單，棲冬結夏，設知堂一員，廣於接待。素食粗衣，隨緣安駐。務令身口安閒，逍遥無念，庶進道有基，身心無慮。其刻苦修持者，猶當周給。其入山檀施，喜捨隨緣，或建齋設醮，薦祖度親，隨力行持，一遵齋科，大小濟利，毋校所施厚薄。經曰：一切諸福，皆自歡喜中來；一切佈施，生歡喜心，種種善果，福報無邊。其官貴賓客往還，素麪一餐，遇夜則宿，不得干與公事，延留惹非。朔望宣明訓戒，開示激揚，務修本面家風，究竟本宗事業。毋貪富貴，毋嗜喧囂，因而争相仿效，華衣美食，廣廈細氈，昧公營私，出入騎乘，呵擁僕御，交接權勢，以致教化不行，源污流濁。甚則耽迷聲色，外飾内乖，不畏香火、神明、靈壇、古迹，私畜俗眷，穢褻神祇。所轄住持，宜聞於有司，處決下山。不得蒙昧阿私，有壞規法。其後進不遵，輕薄之流不習本宗，惟圖頑横，自貽過咎，必宜依律遣斷，庶獲規繩嚴肅，教範宣揚。如或一概容情，罪宜均受。近者郡邑道寮，儀範猶乖，紀綱不振，所合整肅，一守定規。

　　○**雲水參訪**。凡出家之人，上離父母之親，下棄祖宗之嗣，志在出世離塵，必當以超脱幻化、了悟生死爲心。苟若仍前，汩迷塵網，晝夜奔波，無有出期，與俗何異？經曰：學道之士，以清静爲本，睹諸邪道，如睹仇讎，遠諸愛欲，如避臭穢。除苦惱根，斷親愛緣。是故出家之後，離情割愛，舍妄歸真。必當以究明心地，修養性天爲務，操修戒行，磨煉身心。隻笠簞瓢，孤雲野鶴，或遇名山洞府，掛搭安單，參謁明眼師匠，問道親師，切究性命根宗，深探道德之要，悟徹宗門，玩味法乳，不以利名掛意、富貴留心。雖饑寒風暑之切身，不易其操；雖困苦貧賤之役心，不奪其志。忍辱藏垢，言行謙和，卑下柔弱，精神純一，心存柔遜，性戒剛強。務居山林巖洞、人迹稀絕之地，草衣木食以養生，巢居穴處以守道。各依師授，修煉本來。其出外參求，風餐雨宿，忍凍受饑，蹋屬擔簦，攜包頂缽，不懼萬里之遙，務登明師大匠之門，一言之下頓悟，萬劫之果遂周。致凡出處之間，悉遵白祖師、馮尊師諸師匠堂規、叢林儀範而行。凡有過失，悉依責罰。其或非實際悟明、真積力久、性天瑩徹、塵垢磋磨，好爲人師以自大者，必擇而師之。不得惟慕虛名，趨媚顯達，貪迷聲利，不究實地工夫，至乃前工盡廢，業障徒存。其雲朋霞友之徒，亦須志合道同，方乃不生魔識，共成道願。先擇後交，猶爲自戒。苟或師友得人，堅心苦行，普資群品，度脫幽沉，則臣事三境，超神八極，爲不難矣。

○立觀度人，爲出家接續之首務。凡名山洞府、洞天福地、古迹靈壇，皆古昔仙真靈迹去處。其欲香火綿遠，必以度人爲先。須擇名器之家，資性淳良，庶可訓誨。苟非道材法器，汎濫收錄，或不成材，肆暴爲非，罔守戒訓，不惟貽玷玄門，又且成敗興廢所繫。或多來歷污雜，出處卑微，甚則累辱冠裳，尤宜自慎。必得其人，然後聽言觀行，審察詳實，爲其登名臘籍。長幼各依齒叙，不得徇私，紊亂書記。會衆舉試，道門經典，務要習熟諳通。掌籍類名，申送道司，俟度牒開通，依例申名，朝廷關給，方可簪披爲道士。既頂冠裳之後，掌籍常加鈐束，房長晨夕訓戒。務守清規，恭敬神明，焚誦經誥。凡係本宗科典經書、齋醮道法、詞意榜語，必當貫熟該通，潛心究竟，出處語默，修習爲常。行有餘力，若儒之性理、釋之禪宗，更能融通一貫，猶爲上士。暇日則舉唱法事，焚香揮塵，論道參真，或吟詩撫琴以自怡，或佩法坐圜以自究。或有應緣經醮，務必齋戒存誠，一遵前訓。藜羹糲食，楮被布衣，乃出家常事，不得溷同世俗，故違規矩。博弈肆酒，交友奸邪，長幼參商，支分派別，考試不中，舉唱不齊，視科典爲文具、因果爲虛談，歌談妖豔之詞，汨没利名之域，貪迷富貴，耽戀紛華，不究本面家風，日墜祖宗基業，輕則議罰，容以自悛，重則一遵戒條，下山除籍，庶激勵於將來，使四方之遵守。

○**金穀田糧**，多累朝給賜田土，或前代師德所置祖產，前後檀越所施，專爲贍衆香燈之用。其常住庫堂，設職管紹出納。其各寮院，宜遵常住定規，長幼輪次管紹。其租課、金穀、簿書、庫堂，則都監、上座監臨掌之，寮院則房長掌之，以下者，止依臘叙長幼輪管。凡一歲賦稅科差、殿堂修造、房院修葺、春秋祭祀、時序薦誦、吉凶吊賀、關防火盜，必以贍衆爲先，悠久爲志。務要公同出納，明白登載，不得指私爲公，各畜私財，互分各據，擅自支遣。務令老安幼懷，香燈不乏，報祀以時，修葺勤謹，賦稅預備，則上下雍睦，香火悠久，公私無窘逼之憂，宮觀無興替之患。疾病互相扶持，死亡務從儉約，薦送俱不得昧公營私，虧瞞入己。苟求衣食，欺逛神明，租課湮没，修造不舉，祭祀荒違，以致科差點充，上下靡寧，甚則攘竊非爲，有乖教法，不懼天理之誅，有負檀施之願，在公庫則衆職舉行，方丈會衆查理議罰，計其輕重，甚則更替，輕則罰倍，其數入庫公用。其寮院，則尊長舉行，亦會衆眷查理，輕重亦照常住行之，申呈方丈，從公遣逐。如衆職互相容蔽，以掩己私，尊長姑息不言，暗相護恃鄰眷，亦宜舉行公議，以明去就，懲一戒百。其常住田土，例不許賣，亦不得私立契約，破蕩賣易。其應充科役，宜遵定制，設砧基道人支應，庶不一概污雜，染習澆風，切須自慎。神鑒孔昭，各宜勉之。

○**宮觀修葺**。凡名山福地，真靈香火之所，多宋、元、本朝所建宮宇，上以祝釐福國，下以容衆安單。每因兵燹之餘，遂乃廢馳不舉。其各宮觀，若殿宇、法堂、齋堂、官舍、雲堂、道館、兩廡、庖庾，所不可無。雖戶有田糧，或所任非人，沈匿租課入己，肆非妄爲，毀滅神像，傾頹屋舍者，多務以科差藉口，甚則典賣常住器皿、房屋，卒爲瓦礫榛蕪，終身不思芟整者有之。或各有私財，分煙異㸑，因而仿習成風。昨蒙聖恩清理，其凡係前代真仙古迹靈壇，豈宜廢弛，必合依時修葺。或戶下田糧，荒熟不等，賦稅輕重，又或產去稅存不時，各須臨田查理，開報有司，立碑刻石，毋致湮滅。與公庫職員公同出納，務以修葺贍衆爲先，專設直歲一員，知庫一員，每歲修補漏爛，整築牆籬，潔浄道路，肅清壇宇，蓄籙山林，使神明有所依棲，四衆亦獲安逸。如田糧所用不敷，或資於經醮，或籍於題注，衆力經營，隨宜整葺。亦不得假此名色，在外交接官貴，誘透商賈，強人謀爲，非出善願，因而招惹是非，返爲宮觀之累。如或田糧香花可充修造，肥己不爲，故行穿鑿山林，有傷風水。赭伐林木，以充口腹，同處職眷，遞相覺察，聞於道司，舉行定奪。如悛過自新，方許同處。其或頑愎不遵，聽自有司區處，務在革替一新，常川修葺，庶無傾廢，永振前規。

凡在玄門，各宜遵守。